野球場へ行こう！

去棒球場吧！

# 話題盛りだくさんの2024年、台湾プロ野球を楽しもう！

　　昨シーズンの台湾プロ野球は、2019年に復活し一軍参入3年目の「第5の球団」味全ドラゴンズが旋風を巻き起こし、24年ぶりとなる台湾王者に輝いた。一方、二軍では2022年に参入した「第6の球団」台鋼ホークスが奮闘。二軍チャンピオンシップ、さらにはアジアウインターリーグを制し、一軍参入に弾みをつけた。

　　そして迎えた2024年。35シーズン目の台湾プロ野球はその台鋼ホークスが加わり、16年ぶりに一軍公式戦が6球団で行われる記念すべき一年だ。台鋼ホークスには元北海道日本ハム、「大王」こと王柏融が加入、キャプテンとしてチームを牽引する。

　　さらに今季からはファン待望の室内球場、台北ドームの運用がスタート。開幕戦で早速台湾プロ野球入場記録を更新するなどフィーバーとなっている。例年以上に話題が盛りだくさんの今シーズンは過去最多となる360試合が開催され、入場者数は史上最多となることが確実だ。

　　ファンの注目度が上がり、さらには11月にプレミア12をひかえる今シーズン。選手たちのモチベーションは高い。昨年のWBC代表など既存の代表主力選手に加え、今後の台湾球界を担っていく事が期待される若手も育っており、見応えはさらにアップしそうだ。

　　また、6球団計11人まで増えた日本人指導者からは一挙に監督が2人誕生。また、今季開幕時には日本人選手も3人登録された。助っ人選手を含め、かつてNPBで活躍した選手も多く、日本のファンにとってはその点も楽しめるはずだ。

　　そして、今や世界的な知名度を誇るチアリーダー達の存在感はますます高まっている。ダンスやパフォーマンスで魅了し、ファンと一体になりスタジアムを盛り上げる彼女たちの中には、チームの広告塔的な存在もおり、もはや興行面においても欠かせない存在だ。

　　「CPBLTV」で中継を楽しむのもいいが、なんと言ってもオススメなのは現地台湾での生観戦だ。この観戦ガイドを「パスポート」代わりに、是非スタジアムで台湾野球ならではの「熱気」を体感してもらいたい。

# 台湾プロ野球〈CPBL〉観戦ガイド＆選手名鑑2024 Contents

# 2023台湾シリーズ

昨年の台湾シリーズは第7戦までもつれ、味全ドラゴンズが
本拠地の天母棒球場で24年ぶりの優勝を決めた。

# アジアウインターリーグ

第6の球団、台鋼ホークスはアジアウインターリーグでCPBL勢初の優勝を果たした。

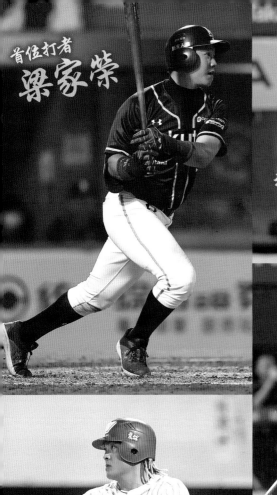

首位打者
梁家榮

打点王
廖健富

最多安打
劉基鴻

本塁打王
吉力吉撈‧鞏冠

盜塁王
陳晨威

最多セーブ
呂彦青

最多勝利、最多奪三振
鋼龍

最優秀中継ぎ
吳俊偉

新人王
鄭浩均

最優秀防御率
布里悍

## 台湾チアについて

現地では「啦啦隊（ラーラードゥイ）」と呼ばれる台湾のチアリーダー。主にホームチームの試合に登場し、応援を盛り上げている。アイドル、モデル並みの美女揃いの彼女たちが応援歌に合わせて踊る姿は非常に華やかで、日本の野球とは一味違った楽しみ方ができるだろう。また昨今では、各チーム共に国外での仕事も増えており、日本での交流試合はもちろん、韓国、香港といったアジア圏、そしてアメリカ・メジャーリーグでもパフォーマンスを行うなど、活躍の場を広げている。峮峮（中信兄弟）や林襄（味全）のように、チアをきっかけに日本で雑誌の表紙に起用されるようなケースもあり、台湾でも芸能界の登竜門的な立ち位置になっている。そんな台湾チア界隈の今季のトレンドは韓流。昨年に楽天の李多慧（現味全）が絶大な人気を博した事を受け、今季は多くのチームが韓国プロ野球の人気チアを競うようにして獲得、4チームに計8人が加わった。

## 味全ドラゴンズ Dragon Beauties

メンバーは22人。今季の注目はやはり楽天から加入した林襄・李多慧という超大物2人になるだろう。林襄は週刊プレイボーイの表紙を飾るなど日本でも大きな人気を集め、峮峮に次ぐ台湾チアの代名詞に。李多慧は昨年楽天に加入するとそのルックスとパフォーマンス力の高さで「李多慧旋風」とも呼ばれる大ブームを巻き起こし、23年台湾野球界の中心の1人となった。去年の練習生からも6人が正メンバーに昇格。元AKB48 Team TPのキャプテン陳詩雅、写真集も発売

しているダイナマイトスタイルの小珍奶、メイドカフェKIRA BASEと兼業の「チェキが撮れるチア」愛畇らこちらも粒揃い。今季からキャプテンを務める日本でも人気の高い小映や、ムードメーカー兼まとめ役の霖霖、唯一のチアボーイ小螞蟻ら主力メンバーも健在だ。既存戦力と新規加入の面々が上手くコラボレーションすれば、まさにチア界のオールスターといった陣容で、既に本拠地・天母のチア前席はプレミアチケットとなっている。

## 楽天モンキーズ Rakuten Girls

6球団唯一の30人超え、総勢34人の大所帯。今シーズンは総隊長の藍藍を中心に、先輩メンバー中心の紅隊（隊長：筠熹、副隊長：若潼）と、後輩メンバー中心の白隊（隊長：菲菲、副隊長：雅涵）の2チームに分かれて運用される。オフには野球チーム同様大物の移籍が相次いだものの、「台湾で最も美しい風景」の異名を取るYuriや、元AKBで快活かつ親しみやすいキャラが魅力の十元、昨年11月のAPBCでも熱の入った応援で注目を集めた若潼ら、人気メンバー多数。

十元を始め、筠熹や凱伊ら日本語ができるメンバーが多いのも特徴だ。また後期には新たに海外メンバーが加入することも報じられている。18年には全チーム初の外国人メンバーとして今井彩香を獲得。昨年は李多慧旋風で"韓流ブーム"のきっかけを作ったのをはじめ、ロサンゼルス等に赴きMLBの試合でもパフォーマンスを行うなど、常に台湾のチア文化をリードしてきたチーム。今季はどんな試みを見せるのか注目していきたい。

9

## 統一7-ELEVEnライオンズ Uni-Girls

メンバーは20人。2009年結成と5球団の中では最も歴史が長いチームであるが、現行メンバーの内16人が20年以降の加入と、近年世代交代が進んでいるのが特徴だ。チームのエースは5年目を迎える瑟七。APBCでは各チームの精鋭を集めた代表チアの中でも、最も大きく日本のファンの注目を浴びた。今季は夏から約3ヵ月韓国へ留学予定で、現地で見たい方は早めの来台をオススメする。共に代表チアの経験がある斐棋と芮絲、Minaらも高い人気を博する。台湾の

プロバスケチーム・新竹ライオニアーズのチアであるMuse Girlsとの掛け持ちも多く、瑟七や斐棋などは野球だけでなくバスケでも会うことができる。また新戦力としては、日本から千紘(Chihiro)と希美(Nozomi)が加入。各球団が韓国の人気チアの獲得競争に走る中で、昨年西武コラボデーでも来日した元Blue Legendsの2人を加えたのは、良い意味で統一らしいと評判だ。暑さの洗礼を受けながらも頑張る姿は、現地のファンからも好意的に迎えられている。

## 中信ブラザーズ（中信兄弟） Passion Sisters

過去最多の25名で開幕を迎えるPassion Sistersだが、大看板はやはり峮峮。2019年に「週刊ヤングジャンプ」の表紙に起用されるなど一大ムーブメントを巻き起こし、彼女をきっかけに台湾チアの魅力に気付いたという日本の方も多いだろう。現在の「台湾チア」ブームの牽引者であり、未だにその人気と地位は揺るがない。ただその峮峮もここ数年での引退を仄めかしており、今季の注目は次期エース争い。ミス台湾として海外でのコンテストにも参加経験豊富な2年目の

曇容や、AKB48 Team TPでも活躍した香港出身の小迪らが後継者の座を狙う。全力応援とファン想いの性格で愛される短今や、天真爛漫キャラが魅力の林可、正統派美女のルックスと知性が眩しい君白らも、多くのファンを摑んでいる。今季は邊荷律、李丹妃という2人の韓国人チアも加入。特に邊荷律は昨シーズンから既に「Next李多慧」として台湾国内で高い注目を集めており、その可愛らしさに多くのファンが虜にされそうだ。

## 富邦ガーディアンズ Fubon Angels

メンバーは22人。長身ですらりとしたモデル体型の美人が多いことで知られている。オフには歌やダンスを中心とした2日間のショーステージをZeppで開催し、大成功を収めた。チームの中心は現地でも「富邦三本柱」として取り上げられる丹丹、慈妹、秀秀子の三人。丹丹は活力に溢れた応援が魅力で、彼女の踊る范逸臣の応援歌は、崑崙の陳子豪と並ぶ台湾応援の名物に数えられる。小柄かつ愛らしい外見と気ままな性格でファンを魅了する慈妹は、まさに新荘のお姫様。今季から大隊長の重責を担う秀秀子は、抜群のルックスとあざとさでAPBCでも多くのファンの心を摑んだ。また同じくAPBCに参加し、秀秀子との金髪コンビで魅了した台湾チア屈指の不思議系Jessy、新人ながら多くのファンを持つ卡洛琳ら脇を固めるメンバーも厚い。また今季は、「釜山の女神」李晧禎、「野球場のパクミニョン」南珉貞、「国民の従姉妹」李雅英と3名の韓国人チアが加入。三本柱と韓国三銃士がどんなハーモニーを紡いでいくか楽しみだ。

## 台鋼ホークス Wing Stars

新チームはチアもフレッシュな顔ぶれ。Instagramのフォロワーが50万を超える韓国の元超人気チア安芝儇を、チアチームの責任者兼指導担当として招聘（のちに自身もチアメンバー入り）。彼女が中心となって複数回の選抜を行い、最終的には419名の応募から13名の精鋭が選ばれた。この13人に安芝儇、韓国からの助っ人Mingoを加えた15人が初代メンバーとなる。いずれもCPBLでのチア経験はないが、選抜過程において約3ヵ月のトレーニングを積んだほか、正式メンバ一決定後には韓国での合宿も行うなど、育成にも非常に力を入れており、完成度は高い。注目は何といっても一粒。葉保弟の応援歌をきっかけに大ブレイクし、1月のメンバー発表時には1000人台だったInstagramのフォロワーが、開幕時には20万人を超えるまでに伸びた。人気で一粒の次につけると言われる黒髪ロング正統派の李楽、現役高校生チアの恬魚、高雄の暑さに負けないエネルギッシュなダンスが光る圏圏らにも注目。

# 古久保健二

楽天モンキーズ　監督

昨年2023年、楽天モンキーズは
プレーオフを勝ち抜いて進出した台湾シリーズで
先に3勝目を挙げ初の台湾一に王手をかけたものの、
そこから連敗し涙を飲んだ。
それから約2週間後の11月29日、
川田喜則GMは日本と台湾での豊かな指導経験、
選手との信頼関係を評価し、
古久保健二一軍ヘッドコーチの一軍監督就任を発表した。

　古久保監督は1982年ドラフト6位で近鉄バファローズに入団。現役時代は巧みなリードで知られ、実働18年で943試合に出場。現役引退後は指導者としてチームに残り、大阪近鉄を始め日本プロ野球5球団のほか、韓国プロ野球でも指導者を務めた。東北楽天を退団した2018年のオフ、郭泰源氏が顧問(現・副GM)を務める富邦ガーディアンズが一軍バッテリーコーチとして招聘。富邦では3年間に渡って捕手陣を鍛え、改めてその指導力が評価された。そのような中、2021年オフに優勝を目指す楽天モンキーズがヘッドハンティング。一軍ヘッドコーチとして曾豪駒前監督を支えながら、戦術活用や意識改革によってチームを強化。就任初年度の2022年にいきなり前期を制したほか、チームを2年連続で台湾シリーズへと導いた。

　楽天モンキーズの日本人監督は前身チームを含め、2004年前期、La Newの大田卓司監督以来、実に20年ぶりだ。かつて黄金時代を築いたチームだけにプレッシャーも大きいが、「阿公(おじいちゃん)」というあだ名が似つかわしくないエネルギッシュな59歳の新監督は、「楽天」での悲願の初優勝を目指し奮闘している。

――今回の監督就任にあたって、かなり悩まれたという報道がありました。どういう点で迷われたのでしょうか。

**古久保健二監督(以下、古久保)**　一番大事なのはコミュニケーションだと思うんです。本当にそこの細かい部分まで選手に伝わるのか、僕らが要

求する野球が台湾の選手に浸透できるのか、というところで悩んでました。

―― 最終的に、引き受けられた理由はなんでしょう。

**古久保** 前監督も2年連続台湾シリーズ出場という手腕、その一役を私もヘッドコーチとしてやらしてもらったんですが、最後の最後で勝てないとなった時に、当然責任の半分は私にもあるんですけども、また新たな気持ちで台湾シリーズで勝てるよう、向かっていこうというふうに腹をくくって引き受けたんです。

―― モンキーズは前身のLamigo時代から富邦のコーチとしてご覧になっていてもそういう印象はあったかとは思うんですけど、やはり打撃のチームでしょうか。監督に就任されて、理想とするチームカラーというものはおありですか。

**古久保** それはもう強烈な打撃のチームで。ハハハハハ。やっぱりある程度、打撃のチームなんで、そこを全面的に押し出さないといけないんですけれども、現時点ではそれほど調子が上がっている選手も多くなくて、苦しんでるところなんですけど。ただ、そこに打順のパターンで作戦や足を絡めて主力で還していくという。一気に5点

とかそういう計算じゃなくて、やっぱり1点を取ってから2点目、3点目を取れる、そういう野球を目指していきたいなとは思いますけどね。

―― 昨年はエラーが多い（リーグ最多の137）シーズンでしたが、守備力改善に向けて今年のキャンプから取り組まれたことは何かありますか。

**古久保** とにかくいいバウンドで捕りましょう、ということですね。中途半端なバウンドじゃなくて、いいバウンドでゴロを捕るように足を運んでいく、それだけです。僕も下手だとは絶対思ってないんね。ただ、体が動いてないと、どうしても打球が速くてグラウンドが固いとなると、変なバウンドで捕ることが多くなるのでね。それだけ注意したら、そんなに変なことにならないと思うんですけどね。

―― 富邦時代から選手との距離が近いイメージがあります。どのような感じでコミュニケーションを取られているんでしょうか。キャッチャーならではの意識というのも、コミュニケーションの裏にあるのでしょうか。

**古久保** いやいや、そこまで深くはないですよ。僕は本当に冗談しか言わない、冗談ばっかり言ってるような人間ですね。気がついたことを冗談交じりに伝えるだけの話で。例えば、大振りしてる選手には「顔が全然違う方向向いてるやないか」とか、空振りの多い選手には「お前のバット穴開いてんのか」とか「テニスのラケットで打て」とかね。そんな感じですけどもね。

―― やはり気になるのが、捕手への見方です。林泓育、若い宋嘉翔、そして嚴宏鈞、張閔勛の4人がメインの捕手だと思いますが、どのようにご覧になっていますか。

**古久保** （嚴）宏鈞なんかは落ち着きのあるリードで、どの場面に出てもいいような安心して任せられるキャッチャーですね。（張）閔勛に関しては、リードはどっちかっていうとオーソドックスなんですけど、その分大怪我しないという傾向があるんですけれども、彼の課題である送球面に関

して今年はかなり改善され
てるんでね。宋嘉翔は本
当は彼一人でマスクを被る
のが理想なんですけれど
も、リードに関する安定感
ですよね。どうしても打力
優先で見られるんでね。で
も、彼の魅力はやっぱり肩
が強いということなんでね。
それを含めて、ボールをし
っかり捕るところの技術か
ら、相手バッターを観察で
きる能力とかをね、そうい
うところをもうちょっと磨
いてもらいたい。

——林泓育は打撃メインと
いうことでしょうか。

**古久保**　そうですね。キャッチャーとしては三番
手ですよね。でもやっぱり彼のバッティングってい
うのはチームには欠かせない。彼のリーダーシッ
プ、そういうところはすごく助けてもらっています。

—— キャッチャーの指導が長い古久保監督です
が、伸びるキャッチャーの共通点というのはあり
ますか。

**古久保**　やっぱり感性豊かであることですよね。
相手のバッターをしっかり捉えられている、そう
いうふうな感性が豊かなキャッチャーですよね。

—— 野手の主力についてですが、今年キャプテン
に就任した林立選手は、生え抜きの台湾プロ野
球の選手としては日本でも一、二を争う知名度を
誇る選手です。林立選手の強み、特徴を教えてい
ただけますか。

**古久保**　走攻守全てにおいてトップレベル、考え
方もしっかりしてる。もう前に立って引っ張ってい
く時期じゃないのかというところで、今年彼をキャ
プテンに据えました。試合に出てない時でも、若
手をはじめ色々な選手にアドバイスを送ってくれ
る。本当に心強い選手ですよね。とにかく、打って

よし、走ってよし、守ってよし、そういうところです。

——ピッチャーではBCリーグを代表する投手であ
る鈴木駿輔投手を、去年11月の時点で早々と獲
得しました。監督初勝利も鈴木投手の先発試合
だったと思うんですが、期待する役割や印象を聞
かせていただけますか。

**古久保**　彼は今のところ十分に仕事というか、
与えられた自分の仕事をこなしてると思うんです
けどね。スピードボールもあるし。あとはちょっと
無駄球が多いんで、その辺を減らせばもう少しだ
け長いイニング投げれるかな、という感じですね。
立派にローテーションの一角をこなしてくれてる
と思いますよ。

—— 春季キャンプでは、石垣島の千葉ロッテを皮
切りに、宮崎でソフトバンクとオリックス、台北ド
ームではジャイアンツと、NPB球団とたくさん対戦
されました。戦う中で見えてきた課題はございま
すか。NPBのチームとの試合は選手たちにとって
も刺激になるでしょうか。

**古久保**　もちろんなりますね。課題は細かい部
分。ソツなくというか、隙を見せたらそこを突くと

か、ちょっと揺さぶろうかとか、そういうところが
これから先出てくれば、もっと優位に試合を進め
ていけるんじゃないかなと思うんです。どっちかっ
ていうと、今までずっと単純に打って守ってとい
う大雑把な野球をしてきたと思うんです。もう何
年も前から変わってきつつあるんで、乗り遅れな
いように。これから先を見据えたら、もっともっと
細かいプレーをキチっとこなしていける選手を目
指していかないと。そういう選手が多い方が強い
と思います。

―― 重なる部分もあるかと思うんですけれども、
日本での選手、指導者経験に加え、韓国そして
台湾でも指導者としてのキャリアを重ねられてき
た監督ですが、台湾野球の魅力と課題について、
どのようにお考えでしょうか。

**古久保** 応援も含めて、台湾の野球は華やかさ
はありますよね。アメリカの派手な野球が7割、日
本の野球が3割ぐらいの感覚かなと思いますよ
ね。課題っていうのは今言ったように、技術力の
アップ。自分たちでどう考えて、どう理解して、状
況判断してプレーできるか。要するに細かい野球
というかね。そういうところだと思います。

―― 去年はWBCをはじめ、国際大会の重要な試
合において僅差で勝てない試合が目立ちました。
今後の国際大会で台湾代表が勝っていくために、
どのような点を変えていく必要があるとお考えで
すか。

**古久保** 代表チームになると、どの国も素晴らし
い選手が集まるんでね。繋げられるかどうかです
よね。そうなると小技ですよね。だけどこればっか
りは一概にいえなくて、バントすれば点が入るかっ
ていったらそうでもない。ただ、それこそ選手たち
が自分がこの場面では何をしないといけないの
かっていうことを理解できるかだと思うんです。台
湾には優秀な選手がたくさんいます。力的にはそ
んな変わりません。そこだけだと思うんですけどね。

―― 当然ストレスやプレッシャー、ご苦労はおあ
りだとは思うんですが、日頃の選手とのやり取り

を拝見していますと、台湾の指導者生活をエンジ
ョイされてるようにも見受けられるんですが、いか
がでしょう。

**古久保** いやいやいや…、どうやろな…。選手
の気持ちを引き付けるっていうか、心を一つにっ
ていうかね、そういうところにストレスは感じます
ね。直接的に喋れない、話してることも分からな
い。野球する上ではグラウンドの中では何も問題
ないんですが、だけど彼らの本心が分からない。
だから顔を見て、目を見て、何考えてるかなと勝
手にこっち側が想像して。でも、それができない
んだったら言うことを聞かすしかないなと思うけ
ど、こうしなさい、ああしなさいというのも、どう
なのかなと。エンジョイはしてないですよ(苦笑)。

―― 失礼しました。

**古久保** いやいやいや、監督になったらなかな
かエンジョイっていうところまではいかないです
ね。考えることが増えましたね。多過ぎますね。

―― その気にさせてやろうという部分で、非常に
考えながら接していらっしゃると。

**古久保** そうですね。それがもう我々の仕事だと
思うし、全員が一つの目標に向かってパッと同じ
方向を向いた時にはスムーズに物事が運んでい
きますけど。そういうふうになれるように、もっと
もっと自分も磨いていかなアカンとは思います。

―― 今シーズンは中信兄弟でも平野恵一監督が
就任しました。口にはされなくても、相手ベンチを
見てお互い頑張ってるなという意識はございます
か。

**古久保** 彼は本当に上手くチームをまとめてる
なと思いますよ。今は彼もベンチの中には日本
人一人で、僕もいつもは川岸(強投手コーチ)がお
るんですけど、今回は僕一人。それを背負って、責
任持ってるわけなんでね。彼に負けないようにね、
自分も切磋琢磨してね。もちろん、他のチームの
優秀な監督、コーチたくさんいますんで、見習い
ながら、勉強しながら、いいチームを作り上げて
しっかり戦っていきたいなと思います。

# 平野 恵一

中信兄弟　監督

監督就任は突然だった。
昨年の12月29日、彭政閔監督の電撃辞任が伝えられた。
シーズン開幕から間もない昨年5月、事実上の更迭となった
林威助・前監督の後任として一軍監督に就任した
「レジェンド」の一年に満たない退任に
中信兄弟ファンは動揺した。
そのような中で球団が白羽の矢を立てたのは
平野恵一ファーム野手発展ディレクターだった。

劉志威GMは「一、二軍で指導歴があり、チームの方向性をよく理解している上、選手やコーチ陣ともよくコミュニケーションも取れているから」と抜擢理由を説明、複数年契約である事も明らかにした。

現役時代にオリックスと阪神で計14年プレー。シュアな打撃と小技、高いレベルで内外野をこなす守備力、積極的な走塁、何よりハッスルプレーでファンを魅了し、ベストナイン、ゴールデングラブ賞を二度受賞した。指導者としても豊富な経験を持ち、2021年に阪神を退団すると阪神時代の同僚だった当時の林威助監督から直々にオファーを受け、一軍打撃兼内野統括コーチに就任。熱心な指導に加え競争意識の植え付けに成功し、チームを連覇に導いた。

昨年5月に林監督の監督解任を受けファームへ配置転換となったが、異なる立場で底上げを行ってきた。熱狂的なファンで知られるリーグ一の人気チームゆえプレッシャーは大きいが、溢れんばかりの情熱でチーム再建に取り組んでいる。

―― 中信兄弟では3年目となる今季、監督に就任されましたが、指導に対する考え方に何か変化はございますか。

平野恵一監督（以下、平野）　現役時代もそうでしたけど、こういうタイプの選手になれたらいいなってやろうとしても、なかなか真似できなかったのが現実なんでね。ただ僕も今までたくさんの監督さんから勉強させてもらって、自分がなったときはこういう指導ができたらなとか、絶対こう

するんだっていうのは常々思ってたんで、それを思い出したり読み返したり、今も色々情報を見たりして、自分らしく指導できればな、と思っています。

――どのようなチーム作りを目指されていますか。

**平野** 野球はピッチャーだと思ってるんで。ピッチャー、キャッチャー中心にセンターライン、ディフェンスを強化して、守り勝つ野球を大事にしたいなと思っています。その中でも野球っていうのは点取りゲームなんで、一点をどう取るか、一点をどう防ぐか、こういう点を大事にやっていきたいなと思います。

――現役時代そしてコーチとしても色んな監督に仕えてこられたわけですが、理想とする監督像、スタイルにおいて強く影響を受けている監督はいらっしゃいますか。

**平野** 僕は仰木(彬)監督を一番尊敬してますし、仰木さんに「日本一のセカンドだ」って言われたのが今でも一番嬉しいので、仰木さんっていうのが自分の存在では大きいです。あとは昨年優勝した阪神の岡田(彰布)監督、オリックスの中嶋(聡)監督ですね。この三人の何が凄いかっていうと、仰木さんっていうのは選手一人一人を一番見るっていうことですね。あと阪神の岡田さん、オリックスの中嶋さんは先見の明があるというか、良い時も悪い時も常に先を想定しながら物事を進めていく。そういう点は僕も学ばなきゃいけないし、お手本とさせてもらっているところでもあります。さらにチームマネジメントとしてはヤクルトの高津(臣吾)監督。昨年秋のキャンプにもお邪魔して、色々なお話を聞かせていただいたんですけど、ムードメーカーは選手じゃなくて監督がしっかりやってるというね。特に高津監督は外国でも活躍された方なんで、外国人選手の気持ちが分かる。そういうチームマネジメントも一つ参考にしたり。本当にたくさん参考にする人がいて、僕もいいとこ取りというかね。

――若手野手の岳政華は、平野監督がコーチ時代に本当に時間をかけて練習を見てくれたことが

飛躍のきっかけになったと話しています。実際に指導の際に心掛けていらっしゃること、また来台後、指導に変化があった点は何かございますか。

**平野** 日本である選手が引退試合の時に一人のコーチの名前を挙げて「あのコーチのおかげで今の僕があった」と言った時に物凄く鳥肌が立って、「僕もこうやって後々言われたら、なんて素敵なんだろう、コーチ冥利に尽きるな」って思ったので、そういう指導者を目指したいっていうのがあります。あとは「日本では、アメリカでは、韓国では」とかじゃなくて、「台湾の野球っていうのはこうなんだ」っていうのをやっぱり確立したいし、世界にアピールしたい。そして世界の人から応援してもらうことで、国内のスポーツが繁栄して、スポーツの持つ力をもっと伝えられるんじゃないかなと思うんで、そこを目標にしてますけどね。

――今年の新たな部分では、平野監督の推薦で就任したダニエル・カタラン打撃コーチは、アメリカのトレーニング施設「ドライブライン」で指導経験を持ち、映像による動作解析やトレーニング機器による指導を得意としていると聞きます。ここまでどのような効果が出てきていますか。

**平野** 野球の指導って、意外と指導者が「バッ」とか「ブオン」とか音で伝えることが多いんですよね。もしくは自分の経験とかで伝えるコーチもいるので。その点ダニエルはドライブライン出身で、今は世界中の野球選手がドライブラインの指導を受けたいって思う中で、まずはそれを叶えてあげることが一番いいんじゃないかなって思って。彼のいいところは「世界の基準でいい選手と言われるには、こういう数値にならなきゃいけないよ」って、バッティングを論理的に指導して、こういう選択をするんだよって提示してくれること。そして陳江和ヘッドコーチについては、台湾代表でずっと活躍して野手コーチをされてたんですけど、実は野手コーチの目線ってすごく大事ですよ。彼はずっとサードコーチャーで頑張ってましたけど、「あの選手、もっとこうすりゃいいのにな」と言いたいことはきっとたくさんあったでしょう。僕はそういうことも期待して任命したんです。

—— 投手については、一人でも二人でもいいから最終的に台湾代表に選ばれるような台湾人ピッチャーを育成したいとおっしゃっていました。平野監督が特に期待している選手を挙げていただくことはできますか。

**平野** 個人名はなかなか出しづらいんですけど、やっぱり競争、一番力があるピッチャーを使うと言ってるんでね。うちは勝ちながら育てることも大切な球団で、ファンの皆様に負けてばかりで悔しい思いをさせるのは申し訳ないんでね。台湾の現状としては外国人投手が三人活躍すれば優勝できるという現実があるんですけど、それをなんとか打破したい。一人でも多くの台湾人投手を育てて、活躍させたい。台湾ですからここは。僕が監督をやる条件として、王建民投手コーチがやらなかったら僕もやらないと伝えたんですが、それで話がまとまった経緯もありますんで。それぐらい投手コーチにも期待してるし、選手たちも王建民投手コーチだと表情も違いますからね。説得力もあるし、憧れの存在ですし。

—— 野手の部分では、オープン戦で一軍経験の少ない野手を積極的に起用されましたが、その狙いはなんでしょうか。

**平野** やっぱり競争力です。ピッチャーもそうなんですけど、とにかく競争力。去年は4位でしたから。うちは挑戦者なんで。それに主力の年齢も高くなってきてるんで、次の世代の育成っていうのも大事になってきます。ですので、今まで試合に出なかったような若い選手が出ても、十分試合ができるんだっていうことを証明して。そこから課題とか目標とかを二軍に持ち帰ってもらって、自分は何をしなきゃいけないか、そういうのを主体性を持ってやってもらえればいいな、という狙いで起用しました。

—— 主軸では楽天モンキーズからFAで陳俊秀選手が入団しました。中信兄弟の一員となりましたが、改めて印象をお聞かせ願えますか。

**平野** 対戦チームとして彼を見てきたんですけど、実績からいっても本当に素晴らしいですし、野球に取り組む姿勢とかも、年齢は下ですけど尊敬できるものもあるし、チームにとって本当にいい影響があります。若手を指導してくれますし、若手も聞きに行く。これは一番いいなと。それで成長してる(黄)韋盛もそうですけど、右バッターの本当にいいお手本となってくれてね。結果だけじゃない、存在自体に価値がある、そういう存在になってくれてるんでね。僕も一番いいバッターとして期待してます。

——ファン目線として、ショートの江坤宇選手はもしかしたら将来日本でプレーするのではという期待もあるのですが、江坤宇選手の強み、魅力はどこでしょう。

**平野** やはり守備力ですよね。堅実かつ、投手やチームから信頼される守備、球際の強さ。彼自身も「日本で是非プレーしたい」と志は高いんでね。なんとかサポートできるように。多分彼は代表のショートは間違いないと思うんで、今後はこうしたいっていう自分の目標、レベルに近付けて

—— 今日もすぐ近くにいらっしゃいますけど、一年目から通訳を担当されている「ラクさん」こと鄧樂慈さんは監督にとってどういう存在ですか。

**平野** 僕の目となり、耳となり、口となり、無くてはならない存在ですよね。直訳じゃなかなか伝わらないこともたくさんあるんですけど、彼女の頭って凄くて、僕が伝えたいことを的確に伝えてくれる。台湾の方が「あれはどういう意味?」っていうことを的確に答えられる。こういうことを僕が何も言わなくてもやってくれるんで、物凄く感謝してるし、今があるのも彼女のおかげだと思ってます。もう少し優しくしなきゃいけないんですが、彼女はとても情熱があって、「覚悟はあります」と言ってもらえるんでね。本当に理解してもらってることに感謝してます。うちの家族もラクさんには感謝してるし、それしかないです。

—— 平野監督は情熱といいますか、本当に野球が好きという気持ちが体から溢れ出ている気がします。

**平野** 見て分かるように、みんな一生懸命やっていますからね。たまに彼らの子供を抱っこしてあげたり、奥様がありがとうって言ってくれたり、手紙をいただいたり、ファンの声を聞いたり、スタッフの人から声かけられたり。そういうことをされるとね、本当に覚悟を持ってやんなきゃいけないなと。できることを一生懸命やると、必ず見てくれてる人はいると思うんで、僕ができることはそういうことだけですね。

いく。しっかり自分自身で課題を持って取り組んでいると思うんで、なんとかそのサポートができればな、と思ってます。

—— 平野監督というと現役時代からガッツ溢れるプレーというイメージでしたが、今の中信兄弟でご自身に似ていると思う選手、見ていて可愛い選手はいらっしゃいますか。

**平野** みんな近いと思いますよ。一球に対しての気迫というか、準備とかは物凄く「あ〜、熱いもの持ってるな」っていうのはありますよね。そうなんですよ。兄貴とか親父とかの気持ちになりがちだから、それをうまくね、あくまでも俺はサポートしなきゃいけないんだって。監督業は感情を入れないようにするのが本当に大変。本当に可愛いんですよ、みんな素直だし。ただ、優し過ぎる。だからプロ意識、プロ意識って言い聞かせているんですけどね。

# 古林睿煬

## 統一7-ELEVEnライオンズ

昨年11月、東京ドームで開催された「アジアプロ野球チャンピオンシップ（APBC）」。初戦の日本代表戦に先発した古林睿煬（グーリンルイヤン）は、侍ジャパン打線相手にこの日最速154キロをマークした直球主体で真っ向勝負を挑んだ。結果は6回一死までパーフェクト、7回二死まで森下翔太（阪神）のソロHRの1失点のみと好投。試合は0-4で敗れ敗戦投手となったが、台鋼ホークスで客員コーチを務め、台湾球界に明るい井端弘和監督は「日本でも数少ない、ストライクゾーンで勝負できる、世界を狙えるピッチャー」と称賛した。

古林睿煬は2000年6月12日に台湾中部の台中市で生まれた。「古林（グーリン）」という珍しい苗字は、台湾原住民族タイヤル族の血を引く母の姓「古」と、父の姓「林」を合わせた「雙姓」だ。小3で野球の強豪校に転校、小学5年生から本格的に野球に打ち込み、6年生の時に東京で開催された「少年軟式野球世界大会」で初の台湾代表入りを果たした。台中市の強豪である中山国中に進学後も、各リーグの国際大会に出場。高校は小学校からバッテリーを組む戴培峰（現・富邦ガーディアンズ）と共に、台湾高校球界「二強」の一つである北部・桃園市の平鎮高中へ進学すると、投手に専念。1年時は怪我やスランプに苦しんだが、次第に復調。平鎮のエースとして、2年連続でU18台湾代表に選出された（3年は怪

我で辞退）。当初は海外行きを希望も、熟考の末に台湾プロ野球でのプレーを決意。2018年7月のドラフト会議で統一からドラフト1位（1巡目全体2位）で指名された。

実質2年目の2020年にプロ初勝利を含む2勝を挙げると、翌2021年には100回を投げ8勝（6敗）とブレイク。その後は毎年故障離脱があり、2022年は62回で7勝、2023年は80回で5勝に留まったが、投球内容は台湾球界屈指のレベルだった。中継ぎ起用となった昨秋の杭州アジア大会では150キロ台中盤の直球を連発し、韓国戦と中国戦で計4回7奪三振という圧巻の投球を見せた。今季は真の台湾人エースとなるために、シーズンを通しての活躍に期待がかかる。

2018年のU18アジア選手権（宮崎）は辞退、先

発予定だった2020年春の高知での埼玉西武との交流戦や、2022年春の侍ジャパンとの強化試合はパンデミックの影響で中止となり、なかなか日本のファンの前でピッチングを披露する機会がなかったが、昨年のAPBCでついに「お披露目」となった。今年のプレミア12、そしてWBCでの活躍への期待もさる事ながら、将来的にはNPBで見てみたい剛腕だ。屈託のない笑顔とユニークな性格も魅力的な若きエースに、様々な質問をぶつけてみた。

—— そもそも、どのようなきっかけで野球を始めたのでしょうか。他のスポーツに触れたことはありますか。

古林睿煬（以下古林）　野球以外のスポーツ経験はないですね。もともと兄が野球をやっていて、両親が弟の私にも一緒にやらせようとしたことがきっかけです。

—— 富邦の戴培峰選手とは小学校から高校までチームメイトで、小学校時代に戴培峰選手がピッチャーの際は古林選手がキャッチャーを務めたと聞きました。投手に専念したのは中学に上がってからですか。

古林　いえ、投手一本は高校（平鎮高中）に進学してからですね。中学時代はポジションがはっきり固定されず、選手が足りてないところを守る感じでした。右打ちでしたがあんまり打てなくて…(笑)。

—— 一番好きなポジションはどこですか。

古林　やっぱりピッチャーです。野球はピッチャーが投げるところから始まりますし、唯一主導権をもって試合をコントロールできますしね。

—— APBCで日本メディアが得意な球種を聞いた際、古林投手は冗談で「ストレートだけ」と答えていました。改めて全ての持ち球を教えて頂いてもよろしいですか。このうち、特にレベルアップさせたいと思っている球種はありますか。

古林　球種は直球のほか、カーブ、スライダーそしてフォークです。ただ、私にとって変化球はまだまだ強化しないといけない球種と考えています。仮に今後日本やアメリカといったより高いステージに挑戦したいと思うなら、変化球をもっと磨かなければいけません。現時点ではやはりしっかり制御できるのは直球で、勝負球になります。一番自信のあるボールですね。

—— ピッチングスタイルの話になりますが、2022年と2023年を比べますと、2023年は奪三振率は2022年ほどではなかった一方で、与四球率はぐっと減りました。これは意識されたのでしょうか。

古林　そうですね。先発投手はできるだけ長いイニングを投げないといけませんから、打ちづらいコースを突いて、バックに任せて打たせて取ることを意識しました。1イニングの球数をできるだけ減らすことで、より多くのイニングを投げようとしたということです。

—— やはりそこはエースとしての責任、自覚でしょうか。

古林　そうですね。自分が責任を持って投げなければならないイニングはしっかり投げないと、という意識です。

—— 統一の春季キャンプが始まる際、皆さんがカードに今シーズンの目標を記していましたが、古

林選手は「強化ガラス2.0」と書いていました。この意味はなんですか。

**古林**　ハハハ（笑）。以前、自分はフィジカル面で問題を抱えることが多くて、ファンから冗談で「まるでガラスだ」ってからかわれていたんです。なので去年は「強化ガラス」って書いたんですが、今年はさらに進化させたいという思いから、「強化ガラス2.0」にしました（笑）。

── 今年台湾プロ野球では「ピッチクロック」が導入されましたが、ピッチングに何かしら影響はありますか。もしあるとしたら、どういう部分ですか。

**古林**　現時点では特に影響はないですね。ただ試合前にキャッチャーと話し、確認する時間は増えました。ゲーム進行という視点からいえば、いいことだと思います。試合が間延びせず、テンポが良くなることでファンが増えるといいな、と思います。

── 昨年のAPBCの日本戦は古林選手のキャリアにおいてもベストピッチの一つだと思います。もしこれまでの野球人生の中で最高の投球内容と思える一試合を選ぶとしたら、どの試合になりますか。

**古林**　やはり昨年の日本戦ですね。自分にとっては初の東京ドームのマウンドで、しかもあれほど多くの観客や大歓声の中で投げるというのも初めてでしたから。そういう大きな舞台でいい投球ができたことをとても嬉しく思います。

──古林選手は、ダルビッシュ有（サンディエゴ・パドレス）投手に憧れていて、それが国際大会で背番号「11」をつけている理由だと伺いました。どういった部分に憧れていますか。

**古林**　初めて知ったのは北海道日本ハム時代でしたが、様々な国際大会で台湾相手に好投するので、強く印象に残りました。しかもたくさんの球種を持っていますし。少し年齢を重ねた現在も、なお球速を含めて進化し続けているので凄いです。お手本にすべき選手だと思っています。

──APBCでは侍ジャパンの好打者達と対戦しましたが、日本の打者で最も対戦したいバッターを一人挙げるとすれば誰ですか。

**古林**　柳田悠岐選手（ソフトバンク）ですかね。理由はあの恐ろしいほどのフルスイング。TV中継で見ていても凄いと思います。

── 続いてはチームメイトの話になりますが、日本の読者に注目すべき統一の主力を何人かご紹介して頂けますか。

**古林**　野手だったら陳傑憲、林安可。投手だったら、昨年のAPBCにも出場した左腕の林詔恩ですかね。そうです、高校（平鎮高中）の後輩です。彼は素晴らしいですよ。

── 統一には今ご紹介頂いた2人に、蘇智傑選手を加えた「外野三鬼」と呼ばれる打撃が素晴らしいスター野手がいますが、もし古林選手がチームメイトと対戦できるとしたら、一番誰と対戦したいですか。

**古林**　そうですね、胡金龍先輩ですね。素晴らしい打者で読みもいいので、裏をかくのは難しいですし、ミート力も高い。若い頃はもっと凄いバッターだったという事も知っています。そうです、元メジャーリーガーです。全盛期の胡金龍先輩と対決してみたいですね。

──APBCの際、日本メディアの取材に対し、将来の目標は海外でのプレーだと語ってらっしゃいました。その目標達成の為に、どの部分を更に強化

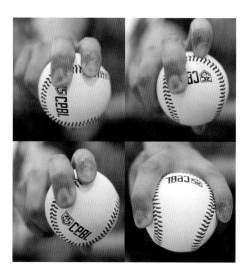

KU LIN JUI YANG

していく必要があると思いますか?

**古林** ピッチングやフィジカルといった点より、自信をもって試合に臨むための考え方やメンタルの部分が重要だと思います。よりレベルの高いステージで勝負していくためには、少しのことでは揺るがない、強いメンタルが必要でしょう。

── ここからは古林選手のプライベート、知られざるユニークな部分を探っていきます。以前、澄清湖球場には「幽霊」がいるので好きではないと話されていましたが、今年は台鋼ホークスの本拠地になりました。登板試合は増えますが、大丈夫ですか?

**古林** ハハハ(笑)、大丈夫ですよ。澄清湖では打たれたり、怪我をしたり、相性が今一つなので、冗談で言ったんです。問題ありません。

── このオフにご結婚されたと伺いましたが、生活スタイルやリズムは変わりましたか?

**古林** 生活上は特に変わりません。ただ例えば自分が何かを決めかねている時に、決断のためのアドバイスをくれる存在が増えたという違いはありますね。

── 以前に台湾メディアで宿舎でアリを飼っていることや、コンビニはセブン-イレブンしか行かないことなどが「意外なポイント」として紹介されていましたが、ご結婚後もそこは変わりませんか?

**古林** アリは奥さんが苦手なので、今は飼っていません。でもセブン-イレブンはできるだけ利用しています。統一グループは親会社ですし、優勝すると値引きがありますから頑張りますよ(笑)。

── 他の球団の応援歌を鼻歌で歌うのが好きという噂もあります。今お気に入りの楽曲はありますか。

**古林** 台湾プロ野球では今、特にこの曲というのはありませんね。むしろAPBCで森下翔太選手にホームランを打たれた直後に、日本のファンが大声で合唱していた歌が強く印象に残っています。外野からすごい音量で聞こえてきて、マウンド上で「すごいなあ」と思いましたよ。自分自身はどちらかというと、電子音楽よりもファンが一緒に声を出して歌う応援の方が好きなんです。

── 日本のファンに、台湾のおすすめの観光地、グルメを教えて頂けますか。

**古林** 台湾全体でいうと、寺や廟が特徴的ですね。おすすめグルメは台南だとナイトマーケットでしょうか。あとは(母校)平鎮高中の球場近くのあのお店(「嚴記新埔粄條」/桃園市平鎮區和平路214號)です。店内には僕たち平鎮の選手の応援ボードがあるし、高宇杰(中信兄弟)先輩の名前がついた裏メニューもあります。ここはおすすめです。

── 最後に、古林選手そして台湾野球に興味を持っている日本のファンに、メッセージをお願いします。

**古林** 注目してくれてとても嬉しいです。今年の春に埼玉西武の春季キャンプ地である高知を訪れた際、日本のファンが僕の応援ボードを掲げて応援してくれて、台湾ではこんなに人気あるっけと思いました(笑)。まさか一試合のピッチングで、こんなにも関心を持ってくれるようになるとは思いもしませんでした。本当にありがとうございます。機会があれば、また日本のファンの皆さんの前でいいピッチングを披露したいと思います。

# 陳詩雅 INTERVIEW 陳詩媛

*Dragon Beauties*　　*Rakuten Girls*

AKB48グループの一つであるTPE48を経て、2022年に楽天モンキーズのチアリーダーRakuten Girlsに加入、今季で3年目を迎える十元こと陳詩媛（以下、十元）。同じくTPE48を経て、その後継となるAKB48 Team TPでは初代キャプテンを務め、昨年9月に練習生として味全ドラゴンズのチアリーダーDragon Beauties入りし、今季から正式メンバーに昇格した陳詩雅（以下、詩雅）。2人は台湾のチアリーダーでは唯一の双子であり、昨年台湾シリーズを戦った2チームにそれぞれ所属している。共にアイドルという異なる業界での経験も豊富な2人に、チアになったきっかけや各チームの特色、そしてチアリーダーの本音について話してもらった。

──お二人は本当にそっくりですが、見分ける分かりやすい方法があれば教えてください。

**十元**　一番簡単な見分け方はホクロです。詩雅は唇の下にあって、私は右目の下にあります。ただ私のホクロは小さいので、詩雅のホクロを見つけた方が分かりやすいです。これが一番簡単な見分け方ですかね。あとは私の方が少し背が高いです。

──チアリーダーとしてのご自身のセールスポイントをお願いします。また「ここだけは妹(姉)に負けたくない」という点も教えてください。

**十元**　一番自信があるのは元気ですね。応援スタイルにも特色があると思います。これを自分で言うのは恥ずかしいですけど…。あとは親近感ですかね。ファンにとって、私は他のチアの子と違って女神という雰囲気ではなく、一緒に応援している感じなんじゃないかなと思います。チアリーダーの中で、この点は自分の特徴だと思っています。負けたくない点は…今はないです！全部私が勝っています（笑）。

**詩雅**　先輩、もし今負けてたら2年間何してたのって話になるよ…。AKBはファンとの接点が多いアイドルだったので、ファンと接してきた経験は豊富だと思います。あと最大の長所はやっぱり親近感ですね。私も十元も親近感の沸くタイプだなって。

──お二人がチアリーダーになろうと思ったきっかけを教えてください。

**十元**　伯父が野球好きだったので、家に帰ると常に野球中継がついていました。小さい頃から

野球がそばにある生活だったのがきっかけです。この仕事を始めて野球が見られて、舞台にも立てる私にピッタリの仕事だと気付きました。

詩雅　最前列で見られるしね。

——当時好きだったチームはありますか？

詩雅　伯父は兄弟エレファンツのファンでしたが、私は倪福徳選手の影響で中信ホエールズのファンでした。当時はまだ彼がメジャーリーグに行く前だったのですが、国際大会でカナダ相手に好投した試合（08年北京五輪）があって、それをきっかけに中信ホエールズの試合を見るようになりました。毎回良い投球をするんですが、チームが全然勝てなくて…より応援に熱が入りましたね。

——十元さんは以前、巨人の二軍の試合も見に行かれたと伺ったのですが…

十元　ですです！　急な日本行きだったのに加えて、開幕直後だったので一軍のチケットはみんな売り切れてしまっていて…せっかくの機会なので試しに行ってみようと。巨人の二軍球場は素晴らしかったですね！　歩くのは遠かったけど…（笑）。

——今季から詩雅さんが正式メンバーに昇格しますが、先輩の十元さんからアドバイスはありますか。

十元　何より伝えたいのは試合前に弁当を食べないこと！　あと、踊り終わった翌日は絶対全身筋肉痛になる。そこからだんだんコントロールを覚えていく事が大事。どの程度までやればいいかって。もちろん常にフルパワーで踊れればベストだけど、1イニング、1試合を踊り切らないといけないから。体力とかスピード、パワーを自分で調整しないと。

——先発投手と同じという事ですね。アイドルグループでのダンスと、プロ野球のチアリーダーとして踊るダンスはどのような違いがありますか。

詩雅　一番の違いは歌の有無ですね。アイドルは歌があるので、歌詞に合わせて表情に変化がつけられるのですが、応援は同じ動作の繰り返

しなので、意識して自分の表情をコントロールしないといけないです。またアイドルは左手でマイクを持つので、基本全ての振り付けを右手で行うんですが、チアリーダーはファンのダンスの鏡になるので、左手始動でダンスを行うんです。この違いに中々慣れず…時間がかかりました。

——日本のアイドルと比べ、台湾のチアはファンとの距離が非常に近いように感じますが、どうでしょうか。また球場で常にカメラを向けられることに対するプレッシャーはありますか。

詩雅　アイドル時代はファンの方がステージを撮影する事はできなかったので、こうして撮影してくれる人がたくさんいるのはとても嬉しいです。以前は公式カメラマンの写真しかなかったですが、今は凄く素晴らしいカメラマンがたくさんいるので、選べる幅が広がりました。ファンと距離が近いことも個人的には握手会の感覚と近いなと思っていて、私はあまり戸惑う事はなかったです。プレッシャーという点では、一部の衣装はお腹が出るので、常にお腹の状態が大丈夫かは心配してます。いつもパーフェクトでいることが求め

られている感覚です。

──台湾のチアが注目を集める存在となり、人数や海外からの「助っ人」も年々増えていますが、近年の環境の変化をどう感じていますか。

**十元** 環境の変化は凄く速いですが、良い方向の変化であれば、私は良い事だと思います。海外からのメンバーがきっかけで見てくれる人が増えれば、他のメンバーの注目度も上がりますし。

──李多慧さんと同じチームで活動し、刺激を受けた部分はありましたか。

**十元** あります。アイドルグループは全体の一体感を追求しますが、私たちチアリーダーはそれぞれが自分らしさを追求する事を求められるものだと思っています。それだけに、外国人として一人で新しい環境に来ても自分の道を突き進める彼女の姿から、自分のスタイルを貫くことの大切さを改めて学びました。

──お二人の目から見て、各チームのカラーの違いは何かありますか。

**詩雅** 女の子たち自身が違うのはもちろんですが、チームによって応援歌の雰囲気も違うと思い

ます。個人的には私達の味全と統一がどちらもノリやすい曲調で似ていると思います。

**十元** 楽天は比較的電子音楽系の曲が多いです。最近韓国の応援を取り入れているので、その影響もあると思います。

**詩雅** 楽天はダンスが非常に綺麗で、写真映え、動画映えする曲が多いようにも思います。女の子の話で言えば、小迪のいる中信兄弟はみんな背が高く華やかな感じがあります。

**十元** チアの中で話す時にもそんな話をしますよ。どこのチームに誰が加入したという時に「あ、あの子は非常に中信兄弟っぽいね」って。

**詩雅** 私のチームは身近に感じられるようなタイプが揃っているなと思ってます。チームとしてもファンとの協調に重きを置いています。

──お二人の特に好きな応援歌は誰の曲ですか? また反対にこの曲は難しいという曲があれば教えてください。

**十元** (難しいのは)林立です! 手と脚の動きが反対なので、初心者には本当に難しい。ただ基本だけできていれば、それでOKです。本当に難しいので、私たちチアでもしばらく踊っていないと、間違えることがあります。

**詩雅** 一番好きなのは郭嚴文選手の曲ですね。

**十元** それ私が元々答えようと思ってたやつ…。

**詩雅** 今は私のチームに移籍してきたからね。郭嚴文選手の曲はシンプルだし、ファンとの一体感もあります。踊ってみると本当に覚えやすいんですよ。

**十元** あとすごく可愛い!

──ここ最近は台鋼の葉保弟の応援歌が話題になっていますが、お二人が踊ってみたい他球団の応援歌はありますか。

**詩雅** 私は林子偉選手の応援歌ですね。合体技って感じがして、かっこいいなと思います。ぜひ一度踊ってみたいです。

**十元** 私は拿莫.伊漾の応援歌を踊りたいです! (両手でグッドを作る)このポーズが私に似合う

と思うので！一体感もあって、あの曲はすごく私の応援のスタイルに合ってると思うんです。

——CPBLの選手の中でお二人が日本のファンに紹介したい選手はいますか。

**詩雅** 私のチームの徐若熙選手です。怪我に苦しんだ時期もあったのですが、それを乗り越えて再びマウンドに立っている姿を見ると、自然と応援したくなります。私は彼が国際大会の舞台でも素晴らしい投球をしてくれると信じています。

**十元** 私は2人の選手を推薦したいです。1人目は黃子鵬選手で、重要な試合にはいつもエースとして先発している看板投手です。でもすごくシャイで人見知りな、プロ野球選手としては珍しいタイプです。非常に家族と子供を大切にしている面もあって、日本のファンの方にもぜひ注目してほしい。もう1人は曾仁和選手です。彼はとても活発でファンにも優しい選手の1人です。試合後にその試合でMVPを取った選手が踊る機会があるのですが、多くの選手があまり乗り気じゃな

い中で、彼はノリノリのダンスを見せてくれました。こういった選手がプロ野球には必要だと思います。

——最後に日本のファンが、台湾野球観戦に足を運びたくなるようなメッセージをお願いします。

**十元** 宮崎での交流試合の時に、私たちの応援エリア近くにいた日本のファンの人たちが、中国語が分からなくても一緒に応援してくれました。それを見てもっと多くの人に、台湾に来て台湾式の応援を体験してみてほしいと思うようになりました。今後台湾で生活する人だけでなく、旅行や出張で来た人など、より多くの日本の方が私たちの試合を体験しに来てくれたら嬉しいです。

**詩雅** 何も心配はいらないので、怖がらず一度台湾の球場に足を運んでみてください。実際に多くの日本のファンが来てくれていますし、試合前のイベントで突然日本語で話しかけられるなんてことも多いです。私たちは日本語も少し話せるので、見つけてくださいね。

27

# 台北・新北地下鉄 （MRT/ 捷運） 路線図

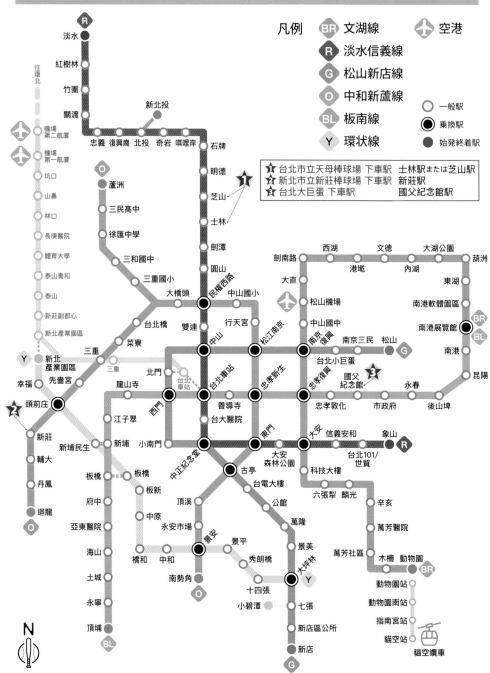

※環狀線　板橋-中和間が2024年4月に発生した花蓮地震の影響により運休中
（復旧時期は未定）

# 桃園空港地下鉄（MRT/ 捷運）路線図

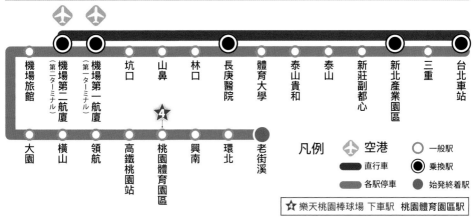

| | |
|---|---|
| 機場旅館 | 大園 |
| 機場第二航廈（第二ターミナル） | 橫山 |
| 機場第一航廈（第一ターミナル） | 領航 |
| 坑口 | 高鐵桃園站 |
| 山鼻 | 桃園體育園區 |
| 林口 | 興南 |
| 長庚醫院 | 環北 |
| 體育大學 | 老街溪 |
| 泰山貴和 | |
| 泰山 | |
| 新莊副都心 | |
| 新北產業園區 | |
| 三重 | |
| 台北車站 | |

**凡例**

✈ 空港　　○ 一般駅

▬ 直行車　　◉ 乗換駅

▬ 各駅停車　　● 始発終着駅

☆ 樂天桃園棒球場 下車駅　桃園體育園區駅

# 台中地下鉄（MRT/ 捷運）路線図

**凡例**

▬ MRTグリーンライン

▭ 台湾鉄道

▭ 台湾高速鉄道

○ 一般駅

◉ 乗換駅

● 始発終着駅

☆ 台中洲際棒球場 下車駅
　文心崇德駅

北屯總站

舊社

松竹

四維國小

文心中清　　太原

文心崇德

文華高中

文心櫻花

市政府

水安宮

文心森林公園

南屯　　　　　台中

豐樂公園

大慶

高鐵臺中站　　九張犁

烏日　九德

N

# 高雄地下鉄（MRT/ 捷運）路線図

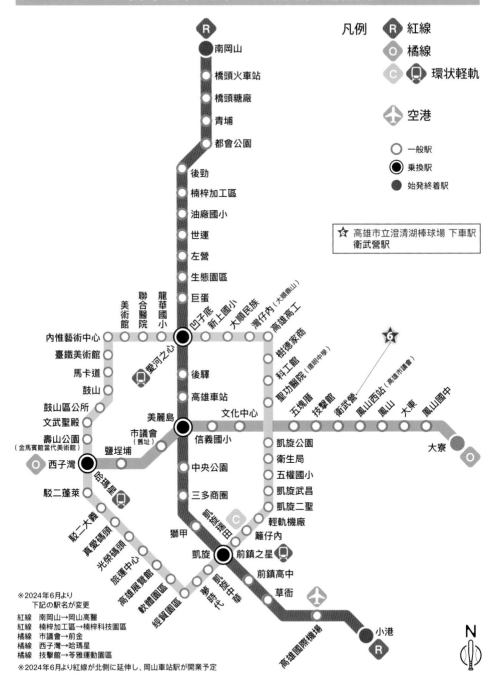

凡例

R 紅線
O 橘線
C 環状軽軌
空港

○ 一般駅
◉ 乗換駅
● 始発終着駅

☆ 高雄市立澄清湖棒球場 下車駅
衛武營駅

南岡山
橋頭火車站
橋頭糖廠
青埔
都會公園
後勁
楠梓加工區
油廠國小
世運
左營
生態園區
巨蛋
聯合醫院
美術館
龍華國小
內惟藝術中心
臺鐵美術館
馬卡道
鼓山
鼓山區公所
文武聖殿
壽山公園
(金馬賓館當代美術館)
西子灣
駁二蓬萊
凹子底
新上國小
大順民族
灣仔內(大順鳳山)
高雄高工
高雄家商
樹德家商
科工館
聖功醫院(道明中學)
五塊厝
技擊館
衛武營
鳳山西站(高雄市議會)
鳳山
大東
鳳山國中
愛河之心
後驛
高雄車站
文化中心
凱旋公園
衛生局
五權國小
凱旋武昌
凱旋二聖
輕軌機廠
籬仔內
凱旋瑞田
獅甲
凱旋
前鎮之星
前鎮高中
草衙
小港
高雄國際機場
大寮
美麗島
市議會(舊址)
鹽埕埔
哈瑪星
駁二大義
真愛碼頭
光榮碼頭
旅運中心
高雄展覽館
軟體園區
夢時代
經貿園區
信義國小
中央公園
三多商圈

※2024年6月より
下記の駅名が変更

紅線　南岡山→岡山高鷗
紅線　楠梓加工區→楠梓科技園區
橘線　市議會→前金
橘線　西子灣→哈瑪星
橘線　技擊館→苓雅運動園區

※2024年6月より紅線が北側に延伸し、岡山車站駅が開業予定

N

# 台湾代表チーム（チャイニーズタイペイ）主な国際大会での戦績

## 2006年 ワールドベースボールクラシック

### 第1ラウンドA組（第1日・第1試合）
3月3日（金）東京ドーム 開始11:33 入場者5,193人

（1勝0敗）

| | 1 | 2 | 3 | 4 | 5 | 6 | 7 | 8 | 9 | 計 |
|---|---|---|---|---|---|---|---|---|---|---|
| 韓国 | 0 | 0 | 0 | 1 | 1 | 0 | 0 | 0 | 0 | 2 |
| チャイニーズタイペイ | 0 | 0 | 0 | 0 | 0 | 0 | 0 | 0 | 0 | 0 |

（0勝1敗）

【韓】○ソ・ジェウン、キム・ビョンヒョン、ク・デソン、
　　（S）パク・チャンホー ホン・ソンフン、
　　チン・ガブヨン
【チ】●林恩宇、林英傑、朱尉銘、耿伯軒 － 葉君璋

### 第1ラウンドA組（第2日・第2試合）
3月4日（土）東京ドーム 開始18:04 入場者31,047人

（2勝0敗）

| | 1 | 2 | 3 | 4 | 5 | 6 | 7 | 計 |
|---|---|---|---|---|---|---|---|---|
| 日本 | 3 | 1 | 1 | 0 | 6 | 1 | 2 | 14 |
| チャイニーズタイペイ | 0 | 1 | 0 | 0 | 0 | 2 | 0 | 3 |

（0勝2敗）

（7回コールド）

【日】○松坂、薮田、小林宏、藤川 － 里崎、相川
【チ】●許竹見、陽耀勳、蔡英峰、許文雄、増菘瑋、
　　黄俊中、郭泓志、陽建福 － 葉君璋、陳峰民
本塁打【日】多村2号（1回3ラン 許竹見）

### 第1ラウンドA組（第3日・第1試合）
3月5日（日）東京ドーム 開始11:10 入場者4,577人

（1勝2敗）

| | 1 | 2 | 3 | 4 | 5 | 6 | 7 | 8 | 9 | 計 |
|---|---|---|---|---|---|---|---|---|---|---|
| チャイニーズタイペイ | 0 | 0 | 1 | 4 | 0 | 2 | 0 | 4 | 1 | 12 |
| 中国 | 0 | 0 | 0 | 0 | 0 | 2 | 0 | 0 | 1 | 3 |

（0勝3敗）

【チ】○潘威倫、姜建銘、朱尉銘、耿伯軒、郭泓志
　　－ 陳峰民
【中】●王楠、徐錚、卜涛、趙全勝、張俊 － 王偉、
　　張振旺
本塁打【チ】陳鏞基1号（4回満塁 徐錚）

## 2008年 北京オリンピック

### 予選リーグ（第1日）
8月13日（水）五棵松棒球場第二 開始10:30 入場者1,510人

（0勝1敗）

| | 1 | 2 | 3 | 4 | 5 | 6 | 7 | 8 | 9 | 計 |
|---|---|---|---|---|---|---|---|---|---|---|
| オランダ | 0 | 0 | 0 | 0 | 0 | 0 | 0 | 0 | 0 | 0 |
| チャイニーズタイペイ | 0 | 1 | 0 | 3 | 0 | 1 | 0 | 0 | X | 5 |

（1勝0敗）

【オ】●Bergman、Cordemans、Draijer － de Jong
【チ】○陳偉殷、鄭凱文 － 葉君璋

### 予選リーグ（第2日）
8月14日（木）五棵松棒球場 開始19:00 入場者7,690人

（1勝1敗）

| | 1 | 2 | 3 | 4 | 5 | 6 | 7 | 8 | 9 | 10 | 計 |
|---|---|---|---|---|---|---|---|---|---|---|---|
| 日本 | 0 | 0 | 0 | 0 | 0 | 1 | 1 | 0 | 0 | 4 | 6 |
| チャイニーズタイペイ | 0 | 0 | 0 | 1 | 0 | 0 | 0 | 0 | | | 1 |

（1勝1敗）

【日】○涌井、岩瀬、藤川、上原 － 阿部
【チ】許文雄、●倪福德、張誌家、曹錦輝、鄭凱文
　　－ 陳峰民、葉君璋、高志綱
本塁打【日】阿部1号（5回ソロ 許文雄）

### 予選リーグ（第3日）
8月15日（金）五棵松棒球場第二 開始10:30 入場者1,600人

（1勝2敗）

| | 1 | 2 | 3 | 4 | 5 | 6 | 7 | 8 | 9 | 10 | 11 | 計 |
|---|---|---|---|---|---|---|---|---|---|---|---|---|
| チャイニーズタイペイ | 0 | 0 | 0 | 1 | 1 | 0 | 0 | 1 | 0 | 0 | 4 | 7 |
| 中国 | 0 | 0 | 0 | 0 | 0 | 0 | 3 | 0 | 0 | 0 | 5x | 8 |

（1勝1敗）

（延長12回）※11回からタイブレーク制

【チ】潘威倫、倪福德、羅嘉仁、●陽建福 － 高志綱、
　　葉君璋、陳峰民
【中】王楠、孫国強、陳坤 － 呂建剛 － 王偉
本塁打【チ】羅國輝1号（5回ソロ 王楠）

### 予選リーグ（第4日）
8月16日（土）五棵松棒球場 開始11:30 入場者6,584人

（1勝3敗）

| | 1 | 2 | 3 | 4 | 5 | 6 | 7 | 8 | 9 | 計 |
|---|---|---|---|---|---|---|---|---|---|---|
| チャイニーズタイペイ | 0 | 0 | 0 | 0 | 0 | 0 | 0 | 0 | 0 | 0 |
| キューバ | 0 | 0 | 0 | 0 | 0 | 0 | 1 | 0 | X | 1 |

（4勝0敗）

【チ】●李振昌、張誌家 － 葉君璋
【キ】○El.Sanchez、（S）Gonzalez － Pestano
本塁打【キ】Cepeda1号（7回ソロ 李振昌）

### 予選リーグ（第6日）
8月18日（月）五棵松棒球場 開始11:30 入場者7,000人

（5勝0敗）

| | 1 | 2 | 3 | 4 | 5 | 6 | 7 | 8 | 9 | 計 |
|---|---|---|---|---|---|---|---|---|---|---|
| 韓国 | 7 | 1 | 0 | 0 | 0 | 0 | 1 | 0 | 0 | 9 |
| チャイニーズタイペイ | 0 | 2 | 0 | 0 | 4 | 2 | 0 | 0 | 0 | 8 |

（1勝4敗）

【韓】ポン・ジュングン、○ハン・ギジュ、
　　クォン・ヒョク、（S）ユン・ソクミン － カン・ミンホ
【チ】陽建福、●倪福德、張誌家、曹錦輝 － 葉君璋
本塁打【韓】コ・ヨンミン1号（1回3ラン 陽建福）

### 予選リーグ（第7日）
**8月19日（火）五棵松棒球場　開始19:00　入場者7,662人**
（1勝5敗）

| | 1 | 2 | 3 | 4 | 5 | 6 | 7 | 8 | 9 | | R |
|---|---|---|---|---|---|---|---|---|---|---|---|
| チャイニーズタイペイ | 0 | 0 | 0 | 0 | 1 | 0 | 0 | 1 | 0 | 0 | 2 |
| 米　国 | 0 | 0 | 0 | 0 | 1 | 2 | 0 | 1 | X | | 4 |

（4勝2敗）

【チ】許文雄、李振昌、曹錦輝 － 陳峰民
【米】○Knight、Koplove、(S)Jepsen － Marson
本塁打【チ】林智勝1号（7回ソロ Knight）
　　　【米】Gall 1号（6回ソロ 許文雄）

---

### 予選リーグ（第8日）
**8月20日（水）五棵松棒球場第二　開始18:00　入場者1,530人**
（2勝5敗）

| | 1 | 2 | 3 | 4 | 5 | 6 | 7 | 8 | 9 | 10 | 11 | 12 | R |
|---|---|---|---|---|---|---|---|---|---|---|---|---|---|
| チャイニーズタイペイ | 1 | 4 | 0 | 0 | 0 | 0 | 0 | 0 | 0 | 0 | 0 | 1 | 6 |
| カナダ | 2 | 1 | 0 | 1 | 0 | 0 | 1 | 0 | 0 | 0 | 0 | | 5 |

（2勝5敗）

（延長12回）※11回からタイブレーク制
【チ】陳偉殷、潘威倫、○倪福德、(S)張誌家 － 葉君璋
【カ】Johnson、Swindle、Burton、Davidson、Green、●Reitsma － Corrente、Frostad
本塁打【チ】林智勝2号（2回ソロ Johnson）、林哲瑄1号（2回2ラン Johnson）
　　　【カ】Clapp 1号（7回ソロ 潘威倫）

## 2009年　ワールドベースボールクラシック

### 第1ラウンドA組（Game 2）
**3月6日（金）東京ドーム　開始18:40　入場者12,704人**
（0勝1敗）

| | 1 | 2 | 3 | 4 | 5 | 6 | 7 | 8 | 9 | R |
|---|---|---|---|---|---|---|---|---|---|---|
| チャイニーズタイペイ | 0 | 0 | 0 | 0 | 0 | 0 | 0 | 0 | 0 | 0 |
| 韓　国 | 6 | 0 | 0 | 0 | 1 | 2 | 0 | 0 | X | 9 |

（1勝0敗）

【チ】●李振昌、鄭凱文、廖于誠、林柏佑 － 高志綱
【韓】○リュ・ヒョンジン、ボン・ジュングン、イ・スンホ、イム・テフン － パク・キョンワン、カン・ミンホ
本塁打【韓】イ・ジンヨン1号（1回満塁 李振昌）、チョン・グンウ1号（6回2ラン 林柏佑）

---

### 第1ラウンドA組（Game 3）
**3月7日（土）東京ドーム　開始12:39　入場者12,890人**
（0勝2敗）

| | 1 | 2 | 3 | 4 | 5 | 6 | 7 | 8 | 9 | R |
|---|---|---|---|---|---|---|---|---|---|---|
| チャイニーズタイペイ | 0 | 0 | 0 | 0 | 0 | 1 | 0 | 0 | 0 | 1 |
| 中　国 | 1 | 0 | 0 | 0 | 2 | 0 | 0 | 1 | X | 4 |

（1勝1敗）

【チ】林岳平、増菘瑋、倪福德 － 高志綱
【中】呂建剛、卜涛、孫国強、陳俊毅、(S)陳坤 － 張振旺
本塁打【中】R.チャン1号（8回ソロ 倪福德）

## 2013年　ワールドベースボールクラシック

### 第1ラウンドB組（Game 1）
**3月2日（土）台中洲際棒球場　開始12:30　入場者20,035人**
（0勝1敗）

| | 1 | 2 | 3 | 4 | 5 | 6 | 7 | 8 | 9 | R |
|---|---|---|---|---|---|---|---|---|---|---|
| オーストラリア | 0 | 0 | 0 | 0 | 0 | 0 | 1 | 0 | 0 | 1 |
| チャイニーズタイペイ | 1 | 0 | 2 | 0 | 1 | 0 | 0 | 0 | X | 4 |

（1勝0敗）

【豪】●Oxspring、Ruzic、Saupold、Bright、Wise、Rowland-Smith、Russell － M.Kennelly
【チ】○王建民、陽耀勳、郭泓志、(S)陳鴻文 － 高志鋼
本塁打【豪】Welch 1号（7回ソロ 陽耀勳）
　　　【チ】彭政閔1号（5回ソロ Saupold）

---

### 第1ラウンドB組（Game 3）
**3月3日（日）台中洲際棒球場　開始14:30　入場者20,035人**
（1勝1敗）

| | 1 | 2 | 3 | 4 | 5 | 6 | 7 | 8 | 9 | R |
|---|---|---|---|---|---|---|---|---|---|---|
| オランダ | 0 | 3 | 0 | 0 | 0 | 0 | 0 | 0 | 0 | 3 |
| チャイニーズタイペイ | 0 | 1 | 0 | 4 | 0 | 3 | 0 | 0 | X | 8 |

（2勝0敗）

【蘭】●Stuifbergen、Martis、Isenia － Ricardo
【チ】王躍霖、○潘威倫、曾仁和、王鏡銘、陳鴻文 － 林泓育
本塁打【チ】陽岱鋼1号（6回2ラン Martis）

第1ラウンドB組（Game 6）
**3月5日（火）台中洲際棒球場　開始 19:30　入場者 23,431人**
（2勝1敗）

| チャイニーズタイペイ | 0 | 0 | 1 | 1 | 0 | 0 | 0 | 0 | 0 | | 2 |
|---|---|---|---|---|---|---|---|---|---|---|---|
| 韓　国 | 0 | 0 | 0 | 0 | 0 | 0 | 0 | 3 | X | | 3 |

（2勝1敗）

【チ】陽耀勳、王鏡銘、羅錦龍、●郭泓志 ― 高志鋼
【韓】チャン・ウォンジュン、ノ・ギョンウン、
　　　パク・ヒス、ソン・スンラク、
　　　○チャン・ウォンサム、（S）オ・スンファン
　　　― カン・ミンホ、チン・ガプヨン
本塁打【韓】カン・ジョンホ1号（8回2ラン 郭泓志）

第2ラウンド1組（Game 2）
**3月8日（金）東京ドーム　開始 19:08　入場者 43,527人**
（1勝0敗）

| 日　本 | 0 | 0 | 0 | 0 | 0 | 0 | 2 | 1 | 1 | | 4 |
|---|---|---|---|---|---|---|---|---|---|---|---|
| チャイニーズタイペイ | 0 | 0 | 1 | 0 | 1 | 0 | 0 | 1 | 0 | 0 | 3 |

（0勝1敗）
（延長10回）

【日】能見、攝津、田中、山口、澤村、○牧田、（S）杉内
　　　― 阿部、相川、炭谷
【チ】王建民、潘威倫、郭泓志、王鏡銘、●陳鴻文、
　　　林羿豪、陽耀勳 ― 林泓育、高志鋼

第2ラウンド1組（Game 3）
**3月9日（土）東京ドーム　開始 19:00　入場者 12,884人**
（0勝2敗）

| チャイニーズタイペイ | 0 | 0 | 0 | 0 | 0 | 0 | | 0 |
|---|---|---|---|---|---|---|---|---|
| キューバ | 2 | 0 | 0 | 4 | 0 | 8 | X | 14 |

（1勝1敗）
（7回コールド）

【チ】●羅錦龍、陽耀勳、林煜清、王溢正、曾仁和
　　　― 高志鋼
【キ】○Betancourt、Gonzalez、Iglesias ― Morejon、Sanchez
本塁打【キ】Cepeda 1号（1回2ラン 羅錦龍）、
　　　　　Tomas 2号（4回3ラン 陽耀勳）、
　　　　　Abreu 2号（6回2ラン 王溢正）、
　　　　　Despaigne 3号（6回ソロ 曾仁和）

## 2015年　プレミア12

**1次ラウンドグループA　（Game 2）**
**11月9日（月）台中洲際棒球場　開始18:45　入場者16,188人**
（1勝0敗）

| | | | | | | | | | | |
|---|---|---|---|---|---|---|---|---|---|---|
| オランダ | 1 | 3 | 0 | 0 | 0 | 0 | 0 | 0 | 3 | 7 |
| チャイニーズタイペイ | 1 | 0 | 0 | 1 | 0 | 1 | 0 | 0 | 1 | 4 |

（0勝1敗）

【蘭】Markwell、Stuifbergen、○Martis、Cornelisse、
　　　(S) Van Mil － Zarraga
【チ】●陳冠宇、潘威倫、陳禹勳、羅嘉仁、林柏佑、
　　　陳鴻文 － 林泓育
本塁打【蘭】De Caster 1号（2回2ラン 陳冠宇）
　　　【チ】陽岱鋼1号（1回ソロ Markwell）、
　　　　　　林泓育1号（6回ソロ Martis）

**1次ラウンドグループA　（Game 12）**
**11月11日（水）台中洲際棒球場　開始18:35　入場者8,517人**
（1勝1敗）

| | | | | | | | | | | |
|---|---|---|---|---|---|---|---|---|---|---|
| チャイニーズタイペイ | 2 | 0 | 1 | 1 | 0 | 0 | 2 | 0 | 1 | 7 |
| イタリア | 0 | 0 | 0 | 0 | 1 | 0 | 0 | 0 | 0 | 1 |

（0勝2敗）

【チ】○郭俊麟、陳禹勳、陳鴻文 － 林泓育、高志綱
【イ】●Panerati、Corradini、Oberto、Pizziconi
　　　－ Mineo、Bertagnon
本塁打【チ】林智勝 1号（3回ソロ Panerati）、
　　　　　　郭嚴文 1号（9回ソロ Pizziconi）
　　　【イ】Sambucci 1号（5回ソロ 郭俊麟）

**1次ラウンドグループA　（Game 18）**
**11月12日（木）台中洲際棒球場　開始18:35　入場者10,245人**
（3勝0敗）

| | | | | | | | | | | |
|---|---|---|---|---|---|---|---|---|---|---|
| カナダ | 0 | 0 | 1 | 3 | 0 | 3 | 0 | 2 | 0 | 9 |
| チャイニーズタイペイ | 0 | 2 | 0 | 0 | 2 | 1 | 0 | 3 | 0 | 8 |

（1勝2敗）

【カ】○Hill、Lotzkar、Rakkar、Albers、(S) Molleken － Deglan
【チ】倪福徳、呂彦青、●林子崴、陳冠宇、陳禹勳、
　　　羅嘉仁、林柏佑、陳鴻文 － 林泓育、高志綱、張進徳
本塁打【カ】O'Neill 2号（8回ソロ 羅嘉仁）、
　　　　　　Tosoni 1号（8回ソロ 林柏佑）
　　　【チ】陳俊秀 2号（2回2ラン Hill）、
　　　　　　王柏融 1号（5回2ラン Hill）、
　　　　　　林智勝 2号（6回ソロ Lotzkar）

**1次ラウンドグループA　（Game 24）**
**11月14日（土）台中洲際棒球場　開始18:38　入場者17,503人**
（2勝2敗）

| | | | | | | | | | |
|---|---|---|---|---|---|---|---|---|---|
| キューバ | 0 | 0 | 0 | 0 | 0 | 1 | 0 | 0 | 1 |
| チャイニーズタイペイ | 0 | 1 | 0 | 0 | 0 | 0 | 0 | 3 | X | 4 |

（2勝2敗）

【キ】Yera、Lahera、●Garcia、Betancourt、Cano － Alarcon
【チ】宋家豪、陳禹勳、羅嘉仁、○潘威倫、
　　　(S) 陳鴻文 － 張進徳
本塁打【チ】林智勝 3号（8回3ラン Betancourt）

**1次ラウンドグループA　（Game 26）**
**11月15日（日）台中洲際棒球場　開始12:34　入場者17,436人**
（2勝3敗）

| | | | | | | | | | | | | |
|---|---|---|---|---|---|---|---|---|---|---|---|---|
| チャイニーズタイペイ | 0 | 0 | 0 | 1 | 0 | 0 | 0 | 0 | 0 | 2 | 1 | 4 |
| プエルトリコ | 0 | 0 | 0 | 1 | 0 | 0 | 0 | 0 | 0 | 2 | 4x | 7 |

（2勝3敗）
（延長12回）　※10回からタイブレーク制

【チ】郭俊麟、陳禹勳、陳鴻文、陳冠宇、
　　　●潘威倫 － 張進徳、高志綱
【プ】Santiago、Martinez、Pagan、Fuentes、
　　　○Fontanez － Santos
本塁打【チ】林智勝 4号（4回ソロ Santiago）
　　　【プ】Mendez 2号（12回満塁 潘威倫）

## 2017年　ワールドベースボールクラシック

**第1ラウンドA組　（Game 2）**
**3月7日（火）高尺スカイドーム　開始12:00　入場者3,287人**
（1勝0敗）

| | | | | | | | | | | |
|---|---|---|---|---|---|---|---|---|---|---|
| イスラエル | 4 | 0 | 2 | 0 | 0 | 0 | 5 | 1 | 3 | 15 |
| チャイニーズタイペイ | 0 | 0 | 0 | 0 | 0 | 3 | 0 | 0 | 4 | 7 |

（0勝1敗）

【イ】○Baker、Orlan、Herron、Axelrod、Burawa、Neiman、
　　　Kremer － Lavarnway、Rickles
【チ】●郭俊麟、陳冠宇、蔡明晋、倪福徳、林晨樺、
　　　羅國華 － 鄭達鴻
本塁打【イ】Lavarnway 1号（3回2ラン 陳冠宇）、
　　　　　　Freiman1号（9回3ラン 羅國華）

**第1ラウンドA組　（Game 4）**
**3月8日（水）高尺スカイドーム　開始18:30　入場者3,606人**
（0勝2敗）

| | | | | | | | | | |
|---|---|---|---|---|---|---|---|---|---|
| チャイニーズタイペイ | 0 | 0 | 2 | 0 | 3 | 0 | 0 | 0 | 5 |
| オランダ | 0 | 1 | 0 | 3 | 0 | 0 | 0 | 1 | 1x | 6 |

（2勝0敗）

【チ】宋家豪、江少慶、倪福徳、●陳鴻文 － 林琨笙
【蘭】Jurrjens、Huijer、Bolsenbroek、○Martis － Ricardo
本塁打【チ】張志豪 1号（5回2ラン Huijer）

**第1ラウンドA組　（Game 6）**
**3月9日（木）高尺スカイドーム　開始18:30　入場者12,000人**
（1勝2敗）

| | | | | | | | | | | |
|---|---|---|---|---|---|---|---|---|---|---|
| 韓　国 | 1 | 5 | 0 | 2 | 0 | 0 | 0 | 0 | 3 | 11 |
| チャイニーズタイペイ | 0 | 3 | 0 | 2 | 0 | 2 | 1 | 0 | 0 | 8 |

（0勝3敗）
（延長10回）

【韓】ヤン・ヒョンジョン、シム・チャンミン、
　　　チャ・ウチャン、チャン・シファン、
　　　ウォン・ジョンヒョン、イ・ヒョンスン、
　　　○オ・スンファン － ヤン・ウィジ
【チ】陳冠宇、郭俊麟、潘威倫、黃勝雄、林晨樺、
　　　王鏡銘、●陳鴻文、蔡明晋 － 林琨笙
本塁打【韓】キム・テギュン1号（10回2ラン 陳鴻文）
　　　【チ】林哲瑄1号（4回2ラン シム・チャンミン）

## 2017年　アジア プロ野球チャンピオンシップ

**11月17日(金)東京ドーム　開始19:03　入場者6,040人**

(0勝1敗)

| | 1 | 2 | 3 | 4 | 5 | 6 | 7 | 8 | 9 | 計 |
|---|---|---|---|---|---|---|---|---|---|---|
| チャイニーズタイペイ | 0 | 0 | 0 | 0 | 0 | 0 | 0 | 0 | 0 | 0 |
| 韓国 | 0 | 0 | 0 | 0 | 0 | 1 | 0 | 0 | X | 1 |

(1勝0敗)

【チ】●陳冠宇、王鴻程、彭識穎、王躍霖 － 嚴宏鈞
【韓】○イム・ギョン、パク・チンヒョン、
　　(S) チャン・ピルジュン － ハン・スンテク

---

**11月18日(土)東京ドーム　開始18:41　入場者35,473人**

(2勝0敗)

| | 1 | 2 | 3 | 4 | 5 | 6 | 7 | 8 | 9 | 計 |
|---|---|---|---|---|---|---|---|---|---|---|
| 日本 | 0 | 1 | 0 | 0 | 2 | 0 | 3 | 1 | 1 | 8 |
| チャイニーズタイペイ | 0 | 0 | 0 | 0 | 0 | 0 | 0 | 2 | | 2 |

(0勝2敗)

【日】今永、野田、近藤、平井、堀 － 田村、若月
【チ】●林政賢、羅國華、彭識穎、朱俊祥、王鴻程、
　　王躍霖、邱浩鈞、陳禹勳 － 嚴宏鈞、林祐樂
本塁打【日】外崎1号 (2回ソロ 林政賢)
　　　【チ】朱育賢1号 (9回ソロ 平井)

## 2019年　プレミア12

**オープニングラウンド・グループB (Game 8)**
**11月5日(火)台中洲際棒球場　開始18:30　入場者11,852人**

(0勝1敗)

| | 1 | 2 | 3 | 4 | 5 | 6 | 7 | 8 | 9 | 計 |
|---|---|---|---|---|---|---|---|---|---|---|
| プエルトリコ | 0 | 0 | 0 | 0 | 1 | 0 | 0 | 0 | 0 | 1 |
| チャイニーズタイペイ | 2 | 0 | 0 | 3 | 1 | 0 | 0 | X | | 6 |

(1勝0敗)

【プ】●Cruz、Martinez、Escanio、Nieves － Rodriguez
【チ】○江少慶、陳冠宇、陳禹勳、陳鴻文 － 張進德
本塁打【チ】林立1号 (1回2ラン Cruz)

---

**オープニングラウンド・グループB (Game10)**
**11月6日(水)台中洲際棒球場　開始18:30　入場者10,983人**

(2勝0敗)

| | 1 | 2 | 3 | 4 | 5 | 6 | 7 | 8 | 9 | 計 |
|---|---|---|---|---|---|---|---|---|---|---|
| チャイニーズタイペイ | 0 | 0 | 0 | 0 | 0 | 2 | 0 | 1 | | 3 |
| ベネズエラ | 0 | 0 | 0 | 0 | 0 | 0 | 0 | 0 | 0 | 0 |

(0勝2敗)

【チ】○張奕、陳冠宇、林凱威、(S) 陳鴻文
　　－ 林泓育、高宇杰
【ベ】Alvarez、Breto、Angulo、Martinez、
　　●Socolovich、Navas、Alvarado － Apodaca

---

**オープニングラウンド・グループB (Game 12)**
**11月7日(木)台中洲際棒球場　開始18:30　入場者20,465人**

(3勝0敗)

| | 1 | 2 | 3 | 4 | 5 | 6 | 7 | 8 | 9 | 計 |
|---|---|---|---|---|---|---|---|---|---|---|
| 日本 | 2 | 0 | 2 | 0 | 0 | 1 | 0 | 0 | 3 | 8 |
| チャイニーズタイペイ | 0 | 0 | 0 | 0 | 0 | 0 | 0 | 1 | | 1 |

(2勝1敗)

【日】今永、○大野雄、山岡、甲斐野、岸、山本 － 會澤
【チ】●廖乙忠、王宗豪、胡智為、王躍霖、林凱威、
　　陳禹勳 － 林泓育、高宇杰
本塁打【日】鈴木2号 (3回2ラン 王宗豪)

---

**スーパーラウンド (Game 19)**
**11月11日(月)ZOZOマリンスタジアム　開始12:00　入場者2,803人**

(0勝2敗)

| | 1 | 2 | 3 | 4 | 5 | 6 | 7 | 8 | 9 | 計 |
|---|---|---|---|---|---|---|---|---|---|---|
| チャイニーズタイペイ | 0 | 0 | 0 | 0 | 0 | 0 | 0 | 0 | 0 | 0 |
| メキシコ | 0 | 0 | 0 | 0 | 1 | 1 | 0 | 0 | X | 2 |

(2勝0敗)

【チ】●江少慶、陳冠宇、王躍霖、張進德、高宇杰
【メ】○Reyes、Cruz、Castellanos、Bernardino、Gonzalez、
　　Bustamante － Solis
本塁打【メ】Solis 2号 (5回ソロ 江少慶)

---

**スーパーラウンド (Game 23)**
**11月12日(火)ZOZOマリンスタジアム　開始19:00　入場者4,056人**

(1勝2敗)

| | 1 | 2 | 3 | 4 | 5 | 6 | 7 | 8 | 9 | 計 |
|---|---|---|---|---|---|---|---|---|---|---|
| チャイニーズタイペイ | 0 | 2 | 0 | 1 | 0 | 0 | 3 | 0 | 1 | 7 |
| 韓国 | 0 | 0 | 0 | 0 | 0 | 0 | 0 | 0 | 0 | 0 |

(2勝1敗)

【チ】○張奕、陳冠宇、陳鴻文 － 高宇杰
【韓】●キム・グァンヒョン、ハ・ジェフン、
　　コ・ウソク、ウォン・ジョンヒョン、
　　ハム・ドクチュ、ムン・ギョンチャン
　　－ ヤン・ウィジ、パク・セヒョク
本塁打【チ】陳俊秀1号 (7回3ラン ウォン・ジョンヒョン)

---

**スーパーラウンド (Game 27)**
**11月15日(金)東京ドーム　開始12:00　入場者4,967人**

(1勝3敗)

| | 1 | 2 | 3 | 4 | 5 | 6 | 7 | 8 | 9 | 計 |
|---|---|---|---|---|---|---|---|---|---|---|
| チャイニーズタイペイ | 0 | 0 | 1 | 0 | 0 | 1 | 0 | 0 | 0 | 2 |
| 米国 | 1 | 0 | 0 | 0 | 0 | 0 | 2 | 0 | X | 3 |

(2勝3敗)

【チ】●吳昇峰、王躍霖、陳冠宇、陳鴻文
　　－ 張進德、高宇杰
【米】Dunshee、Andrews、Flynn、Mills、○Jones、Song
　　(S) Dickson － Kratz
本塁打【チ】胡金龍1号 (6回ソロ Flynn)
　　　【米】Rooker 3号 (7回2ラン 吳昇峰)

---

**スーパーラウンド (Game 29)**
**11月16日(土)東京ドーム　開始12:00　入場者7,299人**

(1勝4敗)

| | 1 | 2 | 3 | 4 | 5 | 6 | 7 | 8 | 9 | 計 |
|---|---|---|---|---|---|---|---|---|---|---|
| オーストラリア | 0 | 0 | 0 | 0 | 0 | 1 | 0 | 0 | 0 | 1 |
| チャイニーズタイペイ | 0 | 1 | 0 | 0 | 0 | 0 | 4 | X | | 5 |

(2勝3敗)

【豪】Ruzic、Kent、Moylan、●Tols、Searle、
　　Kennedy － De San Miguel
【チ】胡智為、林凱威、王宗豪、王躍霖、○陳禹勳、
　　陳鴻文 － 高宇杰
本塁打【豪】Wade 1号 (6回ソロ 林凱威)
　　　【チ】林哲瑄1号 (8回3ラン Searle)

# 台湾代表チーム（チャイニーズタイペイ）主な国際大会での戦績

## 2023年　ワールドベースボールクラシック

### 1次ラウンドA組　（Game 2）
**3月8日（水）　台中洲際棒球場　開始19:00　入場者 15,540人**

（1勝0敗）

| | | | | | | | | | | |
|---|---|---|---|---|---|---|---|---|---|---|
| パナマ | 0 | 0 | 0 | 5 | 0 | 6 | 1 | 0 | 0 | 12 |
| チャイニーズタイペイ | 0 | 0 | 0 | 1 | 1 | 2 | 1 | 0 | | 5 |

（1勝1敗）

【パ】Mejia、○Delgado、Gonzalez、Pereira、Hardy、Lawrence
― Bethancourt、Sanchez

【チ】●胡智爲、陳冠偉、李振昌、鄧愷威、曾峻岳、
吳哲源、陳冠宇、宋家豪 ― 高宇杰、吉力吉撈. 鞏冠

本塁打【チ】吳念庭 1号（7回2ラン Pereira）

### 1次ラウンドA組　（Game 6）
**3月10日（金）　台中洲際棒球場　開始19:00　入場者 18,799人**

（1勝1敗）

| | | | | | | | | | | |
|---|---|---|---|---|---|---|---|---|---|---|
| イタリア | 0 | 2 | 0 | 4 | 1 | 0 | 0 | 0 | 0 | 7 |
| チャイニーズタイペイ | 1 | 1 | 3 | 0 | 0 | 2 | 1 | 3 | X | 11 |

（1勝1敗）

【イ】Castellani、Biagini、●Woods Jr.、Marciano、Scotti
― Sullivan

【チ】江少慶、王維中、陳冠宇、陳禹勳、○呂彥青、
（S）宋家豪 ―吉力吉撈. 鞏冠

本塁打【チ】林子偉 1号（1回ソロ Castellani）、
張育成 1号（6回2ラン Woods Jr.）、
吉力吉撈. 鞏冠 1号（8回3ラン Marciano）

### 1次ラウンドA組　（Game 8）
**3月11日（土）　台中洲際棒球場　開始19:00　入場者 18,826人**

（2勝1敗）

| | | | | | | | | | | |
|---|---|---|---|---|---|---|---|---|---|---|
| オランダ | 1 | 0 | 1 | 0 | 0 | 0 | 0 | 2 | 1 | 5 |
| チャイニーズタイペイ | 0 | 5 | 2 | 1 | 0 | 0 | 0 | 1 | X | 9 |

（2勝1敗）

【蘭】●Huijer、West、Huntington、Sulbaran、Kelly、Fransen
― Tromp

【チ】○黃子鵬、吳哲源、李振昌、陳冠宇、（S）宋家豪
― 吉力吉撈. 鞏冠

本塁打【蘭】Didder 1号（9回ソロ 宋家豪）
【チ】張育成 2号（2回満塁 West）

### 1次ラウンドA組　（Game 9）
**3月12日（日）　台中洲際棒球場　開始12:00　入場者 18,852人**

（2勝2敗）

| | | | | | | | | | | |
|---|---|---|---|---|---|---|---|---|---|---|
| チャイニーズタイペイ | 0 | 0 | 0 | 0 | 0 | 0 | 0 | 0 | 1 | 1 |
| キューバ | 4 | 2 | 0 | 1 | 0 | 0 | 0 | 0 | X | 7 |

（2勝2敗）

【チ】●陳仕朋、陳冠偉、王維中、江少慶、曾峻岳、
陳禹勳 ― 吉力吉撈. 鞏冠、林岱安

【キ】○Leyva、Romero、Garcia、Moinelo、R.Martinez
― A.Martinez、Perez

本塁打【キ】Arruebarrena1号（1回2ラン 陳仕朋）、
Moncada1号（2回ソロ 陳冠偉）

## 2023年　アジアプロ野球チャンピオンシップ

**11月16日（木）　東京ドーム　開始19:03　入場者 24,288人**

（1勝0敗）

| | | | | | | | | | | |
|---|---|---|---|---|---|---|---|---|---|---|
| 日本 | 0 | 0 | 0 | 0 | 0 | 0 | 1 | 0 | 3 | 4 |
| チャイニーズタイペイ | 0 | 0 | 0 | 0 | 0 | 0 | 0 | 0 | 0 | 0 |

（0勝1敗）

【日】赤星、及川、○根本、桐敷、田口 ― 坂倉

【チ】●古林睿煬、王志煊、林凱威、曾峻岳、陳柏清
― 戴培峰

本塁打【日】森下 1号（7回ソロ 古林睿煬）

**11月17日（金）　東京ドーム　開始12:00　入場者 3,523人**

（1勝1敗）

| | | | | | | | | | | |
|---|---|---|---|---|---|---|---|---|---|---|
| チャイニーズタイペイ | 0 | 0 | 0 | 0 | 0 | 0 | 0 | 0 | 6 | 6 |
| オーストラリア | 0 | 0 | 0 | 0 | 0 | 0 | 0 | 0 | 0 | 0 |

（0勝2敗）

（延長10回）※10回からタイブレーク制

【チ】陳克羿、林詔恩、○邱駿威 ― 蔣少宏、戴培峰

【豪】Hampton、Wynyard、Beattie、Parsons、Sherriff、Clarke、
●McGrath、Laverty ― Hall

本塁打【チ】林靖凱 1号（10回満塁 McGrath）

**11月18日（土）　東京ドーム　開始19:01　入場者 9,603人**

（1勝2敗）

| | | | | | | | | | | |
|---|---|---|---|---|---|---|---|---|---|---|
| チャイニーズタイペイ | 0 | 0 | 0 | 1 | 0 | 0 | 0 | 0 | 0 | 1 |
| 韓国 | 1 | 4 | 0 | 0 | 1 | 0 | 0 | 0 | X | 6 |

（2勝1敗）

【チ】●王彥程、江國豪、王志煊、李子強、曾峻岳 ―
戴培峰、蔣少宏

【韓】○ウォン・テイン、キム・ヨンギュ、チェ・スンヨン、
チェ・ジミン、チョン・ヘヨン ― キム・ヒョンジュン

本塁打【チ】劉基鴻1号（4回ソロ ウォン・テイン）

### 3位決定戦
**11月19日（日）　東京ドーム　開始11:03　入場者 7,722人**

| | | | | | | | | | | |
|---|---|---|---|---|---|---|---|---|---|---|
| オーストラリア | 0 | 0 | 0 | 1 | 0 | 0 | 2 | 0 | 0 | 3 |
| チャイニーズタイペイ | 0 | 0 | 3 | 0 | 0 | 0 | 0 | 0 | 1x | 4 |

【豪】Holland、McGrath、Wynyard、●Wynne、Sherriff ― Hall
【チ】邱駿威、陳柏清、李子強、○林詔恩 ― 林吳晉瑋

36

| 球場／チーム | ティエンムー（天母）味全 | タオユエン（桃園）楽天 | タイナン（台南）統一 | ジョウジー（洲際）中信兄弟 | シンジュアン（新荘）富邦 | チェンチンフー（澄清湖）台鋼 |
|---|---|---|---|---|---|---|
| 30 土 | 楽天 - 味全 台北ドーム開催 | | | | | |
| 31 日 | 中信 - 味全 台北ドーム開催 | 台鋼 - 楽天 新荘開催 | 富邦 - 統一 | | | |
| 1 月 | | | | | | |
| 2 火 | | | | | | |
| 3 水 | | 味全 - 楽天 天母開催 | | 台鋼 - 中信 台北ドーム開催 | 統一 - 富邦 | |
| 4 木 | | 味全 - 楽天 天母開催 | | 台鋼 - 中信 台北ドーム開催 | 統一 - 富邦 | |
| 5 金 | 統一 - 味全 | 中信 - 楽天 台北ドーム開催 | | | | 富邦 - 台鋼 |
| 6 土 | 統一 - 味全 | 中信 - 楽天 台北ドーム開催 | | | | 富邦 - 台鋼 |
| 7 日 | 統一 - 味全 | 中信 - 楽天 台北ドーム開催 | | | | 富邦 - 台鋼 |
| 8 月 | | | | | | |
| 9 火 | | | 中信 - 統一 | | | 楽天 - 台鋼 |
| 10 水 | 富邦 - 味全 | | 中信 - 統一 | | | 楽天 - 台鋼 |
| 11 木 | 富邦 - 味全 | | | | | |
| 12 金 | | | 台鋼 - 統一 | 味全 - 中信 | 楽天 - 富邦 | |
| 13 土 | | | 台鋼 - 統一 | 味全 - 中信 | 楽天 - 富邦 | |
| 14 日 | | | 台鋼 - 統一 | 味全 - 中信 | 楽天 - 富邦 | |
| 15 月 | | | | | | |
| 16 火 | | 統一 - 楽天 台南開催 | | | | 味全 - 台鋼 （ドウリョウ/斗六）開催 |
| 17 水 | | 統一 - 楽天 台南開催 | | | 中信 - 富邦 | 味全 - 台鋼 （ドウリョウ/斗六）開催 |
| 18 木 | | | | | 中信 - 富邦 | |
| 19 金 | 楽天 - 味全 | | 富邦 - 統一 | | | 中信 - 台鋼 |
| 20 土 | 楽天 - 味全 | | 富邦 - 統一 | | | 中信 - 台鋼 |
| 21 日 | 楽天 - 味全 | | 富邦 - 統一 | | | 中信 - 台鋼 |
| 22 月 | | | | | | |
| 23 火 | | | 味全 - 統一 | 楽天 - 中信 | 台鋼 - 富邦 | |
| 24 水 | | | 味全 - 統一 | 楽天 - 中信 | 台鋼 - 富邦 | |
| 25 木 | | | | | | |
| 26 金 | | 台鋼 - 楽天 | | 統一 - 中信 | 味全 - 富邦 | |
| 27 土 | | 台鋼 - 楽天 | | 統一 - 中信 | 味全 - 富邦 | |
| 28 日 | | 台鋼 - 楽天 | | 統一 - 中信 | 味全 - 富邦※ | |
| 29 月 | | | | | | |
| 30 火 | | | | | | 統一 - 台鋼 |

# 2024年 台湾プロ野球 公式戦日程表 5月

**試合開始時間**：平日18時35分　土曜日17時05分
日曜日5/12まで14時05分、5/19以降は17時05分

| 球場<br>チーム | | ティエンムー<br>（天母）<br>味全  | タオユエン<br>（桃園）<br>楽天  | タイナン<br>（台南）<br>統一  | ジョウジー<br>（洲際）<br>中信兄弟  | シンジュアン<br>（新荘）<br>富邦  | チェンチンフー<br>（澄清湖）<br>台鋼  |
|---|---|---|---|---|---|---|---|
| 1 | 水 | 中信 - 味全 | 富邦 - 楽天 | | | | 統一 - 台鋼 |
| 2 | 木 | | 富邦 - 楽天 | | | | |
| 3 | 金 | 台鋼 - 味全 | | 楽天 - 統一 | 富邦 - 中信 | | |
| 4 | 土 | 台鋼 - 味全 | | 楽天 - 統一 | 富邦 - 中信 | | |
| 5 | 日 | 台鋼 - 味全 | | 楽天 - 統一 | 富邦 - 中信 | | |
| 6 | 月 | | | | | | |
| 7 | 火 | | | | | | 富邦 - 台鋼<br>（タイドン/台東）開催 |
| 8 | 水 | 楽天 - 味全 | | | 統一 - 中信 | | 富邦 - 台鋼<br>（タイドン/台東）開催 |
| 9 | 木 | | | | 統一 - 中信 | | |
| 10 | 金 | | 統一 - 楽天 | | | 中信 - 富邦 | 味全 - 台鋼 |
| 11 | 土 | | 統一 - 楽天 | | | 中信 - 富邦 | 味全 - 台鋼 |
| 12 | 日 | | 統一 - 楽天 | | | 中信 - 富邦 | 味全 - 台鋼 |
| 13 | 月 | | | | | | |
| 14 | 火 | | 台鋼 - 楽天 | | 味全 - 中信 | | |
| 15 | 水 | | 台鋼 - 楽天 | 富邦 - 統一 | 味全 - 中信 | | |
| 16 | 木 | | | | | | |
| 17 | 金 | 富邦 - 味全 | | | 楽天 - 中信 | | 統一 - 台鋼 |
| 18 | 土 | 富邦 - 味全 | | | 楽天 - 中信 | | 統一 - 台鋼 |
| 19 | 日 | 富邦 - 味全 | | | 楽天 - 中信 | | 統一 - 台鋼 |
| 20 | 月 | | | | | | |
| 21 | 火 | 統一 - 味全 | | | | 楽天 - 富邦 | |
| 22 | 水 | 統一 - 味全 | | | | 楽天 - 富邦 | 中信-台鋼 |
| 23 | 木 | | | | | | 中信-台鋼 |
| 24 | 金 | | 味全 - 楽天 | 中信 - 統一 | | 台鋼 - 富邦<br>台北ドーム開催 | |
| 25 | 土 | | 味全 - 楽天 | 中信 - 統一 | | 台鋼 - 富邦<br>台北ドーム開催 | |
| 26 | 日 | | 味全 - 楽天 | 中信 - 統一 | | 台鋼 - 富邦<br>台北ドーム開催 | |
| 27 | 月 | | | | | | |
| 28 | 火 | 台鋼 - 味全 | | 楽天 - 統一 | | | |
| 29 | 水 | 台鋼 - 味全 | | 楽天 - 統一 | 富邦 - 中信 | | |
| 30 | 木 | | | | 富邦 - 中信 | | |
| 31 | 金 | 中信 - 味全<br>台北ドーム開催 | | | | 統一 - 富邦 | 楽天 - 台鋼 |

**2024年**
# 台湾プロ野球
## 公式戦日程表

**6月**

試合開始時間：平日18時35分　土曜日・日曜日・祝日17時05分

6月の祝日 ▶・10日 端午節

| 球場 チーム |  ティエンムー (天母) 味全 |  タオユエン (桃園) 楽天 |  タイナン (台南) 統一 |  ジョウジー (洲際) 中信兄弟 |  シンジュアン (新荘) 富邦 |  チェンチンフー (澄清湖) 台鋼 |
|---|---|---|---|---|---|---|
| 1 土 | 中信 - 味全 台北ドーム開催 | | | | 統一 - 富邦 | 楽天 - 台鋼 |
| 2 日 | 中信 - 味全 台北ドーム開催 | | | | 統一 - 富邦 | 楽天 - 台鋼 |
| 3 月 | | | | | | |
| 4 火 | | 中信 - 楽天 | 台鋼 - 統一 | | 味全 - 富邦 | |
| 5 水 | | 中信 - 楽天 | 台鋼 - 統一 | | 味全 - 富邦 | |
| 6 木 | | | | | | |
| 7 金 | | 富邦 - 楽天 | 味全 - 統一 | 台鋼 - 中信 | | |
| 8 土 | | 富邦 - 楽天 | 味全 - 統一 | 台鋼 - 中信 | | |
| 9 日 | | 富邦 - 楽天 | 味全 - 統一 | 台鋼 - 中信 | | |
| 10 月 | | | 楽天 - 統一 | | 中信 - 富邦 | 味全 - 台鋼 |
| 11 火 | | | | | | |
| 12 水 | | | | | | |
| 13 木 | | | | 楽天 - 中信 | 味全 - 富邦 | 統一 - 台鋼 |
| 14 金 | | | | 楽天 - 中信 | 味全 - 富邦 | 統一 - 台鋼 |
| 15 土 | 楽天 - 味全 | | | 統一 - 中信 台北ドーム開催 | 台鋼 - 富邦 | |
| 16 日 | 楽天 - 味全 | | | 統一 - 中信 台北ドーム開催 | 台鋼 - 富邦 | |
| 17 月 | | | | | | |
| 18 火 | 台鋼 - 味全 | 統一 - 楽天 | | 富邦 - 中信 | | |
| 19 水 | | | | | | |
| 20 木 | 中信 - 味全 | | 富邦 - 統一 | | | |
| 21 金 | 中信 - 味全 | 台鋼 - 楽天 | 富邦 - 統一 | | | |
| 22 土 | | 富邦 - 楽天 | 味全 - 統一 | | | 中信 - 台鋼 台北ドーム開催 |
| 23 日 | | 富邦 - 楽天 | 味全 - 統一 | | | 中信 - 台鋼 台北ドーム開催 |
| 24 月 | | | | | | |
| 25 火 | | | | | | |
| 26 水 | | | | | | |
| 27 木 | | | | | | |
| 28 金 | | | | | | |
| 29 土 | | | | | | |
| 30 日 | | | | | | |

| 球場<br>チーム | | <br>ティエンムー<br>（天母）<br>味全 | <br>タオユエン<br>（桃園）<br>楽天 | <br>タイナン<br>（台南）<br>統一 | <br>ジョウジー<br>（洲際）<br>中信兄弟 | <br>シンジュアン<br>（新荘）<br>富邦 | <br>チェンチンフー<br>（澄清湖）<br>台鋼 |
|---|---|---|---|---|---|---|---|
| 1 | 月 | | | | | | |
| 2 | 火 | | | | | | |
| 3 | 水 | | | | | | |
| 4 | 木 | | | | | | |
| 5 | 金 | 台鋼 - 味全 | 富邦 - 楽天 | 中信 - 統一<br>台北ドーム開催 | | | |
| 6 | 土 | 台鋼 - 味全 | 富邦 - 楽天 | 中信 - 統一<br>台北ドーム開催 | | | |
| 7 | 日 | 台鋼 - 味全 | 富邦 - 楽天 | 中信 - 統一<br>台北ドーム開催 | | | |
| 8 | 月 | | | | | | |
| 9 | 火 | 統一 - 味全 | | | 楽天 - 中信 | | 富邦 - 台鋼<br>（タイドン/台東）開催 |
| 10 | 水 | 統一 - 味全 | | | 楽天 - 中信 | | 富邦 - 台鋼<br>（タイドン/台東）開催 |
| 11 | 木 | | | | | | |
| 12 | 金 | | | | 味全 - 中信 | 統一 - 富邦 | 楽天 - 台鋼 |
| 13 | 土 | | | | 味全 - 中信 | 統一 - 富邦 | 楽天 - 台鋼 |
| 14 | 日 | | | | 味全 - 中信 | 統一 - 富邦 | 楽天 - 台鋼 |
| 15 | 月 | | | | | | |
| 16 | 火 | | | 台鋼 - 統一 | | 中信 - 富邦 | |
| 17 | 水 | | 味全 - 楽天 | 台鋼 - 統一 | | 中信 - 富邦 | |
| 18 | 木 | | 味全 - 楽天 | | | | |
| 19 | 金 | | | | | | |
| 20 | 土 | | | | | | |
| 21 | 日 | | | | | | |
| 22 | 月 | | | | | | |
| 23 | 火 | 富邦 - 味全 | 統一 - 楽天 | | | | |
| 24 | 水 | 富邦 - 味全 | 統一 - 楽天 | | 台鋼 - 中信 | | |
| 25 | 木 | | | | 台鋼 - 中信 | | |
| 26 | 金 | | 中信 - 楽天 | 味全 - 統一 | | 台鋼 - 富邦 | |
| 27 | 土 | | 中信 - 楽天 | 味全 - 統一 | | 台鋼 - 富邦 | |
| 28 | 日 | | 中信 - 楽天 | 味全 - 統一 | | 台鋼 - 富邦 | |
| 29 | 月 | | | | | | |
| 30 | 火 | | | | 統一 - 中信 | | 味全 - 台鋼<br>（ホァリェン/花蓮）開催 |
| 31 | 水 | | | | 統一 - 中信 | 楽天 - 富邦 | 味全 - 台鋼<br>（ホァリェン/花蓮）開催 |

**2024年 台湾プロ野球 公式戦日程表　8月**

試合開始時間：平日18時35分　土曜日・日曜日17時05分
※8/11の中信-台鋼のみ14時05分

| 球場 チーム | ティエンムー（天母）味全  | タオユエン（桃園）楽天  | タイナン（台南）統一  | ジョウジー（洲際）中信兄弟  | シンジュアン（新荘）富邦  | チェンチンフー（澄清湖）台鋼  |
|---|---|---|---|---|---|---|
| 1 木 | | | | | 楽天 - 富邦 | |
| 2 金 | 楽天 - 味全（ホァリェン/花蓮）開催 | | | 富邦 - 中信 台北ドーム開催 | | 統一 - 台鋼 |
| 3 土 | 楽天 - 味全（ホァリェン/花蓮）開催 | | | 富邦 - 中信 台北ドーム開催 | | 統一 - 台鋼 |
| 4 日 | 楽天 - 味全（ホァリェン/花蓮）開催 | | | 富邦 - 中信 台北ドーム開催 | | 統一 - 台鋼（ジャーイーシ/嘉義市）開催 |
| 5 月 | | | | | | |
| 6 火 | | 台鋼 - 楽天 | 富邦 - 統一（ホァリェン/花蓮）開催 | | | |
| 7 水 | 中信 - 味全 | 台鋼 - 楽天 | 富邦 - 統一（ホァリェン/花蓮）開催 | | | |
| 8 木 | 中信 - 味全 | | | | | |
| 9 金 | | | 楽天 - 統一（ホァリェン/花蓮）開催 | | 味全 - 富邦 | 中信 - 台鋼 台北ドーム開催 |
| 10 土 | | | 楽天 - 統一（ホァリェン/花蓮）開催 | | 味全 - 富邦 | 中信 - 台鋼 台北ドーム開催 |
| 11 日 | | | 楽天 - 統一（ホァリェン/花蓮）開催 | | 味全 - 富邦 | 中信 - 台鋼 台北ドーム開催※ |
| 12 月 | | | | | | |
| 13 火 | | | | 富邦 - 中信（タイドン/台東）開催 | | 楽天 - 台鋼 |
| 14 水 | | | 味全 - 統一（ジャーイーシ/嘉義市）開催 | 富邦 - 中信（タイドン/台東）開催 | | 楽天 - 台鋼 |
| 15 木 | | | 味全 - 統一（ジャーイーシ/嘉義市）開催 | | | |
| 16 金 | 富邦 - 味全 | 統一 - 楽天 | | 台鋼 - 中信 | | |
| 17 土 | 富邦 - 味全 | 統一 - 楽天 | | 台鋼 - 中信 | | |
| 18 日 | 富邦 - 味全 | 統一 - 楽天 | | 台鋼 - 中信 | | |
| 19 月 | | | | | | |
| 20 火 | | | 中信 - 統一 | | 台鋼 - 富邦 | |
| 21 水 | 楽天 - 味全（ドウリョウ/斗六）開催 | | 中信 - 統一 | | 台鋼 - 富邦 | |
| 22 木 | 楽天 - 味全（ドウリョウ/斗六）開催 | | | | | |
| 23 金 | | | 富邦 - 統一 | 楽天 - 中信 | | 味全 - 台鋼（ジャーイーシ/嘉義市）開催 |
| 24 土 | | | 富邦 - 統一 | 楽天 - 中信 | | 味全 - 台鋼 |
| 25 日 | | | 富邦 - 統一 | 楽天 - 中信 | | |
| 26 月 | | | | | | |
| 27 火 | | 富邦 - 楽天 | | 味全 - 中信 | | |
| 28 水 | | 富邦 - 楽天 | | 味全 - 中信 | | 統一 - 台鋼（ジャーイーシ/嘉義市）開催 |
| 29 木 | | | | | | 統一 - 台鋼 |
| 30 金 | 統一 - 味全 | 台鋼 - 楽天 | | | 中信 - 富邦 | |
| 31 土 | 統一 - 味全 | 台鋼 - 楽天 | | | 中信 - 富邦 | |

| 球場<br>チーム | | ティエンムー<br>（天母）<br>**味全** | タオユエン<br>（桃園）<br>**楽天** | タイナン<br>（台南）<br>**統一** | ジョウジー<br>（洲際）<br>**中信兄弟** | シンジュアン<br>（新莊）<br>**富邦** | チェンチンフー<br>（澄清湖）<br>**台鋼** |
|---|---|---|---|---|---|---|---|
| 1 | 日 | 統一 - 味全 | 台鋼 - 楽天 | | | 中信 - 富邦 | |
| 2 | 月 | | | | | | |
| 3 | 火 | | | 楽天 - 統一 | | | 中信 - 台鋼<br>（タイドン/台東）開催 |
| 4 | 水 | | | 楽天 - 統一 | | 味全 - 富邦 | 中信-台鋼<br>（タイドン/台東）開催 |
| 5 | 木 | | | | | 味全 - 富邦 | |
| 6 | 金 | | 味全 - 楽天 | | 統一 - 中信 | | 富邦 - 台鋼<br>（ジャーイーシ/嘉義市）開催 |
| 7 | 土 | | 味全 - 楽天 | | 統一 - 中信 | | 富邦 - 台鋼 |
| 8 | 日 | | 味全 - 楽天 | | 統一 - 中信 | | 富邦 - 台鋼 |
| 9 | 月 | | | | | | |
| 10 | 火 | 台鋼 - 味全 | | | | 統一 - 富邦 | |
| 11 | 水 | 台鋼 - 味全 | 中信 - 楽天 | | | 統一 - 富邦 | |
| 12 | 木 | | 中信 - 楽天 | | | | |
| 13 | 金 | | | 台鋼 - 統一 | | 楽天 - 富邦 | |
| 14 | 土 | 中信 - 味全<br>台北ドーム開催 | | 台鋼 - 統一 | | 楽天 - 富邦 | |
| 15 | 日 | 中信 - 味全<br>台北ドーム開催 | | 台鋼 - 統一 | | 楽天 - 富邦 | |
| 16 | 月 | 中信 - 味全<br>台北ドーム開催 | | | | | |
| 17 | 火 | 台鋼 - 味全<br>台北ドーム開催 | | 楽天 - 統一 | 富邦 - 中信 | | |
| 18 | 水 | | | | | | |
| 19 | 木 | | 味全 - 楽天 | 中信 - 統一 | | | 富邦 - 台鋼<br>（ジャーイーシ/嘉義市）開催 |
| 20 | 金 | | 味全 - 楽天 | 中信 - 統一 | | | 富邦 - 台鋼 |
| 21 | 土 | | | | 味全 - 中信<br>台北ドーム開催 | 統一 - 富邦 | 楽天 - 台鋼 |
| 22 | 日 | | | | 味全 - 中信<br>台北ドーム開催 | 統一 - 富邦 | 楽天 - 台鋼 |
| 23 | 月 | | | | | | |
| 24 | 火 | | 統一 - 楽天 | | | 中信 - 富邦 | 味全 - 台鋼 |
| 25 | 水 | | | | | | |
| 26 | 木 | 統一 - 味全 | | | 台鋼 - 中信 | 楽天 - 富邦 | |
| 27 | 金 | 統一 - 味全 | | | 台鋼 - 中信 | 楽天 - 富邦 | |
| 28 | 土 | 富邦 - 味全 | 中信 - 楽天 | 台鋼 - 統一<br>台北ドーム開催 | | | |
| 29 | 日 | 富邦 - 味全<br>台北ドーム開催 | 中信 - 楽天 | 台鋼 - 統一 | | | |
| 30 | 月 | | | | | | |

# 味全ドラゴンズ
## 味全龍

# 味全 ドラゴンズ
## ウェイチュエン ロン

**球団情報**

共享棒球股份有限公司
創立：2019年5月13日　GM：丁仲緯　本拠地：台北市立天母棒球場
球団事務所：台北市士林區忠誠路二段77號　TEL：02-7755-1999
https://www.wdragons.com

## 2023年シーズン回顧と 2024年シーズンの展望

Home　　Visitor

　球団復活から一軍再参入3年目の昨季。前期は2位、後期は残り3試合で首位に立ち大混戦を制し、シーズン1位で台湾シリーズ進出。台湾シリーズでは2勝3敗から連勝し24年ぶりのシリーズ制覇を成し遂げた。打線は4番に定着した劉基鴻、本塁打王の吉力吉撈.鞏冠を中心に上位と中軸で得点を重ね、投手陣は鋼龍、布里悍の外国人投手2人が合計23勝を挙げ先発の軸となり、臨機応変の継投で僅差を拾う試合が目立った。

　今季はリリーフの柱だった王躍霖が拡大ドラフトで台鋼に移籍も、楽天から経験豊富なリリーフの陳禹勳を獲得。また打線の穴だった一塁手、両翼の外野手は楽天から郭嚴文、統一から鄭鎧文を獲得し補強に動いた。昨季防御率5.17と計算できる投手がいなかった台湾人先発と下位打線の層の薄さは課題だが、前者はエース候補徐若熙の活躍、後者は若手の成長と補強で解消されるか。

　一軍再参入後成長を続けてきたチームは追われる立場となった今季、真価が問われる。

### マスコット 威弟

### チアリーダー Dragon Beauties

## 年度別成績

| 年度 | 順位 | | チーム名 | 試合 | 勝 | 敗 | 分 | 勝率 |
|---|---|---|---|---|---|---|---|---|
| 1990 | ★ | 1 | 味全ドラゴンズ | 90 | 52 | 34 | 4 | .605 |
| 1991 | | 2 | 味全ドラゴンズ | 90 | 46 | 35 | 9 | .568 |
| 1992 | | 2 | 味全ドラゴンズ | 90 | 41 | 42 | 7 | .494 |
| 1993 | | 3 | 味全ドラゴンズ | 90 | 48 | 40 | 2 | .545 |
| 1994 | | 5 | 味全ドラゴンズ | 90 | 36 | 52 | 2 | .409 |
| 1995 | | 5 | 味全ドラゴンズ | 100 | 47 | 52 | 1 | .475 |
| 1996 | | 3 | 味全ドラゴンズ | 100 | 55 | 43 | 2 | .561 |
| 1997 | ★ | 4 | 味全ドラゴンズ | 96 | 46 | 46 | 4 | .500 |
| 1998 | ★ | 3 | 味全ドラゴンズ | 105 | 56 | 48 | 1 | .538 |
| 1999 | ★ | 3 | 味全ドラゴンズ | 92 | 49 | 39 | 4 | .557 |
| 2021 | | 5 | 味全ドラゴンズ | 120 | 50 | 67 | 3 | .427 |
| 2022 | | 3 | 味全ドラゴンズ | 120 | 57 | 58 | 5 | .496 |
| 2023 | ★ | 1 | 味全ドラゴンズ | 120 | 62 | 53 | 5 | .539 |
| 通算 | | | | 1303 | 645 | 609 | 49 | .514 |

球団小史■台湾プロ野球発足時の4球団のうちの一つ。1990年に初年度の台湾チャンピオンに輝き、1997年から1999年にかけては名将徐生明監督の下リーグ3連覇を果たすも、その直後経営難を理由に解散。2019年に親会社の頂新グループが再加盟を発表し、2020年からまず二軍、2021年からは一軍に参入。2022年にプレーオフ進出を果たすと、昨季は後期シーズンで優勝。台湾シリーズも激戦を制し、一軍再参入3年目で24年ぶりとなる台湾王者に輝いた。

味全龍

樂天桃猿

統一7-ELEVEn獅

中信兄弟

富邦悍將

台鋼雄鷹

高級住宅街の球場は唯一の屋外人工芝球場

# 台北市立天母棒球場

たいぺいしりつてんぼきゅうじょう

タイペイシーリー ティエンムー バンチョウチャン

住所：台北市士林區忠誠路二段77號　　TEL：02-7755-1999
収容人員：10,000人　人工芝　中堅：122m(400ft)　両翼：99m(325ft)

## 真っ赤に燃える、今最もアツいスタジアム

台北中心部から北に約8km、陽明山の麓に位置する天母は、外国人居住者が多いことでも知られている閑静な住宅街だ。1999年に竣工した天母棒球場は大手百貨店の近隣にあり、週末ともなると周囲は買い物客でにぎわう。2020年、実質的に台湾初となる人工芝球場に生まれ変わると、2021年からは味全ドラゴンズの本拠地となり、大規模な改修を実施。住宅街が近く、かつて公式戦は週末のみの開催だったが、周辺住民の理解も進み、2022年からは月～木の試合も解禁。昨季はチーム24年ぶりとなる台湾シリーズ制覇もこの天母で決めた。成績、人気上昇と共に地域との一体感も高まっている。

## 外野スタンドからのんびり観戦もオススメ

ビジターファン向けの一塁側ライト寄りの限られたエリアを除き、味全のホーム席。総座席数が少ないこともあり、特に週末の内野席はドラゴンズファンの熱気を感じる。竣工以来、外野席はなかったが、2021年、レフトに「外野ピクニックエリア」を新設後、グループ向けの「バーベキューシート」や「キャンプシート」といったユニークな観戦席が次々に生まれている。

## グルメ

コンコース中央に位置するドラゴンズキッチンでは、各種スナックやドリンクの他、50元で試合中飲み放題のドリンクバーを販売している。他にはチキンやピザといった定番に加え、台湾野球名物・グアバ専門店などの店舗が常設されている。またクラフトビールも種類豊富で、台湾では数少ない売り子によ るビール販売も実施している。外野のグループ席や、場外の屋台なども年々拡充の一途をたどる。

## テーマデー

台湾では珍しくMLBの定番であるボブルヘッドナイトを定期的に開催、また音楽関係のテーマデーが多い事も特徴だ。昨年アニメ「呪術廻戦」とのコラボデーを行った際には、日本のタレント三上悠亜を始球式に招き、超満員となった。また平日は特定の観客を対象とした割引が行われており、火曜は学生、水曜は女性が割引となる。チアの衣装も火曜は学生服など曜日と連動したものに変わる事が多い。

## 味全主催試合チケット（台北市立天母棒球場）

| エリア | 大人(平日) | 割引(平日) | 大人(土日祝) | 割引(土日祝) |
|---|---|---|---|---|
| 内野ホットエリア(A7〜A8、B1〜B6) | 400 | | 600 | |
| 内野スペシャルエリア(A1〜A6、A9〜A16) | | | 550 | |
| 内野一般エリア(B7〜B18) | 350 | 250 | 500 | 400 |
| 内野一般エリア(D4〜D29) | | | 450 | 350 |
| 内野エコノミーエリア(C1〜C12) | 250 | 150 | 450 | 350 |
| 内野エコノミーエリア(E1〜E6) | | | 400 | 300 |
| 外野ピクニックエリア | 300 | | 400 | |
| 2人掛けボックスシート(G1〜G28) | 1,280 | | 1,880 | |
| ファミリーシート(H1〜H8) | 5,800 | | 7,800 | |
| バーベキューシート(F1〜F21) | 8,900 | | 12,900 | |
| キャンプシート(S1〜S4) | 6,900 | | 11,400 | |

※画像は土日祝開催時のもの　※イベントデーは価格が変更になる場合があります
※割引チケットは学生、115cm以上の児童、65歳以上、身体障がい者と同伴者、天母エリアの一部住民が対象
※単位は台湾ドル　1台湾ドル＝約4.7円

味全龍

楽天桃猿

統一7-ELEVENn獅

中信兄弟

富邦悍將

台鋼雄鷹

## 台北市立天母棒球場　周辺地図＆アクセス

天母棒球場

台北メトロ
芝山駅

台北メトロ
士林駅

台北駅から最寄駅へ
・台北メトロ淡水信義線で淡水行きまたは北投行きに乗り、士林駅または芝山駅で下車。

士林駅(最寄駅)から球場へ
・「捷運士林站(中正)」バス停から紅12番バスなどで「天母棒球場(忠誠)」バス停下車。もしくは、「士林官邸(中山)」バス停から203番、279番、606番、敦化幹線などで「天母棒球場(忠誠)」バス停下車(約15分)。

芝山駅(最寄駅)から球場へ
・試合開催時、1番出口前から無料送迎バス(「棒球専車」と表記)あり。または616番バスなどで、「天母棒球場(忠誠)」バス停下車(約10～15分)。タクシーで約10分(約1.7km)。

**要チェック‼**　天母棒球場はMRT各駅から少し距離はあるものの、台北市の中心部から複数のバス路線でアクセス可能だ。バスアプリなどを活用し、宿泊先の近くを通っているか探してみるのもオススメだ。

## 選手別応援歌＆チャンステーマ

**2 郭天信** グオティエンシン
♪「HITO HITO 天 HITO HITO 信
　 LET'S GO FIGHTING 郭天信」

**4 吉力吉撈.鞏冠** ジリ ジラオ ゴングァン
♪「吉力 吉撈 吉力吉撈.鞏冠 KISAMULJA!」

**6 郭嚴文** グオイェンウェン
♪「Ho Hey Ho Hey! Ho Hey Ho Hey!
　 超級喜歡 郭嚴文」

**21 李凱威** リ カイウェイ
♪「打擊威 守備威 大顯龍威 李凱威」

**25 張政禹** ジャンジェン ユ
♪「震撼一擊 張政禹 宇宙無敵 張政禹」

**31 林智勝** リンジーシェン
♪「堅持求勝 林智勝 出擊致勝 林智勝
　 乃耀阿給 林智勝 勝光再現 林智勝」

**34 張祐銘** ジャンヨウミン
♪「關鍵一擊 鎖定勝局 又強 又狂 張祐銘」

**46 劉基鴻** リュウジーホン
♪「劉基鴻 轟 劉基鴻 轟
　 紅色大砲 轟轟轟轟」

**57 拿莫.伊漾** ナモ イヤン
♪「想不想贏 想贏 誰在打擊 祥麟
　 拿莫厲害 朱祥麟」

**63 蔣少宏** ジャンシャオホン
♪「猛將 蔣少宏 氣勢如虹 蔣少宏」

**93 陳品捷** チェンピンジェ
♪「PJ GO PJ GO Let's Go PJ GOGOGO」

**チャンス 龍光乍現** ロングァンジャシェン
♪「開 開開蕊×2 龍光乍現 ○○○ GO」
※○○○は選手名
　コール部分のみ抜粋し掲載

# 雲林縣立斗六棒球場

うんりんけんりつとろくきゅうじょう
ユンリンシェンリー　ドウリョウ　バンチョウチャン

住所：雲林縣斗六市明德北路二段320號
TEL：05-551-1173
収容人員：15,000人
天然芝
中堅：122m（400ft）両翼：101m（330ft）

## 台鉄斗六駅から徒歩でGO！

台北の南西約180kmにある斗六は人口11万人弱、農業県である雲林県最大の都市で、ブンタンの産地として知られている。斗六棒球場は国体開催を目的に2005年に竣工、同年9月には初めて一軍公式戦が開催された。国際規格の球場であり、これまでプレミア12やWBC強化試合も行われた。2019年に企業による運営となり、サブ球場も併せ本格的に整備がなされ、ちょうどリーグに復帰した味全ドラゴンズのファーム本拠地となった。2021年からは一軍公式戦も再開、今季は4試合開催される。台湾鉄道斗六駅から徒歩圏内とアクセスが良い。

## 雲林縣立斗六棒球場　周辺地図&アクセス

台北駅から斗六市内へ
・【在来線(台湾鉄道)で】特急(自強号)で斗六駅まで、約3時間。
・【高速鉄道(高鉄)で】高鉄雲林駅まで約1時間30分、さらに高鉄雲林駅から市中心部の台鉄斗六駅へは201番バス(「雲林科技大學」行き)で約30分。球場最寄りは「正心中學」バス停(高鉄雲林駅から約25分)。
・その他、高速バスもあり。
台鉄斗六駅(最寄り駅)から球場へ
・徒歩15分(約1.2km)
「正心中學」バス停(最寄りバス停)から球場へ
・徒歩12分。(約800m)

雲林縣立
斗六棒球場

台鉄斗六駅

**要チェック!!**
球場周囲は商店が少ないので、飲み物や軽食は駅前で先に購入しておくのが無難だ。斗六駅の反対(東出口、民生路出口)側は賑わっている。

49

## 27 葉君璋

よう・くんしょう　イェ・ジュンジャン　YEH CHUN CHANG
監督　52歳　26年目　右右　1972.10.25　177cm85kg
①中華中学-中国文化大学-味全(96-99)-興農(00-09)-兄弟(10-11)-大監督(15-16)-富邦監督(17-18)-味全監督(19)②ベ(00,01,02)、ゴ(00,01,02)③アジア五輪(94,06)、アテネ五輪(04)、W杯(06)、北京五輪(08)

## 54 林瑋恩

りん・いおん　リン・ウェイエン　LIN WEI EN
ヘッドコーチ　36歳　12年目　右右　1988.3.22　177cm72kg
①強恕中学-台北体院-興農(12)-義大(13-16)-富邦(17-18)-味全(20)-味全コーチ(20)②ゴ(13)

## 66 張建銘

ちょう・けんめい　ジャン・ジェンミン　CHANG CHIEN MING
ヘッドコーチ　44歳　21年目　左右　1980.7.27　176cm75kg
①中華中学-台北体院-興農(04-12)-義大(13-16)-富邦(17-19)-味全コーチ(20)②ベ(05,09,13,15)、ゴ(06,09,10,13,14)④WBC(06,13)、アジア大会(06,10)、北京五輪(08)、プレミア12(15)

## 88 賈西
マイケル・ガルシア　ジャーシ(アメリカ合衆国)　MICHAEL GARCIA

投手統括コーチ　56歳　7年目　右右　1968.5.11　189cm107kg
①リバーサイドシティカレッジ-タイガース-米独立L-メキシカンL-パイレーツ-韓国・サムソン-パイレーツ-メキシカンL-オリオールズ-統一(04-05)-メキシカンL-カブス-米独立L-味全コーチ(23)②M(97,04)、防(97)、奪(97,98,04)、三(96)

## 92 黄亦志

こう・えきし　ホアン・イージ　HUANG YI CHIH
投手コーチ　32歳　10年目　右右　1992.6.1　183cm80kg
①平鎮高中-輔仁大学-義大(15-16)-富邦(17-20)-味全コーチ(21)

## 91 郭勝安

かく・しょうあん　グォ・シェンアン　KUO SHENG AN
ブルペンコーチ　38歳　11年目　右右　1986.1.1　191cm92kg
①高苑工商-国立体院-ロッキーズ-米独立L-Lamigo(14-15)-義大(16)-富邦(17-18)-味全コーチ(19)

## 49 張泰山

ちょう・たいさん　ジャン・タイシャン　CHANG TAI SHAN
打撃コーチ　48歳　26年目　右右　1976.10.31　175cm88kg
①美和中学-味全(96-99)-興農(00-10)-統一(11-15)-四国IL・徳島-味全コーチ(19)②M(03)、新(96)、本(01,03,04,06)、点(99,04,12,13)、ベ(98,99,00,01,03,04,06,10,11,12)、ゴ(99,00,01)③アジア大会(06,10)、アテネ五輪(04)、W杯(06)、北京五輪(08)

## 76 劉榮華

りゅう・えいか　リョウ・ロンホァ　LIU JUNG HUA
内野守備コーチ　58歳　28年目　右右　1966.10.10　175cm72kg
①高英工商-省立体専-俺国(93-95)-興農コーチ(96-06)-興農コーチ(08-09)-興農監督(11-12)-義大コーチ(15-16)-富邦コーチ(17-19)-楽天コーチ(20-22)-味全コーチ(23)

## 86 陳志偉

ちん・しい　チェン・ジーウェイ　CHEN CHIH WEI
内野守備コーチ　43歳　14年目　右右　1981.3.18　179cm88kg
①台東農工-興農(06-12)-義大(13)-味全コーチ(19)

## 95 高孝儀

こう・こうぎ　ガオ・シャオイ　KAO HSIAO YI
走塁コーチ　34歳　11年目　右右　1990.5.29　176cm81kg
①穀保家商-中国文化大学-義大(14-16)-富邦(17-22)-味全(23)-味全コーチ(24)

## 32 王膺鵬

おう・ようほう　ワン・インポン　WANG YING PENG
バッテリーコーチ補佐　28歳　6年目　右右　1996.9.12　174cm72kg
①穀保家商-台湾体大-味全(19-20)-味全コーチ(21)

## 12 張家浩

ちょう・かこう　ジャン・ジャーハオ　CHANG CHIA HAO
二軍監督　48歳　17年目　右右　1976.5.29　176cm75kg
①中正高工-輔仁大学-興農-La New(10)-Lamigo(11)-義大コーチ(16)-富邦コーチ(17-19)-味全コーチ(23)④アジア大会(02)、WBC(06)

## 79 林宗男

りん・そうなん　リン・ゾンナン　LIN TSUNG NAN
二軍ヘッドコーチ　43歳　18年目　右右　1981.12.4　172cm76kg
①高苑工商-輔仁大学-興農(06-12)-義大(13-16)-富邦コーチ(17-19)-味全コーチ(21)

## 89 蕭一傑

しょう・いっけつ　シャオ・イジェ　HSIAO YI CHIEH
二軍投手コーチ　38歳　10年目　右右　1986.1.2　180cm87kg
①日南学園高-奈良産業大-阪神-ソフトバンク-義大(14-16)-富邦(17-18)-味全コーチ(20)④アジア大会(10)⑤しょう・いっけつ

## 70 高須洋介

たかす・ようすけ　ガオシュ・ヤンジェ(日本)　TAKASU YOSUKE
二軍内野守備兼打撃コーチ　48歳　5年目　右右　1976.2.9　170cm73kg
①金沢高-青山学院大-近鉄-東北楽天-BCL・新潟-DeNAコーチ-東北楽天コーチ-味全コーチ(20)⑤高須洋介

## 62 呉宗峻

ご・そうしゅん　ウ・ゾンジュン　WU CHUNG CHUN
二軍外野守備兼打撃コーチ　40歳　15年目　左左　1984.12.31　170cm95kg
①南英商工-国立体院-興農(10-12)-義大(13-16)-富邦(17-18)-味全(19-20)-味全コーチ(20)

## 8 黄熙隆

こう・けいりゅう　ホアン・ジョンロン　HUANG CHIUNG LUNG
二軍外野守備コーチ　61歳　28年目　左左　1963.9.20　175cm80kg
①華興中学-輔仁大学(90-99)-TML・年代雷公(00)-TML・誠泰太陽コーチ(01-02)-中信コーチ(04-08)-興農コーチ(09-10)-義大コーチ(13-14)-味全コーチ(19)②ベ(98)、ゴ(93,97)④ソウル五輪(88)、アジア大会(98)

## 75 鄭皓達

てい・こうたつ　ジェン・ハオダ　CHENG HAO TA
二軍バッテリーコーチ補佐　36歳　4年目　右右　1988.11.30　179cm79kg
①中道高中-ミッドコンティネント大-統一(14-15)-味全コーチ(23)

## 30 塞曼
ゲーリー・サーマン　サイマン(アメリカ合衆国)　GARY THURMAN

二軍統括コーチ　60歳　3年目　右右　1964.11.12　177cm79kg
①ノースセントラル高-ロイヤルズ-タイガース-ホワイトソックス-マリナーズ-メッツ-エクスポズ-エンゼルス-味全コーチ(22)

## 19 羅嘉仁
ら・かじん　ルオ・ジャーレン　LO CHIA JEN
二軍リハビリコーチ補佐　38歳　11年目　右右　1986.4.7　180cm83kg
①善化高中-中国文化大学-アストロズ-義大(14-16)-富邦(17-19)-味全コーチ(20-21)-味全コーチ(22)-味全コーチ(24)④北京五輪(08)、WBC(09)、アジア大会(14)、プレミア12(15)

## 97 邱世杰
きゅう・せけつ　チョウ・シージェ　CHIU SHIH CHIEH
トレーニングコーチ　32歳　6年目　右右　1992.10.26　180cm78kg
①中道高中-ミッドコンティネント大-統一(14-15)-味全コーチ(23)

## 94 彭立堯
ほう・りつぎょう　ポン・リーヤオ　PENG LI YAO
二軍トレーニングコーチ　30歳　5年目　右右　1994.11.10　180cm92kg

背番号　漢字名　日本語読み　現地読み(国籍)　英語　役職　年齢　年数(CPBL)　投打　生年月日　身長体重
①経歴②タイトル歴④代表歴⑤NPBでの登録名
記号：●…新入団(新任)、▲…移籍、■…復帰

## 18 徐若熙

じょ・じゃくき
シュ・ルオシ
HSU JO HSI

投手 24歳 6年目 右右
2000.11.1 180cm76kg

①平鎮高中-味全(19)③昨年のアジア選手権決勝でも日本代表相手に好投した若年剛腕。8月にトミージョン手術から復帰すると、台湾シリーズでは2試合に先発しMVPに輝いた。常時150キロ超えの直球と、魔球スプリットチェンジで三振の山を築く。

| 年度 | チーム | 試合 | 先発 | 勝利 | 敗戦 | セーブ | ホールド | 投球回 | 四球 | 三振 | 防御率 |
|---|---|---|---|---|---|---|---|---|---|---|---|
| 2017 | - | | | | | | | | | | |
| 2018 | - | | | | | | | | | | |
| 2019 | - | | | | | | | | | | |
| 2020/二軍 | 味全 | 2 | 2 | 0 | 0 | 0 | 0 | 4 | 0 | 5 | 4.50 |
| 2021 | 味全 | 20 | | | | | 0 | 81 | 25 | 98 | 3.11 |
| 2022 | 味全 | - | | | | | | | | | |
| 2023 | 味全 | 5 | 4 | 1 | 0 | 0 | 0 | 15 1/3 | 2 | 11 | 1.17 |
| 通算 | | 25 | 23 | 4 | 7 | 0 | 0 | 96 1/3 | 27 | 116 | 2.80 |

## 37 鋼龍

ドリュー・ギャグノン
ガンロン(アメリカ合衆国)
DREW GAGNON

投手 34歳 4年目 右右
1990.6.26 193cm97kg

①カリフォルニア州立大ロングビーチ校-ブルワーズ-エンゼルス-メッツ-韓国・KIA-味全(21)②M(23)、勝(23)、三(23)、べ(23)、ゴ(23)③リーグ最多の22QSを記録した23年のMVP。抜群の安定感の秘訣は変化球のキレ味。3球種全てが被打率.210以下かつ、高い空振り率を誇る。特にチェンジアップは打者の手元で三塁方向に鋭く落ちる一級品だ。

| 年度 | チーム | 試合 | 先発 | 勝利 | 敗戦 | セーブ | ホールド | 投球回 | 四球 | 三振 | 防御率 |
|---|---|---|---|---|---|---|---|---|---|---|---|
| 2017 | - | | | | | | | | | | |
| 2018 | - | | | | | | | | | | |
| 2019 | - | | | | | | | | | | |
| 2020 | - | | | | | | | | | | |
| 2021 | 味全 | 18 | 14 | 5 | 7 | 0 | 0 | 94 | 25 | 76 | 3.93 |
| 2022 | 味全 | 28 | 28 | 12 | 6 | 0 | 0 | 174 1/3 | 50 | 150 | 2.68 |
| 2023 | 味全 | 30 | 30 | 13 | 7 | 0 | 0 | 183 | 44 | 155 | 3.00 |
| 通算 | | 76 | 72 | 30 | 20 | 0 | 0 | 451 1/3 | 119 | 381 | 3.07 |

## 0 李超

り・ちょう
リ・チャオ
LI CHAO

投手 25歳 3年目 右右 1999.10.23 191cm95kg

①台南海事-台湾体大-味全(22)③長身から投げ下ろすストレートと多彩な変化球を併せ持つバランスの良い右腕。速球の球質を改善し一軍に定着したい。

| 年度 | 試合 | 先発 | 勝利 | 敗戦 | セーブ | ホールド | 投球回 | 四球 | 三振 | 防御率 |
|---|---|---|---|---|---|---|---|---|---|---|
| 2023 | 7 | 0 | 0 | 0 | 0 | 0 | 7 | 3 | 1 | 3.86 |
| 通算 | 7 | 0 | 0 | 0 | 0 | 0 | 7 | 3 | 1 | 3.86 |

## 00 銳歐

リオ・ゴメス
ルイオウ(コロンビア)
RIO GOMEZ

● 投手 30歳 1年目 左左 1994.10.20 183cm86kg

①アリゾナ大-レッドソックス-味全(24)③球の出どころが見えづらいフォームが特徴のサウスポー。昨季は3Aで10を超える奪三振率を記録した一方、コントロールが課題だ。④WBC(23)

| 年度 | 試合 | 先発 | 勝利 | 敗戦 | セーブ | ホールド | 投球回 | 四球 | 三振 | 防御率 |
|---|---|---|---|---|---|---|---|---|---|---|
| 2023 | - | | | | | | | | | |
| 通算 | - | | | | | | | | | |

## 5 陳禹勳

ちん・うくん
チェン・ユーシュン
CHEN YU HSUN

▲ 投手 35歳 11年目 右右 1989.5.20 182cm90kg

①強恕中学-台北高院-Lamigo(14-19)-楽天(20-23)-味全(24)②救(17,18)、中(14,22)③CPBL史上唯一100セーブ100ホールドを達成している鉄腕が昨年の優勝チームへ。王躍霖が抜けた勝ちパターンの穴を埋めたい。④プレミア12(15,19)、APBC(17)、WBC(23)

| 年度 | 試合 | 先発 | 勝利 | 敗戦 | セーブ | ホールド | 投球回 | 四球 | 三振 | 防御率 |
|---|---|---|---|---|---|---|---|---|---|---|
| 2023 | 37 | 0 | 1 | 3 | 2 | 9 | 32 1/3 | 19 | 25 | 3.90 |
| 通算 | 528 | 0 | 30 | 44 | 121 | 125 | 522 1/3 | 238 | 512 | 3.51 |

## 7 森榮鴻

しん・えいこう
セン・ロンホン
SEN JUNG HUNG

投手 30歳 6年目 右右 1994.8.20 185cm82kg

①平鎮高中-国立体大-味全(19)③アマ時代から怪我に苦しみ続けた右腕は、台湾人では初となる3度目のトミージョン手術を経験。遂に昨年一軍のマウンドに立った。

| 年度 | 試合 | 先発 | 勝利 | 敗戦 | セーブ | ホールド | 投球回 | 四球 | 三振 | 防御率 |
|---|---|---|---|---|---|---|---|---|---|---|
| 2023 | 3 | 0 | 0 | 0 | 0 | 0 | 2 2/3 | 0 | 2 | 3.38 |
| 通算 | 3 | 0 | 0 | 0 | 0 | 0 | 2 2/3 | 0 | 2 | 3.38 |

## 11 廖任磊

りょう・にんらい
リャオ・レンレイ
LIAO JEN LEI

投手 31歳 5年目 右右 1993.8.30 201cm125kg

①岡山共生高-南開大学-パイレーツ-巨人-西武-味全(20)③巨人、西武でもプレーした経験を持つCPBL史上最長身投手。球威に長けるもコントロールが課題な点は日本時代と変わらず。⑤リャオ・レンレイ

| 年度 | 試合 | 先発 | 勝利 | 敗戦 | セーブ | ホールド | 投球回 | 四球 | 三振 | 防御率 |
|---|---|---|---|---|---|---|---|---|---|---|
| 2023 | 13 | 0 | 0 | 0 | 0 | 0 | 17 1/3 | 11 | 15 | 5.71 |
| 通算 | 74 | 10 | 2 | 11 | 0 | 0 | 115 1/3 | 74 | 75 | 4.99 |

## 15 劉昱言

りゅう・いくげん
リョウ・ユーイェン
LIU YU YEN

投手 30歳 9年目 左左 1994.7.27 177cm75kg

①新社高中-開南大学-Lamigo(16-19)-味全(22)③左殺しとして期待されるサイドスロー。独特の角度から投げ込む、投球の大半を占める大きなスライダーが持ち味だ。

| 年度 | 試合 | 先発 | 勝利 | 敗戦 | セーブ | ホールド | 投球回 | 四球 | 三振 | 防御率 |
|---|---|---|---|---|---|---|---|---|---|---|
| 2023 | 1 | 0 | 0 | 0 | 0 | 0 | 1 | 1 | 2 | 0.00 |
| 通算 | 27 | 2 | 0 | 1 | 0 | 0 | 27 1/3 | 30 | 26 | 7.90 |

## 59　陳冠偉

ちん・かんうぇい
チェン・グァンウェイ
CHEN KUAN WEI

投手　28歳　6年目　右右
1996.10.28　183cm92kg

①彰化芸中-台湾体大-味全(19)③リリース点の非常に高い特異なフォームと、落差の大きい無回転フォークが特徴。台湾シリーズでは5試合に投げ2セーブ2ホールド、許したのは単打1本のみというMVP級の活躍を見せた。父は興農で監督を務めた陳威成。④WBC(23)

| 年度 | チーム | 試合 | 先発 | 勝利 | 敗戦 | セーブ | ホールド | 投球回 | 四球 | 三振 | 防御率 |
|---|---|---|---|---|---|---|---|---|---|---|---|
| 2017 | - | - | - | - | - | - | - | - | - | - | - |
| 2018 | - | - | - | - | - | - | - | - | - | - | - |
| 2019 | - | - | - | - | - | - | - | - | - | - | - |
| 2020/二軍 | 味全 | 37 | 0 | 2 | 3 | 0 | 10 | 34 | 22 | 40 | 3.44 |
| 2021 | 味全 | 27 | 0 | 3 | 1 | 0 | 5 | 31 | 4 | 29 | 1.80 |
| 2022 | 味全 | 49 | 0 | 3 | 2 | 9 | 11 | 40 | 16 | 61 | 3.13 |
| 2023 | 味全 | 58 | 0 | 5 | 5 | 14 | 11 | 55 | 16 | 57 | 2.13 |
| 通算 | | 134 | 0 | 11 | 8 | 23 | 27 | 126 | 36 | 147 | 2.43 |

## 99　林凱威

りん・がいい
リン・カイウェイ
LIN KAI WEI

投手　28歳　3年目　右右
1996.3.19　178cm79kg

①成徳高中-国立体大-ダイヤモンドバックス-米独立L-味全(22)③昨季は故障で約1ヵ月離脱するも、チーム最多の18セーブを挙げ優勝に大きく貢献。リーグでも屈指の切れ味を誇る必殺のスライダーを武器に、今季も守護神の重責を担う。中信兄弟戦は通算防御率6.48と苦手。④プレミア12(19)、APBC(23)

| 年度 | チーム | 試合 | 先発 | 勝利 | 敗戦 | セーブ | ホールド | 投球回 | 四球 | 三振 | 防御率 |
|---|---|---|---|---|---|---|---|---|---|---|---|
| 2017 | - | - | - | - | - | - | - | - | - | - | - |
| 2018 | - | - | - | - | - | - | - | - | - | - | - |
| 2019 | - | - | - | - | - | - | - | - | - | - | - |
| 2020 | - | - | - | - | - | - | - | - | - | - | - |
| 2021 | - | - | - | - | - | - | - | - | - | - | - |
| 2022 | 味全 | 33 | 0 | 0 | 0 | 0 | 18 | 33 1/3 | 7 | 26 | 2.43 |
| 2023 | 味全 | 51 | 0 | 3 | 4 | 18 | 12 | 52 2/3 | 15 | 48 | 3.59 |
| 通算 | | 84 | 0 | 3 | 4 | 18 | 30 | 86 | 22 | 74 | 3.14 |

## 16　王維中

おう・いちゅう
ワン・ウェイジョン
WANG WEI CHUNG

投手　32歳　5年目　左左　1992.4.25　188cm83kg

①華德工家-台湾体院-パイレーツ-ブルワーズ-韓国・NC-アスレチックス-パイレーツ-味全(20)③MLB経験もあるチーム最高年俸投手だが、CPBL入り以来期待に応えられず。台湾シリーズでも2度の救援登板で計7失点。

| 年度 | 試合 | 先発 | 勝利 | 敗戦 | セーブ | ホールド | 投球回 | 四球 | 三振 | 防御率 |
|---|---|---|---|---|---|---|---|---|---|---|
| 2023 | 45 | 0 | 3 | 2 | 1 | 18 | 49 2/3 | 18 | 41 | 3.62 |
| 通算 | 86 | 32 | 16 | 15 | 2 | 18 | 231 2/3 | 78 | 202 | 3.11 |

## 17　郭郁政

かく・いくせい
グォ・ユージェン
KUO YU CHENG

投手　27歳　6年目　右右　1997.12.1　187cm94kg

①普門中学-南華大学-味全(19)③豊富な球種を操るゲームメイク能力に長けた右腕。貴重な台湾人先発の1人として、22年に挙げた7勝を上回る活躍を見せたい。

| 年度 | 試合 | 先発 | 勝利 | 敗戦 | セーブ | ホールド | 投球回 | 四球 | 三振 | 防御率 |
|---|---|---|---|---|---|---|---|---|---|---|
| 2023 | 22 | 15 | 3 | 8 | 0 | 0 | 84 2/3 | 10 | 38 | 5.10 |
| 通算 | 66 | 39 | 11 | 20 | 0 | 0 | 234 | 41 | 99 | 4.54 |

## 20　吳俊杰

ご・しゅんけつ
ウ・ジュンジェ
WU CHUN CHIEH

投手　28歳　6年目　右右　1996.11.7　190cm80kg

①花蓮中-開南大学-味全(19)③落差の大きい変化球を武器に、奪三振率とゴロ率を両立する大型右腕。下半身を意識したフォームに変更し復活を期す。

| 年度 | 試合 | 先発 | 勝利 | 敗戦 | セーブ | ホールド | 投球回 | 四球 | 三振 | 防御率 |
|---|---|---|---|---|---|---|---|---|---|---|
| 2023 | 8 | 7 | 2 | 0 | 0 | 0 | 31 2/3 | 16 | 22 | 6.54 |
| 通算 | 21 | 14 | 2 | 5 | 0 | 0 | 69 2/3 | 37 | 45 | 6.20 |

## 29　莊玉彬

そう・ぎょくひん
ジュアン・ユビン
CHUANG YU PIN

投手　23歳　6年目　右右　2001.5.29　172cm69kg

①美和中学-味全(19)③直球で勝負できる点が魅力の右腕は、一軍4登板で無失点も定着には至らず。変化球の制球力を磨き、引き出しを増やしたい。

| 年度 | 試合 | 先発 | 勝利 | 敗戦 | セーブ | ホールド | 投球回 | 四球 | 三振 | 防御率 |
|---|---|---|---|---|---|---|---|---|---|---|
| 2023 | 4 | 0 | 0 | 0 | 0 | 0 | 4 2/3 | 1 | 1 | 0.00 |
| 通算 | 9 | 0 | 0 | 0 | 0 | 2 | 8 | 2 | 4 | 4.50 |

## 35　艾璞樂

タイラー・エップラー
アイブレ(アメリカ合衆国)
TYLER EPPLER

投手　31歳　2年目　右右　1993.1.5　196cm104kg

①サムヒューストン州立大-パイレーツ-オリックス-ナショナルズ-韓国・キウム-富邦(23)-メキシカンL-味全(24)③19年にオリックスでもプレーしたアジア野球経験豊富な右腕。球速帯の近い変化球を用いて、ゴロを打たせる投球が売り。④タイラー・エップラー

| 年度 | 試合 | 先発 | 勝利 | 敗戦 | セーブ | ホールド | 投球回 | 四球 | 三振 | 防御率 |
|---|---|---|---|---|---|---|---|---|---|---|
| 2023 | 9 | 9 | 3 | 1 | 0 | 0 | 56 | 12 | 30 | 2.89 |
| 通算 | 9 | 9 | 3 | 1 | 0 | 0 | 56 | 12 | 30 | 2.89 |

## 39　呂偉晟

ろ・いせい
ル・ウェイチェン
LU WEI CHENG

投手　25歳　6年目　右右　1999.7.10　192cm80kg

①美和中学-美和科技大学-味全(19)③20年に二軍のシーズンセーブ記録を樹立した速球派。ここ2年は登板数が右肩下がりだが、監督からの期待は未だに高い。

| 年度 | 試合 | 先発 | 勝利 | 敗戦 | セーブ | ホールド | 投球回 | 四球 | 三振 | 防御率 |
|---|---|---|---|---|---|---|---|---|---|---|
| 2023 | 4 | 0 | 0 | 0 | 0 | 0 | 3 | | 1 | 3.00 |
| 通算 | 63 | 0 | 0 | 3 | 2 | 19 | 56 2/3 | 40 | 46 | 5.40 |

## 4　吉力吉撈.鞏冠
ジリジラオ・ゴングァン
GILJEGILJAW KUNGKUAN

| | |
|---|---|
| 捕手　30歳　4年目　右右 | |
| 1994.3.13　180cm104kg | |

①西苑高中-台湾体大-インディアンス-味全(21)②本(22,23)③低めのボールも軽々と拾いスタンドへ運ぶ怪力捕手は主に2番・DHでパワーを発揮し、2年連続で本塁打王を獲得。シーズン後半の好調ぶりは後期優勝、台湾シリーズを制したチームの大きな力となった。今季も左へ右へアーチを架ける。④アジア大会(14)、WBC(23)

| 年度 | チーム | 試合 | 打数 | 安打 | 本塁打 | 打点 | 四球 | 三振 | 盗塁 | 打率 | OPS |
|---|---|---|---|---|---|---|---|---|---|---|---|
| 2017 | - | - | - | - | - | - | - | - | - | - | - |
| 2018 | - | - | - | - | - | - | - | - | - | - | - |
| 2019 | - | - | - | - | - | - | - | - | - | - | - |
| 2020 | - | - | - | - | - | - | - | - | - | - | - |
| 2021 | 味全 | 54 | 203 | 52 | 11 | 32 | 17 | 46 | 1 | .256 | .768 |
| 2022 | 味全 | 108 | 391 | 91 | 14 | 56 | 30 | 70 | 0 | .286 | .831 |
| 2023 | 味全 | 106 | 388 | 110 | 23 | 67 | 37 | 89 | 1 | .284 | .882 |
| 通算 | | 248 | 909 | 253 | 48 | 155 | 84 | 205 | 2 | .278 | .839 |

## 21　李凱威
り・がいい
リ・カイウェイ
LI KAI WEI

| | |
|---|---|
| 内野手　27歳　6年目　右左 | |
| 1997.9.11　174cm76kg | |

①高苑工商-中国文化大学-味全(19)②ベ(23)、ゴ(22,23)③若くしていぶし銀の活躍を見せる二塁手は平均以上の走力、優れたアプローチと二塁打の多い打撃、昨季僅か4失策の守備と走攻守のバランスの良さが特長。今季も安定感あるプレーを披露し、チームを様々な面から支える。

| 年度 | チーム | 試合 | 打数 | 安打 | 本塁打 | 打点 | 四球 | 三振 | 盗塁 | 打率 | OPS |
|---|---|---|---|---|---|---|---|---|---|---|---|
| 2017 | - | - | - | - | - | - | - | - | - | - | - |
| 2018 | - | - | - | - | - | - | - | - | - | - | - |
| 2019 | - | - | - | - | - | - | - | - | - | - | - |
| 2020/二軍 | 味全 | 65 | 223 | 77 | 7 | 40 | 26 | 9 | 15 | .345 | .947 |
| 2021 | 味全 | 112 | 439 | 120 | 2 | 32 | 35 | 37 | 22 | .273 | .686 |
| 2022 | 味全 | 108 | 391 | 110 | 2 | 43 | 56 | 46 | 19 | .281 | .718 |
| 2023 | 味全 | 119 | 423 | 122 | 5 | 40 | 19 | 50 | 13 | .288 | .769 |
| 通算 | | 339 | 1253 | 352 | 9 | 115 | 130 | 172 | 53 | .281 | .725 |

## 40　呂詠臻
ろ・えいしん
ル・ヨンジェン
LU YUNG CHEN

| | |
|---|---|
| 投手　26歳　5年目　右右　1998.12.24　179cm74kg | |

①穀保家商-台湾体大-味全(20)③昨季大きく登板数を増加させたイケメン右腕。球速増に加えて、スイーパーの習得で課題だった奪三振率が大きく向上した。

| 年度 | 試合 | 先発 | 勝利 | 敗戦 | セーブ | ホールド | 投球回 | 四球 | 三振 | 防御率 |
|---|---|---|---|---|---|---|---|---|---|---|
| 2023 | 35 | 0 | 3 | 0 | 1 | 3 | 39 2/3 | 20 | 39 | 1.82 |
| 通算 | 37 | 1 | 3 | 0 | 1 | 3 | 45 2/3 | 23 | 41 | 1.77 |

## 41　鄭亦軒
てい・えきけん
ジェン・イーシュエン
CHENG YI HSUAN

| | |
|---|---|
| 投手　24歳　3年目　右右　2000.10.17　188cm96kg | |

①南英商工-中信金融管理学院-味全(22)③恵まれた体格から投じられる最速155キロの速球は大きな魅力。課題も多いが、スケールの大きさを維持したまま育てたい。

| 年度 | 試合 | 先発 | 勝利 | 敗戦 | セーブ | ホールド | 投球回 | 四球 | 三振 | 防御率 |
|---|---|---|---|---|---|---|---|---|---|---|
| 23(二軍) | 3 | 0 | 0 | 0 | - | - | 3 | 0 | 3 | 3.00 |
| 通算(二軍) | 3 | 0 | 0 | 0 | - | - | 3 | 0 | 3 | 3.00 |

## 42　趙璟榮
ちょう・けいえい
ジャオ・ジンロン
CHAO CHING JUNG

| | |
|---|---|
| 投手　26歳　5年目　右右　1998.6.12　181cm82kg | |

①高苑工商-高雄大学-味全(20)③2年連続30登板のパワー系リリーバー。速球、変化球共に空振り率は高いが、甘く入って痛打されるケースが少なくない。

| 年度 | 試合 | 先発 | 勝利 | 敗戦 | セーブ | ホールド | 投球回 | 四球 | 三振 | 防御率 |
|---|---|---|---|---|---|---|---|---|---|---|
| 2023 | 36 | 0 | 1 | 1 | 1 | 5 | 33 1/3 | 22 | 32 | 4.32 |
| 通算 | 75 | 0 | 3 | 1 | 1 | 7 | 72 2/3 | 38 | 66 | 4.33 |

## 45　楊鈺翔
よう・ぎょくしょう
ヤン・ユーシャン
YANG YU HSIANG

| | |
|---|---|
| 投手　22歳　5年目　右右　2002.7.5　187cm83kg | |

①普門中学-味全(20)③21年にチーム歴代最年少で先発登板を経験するも、ここ2年間は伸び悩みが続く。速球中心の小気味よい投球を取り戻したい。

| 年度 | 試合 | 先発 | 勝利 | 敗戦 | セーブ | ホールド | 投球回 | 四球 | 三振 | 防御率 |
|---|---|---|---|---|---|---|---|---|---|---|
| 23(二軍) | 5 | 4 | 0 | 2 | 0 | - | 10 1/3 | 9 | 2 | 11.32 |
| 通算 | 2 | 1 | 0 | 0 | 0 | - | 6 | 1 | 2 | 1.50 |

## 47　藍翊誠
らん・よくせい
ラン・イーチェン
LAN YI CHENG

| | |
|---|---|
| 投手　26歳　3年目　左左　1998.5.17　190cm90kg | |

①建国中学-台湾大学-味全(22)③台湾の最高学府である台湾大学初のプロ野球選手。高身長左腕ゆえの独特な角度は魅力だが、故障の多さと制球が課題。

| 年度 | 試合 | 先発 | 勝利 | 敗戦 | セーブ | ホールド | 投球回 | 四球 | 三振 | 防御率 |
|---|---|---|---|---|---|---|---|---|---|---|
| 23(二軍) | 3 | 0 | 0 | 0 | - | - | 3 | - | 6 | 36.00 |
| 通算(二軍) | 3 | 0 | 0 | 0 | - | - | 3 | - | 6 | 36.00 |

## 48　林逸達
りん・いつたつ
リン・イーダ
LIN YI TA

| | |
|---|---|
| 投手　24歳　5年目　右右　2000.12.26　185cm99kg | |

①高苑工商-台湾体大-味全(20)③22年は防御率3.10と好投も昨季は大不振。オフに米国で鍛え迎えた今季は154キロを記録するなど絶好調でV字回復に期待。

| 年度 | 試合 | 先発 | 勝利 | 敗戦 | セーブ | ホールド | 投球回 | 四球 | 三振 | 防御率 |
|---|---|---|---|---|---|---|---|---|---|---|
| 2023 | 15 | 0 | 0 | 4 | 0 | 1 | 12 2/3 | 10 | 8 | 8.53 |
| 通算 | 70 | 0 | 0 | 4 | 0 | 19 | 74 | 36 | 54 | 4.74 |

## 46 劉基鴻

りゅう・きこう
リョウ・ジーホン
LIU JI HONG

内野手　24歳　6年目　右右
2000.11.3　180cm88kg

①平鎮高中-味全(19)②安(23)③力みのないスイングが特徴の三塁手は年々成長を見せ、一軍3年目で4番に定着。台湾シリーズでは第1戦で延長14回のサヨナラ弾を含む2HRを放った。打席でのアプローチに伸びしろを残す中、完成形が楽しみな選手だ。④APBC(23)

| 年度 | チーム | 試合 | 打数 | 安打 | 本塁打 | 打点 | 四球 | 三振 | 盗塁 | 打率 | OPS |
|---|---|---|---|---|---|---|---|---|---|---|---|
| 2017 | - | - | - | - | - | - | - | - | - | - | - |
| 2018 | - | - | - | - | - | - | - | - | - | - | - |
| 2019 | - | - | - | - | - | - | - | - | - | - | - |
| 2020/二軍 | 味全 | 81 | 315 | 108 | 15 | 75 | 48 |  | 1 | .343 | .956 |
| 2021 | 味全 | 89 | 320 | 70 | 3 | 36 | 21 | 91 | 1 | .219 | .590 |
| 2022 | 味全 | 105 | 387 | 102 | 9 | 50 | 17 | 88 | 1 | .264 | .685 |
| 2023 | 味全 | 119 | 467 | 136 | 14 | 87 | 27 | 99 | 6 | .291 | .793 |
| 通算 |  | 313 | 1174 | 308 | 28 | 166 | 65 | 278 | 8 | .262 | .702 |

## 2 郭天信

かく・てんしん
グォ・ティエンシン
KUO TIEN HSIN

外野手　24歳　6年目　右左
2000.4.15　173cm70kg

①南英商工-中国文化大学-味全(19)②べ(21,22)、ゴ(21,22,23)③チーム不動の中堅手は主に3番に入りWBC、APBC代表に選出。成績を落とすも長い一年を戦い抜いた。俊足と打球判断の良さを活かした広い守備範囲で数々の好守を披露。積極的な打撃に選球眼が加わればより嫌らしさを増すだろう。④WBC(23)、APBC(23)

| 年度 | チーム | 試合 | 打数 | 安打 | 本塁打 | 打点 | 四球 | 三振 | 盗塁 | 打率 | OPS |
|---|---|---|---|---|---|---|---|---|---|---|---|
| 2017 | - | - | - | - | - | - | - | - | - | - | - |
| 2018 | - | - | - | - | - | - | - | - | - | - | - |
| 2019 | - | - | - | - | - | - | - | - | - | - | - |
| 2020/二軍 | 味全 | 53 | 185 | 62 | 0 | 25 | 10 | 15 | 11 | .335 | .781 |
| 2021 | 味全 | 112 | 406 | 125 | 5 | 36 | 24 | 51 | 22 | .308 | .729 |
| 2022 | 味全 | 114 | 458 | 138 | 2 | 33 | 21 | 43 | 25 | .301 | .688 |
| 2023 | 味全 | 119 | 454 | 112 | 3 | 48 | 28 | 62 | 19 | .247 | .611 |
| 通算 |  | 341 | 1318 | 375 | 10 | 116 | 73 | 156 | 57 | .285 | .674 |

## 51 張景淯

ちょう・けいいく
ジャン・ジンユ
CHANG JING YU

● 投手　24歳　2年目　左右　2000.2.11　191cm85kg

①高苑工商-マリナーズ-味全(23)③19～22年はマリナーズのマイナーでプレーした高身長左腕。葉君璋監督が高く評価し、ドラフト2位の高順位で獲得した。

| 年度 | 試合 | 先発 | 勝利 | 敗戦 | セーブ | ホールド | 投球回 | 四球 | 三振 | 防御率 |
|---|---|---|---|---|---|---|---|---|---|---|
| 2023 | 10 | 0 | 0 | 1 | 0 | 1 | 8 1/3 | 4 | 6 | 6.48 |
| 通算 | 10 | 0 | 0 | 1 | 0 | 1 | 8 1/3 | 4 | 6 | 6.48 |

## 52 伍鐸

ブライアン・ウッドール
ウドゥオ(アメリカ合衆国)
BRYAN WOODALL

投手　38歳　10年目　右右　1986.10.24　185cm91kg

①オーバーン大-ダイヤモンドバックス-米独立L-中信兄弟(15)-米独立L-中信兄弟(16-17)-富邦(18-20)-味全(21)②勝(18)、べ(18)③老獪な投球が冴える助っ人は、昨季史上411人目の通算1000投球回を達成。今季80投球回到達で外国人史上2人目のFA権を獲得する。

| 年度 | 試合 | 先発 | 勝利 | 敗戦 | セーブ | ホールド | 投球回 | 四球 | 三振 | 防御率 |
|---|---|---|---|---|---|---|---|---|---|---|
| 2023 | 15 | 12 | 5 | 3 | 0 | 0 | 80 | 27 | 20 | 2.59 |
| 通算 | 212 | 149 | 66 | 54 | 22 | 6 | 1013 | 198 | 673 | 3.71 |

## 55 許元泰

きょ・げんたい
シュ・ユエンタイ
HSU YUAN TAI

投手　22歳　3年目　右右　2002.1.23　180cm80kg

①穀保家商-国立体大-味全(22)③昨季は二軍で先発・救援両方の経験を積んだ。下半身の運用に優れたバランスの良いフォームは魅力も、安定感が課題だ。

| 年度 | 試合 | 先発 | 勝利 | 敗戦 | セーブ | ホールド | 投球回 | 四球 | 三振 | 防御率 |
|---|---|---|---|---|---|---|---|---|---|---|
| 23(二軍) | 14 | 7 | 1 | 2 | 0 | 2 | 39 1/3 | 25 | 18 | 4.81 |
| 通算(二軍) | 14 | 7 | 1 | 2 | 0 | 2 | 39 1/3 | 25 | 18 | 4.81 |

## 56 荷雷拉

ジャシエル・ヘレラ
ヘレイラ(コロンビア)
JASIER HERRERA

● 投手　26歳　1年目　右右　1998.1.1　196cm86kg

①セントロエデゥカティーボセナペック高-ジャイアンツ-米独立L-西武-味全(24)③昨季まで西武の育成選手としてプレーしていた23WBCコロンビア代表。角度に加えコントロールも非凡で、大化けに期待。④WBC(23)⑤ジャシエル・ヘレラ

| 年度 | 試合 | 先発 | 勝利 | 敗戦 | セーブ | ホールド | 投球回 | 四球 | 三振 | 防御率 |
|---|---|---|---|---|---|---|---|---|---|---|
| 2023 | - | - | - | - | - | - | - | - | - | - |
| 通算 | - | - | - | - | - | - | - | - | - | - |

## 65 呉秉恩

ご・へいおん
ウ・ビンエン
WU PING EN

投手　21歳　4年目　右右　2003.3.29　185cm85kg

①平鎮高中-味全(21)③強豪校のリリーフとして活躍した技巧派右腕だが、プロの壁にぶち当たっている。何か一つ一軍で通用する武器を作りたい。

| 年度 | 試合 | 先発 | 勝利 | 敗戦 | セーブ | ホールド | 投球回 | 四球 | 三振 | 防御率 |
|---|---|---|---|---|---|---|---|---|---|---|
| 23(二軍) | 5 | 1 | 3 | 0 | 0 | 0 |  |  |  | 9.00 |
| 通算(二軍) | 11 | 1 | 5 | 0 | 0 | 0 | 16 1/3 | 15 | 11 | 7.71 |

## 67 曹祐齊

そう・ゆうせい
ツァオ・ヨウチ
TSAO YU CHI

投手　21歳　4年目　右右　2003.3.30　186cm87kg

①大理高中-味全(21)③中日でもプレーした曹竣崵を父に持つ有望株。4月24日にその父が見守る中プロ初勝利を挙げた。今季は怪我の影響で出遅れた。

| 年度 | 試合 | 先発 | 勝利 | 敗戦 | セーブ | ホールド | 投球回 | 四球 | 三振 | 防御率 |
|---|---|---|---|---|---|---|---|---|---|---|
| 2023 | 6 | 6 | 2 | 1 | 0 | 0 | 24 2/3 | 12 | 14 | 4.38 |
| 通算 | 7 | 7 | 2 | 1 | 0 | 0 | 27 2/3 | 12 | 14 | 4.55 |

## 68　羅華韋

ら・かい　ルォ・ホァウェイ　LO HUA WEI

投手　34歳　10年目　左左　1990.12.1　180cm74kg

①三信家商-開南大學-タイガース-義大(15-16)-富邦(17-19)-味全(20)③3年連続30試合登板&防御率3点以下と、拡大ドラフトによる味全移籍で花開いた左殺し。対左打者は昨季被打率.136と完璧。

| 年度 | 試合 | 先発 | 勝利 | 敗戦 | セーブ | ホールド | 投球回 | 四球 | 三振 | 防御率 |
|---|---|---|---|---|---|---|---|---|---|---|
| 2023 | 34 | 0 | 0 | 0 | 0 | 9 | 22 2/3 | 7 | 12 | 1.59 |
| 通算 | 186 | 0 | 6 | 3 | 2 | 31 | 142 2/3 | 64 | 92 | 5.74 |

## 71　林子昱

りん・しいく　リン・ズーユ　LIN TZU YU

投手　31歳　6年目　右右　1993.9.19　185cm80kg

①三信家商-康寧大學-味全(19)③先発・救援をこなせる経験豊富な右腕はチームに欠かせない存在。球威はないが巧みな牽制を含め、総合力の高さで勝負する。

| 年度 | 試合 | 先発 | 勝利 | 敗戦 | セーブ | ホールド | 投球回 | 四球 | 三振 | 防御率 |
|---|---|---|---|---|---|---|---|---|---|---|
| 2023 | 30 | 8 | 3 | 6 | 0 | 6 | 64 | 31 | 52 | 5.20 |
| 通算 | 69 | 40 | 8 | 21 | 1 | 9 | 236 | 110 | 134 | 4.27 |

## 74　張鈞守

ちょう・きんしゅ　ジャン・ジュンショウ　CHANG CHUN SHOU

投手　22歳　4年目　右右　2002.10.15　186cm84kg

①南英商工-味全(21)③将来の先発候補として期待される本格派右腕。高い奪三振能力はそのままに四球を減らしたい。禁止令が出たほどの筋トレマニア。

| 年度 | 試合 | 先発 | 勝利 | 敗戦 | セーブ | ホールド | 投球回 | 四球 | 三振 | 防御率 |
|---|---|---|---|---|---|---|---|---|---|---|
| 2023 | - | - | - | - | - | - | - | - | - | - |
| 通算 | 2 | 0 | 0 | 0 | 0 | 0 | 3 | 4 | 3 | 3.00 |

## 77　林鋅杰

りん・しんけつ　リン・シンジェ　LIN HSIN CHIEH

投手　25歳　3年目　右右　1999.3.18　187cm115kg

①穀保家商-開南大學-フィリーズ-味全(22)③19年のプレミア12で代表に選ばれた右腕は、一時期体重激増に苦しむも徐々に復活。非常に重いボールで一軍に殴り込む。④プレミア12(19)

| 年度 | 試合 | 先発 | 勝利 | 敗戦 | セーブ | ホールド | 投球回 | 四球 | 三振 | 防御率 |
|---|---|---|---|---|---|---|---|---|---|---|
| 23(二軍) | 22 | 12 | 2 | 3 | 0 | 1 | 59 1/3 | 25 | 37 | 4.85 |
| 通算(二軍) | 22 | 12 | 2 | 3 | 0 | 1 | 59 1/3 | 25 | 37 | 4.85 |

## 78　吳君奕

ご・くんやく　ウ・ジュンイ　WU CHUN YI

投手　23歳　3年目　右右　2001.5.24　181cm75kg

①中道高中-中信金融管理學院-味全(22)③アジアウインターリーグではCPBLチームのクローザーを務め3セーブ。最速154キロの直球と鋭いスライダーで高い奪三振能力を誇る。

| 年度 | 試合 | 先発 | 勝利 | 敗戦 | セーブ | ホールド | 投球回 | 四球 | 三振 | 防御率 |
|---|---|---|---|---|---|---|---|---|---|---|
| 2023 | 4 | 0 | 0 | 0 | 0 | 0 | 3 1/3 | 3 | 3 | 5.40 |
| 通算 | 4 | 0 | 0 | 0 | 0 | 0 | 3 1/3 | 3 | 3 | 5.40 |

## 87　劉家愷

りゅう・かがい　リョウ・ジャーカイ　LIU CHIA KAI

投手　30歳　9年目　左左　1994.3.25　181cm90kg

①西苑高中-台灣体大-義大(16)-富邦(17-18)-味全(19)③21年は25試合で防御率2.61の好成績も、近年若手の台頭に押されつつある。手薄な左のリリーフだけに再起に期待。

| 年度 | 試合 | 先発 | 勝利 | 敗戦 | セーブ | ホールド | 投球回 | 四球 | 三振 | 防御率 |
|---|---|---|---|---|---|---|---|---|---|---|
| 2023 | 2 | 0 | 0 | 0 | 0 | 0 | 1/3 | 2 | 1 | 0.00 |
| 通算 | 29 | 0 | 1 | 0 | 0 | 6 | 23 | 12 | 22 | 2.35 |

## 90　王定穎

おう・ていえい　ワン・ディンイン　WANG TING YING

投手　28歳　9年目　左左　1996.1.18　184cm81kg

①穀保家商-開南大學-統一(16-20)-味全(21)③22年に47登板の剛腕リリーフは、トミージョン手術を受け25年シーズンの復帰を目指す。オフに玉譜から定穎に改名した。④アジア大会(18)

| 年度 | 試合 | 先発 | 勝利 | 敗戦 | セーブ | ホールド | 投球回 | 四球 | 三振 | 防御率 |
|---|---|---|---|---|---|---|---|---|---|---|
| 2023 | 4 | 0 | 0 | 0 | 0 | 0 | 4 | 5 | 1 | 13.50 |
| 通算 | 166 | 8 | 7 | 11 | 0 | 31 | 182 | 122 | 128 | 5.69 |

## 103　姚恩多

よう・おんた　ヤオ・エンドゥオ　YAO EN TO

●　投手　21歳　2年目　右右　2003.1.18　183cm80kg

①秀峰高中-中國文化大學-味全(23)③低目のスリークォーターからノビのあるストレートを投じる即戦力右腕。科学的なトレーニングへの適性も味全向きだ。

| 年度 | 試合 | 先発 | 勝利 | 敗戦 | セーブ | ホールド | 投球回 | 四球 | 三振 | 防御率 |
|---|---|---|---|---|---|---|---|---|---|---|
| 2023 | - | - | - | - | - | - | - | - | - | - |
| 通算 | - | - | - | - | - | - | - | - | - | - |

## 104　黃倄程

こう・きんてい　ホァン・ジュンチェン　HUANG CHUN CHENG

●　投手　19歳　2年目　左左　2005.3.9　180cm71kg

①寿山高中-味全(23)③柔軟性を活かした踏み込み幅の広いフォームが特徴の高卒左腕。スカウトからは変化の大きなチェンジアップを特に高く評価された。

| 年度 | 試合 | 先発 | 勝利 | 敗戦 | セーブ | ホールド | 投球回 | 四球 | 三振 | 防御率 |
|---|---|---|---|---|---|---|---|---|---|---|
| 2023 | - | - | - | - | - | - | - | - | - | - |
| 通算 | - | - | - | - | - | - | - | - | - | - |

## 106　林柏佑

りん・はくゆう　リン・ボーヨウ　LIN PO YU

●　投手　20歳　2年目　右右　2004.9.2　177cm65kg

①平鎮高中-味全(23)③コーナーに投げ分ける制球力が売りの新人サブマリン。120キロ台のスピードを伸ばし、目標に掲げる高橋礼(巨人)に近づきたい。

| 年度 | 試合 | 先発 | 勝利 | 敗戦 | セーブ | ホールド | 投球回 | 四球 | 三振 | 防御率 |
|---|---|---|---|---|---|---|---|---|---|---|
| 2023 | - | - | - | - | - | - | - | - | - | - |
| 通算 | - | - | - | - | - | - | - | - | - | - |

---

背番号　漢字名　日本語読み　現地読み(国籍)　英語　ポジション　年齢　年数(CPBL)　投打　生年月日　身長体重
①経歴②タイトル歴③寸評④代表歴⑤NPBでの登録名　記号:●…新入団(新任)、▲…移籍、■…復帰

## 9 林辰勳
りん・しんくん
リン・チェンシュン
LIN CHEN HSUN

捕手 23歳 5年目 右右 2001.12.10 180cm70kg

①穀保家商-味全(20)③昨季は25打席連続無安打もあれば、1試合2HRを放つ波が激しい一年だった。打撃と送球が改善できれば一軍定着に近付く。

| 年度 | 試合 | 打数 | 安打 | 本塁打 | 打点 | 四球 | 三振 | 盗塁 | 打率 | OPS |
|---|---|---|---|---|---|---|---|---|---|---|
| 2023 | 28 | 51 | 8 | 2 | 8 | 5 | 17 | 0 | .157 | .542 |
| 通算 | 55 | 104 | 17 | 2 | 8 | 9 | 29 | 0 | .163 | .479 |

## 22 全浩瑋
ぜん・こうい
チュエン・ハオウェイ
CHUAN HAO WEI

捕手 26歳 6年目 右右 1998.5.30 180cm96kg

①中興高中-南華大学-味全(19)③二軍で出番は少ないながらも盗塁阻止率.647と強肩を発揮。年齢的にもそろそろ一軍の控え捕手争いに加わりたい。

| 年度 | 試合 | 打数 | 安打 | 本塁打 | 打点 | 四球 | 三振 | 盗塁 | 打率 | OPS |
|---|---|---|---|---|---|---|---|---|---|---|
| 2023 | 5 | 5 | 1 | 0 | 0 | 0 | 3 | 0 | .200 | .400 |
| 通算 | 15 | 31 | 5 | 0 | 2 | 0 | 9 | 0 | .161 | .355 |

## 60 劉時豪
りゅう・じごう
リョウ・シーハオ
LIU SHIH HAO

捕手 33歳 11年目 右左 1991.3.21 165cm90kg

①西苑高中-台湾体大-Lamigo(14-19)-楽天(20)-味全(21)③経験豊富な控え捕手は限られた出番の中で打撃でアピール。リードやインサイドワークを活かしベテランとして存在感を示したい。

| 年度 | 試合 | 打数 | 安打 | 本塁打 | 打点 | 四球 | 三振 | 盗塁 | 打率 | OPS |
|---|---|---|---|---|---|---|---|---|---|---|
| 2023 | 40 | 61 | 19 | 0 | 7 | 7 | 10 | 0 | .311 | .728 |
| 通算 | 501 | 1016 | 246 | 5 | 91 | 109 | 157 | 3 | .242 | .619 |

## 63 蔣少宏
しょう・しょうこう
ジャン・シャオホン
CHIANG SHAO HUNG

捕手 27歳 5年目 右右 1997.7.13 179cm100kg

①桃園農工-中国文化大学-味全(20)②ゴ(23)③6月から主戦捕手として一軍に定着し、チームを優勝に導いた。安定感のある守備とスローイングで投手陣からの信頼も厚い。④APBC(23)

| 年度 | 試合 | 打数 | 安打 | 本塁打 | 打点 | 四球 | 三振 | 盗塁 | 打率 | OPS |
|---|---|---|---|---|---|---|---|---|---|---|
| 2023 | 73 | 203 | 49 | 1 | 26 | 18 | 38 | 0 | .241 | .637 |
| 通算 | 224 | 635 | 146 | 3 | 64 | 54 | 141 | 0 | .230 | .600 |

## 98 魏全
ぎ・ぜん
ウェイ・チュエン
WEI CHUAN

捕手 26歳 6年目 右右 1998.1.13 183cm90kg

①高苑工商-台北市立大学-味全(19)③二軍ではチームの捕手で最も多く出場し好成績を残した。流し打ちの上手い打撃と強肩を武器に今季は2年ぶりの一軍で飛躍したい。

| 年度 | 試合 | 打数 | 安打 | 本塁打 | 打点 | 四球 | 三振 | 盗塁 | 打率 | OPS |
|---|---|---|---|---|---|---|---|---|---|---|
| 23(二軍) | 42 | 90 | 32 | 0 | 12 | 9 | 13 | 0 | .356 | .780 |
| 通算 | 1 | 3 | 1 | 0 | 0 | 0 | 0 | 0 | .333 | .666 |

## 3 瑪仕革斯俄霸律尼
マシゲス・エバルニ
MASEGESEGE ABALRINI

内野手 28歳 6年目 左左 1996.10.30 176cm105kg

①平鎮高中-国立体大-味全(19)③昨季一軍での出番を増やした、打撃一本で勝負する一塁手。経験を積めば長距離砲として化けるポテンシャルを秘める。

| 年度 | 試合 | 打数 | 安打 | 本塁打 | 打点 | 四球 | 三振 | 盗塁 | 打率 | OPS |
|---|---|---|---|---|---|---|---|---|---|---|
| 2023 | 59 | 127 | 28 | 2 | 10 | 21 | 29 | 0 | .220 | .633 |
| 通算 | 64 | 143 | 32 | 2 | 10 | 24 | 35 | 0 | .224 | .627 |

## 6 郭嚴文
かく・げんぶん
グォ・イェンウェン
KUO YEN WEN

▲ 内野手 36歳 14年目 右右 1988.10.25 180cm85kg

①南英商工-国立体大-レッズ-Lamigo(11-19)-楽天(20-23)-味全(24)②ベ(11,14,17,19)、ゴ(17,18)③楽天を自由契約となり移籍。昨季は自己最低の出場数に終わるも打力は健在。チームの一塁手争いを活性化させる存在として期待する。④北京五輪(08)、WBC(09,13)、アジア大会(10,14)、プレミア12(15,19)

| 年度 | 試合 | 打数 | 安打 | 本塁打 | 打点 | 四球 | 三振 | 盗塁 | 打率 | OPS |
|---|---|---|---|---|---|---|---|---|---|---|
| 2023 | 37 | 127 | 39 | 2 | 13 | 17 | 17 | 0 | .307 | .728 |
| 通算 | 1110 | 3960 | 1193 | 94 | 629 | 296 | 576 | 33 | .301 | .785 |

## 10 黃柏豪
こう・はくごう
ホァン・ボーハオ
HUANG PO HAO

内野手 28歳 6年目 右右 1996.9.14 178cm95kg

①高苑工商-輔仁大学-味全(19)③20年に二軍で16HRを放ち左の大砲として期待されたが、その後は実力を発揮できず。かつての長打力を取り戻せるか。

| 年度 | 試合 | 打数 | 安打 | 本塁打 | 打点 | 四球 | 三振 | 盗塁 | 打率 | OPS |
|---|---|---|---|---|---|---|---|---|---|---|
| 23(二軍) | 62 | 171 | 36 | 2 | 14 | 13 | 33 | 0 | .211 | .578 |
| 通算 | 59 | 173 | 36 | 2 | 20 | 18 | 49 | 0 | .208 | .592 |

## 23 劉俊緯
りゅう・しゅんい
リョウ・ジュンウェイ
LIU CHUN WEI

● 内野手 20歳 2年目 右右 2004.9.17 176cm72kg

①穀保家商-味全(23)③昨年のドラフト1位は広角に打てる打撃に高い評価。高卒でも即戦力として遊撃のポジション争いに加わる可能性もある。

| 年度 | 試合 | 打数 | 安打 | 本塁打 | 打点 | 四球 | 三振 | 盗塁 | 打率 | OPS |
|---|---|---|---|---|---|---|---|---|---|---|
| 2023 | - | - | - | - | - | - | - | - | - | - |
| 通算 | - | - | - | - | - | - | - | - | - | - |

## 25 張政禹
ちょう・せいう
ジャン・ジェンユ
CHANG CHENG YU

内野手 24歳 6年目 右左 2000.6.8 178cm70kg

①美和中学-南華大学-味全(19)③打球反応の良さと広い範囲を誇る遊撃守備に、昨季は安定感も加わった。打撃を向上させ不動のレギュラーを勝ち取りたい。④APBC(23)

| 年度 | 試合 | 打数 | 安打 | 本塁打 | 打点 | 四球 | 三振 | 盗塁 | 打率 | OPS |
|---|---|---|---|---|---|---|---|---|---|---|
| 2023 | 78 | 198 | 44 | 0 | 16 | 21 | 36 | 9 | .222 | .598 |
| 通算 | 226 | 644 | 150 | 0 | 47 | 49 | 145 | 32 | .233 | .578 |

## 31 林智勝
りん・ちしょう / リン・ジーシェン / LIN CHIH SHENG

内野手 42歳 21年目 右右 1982.1.1 183cm108kg

①善化高中-La New(04-10)-Lamigo(11-15)-中信兄弟(16-21)-味全(22)⑤M(15)、ベ(09,10,12)、点(10)、ベ(06,07,08,09,12,15,16,22)、ゴ(07)③昨季は4月に前人未到の通算300HRを達成。若いチームを引っ張る大ベテランはスタメン、代打問わず存在感を発揮する。④WBC(06,13,17)、アジア大会(06,10)、北京五輪(08)、プレミア12(15)

| 年度 | 試合 | 打数 | 安打 | 本塁打 | 打点 | 四球 | 三振 | 盗塁 | 打率 | OPS |
|---|---|---|---|---|---|---|---|---|---|---|
| 2023 | 81 | 185 | 48 | 4 | 27 | 21 | 57 | 0 | .259 | .678 |
| 通算 | 1661 | 5910 | 1831 | 303 | 1224 | 681 | 1329 | 160 | .310 | .915 |

## 33 曾傳昇
そう・でんしょう / ツェン・チュアンシェン / TSENG CHUAN SHENG

内野手 24歳 6年目 右右 2000.11.22 175cm68kg

①高苑工商-味全(19)③広い守備範囲と俊足が特長の遊撃手は前期出場を続けるも、後期は張政禹にその座を明け渡した。守備での安定感向上が課題だ。

| 年度 | 試合 | 打数 | 安打 | 本塁打 | 打点 | 四球 | 三振 | 盗塁 | 打率 | OPS |
|---|---|---|---|---|---|---|---|---|---|---|
| 2023 | 67 | 131 | 24 | 0 | 4 | 6 | 11 | 6 | .183 | .438 |
| 通算 | 128 | 273 | 49 | 0 | 8 | 19 | 46 | 17 | .179 | .450 |

## 36 李展毅
り・てんき / リ・ジャンイ / LI CHAN YI

内野手 21歳 4年目 右右 2003.1.30 188cm115kg

①大理高中-味全(21)③恵まれた体格とパワーを持つ一塁手は二軍でリーグ2位の6HR。将来的に本塁打王を狙える存在として一軍でも活躍を見せたい。

| 年度 | 試合 | 打数 | 安打 | 本塁打 | 打点 | 四球 | 三振 | 盗塁 | 打率 | OPS |
|---|---|---|---|---|---|---|---|---|---|---|
| 2023 | 2 | 5 | 1 | 0 | 1 | 0 | 2 | 0 | .200 | .400 |
| 通算 | 4 | 9 | 1 | 0 | 1 | 0 | 4 | 0 | .111 | .172 |

## 44 陳思仲
ちん・しちゅう / チェン・スージョン / CHEN SSU CHUNG

内野手 24歳 4年目 右右 2000.10.18 177cm80kg

①穀保家商-エドモンズコミュニティカレッジ-味全(21)③昨季は二軍でシーズン通して内野全ポジションを守り、後期は一軍でも出場機会を得た。打球の速さが魅力的なユーティリティーだ。

| 年度 | 試合 | 打数 | 安打 | 本塁打 | 打点 | 四球 | 三振 | 盗塁 | 打率 | OPS |
|---|---|---|---|---|---|---|---|---|---|---|
| 2023 | 11 | 20 | 3 | 0 | 0 | 0 | 3 | 0 | .150 | .390 |
| 通算 | 13 | 21 | 3 | 0 | 0 | 0 | 1 | 0 | .143 | .407 |

## 53 呉睿勝
ご・えいしょう / ウ・ルイシェン / WU JUI SHENG

内野手 30歳 9年目 右右 1994.6.23 177cm76kg

①三民高中-輔仁大学-義大(16)-富邦(17-18)-味全(19)③一軍での出番は僅かも二軍で打率.347、5HRと好成績。内野のユーティリティーは少ない一軍での機会を今年こそ活かしたい。

| 年度 | 試合 | 打数 | 安打 | 本塁打 | 打点 | 四球 | 三振 | 盗塁 | 打率 | OPS |
|---|---|---|---|---|---|---|---|---|---|---|
| 2023 | 3 | 3 | 0 | 0 | 0 | 0 | 2 | 0 | .000 | .250 |
| 通算 | 12 | 17 | 2 | 0 | 0 | 0 | 4 | 0 | .118 | .368 |

## 57 拿莫・伊漾
ナモ・イヤン / NAMOH IYANG

内野手 26歳 6年目 右右 1998.9.21 187cm85kg

①平鎮高中-開南大学-味全(19)③台湾球界屈指の人気者は主に1番、2番で打線を勢いづける役割を担った。昨年のアジア選手権ではキャプテンとして準優勝に貢献。

| 年度 | 試合 | 打数 | 安打 | 本塁打 | 打点 | 四球 | 三振 | 盗塁 | 打率 | OPS |
|---|---|---|---|---|---|---|---|---|---|---|
| 2023 | 89 | 268 | 63 | 6 | 29 | 24 | 91 | 4 | .235 | .655 |
| 通算 | 267 | 784 | 173 | 14 | 86 | 92 | 249 | 17 | .221 | .612 |

## 61 呉東融
ご・とうゆう / ウ・ドンロン / WU TUNG JUNG

内野手 33歳 9年目 右右 1991.9.29 173cm72kg

①穀保家商-国立体大-中信兄弟(16-20)-味全(21)②ベ(20)、ゴ(19)③堅実なプレーが光るキャプテンは昨季二軍暮らしが長かった。内野3ポジションを守れ、小技もこなせるチームに貴重な存在だ。

| 年度 | 試合 | 打数 | 安打 | 本塁打 | 打点 | 四球 | 三振 | 盗塁 | 打率 | OPS |
|---|---|---|---|---|---|---|---|---|---|---|
| 2023 | 14 | 18 | 1 | 0 | 2 | 1 | 10 | 0 | .056 | .283 |
| 通算 | 453 | 1195 | 317 | 11 | 109 | 92 | 259 | 39 | .265 | .700 |

## 72 石翔宇
せき・しょうう / シ・シャンユ / SHIH HSIANG YU

内野手 28歳 10年目 右右 1996.11.1 178cm70kg

①南英商工-義大(15-16)-富邦(17-20)-味全(21)③安定感ある守備力で内野全ポジションをこなす、ベンチにいるとありがたい存在。昨季は遊撃で17試合にスタメン出場した。

| 年度 | 試合 | 打数 | 安打 | 本塁打 | 打点 | 四球 | 三振 | 盗塁 | 打率 | OPS |
|---|---|---|---|---|---|---|---|---|---|---|
| 2023 | 34 | 47 | 11 | 0 | 3 | 3 | 9 | 1 | .234 | .571 |
| 通算 | 196 | 378 | 86 | 1 | 23 | 22 | 84 | 8 | .228 | .564 |

## 73 林子宸
りん・ししん / リン・ズーチェン / LIN TZU CHEN

内野手 22歳 3年目 右右 2002.11.6 178cm85kg

①玉里高中-国立体大-味全(22)③二軍では下位打線で起用され、打撃では三振の多さ、守備では三塁守備の安定感に課題を残した。強いスイングからの長打が魅力だ。

| 年度 | 試合 | 打数 | 安打 | 本塁打 | 打点 | 四球 | 三振 | 盗塁 | 打率 | OPS |
|---|---|---|---|---|---|---|---|---|---|---|
| 23(二軍) | 46 | 104 | 22 | 1 | 8 | 10 | 40 | 1 | .212 | .609 |
| 通算(二軍) | 46 | 104 | 22 | 1 | 8 | 10 | 40 | 1 | .212 | .609 |

## 105 陽念祖
よう・ねんそ / ヤン・ニェンズ / YANG NIEN TSU

● 内野手 19歳 2年目 右右 2005.2.8 178cm66kg

①東大体中-味全(23)③昨年のドラフト前には1位候補にも名前が挙がった、運動能力の高い遊撃手。内野3ポジションを守れ、今後の成長に期待だ。

| 年度 | 試合 | 打数 | 安打 | 本塁打 | 打点 | 四球 | 三振 | 盗塁 | 打率 | OPS |
|---|---|---|---|---|---|---|---|---|---|---|
| 2023 | - | - | - | - | - | - | - | - | - | - |
| 通算 | - | - | - | - | - | - | - | - | - | - |

背番号 漢字名 日本語読み 現地読み(国籍) 英語   ポジション 年齢 年数(CPBL) 投打 生年月日 身長体重
①経歴②タイトル歴③寸評④代表歴⑤NPBでの登録名   記号:●…新入団(新任)、▲…移籍、■…復帰

樂天桃猿
統一7-ELEVEn獅
中信兄弟
富邦悍將
台鋼雄鷹

## 1 林孝程

りん・こうてい
リン・シャオチェン
LIN HSIAO CHENG

外野手　25歳　6年目　右左　1999.11.30　172cm80kg

①高苑工商-南華大学-味全(19)④左翼のレギュラーで花巻工商2位の21盗塁、リーグ3位タイの11犠打と俊足、小技が冴えた。様々な打順に対応できるのも強みだ。④APBC(23)

| 年度 | 試合 | 打数 | 安打 | 本塁打 | 打点 | 四球 | 三振 | 盗塁 | 打率 | OPS |
|---|---|---|---|---|---|---|---|---|---|---|
| 2023 | 101 | 299 | 77 | 1 | 33 | 26 | 71 | 21 | .258 | .648 |
| 通算 | 170 | 478 | 117 | 2 | 39 | 42 | 113 | 32 | .245 | .629 |

## 24 王順和

おう・じゅんわ
ワン・シュンヘ
WANG SHUN HO

外野手　23歳　5年目　右右　2001.10.26　175cm70kg

①穀保家商-味全(20)③内外野守れるユーティリティーは昨季外野へ専念。左投手への強さと俊足を生かし、まずは一軍の控えにシーズン通して定着したい。

| 年度 | 試合 | 打数 | 安打 | 本塁打 | 打点 | 四球 | 三振 | 盗塁 | 打率 | OPS |
|---|---|---|---|---|---|---|---|---|---|---|
| 2023 | 8 | 14 | 1 | 0 | 0 | 0 | 5 | 0 | .071 | .142 |
| 通算 | 18 | 40 | 4 | 0 | 0 | 0 | 13 | 1 | .100 | .200 |

## 28 鄭鎧文

てい・がいぶん
ジェン・カイウェン
CHENG KAI WEN

▲　外野手　33歳　10年目　右右　1991.12.18　186cm105kg

①花蓮中-中国文化大学-統一(15-23)-味全(24)③統一を自由契約となり移籍。16年に24HRも近年出番を減らしているが、外野手の打力不足を解消する存在として復活なるか。

| 年度 | 試合 | 打数 | 安打 | 本塁打 | 打点 | 四球 | 三振 | 盗塁 | 打率 | OPS |
|---|---|---|---|---|---|---|---|---|---|---|
| 2023 | 8 | 19 | 3 | 0 | 3 | 6 | 6 | 0 | .158 | .462 |
| 通算 | 317 | 914 | 190 | 52 | 158 | 95 | 340 | 14 | .208 | .730 |

## 34 張祐銘

ちょう・ゆうめい
ジャン・ヨウミン
CHANG YU MING

外野手　27歳　6年目　右右　1997.3.15　180cm86kg

①西保高中-開南大学-味全(19)③主に下位打線に入るも打撃の波と苦手の左投手に苦しんだ。死球が多いのが特徴で昨季は159打席で9死球。

| 年度 | 試合 | 打数 | 安打 | 本塁打 | 打点 | 四球 | 三振 | 盗塁 | 打率 | OPS |
|---|---|---|---|---|---|---|---|---|---|---|
| 2023 | 52 | 134 | 25 | 1 | 14 | 11 | 29 | 1 | .187 | .516 |
| 通算 | 191 | 522 | 117 | 1 | 40 | 39 | 80 | 10 | .224 | .572 |

## 50 邱辰

きゅう・しん
チョウ・チェン
CHIU CHEN

外野手　25歳　4年目　右右　1999.2.1　177cm80kg

①北科附工-台湾体大-味全(21)③テイクバックが特徴の外野手は7月下旬に好調でスタメンの機会を多く得た。CPBLの野手では史上初となる左投右打。

| 年度 | 試合 | 打数 | 安打 | 本塁打 | 打点 | 四球 | 三振 | 盗塁 | 打率 | OPS |
|---|---|---|---|---|---|---|---|---|---|---|
| 2023 | 11 | 26 | 8 | 0 | 0 | 1 | 4 | 0 | .308 | .742 |
| 通算 | 42 | 106 | 28 | 0 | 6 | 30 | 0 | | .264 | .643 |

## 69 董秉軒

とう・へいけん
ドン・ビンシュエン
TUNG PING HSUAN

外野手　26歳　5年目　右右　1998.1.9　186cm84kg

①穀保家商-中国文化大学-味全(20)③左の長距離砲は5月の試合中に右手を傷め、約2ヶ月離脱し実力を発揮できず。一軍定着には苦手の外国人投手攻略が必要だ。

| 年度 | 試合 | 打数 | 安打 | 本塁打 | 打点 | 四球 | 三振 | 盗塁 | 打率 | OPS |
|---|---|---|---|---|---|---|---|---|---|---|
| 2023 | 5 | 16 | 2 | 0 | 1 | 0 | 6 | 0 | .125 | .667 |
| 通算 | 65 | 189 | 42 | 5 | 21 | 14 | 58 | 0 | .222 | .647 |

## 81 張祐嘉

ちょう・ゆうか
ジャン・ヨウジャ
CHANG YU CHIA

外野手　21歳　4年目　左左　2003.5.24　185cm86kg

①西苑高中-味全(21)③21年のドラフトで指名漏れし自主培訓手(育成選手に相当)として入団、今季開幕後支配下に。俊足を生かし更に飛躍したい。

| 年度 | 試合 | 打数 | 安打 | 本塁打 | 打点 | 四球 | 三振 | 盗塁 | 打率 | OPS |
|---|---|---|---|---|---|---|---|---|---|---|
| 23(二軍) | 39 | 28 | 6 | 1 | 7 | 7 | 9 | 2 | .214 | .746 |
| 通算(二軍) | 98 | 126 | 25 | 1 | 9 | 15 | 38 | 13 | .198 | .602 |

## 82 冉承霖

ぜん・しょうりん
ラン・チェンリン
JAN CHENG LIN

外野手　23歳　3年目　右右　2001.7.4　183cm71kg

①台南海事-遠東科技大学-味全(22)③強肩と俊足を武器にシーズン終盤で一軍で結果を残し、台湾シリーズでも4試合でスタメン出場。二軍では主に中堅を守り13盗塁。

| 年度 | 試合 | 打数 | 安打 | 本塁打 | 打点 | 四球 | 三振 | 盗塁 | 打率 | OPS |
|---|---|---|---|---|---|---|---|---|---|---|
| 2023 | 13 | 29 | 7 | 0 | 3 | 3 | 12 | 0 | .241 | .554 |
| 通算 | 13 | 29 | 7 | 0 | 3 | 3 | 12 | 0 | .241 | .554 |

## 93 陳品捷

ちん・ひんしょう
チェン・ビンジェ
CHEN PIN CHIEH

外野手　33歳　8年目　右左　1991.7.23　183cm80kg

①南英商工-カブス-ドジャース-四国IL・徳島-富邦(17-20)-味全(21)③昨季は4月だけで12打点を挙げる活躍を見せるも、5月以降は不振に陥った。選球眼に長けた安定感ある打撃を取り戻せるか。④アジア大会(14)、APBC(17)

| 年度 | 試合 | 打数 | 安打 | 本塁打 | 打点 | 四球 | 三振 | 盗塁 | 打率 | OPS |
|---|---|---|---|---|---|---|---|---|---|---|
| 2023 | 62 | 204 | 36 | 1 | 17 | 31 | 3 | | .176 | .475 |
| 通算 | 438 | 1476 | 401 | 24 | 160 | 176 | 240 | 24 | .272 | .735 |

### 主な獲得タイトル　( )内はNPBでの該当タイトル名

| | | | |
|---|---|---|---|
| M=年度MVP | （最優秀選手） | 防=防禦率王 | （最優秀防御率） |
| 新=最佳新人獎 | （新人王） | 勝=勝投王 | （最多勝利） |
| 安=安打王 | （最多安打） | 救=救援王 | （最多セーブ） |
| 首=首撃王 | （首位打者） | 中=中繼王 | （最優秀中継ぎ） |
| 本=全壘打王 | （最多本塁打） | 三=三振王 | （最多奪三振） |
| 点=打點王 | （最多打点） | ベ=最佳十人獎 | （ベストナイン） |
| 盗=盗壘王 | （最多盗塁） | ゴ=金手套獎 | （ゴールデングラブ賞） |

※成績の太字はリーグトップ

背番号　漢字名　日本語読み　現地読み(国籍)　英語　　ポジション　年齢　年数(CPBL)　投打　生年月日　身長体重
①経歴②タイトル歴③寸評④代表歴⑤NPBでの登録名　　記号…●=新入団(新任)、▲=移籍、■=復帰

# Dragon Beauties

Dragon Beauties
背番号
名前
現地読み
（海外メンバーは出身地）
①誕生日
②星座
③身長体重
④趣味
⑤好きな食べ物・飲み物
⑥好きな選手
⑦好きな応援歌
⑧Instagramアカウント

## 7 小映
シャオイン

キャプテン
①12月7日
②いて座
③166cm48kg
④火鍋を食べる、
　「アリーナ・オブ・ヴァラー」
　のプレイ、アウトドア
⑤火鍋、刺身、
　シーフードトマトパスタ
⑥蔣少宏、伍鐸
⑦當龍不讓
⑧yingcih_7

## 82 李多慧
イ・ダヘ
（韓国）

キャプテン
①8月4日
②しし座
③164cm48kg
④バイクに乗る、
　キャンプに行く
⑤牛肉麺
⑥吉力吉撈.鞏冠
⑦Keep Fighting
⑧le_dahye

## 16 米奇
ミーチー

①6月16日
②ふたご座
③165cm49kg
④歌を歌う、
　ダンス、ゲーム
⑤チキンフライ
⑥劉基鴻
⑦Movie Time
⑧mickeywu616

## 25 心璇
シンシュエン

①10月12日
②てんびん座
③160cm43kg
④歌を歌う、伝統文化
⑤ファーストフードは
　何でも大好き
⑥呂詠臻
⑦Movie Time
⑧shennnnn1012

59

樂天桃猿

統一7-ELEVEn獅

中信兄弟

富邦悍將

台鋼雄鷹

**77**
琪琪
チーチー

**27**
星岑
Lavender
シンツェン

①12月15日
②いて座
③162cm48kg
④バスケ、
　ピックルボール、
　フィットネス、ダンス
⑤アーモンドフィッシュ、
　チーズケーキ、
　アボカドミルク
⑥徐若熙
⑦拿莫.伊漾、黃柏豪
⑧lavender121588

①8月26日
②おとめ座
③160cm46kg
④キャンプ、映画鑑賞
⑤台湾小吃
　（スナック、手軽な料理）、
　韓国料理
⑥吉力吉撈.鞏冠、
　高志綱
⑦龍魂不滅
⑧kiki77.tw

**4**
芮妮
ルイニー

①10月4日
②てんびん座
③166cm48kg
④ゲーム
⑤お寿司、
　各種スープ
⑥呂詠臻
⑦Movie Time
⑧hsuanfu

**13**
賴可
LIKE
ライク

①10月23日
②てんびん座
③161cm46kg
④猫とおしゃべり、
　料理
⑤目玉焼き
⑥吳念庭
⑦世界都看見
⑧kawai_1023

**18**
口氺
コウシュイ

①1月8日
②やぎ座
③166cm54kg
④ダンス、京劇
⑤コーヒー
⑥李凱威
⑦龍覇四方
⑧trina＿＿0108

**39**
張晴
ジャンチン

①3月9日
②うお座
③162cm47kg
④歩いて海を見に行く、
　舞台鑑賞
⑤プリン、カレー
⑥拿莫.伊漾
⑦Movie Time
⑧ching3.＿＿.9

## 41
### 馬妹
マーメイ

①7月1日
②かに座
③165cm49kg
④ボードゲーム、
　食べ歩き、司会、
　演技、旅行
⑤ファーストフード
⑥林智勝、潘威倫
⑦Movie Time
⑧mamei451319

## 69
### 小螞蟻
シャオマーイ

①7月7日
②かに座
③166cm98kg
④火鍋や焼肉を食べる、
　クレヨンしんちゃん
　グッズ集め
⑤和牛、フルーツパフェ、
　スフレ
⑥張泰山、朱育賢、
　李振昌
⑦龍覇四方、
　Movie Time
⑧micmicmicyang

## 0
### 霖霖
リンリン

①1月5日
②やぎ座
③154cm40kg
④ボードゲーム
⑤カニ
⑥徐若熙
⑦龍魂不滅
⑧leelin0

## 2
### Queena
クイーナ

①2月5日
②みずがめ座
③163cm49kg
④各地に出かけ
　海山の自然に触れる、
　大型バイク、キャンプ
⑤牛肉
⑥葉君璋、劉基鴻、
　李凱威、吉力吉撈．鞏冠
⑦Movie Time
⑧queena25__

## 19
### 蘿拉
ルオラ

①11月19日
②さそり座
③155cm40kg
④ダンス、演劇、
　ボードゲーム
⑤海苔
⑥呂詠臻
⑦郭嚴文
⑧laura_.wei

## 55
### 小蛙
シャオワ

⑤5月15日
②おうし座
③155cm40kg
④ダンス、ケーキ作り
⑤チョコレート、パスタ、
　鳥の手羽先
⑥吉力吉撈．鞏冠
⑦Keep Fighting
⑧cutewa555

味全龍

樂天桃猿

統一7-ELEVEn獅

中信兄弟

富邦悍將

台鋼雄鷹

## 21 小珍奶
シャオジェンナイ

①1月21日
②みずがめ座
③162cm48kg
④歌を歌う、ダンス、
　料理、vlog撮影
⑤タロイモケーキ、
　黄緑色のぶどう
⑥林凱威
⑦當龍不讓
⑧bubbletea_wang

## 22 璦昀
アイユン

①11月18日
②さそり座
③152cm43kg
④ダンス
⑤バーベキュー
⑥郭天信、徐若熙
⑦Red不可當
⑧__yumi.1118

## 24 沛沛
ペイペイ

①4月24日
②おうし座
③162cm46kg
④ダンス、
　エアリアルフープ、
　旅行、ゲーム、寝る
⑤チーズ、チョコレート、キャ
　ラメル焼きサーモン寿司、
　お肉、貝柱、おばあちゃん
　のちまき、食感が良いク
　ロワッサン、いちご、白桃
⑥徐若熙
⑦Red不可當、Movie Time、
　Keep Fighting
⑧elva_xx98

## 44 詩雅
シーヤ

①4月24日
②おうし座
③153cm42kg
④映画鑑賞
⑤辛いものは
　何でも好き
⑥林智勝、徐若熙
⑦龍鳴號角
⑧chen4ya

## 92 寧寧
ニンニン

①12月11日
②いて座
③155cm38kg
④家の中で過ごす
⑤ガーリックトースト
⑥蔣少宏
⑦龍來逗陣
⑧hrn1211

## 95 林襄
リンシャン

①9月5日
②おとめ座
③160cm41kg
④ドラマ鑑賞
⑤「poifull」グミ、
　紅油抄手
　（ワンタンのラー
　油和え）、海苔
⑥徐若熙、馬傑森
⑦Movie Time、
　龍情蜜意你共我
⑧95_mizuki

楽天モンキーズ

樂天桃猿

# 楽天モンキーズ
## レティエン タオユエン

**球団情報**

台灣樂天棒球隊股份有限公司
創立：2019年12月17日　GM：川田喜則　本拠地：樂天桃園棒球場
球団事務所：桃園市中壢區領航北路一段１號　TEL：03-425-0927
https://monkeys.rakuten.com.tw

## 2023年シーズン回顧と2024年シーズンの展望

Home / Visitor

　昨季は前期好調で5月25日まで首位を守るも失速し3位で終えると、後期は残り7試合の時点で首位に立つも、またも失速し2位。プレーオフでは統一に3連勝し2年連続の台湾シリーズ進出も、シリーズ制覇にはあと一つ届かなかった。

　今オフチームは大きく動き、監督が4年間務めた曾豪駒から古久保健二に交代。また陳俊秀、郭嚴文、郭永維、賴鴻誠、陳禹勳と多くのベテランが他球団へ移籍した。昨季リーグ最多の失点数を記録した投手陣は先発では計算できる黃子鵬、昨季後期に好投を見せた威能帝、東北楽天から移籍した霸威斯に期待。リリーフは経験あるベテランが複数抜けた中で、新たな勝利の方程式の構築を迫られており不安が残る。昨季リーグ最多の得点数を記録した打線は陳俊秀がFAで中信兄弟に移籍したものの、変わらず他球団の脅威。一方、リーグ最多の137失策を記録した守備は改善が必須だ。

　打ち勝つ野球が軸となる中で、昨年の教訓を生かし頂点を摑めるか。

### マスコット
**猿氣小子＆大聖＆Rocky**

### チアリーダー
### Rakuten Girls

味全龍

樂天桃猿

統一7-ELEVEn獅

中信兄弟

富邦悍將

台鋼雄鷹

| 年度 | 順位 | チーム名 | 試合 | 勝 | 敗 | 分 | 勝率 |
|---|---|---|---|---|---|---|---|
| 2003 | 6 | 第一金剛 | 100 | 20 | 71 | 9 | .220 |
| 2004 | 6 | La Newベアーズ | 100 | 40 | 56 | 4 | .417 |
| 2005 | 6 | La Newベアーズ | 100 | 42 | 55 | 3 | .433 |
| 2006 | ★ 1 | La Newベアーズ | 100 | 62 | 34 | 4 | .646 |
| 2007 | 2 | La Newベアーズ | 100 | 58 | 42 | 0 | .580 |
| 2008 | 2 | La Newベアーズ | 100 | 61 | 35 | 4 | .635 |
| 2009 | 2 | La Newベアーズ | 120 | 61 | 58 | 1 | .513 |
| 2010 | 3 | La Newベアーズ | 120 | 55 | 62 | 3 | .470 |
| 2011 | 1 | Lamigoモンキーズ | 120 | 66 | 52 | 2 | .559 |
| 2012 | ★ 2 | Lamigoモンキーズ | 120 | 66 | 52 | 2 | .559 |
| 2013 | 3 | Lamigoモンキーズ | 120 | 58 | 60 | 2 | .492 |
| 2014 | ★ 1 | Lamigoモンキーズ | 120 | 66 | 51 | 3 | .564 |
| 2015 | ★ 1 | Lamigoモンキーズ | 120 | 68 | 52 | 0 | .567 |
| 2016 | 4 | Lamigoモンキーズ | 120 | 53 | 64 | 3 | .453 |
| 2017 | ★ 1 | Lamigoモンキーズ | 120 | 78 | 41 | 1 | .655 |
| 2018 | ★ 1 | Lamigoモンキーズ | 120 | 73 | 47 | 0 | .608 |
| 2019 | ★ 1 | Lamigoモンキーズ | 120 | 63 | 55 | 2 | .534 |
| 2020 | 2 | 楽天モンキーズ | 120 | 59 | 61 | 0 | .492 |
| 2021 | 3 | 楽天モンキーズ | 120 | 56 | 61 | 3 | .479 |
| 2022 | 1 | 楽天モンキーズ | 120 | 70 | 46 | 4 | .603 |
| 2023 | 3 | 楽天モンキーズ | 120 | 60 | 56 | 4 | .517 |
| 通算 | | | 2400 | 1235 | 1111 | 54 | .526 |

球団小史■1997年から2002年まで存在したリーグ「台湾大聯盟（TML）」加盟球団の流れをくみ、現存する唯一の球団。CPBL初年度の2003年は第一金剛だったが、La Newに譲渡されLa Newベアーズとなり、2006年に初優勝。2011年に本拠地を澄清湖から桃園へ移転しLamigoモンキーズに改称。2012年から8年間で6度優勝、韓国プロ野球を参考にした応援改革などのエンターテインメント化路線で実力、人気共にリーグを牽引も、2019年に身売りを発表。日本の楽天が買収し、2020年から楽天モンキーズとなった。

味全龍

樂天桃猿

統一7-ELEVEn獅

中信兄弟

富邦悍將

台鋼雄鷹

台湾でも「ボールパーク構想」、進化遂げるゲートウェイスタジアム

# 樂天桃園棒球場

らくてんとうえんきゅうじょう

レーティエンタオユエン　バンチョウチャン

住所：桃園市中壢區領航北路一段1號　TEL：03-425-0927
収容人員：20,000人　天然芝　中堅：122m（400ft）　両翼：101m（330ft）

## 空港近く、MRT駅直結の最高ロケーション

台北の西、約30kmに位置する桃園市は6大都市の一つで、人口約230万人。球場は2009年に完成、2011年に前身Lamigoモンキーズの本拠地となった。

高速鉄道の桃園駅から約2kmと近い上、2017年には台北駅から桃園空港、そして中壢区を結ぶ桃園空港メトロ(MRT)が開通、球場横に桃園體育園區駅が開設され、台北や桃園空港からのアクセスが格段に向上した。国際規格の球場で過去にはプレミア12も開催されている。元々は「桃園國際棒球場」という名称であったが、2020年から親会社となった楽天がリーグ初のネーミングライツで「樂天桃園棒球場」と改称、台湾でも「ボールパーク構想」を掲げる同社により、球場は年々進化している。

## ホームスタジアムらしさ満点

内野一、三塁を共にホーム応援席とし、主催試合全試合を本拠地で開催したのは前身のLamigoモンキーズが初。バックネット裏の飛行機型ゴンドラも他球場では見られないものだ。ファンの大声援を力に、黄金時代は桃園で高い勝率を誇った。グッズショップやフードコートも本格的な造りとなっている。迫力満点のフィールドシート「Rockシート」は是非体験したい。

## グルメ

名物は球場の座席で焼肉を味わう事ができる「猿快樂炒餐飲區」。一定の人数が必要だが、チャンスがあればぜひお試しを。また、お祭り屋台のような形でお好み焼きや焼きそばなどを販売しており、その日本食の充実ぶりは日本企業のチームならではといえる。韓国系チキンの店もあり、ビールとチキンで韓国スタイルの野球観戦も一興。選手やチアがデザインされた弁当も人気が高く、週末には試合前から完売となることも。

## テーマデー

軍務従事者への感謝を示す「ARMYパーティ」は、戦闘機の飛行のほか、行進など見どころが多く、選手からも「意義深いイベント」と好評。他にも日本とのコラボイベント「YOKOSO桃猿」や、試合後に歌手やチアによる本格的なライブが行われる「動紫趴」、総勢30人を超えるチア全員が揃う数少ない機会であるチアテーマ日「辣酷甜パーティ」などは長年継続されており、イベントの充実ぶりは流石。

## 楽天主催試合チケット（樂天桃園棒球場）

| エリア | 大人(平日) | 割引(平日) | 大人(土日祝) | 割引(土日祝) |
|---|---|---|---|---|
| 東西下 (DE 13列から前) | 500 | | 700 | |
| 東西下 (ABCFG、DE 14列から後) | 400 | | 600 | |
| 東下(H~M) | 350 | 250 | 500 | 400 |
| 西下(H~K) | | | | |
| 東西上(B~M) | | | | |
| 東西下(R) | 450 | | 600 | |
| 外野席 | 200 | | 300 | |
| 食事付きシート | 450 | | 600 | |
| ロイヤルシート(東下A 13列から前) | 800 | | 1,000 | |
| 東下ボックスシート(G1~G4、H1~H4) | 700 | | 900 | |
| 東下ボックスシート(K1~K3、L1~L3、M1~M6) | 500 | | 600 | |
| 二階ボックスシート(東西上B1~B2、C1~C2) | 400 | | 600 | |
| レフトファンゾーン(テーブルあり) | 600 | | 800 | |
| レフトファンゾーン(芝生エリア自由席) | 300 | | 400 | |

※前売券の価格　※イベントデーは価格が変更になる場合があります
※食事付きシートはチケット代とは別に飲食の最低消費額あり　※割引チケットは学生、115cm以上の児童、65歳以上が対象
※単位は台湾ドル　1台湾ドル≒約4.7円

味全龍

樂天桃猿

統一7-ELEVEn獅

中信兄弟

富邦悍將

台鋼雄鷹

## 樂天桃園棒球場　周辺地図&アクセス

**台北駅から最寄駅へ**

・高速鉄道(高鉄)で高鉄桃園駅下車(約20分)、桃園空港メトロ(MRT)に乗り換え、老街渓行きで、桃園體育園區駅下車(約3分)。

・桃園空港メトロ(MRT)老街渓行きで、桃園體育園區駅下車(1時間12分)。

**在来線(台湾鉄道)の最寄り駅、中壢駅から球場へ**

・台鉄中壢駅前の桃園客運バスターミナル横(桃園市中壢區中正路51號)から無料送迎バスあり。試合開始の約2時間前から40分に1本。

**要チェック!!**　2020年に桃園空港メトロ桃園體育園區駅と球場が連絡通路で結ばれ、翌2021年には駅直結のショッピングモール「GlobalMall 桃園A19」もオープンした。観戦前に立ち寄ってみるのもオススメだ。

## 選手別応援歌&チャンステーマ

**5 梁家榮** リャンジャーロン
♪「全力轟啊 全力轟 梁家榮
チュエンリーホン ア チュエンリーホン リャンジャーロン
梁家榮啊 梁家榮 全力轟」
リャンジャーロン ア リャンジャーロン チュエンリーホン

**6 林承飛** リンチェンフェイ
♪「飛〜 承飛〜 林承飛!」
フェイ チェンフェイ リンチェンフェイ

**11 林泓育** リンホンユ
♪「轟 轟 林泓育 轟 轟 林泓育
ホン ホン リンホンユ ホン ホン リンホンユ
林泓育 轟 林泓育 Oh〜林泓育」
リンホンユ ホン リンホンユ ユ リンホンユ

**15 林子偉** リンズーウェイ
♪「颯 颯 颯 颯 颯 颯 林子偉」
サ サ サ サ サ サ リンズーウェイ

**28 張閔勛** ジャンミンシュン
♪「張閔勛 張閔勛 Hey! Hey! 張閔勛」
ジャンミンシュン ジャンミンシュン ジャンミンシュン

**35 成晉** チェンジン
♪「火熱的成 火熱的晉 火熱的火熱的 成晉」
フォ レ デ チェン フォ レ デ ジン フォ レ デ フォ レ チェンジン

**39 林立** リンリー
♪「林立的威 林立的力 林力的威力 凌厲!」
リンリー デ ウェイ リンリー デ リ リン リ デ ウェイ リ リン リ

**58 廖健富** リャオジェン フ
♪「健!富! Cue吧健富 Cue吧安打 廖健富
ジェン フ バ ジェン フ バ アン ダ リャオジェン フ
健!富! Cue吧健富 Cue吧全壘打 廖健富」
ジェン フ バ ジェン フ バ チュエンレイ ダ リャオジェン フ

**79 林智平** リンジーピン
♪「智!平! 打安打 智平 智平 全壘打」
ジー ピン ダ アン ダ ジーピン ジーピン チュエンレイ ダ

**85 朱育賢** ジュユーシェン
♪「樂天桃猿 朱育賢 一棒※分 朱育賢」
レ ティエンタオユエン ジュユーシェン イ バン フェン ジュユーシェン
※の箇所は塁上の走者+1

**98 陳晨威** チェンチェンウェイ
♪「陳晨威 陳晨威 神! 威! Hu-Ha!」
チェンチェンウェイ チェンチェンウェイ シェン ウェイ

**チャンス 海盜嗆司** ハイダオチャンス
♪「樂天 樂天 樂! 天! 桃! 猿!
ラクテン ラクテン ラク テン タオ ユエン
樂天桃猿○○○」
レ ティエンタオユエン
※○○○は選手名
コール部分のみ抜粋し掲載

# 嘉義縣立棒球場

かぎけんりつきゅうじょう
ジャーイーシェンリー　バンチョウチャン

住所：嘉義縣太保市祥和二路東段2號
TEL：05-370-8100
収容人員：9,000人
天然芝、内野赤土
中堅：122.8m（403ft）　両翼：98m（322ft）

## 高鉄駅に近く二軍戦観戦に便利

台北の南西約200km、嘉義市をドーナツのように取り囲む嘉義県は自然豊かな農業県だ。嘉義市内にあり「嘉市」と略される嘉義市立棒球場に対し、こちらの球場は嘉義県太保市にあり「嘉縣」と略される。同じ太保市の高速鉄道嘉義駅からも近い。国体開催を目的に1996年に竣工、同年と2005年には台湾シリーズも開催された。しかし、その後使用頻度が激減、一時は整備も行き届いていなかったが、県によってリニューアル工事が行われ、2019年からLamigo（現・楽天）モンキーズの春季キャンプ地となった。以降は二軍公式戦も行われている。スタンドは簡素でアスファルト席だ。

## 嘉義縣立棒球場　周辺地図&アクセス

高鉄嘉義駅

嘉義縣立棒球場

台北駅から高鉄嘉義駅へ
・高速鉄道（高鉄）で高鉄嘉義駅まで約1時間30分。
高鉄嘉義駅から球場へ
・高鉄嘉義駅から嘉義BRT7211番バス（「朴子轉運站」行き）で、「嘉義縣政府」バス停下車（約10分）。「嘉義縣政府」バス停から徒歩10分（約1.0km）。

**要チェック!!** 球場の周囲は商店が少ないので、飲み物や軽食は高鉄嘉義駅の構内か、バス停で降りてから周囲のお店で先に購入しておこう。

**87 古久保健二** ふるくぼ・けんじ／グジョウバオ・ジェンアル(日本)／FURUKUBO KENJI
監督 60歳 6年目 右右 1964.6.23 177cm82kg

①太成高-近鉄-近鉄コーチ-中日コーチ-ヤクルトコーチ-オリックスコーチ-韓国・ハンファコーチ-東北楽天コーチ-富邦コーチ(19-21)-楽天コーチ(22-23)-楽天監督(24)⑤古久保健二

**71 陳瑞振** ちん・ずいしん／チェン・ルイジェン／CHEN JUI CHEN
ヘッドコーチ 49歳 19年目 右右 1975.9.23 180cm97kg

①美和中学-兄弟(98-09)-兄弟監督(10-12)-兄弟コーチ(13)-富邦コーチ(21)-楽天コーチ(23)②ベ(01)、ゴ(99,00,02,03)④アジア大会(02)

**70 許銘傑** きょ・めいけつ／シュ・ミンジェ／HSU MING CHIEH
投手コーチ 48歳 10年目 右右 1976.12.1 182cm105kg

①中正高工-TML・台中金剛(98-99)-西武・オリックス-Lamigo(14-15)-中信兄弟(16)-中信兄弟コーチ(17)-西武コーチ(21)④アジア大会(98)⑤ミンチェ

**43 林英傑** りん・えいけつ／リン・インジェ／LIN YING CHIEH
ブルペンコーチ 43歳 19年目 左左 1981.5.1 182cm89kg

①高苑工商-TML・高屏雷公(99-01)-誠泰(04-05)-東北楽天-興農(09-12)-義大(13-14)-中信兄弟(15-16)-Lamigo(17)-楽天コーチ(20)②防(04)、三(04,05)、ベ(04)④アテネ五輪(04)、WBC(06)、アジア大会(10)⑤インチェ

**57 鍾承祐** しょう・しょうゆう／ジョン・チェンヨウ／CHUNG CHEN YU
打撃コーチ 39歳 17年目 右右 1985.1.31 180cm82kg
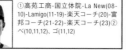
①高苑工商-国立体院-La New(08-10)-Lamigo(10-19)-義大コーチ(20)-富邦コーチ(21-22)-楽天コーチ(23)②ベ(10,11,12)、ゴ(11,12)

**41 鄭兆行** てい・ちょうこう／ジェン・ジャオハン／CHENG CHAO HANG
総合守備コーチ 47歳 25年目 右右 1977.2.14 177cm82kg
①華興中学-中国文化大学-興農(00-12)-義大(13-15)-義大コーチ(16)-富邦コーチ(17-22)-楽天コーチ(23)②盗(04)、ベ(02,03,10)、ゴ(09)④アテネ五輪(04)

**91 陳彦夆** ちん・げんほう／チェン・イェンフォン／CHEN YEN FENG
守備コーチ 38歳 15年目 右右 1986.8.22 179cm81kg

①嘉義高工-台北体院-La New(10)-Lamigo(11-17)-Lamigoコーチ(18-19)-楽天コーチ(20)

**50 許躍騰** きょ・やくとう／シュ・ユエテン／HSU YUEH TENG
バッテリーコーチ 36歳 13年目 右右 1988.6.21 178cm82kg
①嘉義高工-国立体大-Lamigo(12-16)-Lamigoコーチ(17-19)-楽天コーチ(20)

**59 劉品辰** りゅう・ひんしん／リョウ・ピンチェン／LIU PIN CHEN
トレーニングコーチ 43歳 12年目 右右 1981.6.18 169cm64kg
①高雄応用科技大学-Lamigoコーチ(13-19)-楽天コーチ(20)

**42 洪全億** こう・ぜんおく／ホン・チュエンイ／HONG CHUAN YI
トレーニングコーチ 42歳 10年目 なし 1982.11.1 168cm70kg
①国立体大-Lamigoコーチ(15-19)-楽天コーチ(20)

**93 張煒謙** ちょう・いけん／ジャン・ウェイチェン／CHANG WEI CHIEN
● コーチ補佐 29歳 8年目 右右 1995.11.17 175cm80kg
①桃園農工-Lamigo(14-19)-楽天(20)-楽天コーチ(24)

**99 曾豪駒** そう・ごうく／ツェン・ハオジュ／TSENG HAO CHU
二軍監督 45歳 21年目 右右 1979.11.27 182cm86kg

①台北体院-La New(04-10)-Lamigo(11-13)-Lamigoコーチ(14-19)-楽天監督(20-23)-楽天コーチ(24)

**73 川岸強** かわぎし・つよし／チュアンアン・チャン(日本)／KAWAGISHI TSUYOSHI
二軍ヘット兼投手コーチ 45歳 3年目 右右 1979.9.12 174cm74kg

①桐蔭学園高-駒沢大-トヨタ自動車-中日-東北楽天-楽天コーチ(22)⑤川岸強

**60 蔡明晉** さい・めいしん／ツァイ・ミンジン／TSAI MING CHIN
二軍投手コーチ 40歳 17年目 右右 1984.9.28 179cm68kg

①強恕中学-国立体院-興農(08-12)-義大(13-16)-富邦(17-20)-富邦コーチ(21-22)-楽天コーチ(23)④WBC(17)

**72 林國裕** りん・こくゆう／リン・グォユ／LIN KUO YU
二軍投手コーチ 35歳 10年目 右右 1989.12.13 180cm85kg

①花蓮体中-中国文化大学-Lamigo(14-19)-楽天(20)-楽天コーチ(22)

**30 林知譽** りん・ちよ／リン・ジーユ／LIN CHIH YU
二軍打撃コーチ 31歳 9年目 右右 1993.3.30 185cm90kg
①穀保家商-輔仁大学-Lamigo(16-19)-楽天(20-22)-楽天コーチ(23)

**90 林政億** りん・せいおく／リン・ジェンイ／LIN CHENG YI
二軍打撃コーチ 38歳 13年目 右右 1986.12.5 185cm90kg
①高苑工商-輔仁大学-Lamigo(11-18)-楽天コーチ(20)

**96 翁克堯** おう・こくぎょう／ウェン・ケヤオ／WENG KE YAO
二軍守備コーチ 36歳 9年目 右右 1988.2.15 178cm81kg

①成功商水-嘉南薬理科技大学-Lamigo(12-18)-楽天コーチ(23)

**47 許禹壕** きょ・うごう／シュ・ユーハオ／HSU YU HAO
二軍バッテリーコーチ 30歳 11年目 右右 1994.11.29 178cm79kg

①美和中学-Lamigo(14-19)-楽天コーチ(20-23)-楽天コーチ(24)

**68 広瀬大輔** ひろせ・だいすけ／グァンライ・ダーフ(日本)／HIROSE DAISUKE
● 二軍スポーツパフォーマンスコーチ 40歳 1年目 なし 1984.6.17 183cm65kg

①楽天コーチ(24)

**33 洪聖欽** こう・せいきん／ホン・シェンチン／HUNG SHENG CHIN
■ 二軍トレーニングコーチ 34歳 10年目 右右 1990.11.15 183cm88kg

**78 李韋慶** り・いけい／リ・ウェイチン／LI WEI CHING
二軍トレーニングコーチ 29歳 1年目 右右 1995.3.29 180cm60kg

背番号 漢字名 日本語読み 現地読み(国籍) 英語 役職 年齢 年数(CPBL) 投打 生年月日 身長体重
①経歴②タイトル歴④代表歴⑤NPBでの登録名
記号:●…新団(新任)、▲…移籍、■…復帰

## 17 陳冠宇

ちん・かんう／チェン・グァンユ／CHEN KUAN YU

投手　34歳　4年目　左左　1990.10.29　178cm80kg

①穀保家商-国立体大-横浜-DeNA-千葉ロッテ-楽天(21)③日台で人気の左腕はドラフト1位で楽天入り。過去3年続けて不本意な成績に終わっている。昨季は12ホールドも防御率3.69と安定感を欠いただけに、今季こそ「大丈夫」な投球を見せたい。Instagramのフォロワー数はチームトップ。④アジア大会(10,14)、プレミア12(15,19)、WBC(17,23)、APBC(17)⑤チェン・グァンユウ

| 年度 | チーム | 試合 | 先発 | 勝利 | 敗戦 | セーブ | ホールド | 投球回 | 四球 | 三振 | 防御率 |
|---|---|---|---|---|---|---|---|---|---|---|---|
| 2017 | - | - | - | - | - | - | - | - | - | - | - |
| 2018 | - | - | - | - | - | - | - | - | - | - | - |
| 2019 | - | - | - | - | - | - | - | - | - | - | - |
| 2020 | - | - | - | - | - | - | - | - | - | - | - |
| 2021 | 楽天 | 21 | 6 | 1 | 5 | 0 | 1 | 48 1/3 | 24 | 42 | 6.52 |
| 2022 | 楽天 | 23 | 6 | 2 | 1 | 0 | 1 | 55 2/3 | 16 | 57 | 3.07 |
| 2023 | 楽天 | 41 | 0 | 4 | 1 | 2 | 12 | 39 | 14 | 37 | 3.69 |
| 通算 | | 85 | 12 | 7 | 7 | 2 | 14 | 143 | 54 | 136 | 4.41 |

## 19 陳克羿

ちん・こくげい／チェン・ケーイ／CHEN KO YI

投手　25歳　7年目　右右　1999.10.27　185cm74kg

①南英商工-Lamigo(18-19)-楽天(20)③3000から3200とメジャー級の回転数を誇るカーブを武器にする若手先発投手。シーズンでは自己最多の6勝、APBCでもオーストラリア戦で7回無失点の好投とまさに飛躍の一年を過ごした。台南人の例に漏れず大の甘党。④APBC(23)

| 年度 | チーム | 試合 | 先発 | 勝利 | 敗戦 | セーブ | ホールド | 投球回 | 四球 | 三振 | 防御率 |
|---|---|---|---|---|---|---|---|---|---|---|---|
| 2017 | - | - | - | - | - | - | - | - | - | - | - |
| 2018 | - | - | - | - | - | - | - | - | - | - | - |
| 2019/二軍 | Lamigo | 15 | 2 | 0 | 0 | 0 | 0 | 23 | 20 | 17 | 5.48 |
| 2020/二軍 | 楽天 | 24 | 3 | 1 | 1 | 0 | 1 | 26 | 20 | 24 | 7.96 |
| 2021/二軍 | 楽天 | 7 | 2 | 1 | 1 | 0 | 0 | 12 | 10 | 9 | 9.00 |
| 2022 | 楽天 | 5 | 3 | 0 | 0 | 0 | 0 | 3 2/3 | 2 | 0 | 7.36 |
| 2023 | 楽天 | 16 | 16 | 6 | 3 | 0 | 0 | 84 | 33 | 48 | 4.61 |
| 通算 | | 18 | 17 | 6 | 3 | 0 | 0 | 87 2/3 | 35 | 48 | 4.72 |

## 00 蘇俊璋

そ・しゅんしょう／ス・ジュンジャン／SU CHUN CHANG

投手　26歳　6年目　右右　1998.9.2　180cm92kg

①南英商工-中国文化大学-Lamigo(19)-楽天(20)③落差のあるフォークと強心臓を兼備するが、60登板した20年以来目立った活躍が無い。ベテランが抜けた今季は絶好のチャンスだ。

| 年度 | 試合 | 先発 | 勝利 | 敗戦 | セーブ | ホールド | 投球回 | 四球 | 三振 | 防御率 |
|---|---|---|---|---|---|---|---|---|---|---|
| 2023 | 21 | 0 | 0 | 6 | 2 | 1 | 19 2/3 | 7 | 15 | 7.78 |
| 通算 | 119 | 0 | 5 | 6 | 2 | 25 | 106 1/3 | 41 | 119 | 6.18 |

## 1 舒治浩

じょ・じこう／シュ・ジーハオ／SHU CHIH HAO

投手　20歳　3年目　右右　2004.7.15　177cm75kg

①陽明高中-楽天(22)③3月の巨人との交流試合で9回を投げた速球派右腕。ナックルカーブ等の変化球も含めてボールの質は高いが、課題は制球力だ。

| 年度 | 試合 | 先発 | 勝利 | 敗戦 | セーブ | ホールド | 投球回 | 四球 | 三振 | 防御率 |
|---|---|---|---|---|---|---|---|---|---|---|
| 2023 | 5 | 0 | 0 | 0 | 0 | 0 | 2 2/3 | 5 | 1 | 10.13 |
| 通算 | 5 | 0 | 0 | 0 | 0 | 0 | 2 2/3 | 5 | 1 | 10.13 |

## 3 洪敏暘

こう・びんよう／ホン・ミンヤン／HUNG MIN YANG

投手　20歳　3年目　左左　2004.6.10　175cm90kg

①三民高中-楽天(22)③二刀流も検討されたほど打投共に高い潜在能力を秘める有望株。フルシーズン1年目は10奪三振19四球とプロの壁に直面した。

| 年度 | 試合 | 先発 | 勝利 | 敗戦 | セーブ | ホールド | 投球回 | 四球 | 三振 | 防御率 |
|---|---|---|---|---|---|---|---|---|---|---|
| 23(二軍) | 19 | 2 | 0 | 2 | 0 | 2 | 23 2/3 | 19 | 10 | 5.70 |
| 通算(二軍) | 20 | 2 | 0 | 2 | 0 | 2 | 24 2/3 | 22 | 12 | 5.47 |

## 4 黄偉晟

こう・いせい／ホァン・ウェイチェン／HUANG WEI CHENG

投手　34歳　12年目　右右　1990.3.6　180cm95kg

①南英商工-国立体大-ブレーブス-義大(13)-Lamigo(14-19)-楽天(20)③ツーシームとスライダーの2球種を丁寧に低めに集める典型的なゴロピッチャー。23年の登場曲は「ヘドウィグのテーマ」。

| 年度 | 試合 | 先発 | 勝利 | 敗戦 | セーブ | ホールド | 投球回 | 四球 | 三振 | 防御率 |
|---|---|---|---|---|---|---|---|---|---|---|
| 2023 | 38 | 0 | 1 | 1 | 9 | 7 | 31 1/3 | 12 | 14 | 1.15 |
| 通算 | 321 | 0 | 14 | 8 | 3 | 57 | 300 2/3 | 107 | 144 | 4.70 |

## 9 陳柏豪

ちん・はくごう／チェン・ボーハオ／CHEN PO HAO

▲投手　25歳　8年目　右右　1999.1.28　180cm88kg

①西苑高中-中信兄弟(17-23)-楽天(24)③FA移籍した陳俊秀の人的補償で加入。多くの一流選手が球界一と評価する縦のスライダーを武器に、先発・救援両方をこなす。④アジア大会(18)

| 年度 | 試合 | 先発 | 勝利 | 敗戦 | セーブ | ホールド | 投球回 | 四球 | 三振 | 防御率 |
|---|---|---|---|---|---|---|---|---|---|---|
| 2023 | 4 | 0 | 0 | 0 | 0 | 0 | 6 | 1 | 1 | 3.60 |
| 通算 | 127 | 7 | 8 | 13 | 3 | 18 | 169 1/3 | 94 | 119 | 4.20 |

## 13 陳鴻文

ちん・こうぶん／チェン・ホンウェン／CHEN HUNG WEN

投手　38歳　12年目　右右　1986.2.3　180cm93kg

①三民高中-中国文化大学-カブス-兄弟(13)-中信兄弟(14-17)-富邦(18-22)-楽天(20)②救(15,16)③先発・救援共に経験豊富な頼りになるベテラン。昨季終盤からはクローザーを務め、9月10日に通算100セーブを達成した。④WBC(09,13,17)、アジア大会(10)、プレミア12(15,19)

| 年度 | 試合 | 先発 | 勝利 | 敗戦 | セーブ | ホールド | 投球回 | 四球 | 三振 | 防御率 |
|---|---|---|---|---|---|---|---|---|---|---|
| 2023 | 33 | 4 | 1 | 1 | 9 | 3 | 50 | 19 | 25 | 3.42 |
| 通算 | 416 | 69 | 53 | 51 | 105 | 26 | 787 2/3 | 227 | 631 | 3.59 |

漢字名　日本語読み　現地読み(国籍)　英語　ポジション　年齢　年数(CPBL)　投打　生年月日　身長体重
①経歴②タイトル歴③寸評④代表歴⑤NPBでの登録名　記号:●…新入団(新任)、▲…移籍、◆…復帰

味全龍

樂天桃猿

統一7-ELEVEN獅

中信兄弟

富邦悍將

台鋼雄鷹

## 64 王志煊
おう・しけん
ワン・ジーシュエン
WANG CHIH HSUAN

| 投手 | 23歳 | 5年目 | 左左 |
|---|---|---|---|
| 2001.9.5 | | 175cm72kg | |

①成徳高中-楽天(20)③昨季途中、嘉弥真新也(ヤクルト)を参考にしたサイドスロー転向が大成功。43試合で被打率.153、被本塁打0と好投し、ポストシーズンでもフル回転を見せた。このタイプでは珍しく投球の70%強がストレート。④APBC(23)

| 年度 | チーム | 試合 | 先発 | 勝利 | 敗戦 | セーブ | ホールド | 投球回 | 四球 | 三振 | 防御率 |
|---|---|---|---|---|---|---|---|---|---|---|---|
| 2017 | - | - | - | - | - | - | - | - | - | - | - |
| 2018 | - | - | - | - | - | - | - | - | - | - | - |
| 2019 | - | - | - | - | - | - | - | - | - | - | - |
| 2020 | - | - | - | - | - | - | - | - | - | - | - |
| 2021 | 楽天 | 10 | 0 | 1 | 1 | 0 | 1 | 5 2/3 | 4 | 6 | 4.76 |
| 2022 | 楽天 | 1 | 0 | 0 | 0 | 0 | 0 | 1/3 | 0 | 0 | 27.00 |
| 2023 | 楽天 | 43 | 0 | 1 | 0 | 1 | 11 | 35 | 8 | 23 | 1.29 |
| 通算 | | 54 | 0 | 2 | 1 | 1 | 12 | 41 | 12 | 29 | 1.98 |

## 69 黄子鵬
こう・しほう
ホァン・ズーポン
HUANG TZU PENG

| 投手 | 30歳 | 8年目 | 左右 |
|---|---|---|---|
| 1994.3.19 | | 183cm80kg | |

①南英商工-中国文化大学-Lamigo(17-19)-楽天(20)②防(22)、中(19)③リーグ屈指の安定感と航続能力を誇る技巧派右腕。低めのサイドスローから制球良くコーナーに集める投球が特徴。台湾シリーズでは第2戦で8回無失点と好投し、「我々は外国人に負けていない」と台湾人投手の矜持を見せた。④プレミア12(19)、WBC(23)

| 年度 | チーム | 試合 | 先発 | 勝利 | 敗戦 | セーブ | ホールド | 投球回 | 四球 | 三振 | 防御率 |
|---|---|---|---|---|---|---|---|---|---|---|---|
| 2017/二軍 | Lamigo | 1 | 0 | 0 | 0 | 0 | 0 | 1 | 0 | 1 | 0.00 |
| 2018 | Lamigo | 52 | 1 | 5 | 3 | 0 | 15 | 54 1/3 | 14 | 45 | 2.48 |
| 2019 | Lamigo | 60 | 0 | 6 | 5 | 0 | 23 | 63 2/3 | 15 | 53 | 3.25 |
| 2020 | 楽天 | 59 | 0 | 8 | 4 | 0 | 18 | 66 1/3 | 24 | 57 | 3.12 |
| 2021 | 楽天 | 23 | 22 | 9 | 6 | 0 | 0 | 135 | 29 | 62 | 3.40 |
| 2022 | 楽天 | 24 | 24 | 12 | 6 | 0 | 0 | 158 2/3 | 25 | 96 | 2.33 |
| 2023 | 楽天 | 24 | 24 | 8 | 9 | 0 | 1 | 145 1/3 | 44 | 71 | 3.59 |
| 通算 | | 242 | 71 | 42 | 30 | 0 | 57 | 623 1/3 | 151 | 385 | 3.05 |

## 14 鈴木駿輔
すずき・しゅんすけ
リンム・ジュンフ(日本)
SUZUKI SHUNSUKE

| 投手 | 26歳 | 1年目 | 右右 |
|---|---|---|---|
| 1998.6.12 | | 180cm93kg | |

①聖光学院高-青山学院大-BCL・福島-BCL・信濃-楽天(24)②22年に投手三冠を達成した「独立リーグ最強投手」がCPBL入り。スピードと回転数を兼ね備えたストレートがどこまで通じるか。

| 年度 | 試合 | 先発 | 勝利 | 敗戦 | セーブ | ホールド | 投球回 | 四球 | 三振 | 防御率 |
|---|---|---|---|---|---|---|---|---|---|---|
| 2023 | - | - | - | - | - | - | - | - | - | - |
| 通算 | - | - | - | - | - | - | - | - | - | - |

## 18 劉家翔
りゅう・かしょう
リョウ・ジャーシャン
LIU CHIA HSIANG

| 投手 | 21歳 | 3年目 | 右右 |
|---|---|---|---|
| 2003.10.7 | | 181cm83kg | |

①穀保家商-楽天(22)③千葉ロッテの吉井理人監督もその素質を高く評価した逸材。速球のノビと共に、打者に向かっていく姿勢の良さが買われている。

| 年度 | 試合 | 先発 | 勝利 | 敗戦 | セーブ | ホールド | 投球回 | 四球 | 三振 | 防御率 |
|---|---|---|---|---|---|---|---|---|---|---|
| 23(二軍) | 16 | 14 | 3 | 6 | 0 | 0 | 64 2/3 | 50 | 61 | 5.57 |
| 通算(二軍) | 18 | 15 | 3 | 7 | 0 | 0 | 68 1/3 | 56 | 65 | 5.66 |

## 20 霸威斯
マニー・バニュエロス
バーウェイス(メキシコ)
MANNY BANUELOS

| 投手 | 33歳 | 3年目 | 左左 |
|---|---|---|---|
| 1991.3.13 | | 178cm97kg | |

①CBTIS159高-ヤンキース-ブレーブス-エンゼルス-ドジャース-ホワイトソックス-マリナーズ-富邦(20-21)-メキシカンL-ヤンキース-パイレーツ-東北楽天-楽天(24)③日本の楽天から台湾の楽天へ移籍した助っ人。富邦に在籍した20、21年で2年連続奪三振を奪った球威が魅力。④東京五輪(23)⑤マニー・バニュエロス

| 年度 | 試合 | 先発 | 勝利 | 敗戦 | セーブ | ホールド | 投球回 | 四球 | 三振 | 防御率 |
|---|---|---|---|---|---|---|---|---|---|---|
| 2023 | - | - | - | - | - | - | - | - | - | - |
| 通算 | 19 | 18 | 1 | 5 | 0 | 0 | 101 | 45 | 126 | 2.76 |

## 21 魔神樂
マルセロ・マルティネス
モーシェンレ(メキシコ)
MARCELO MARTINEZ

| 投手 | 28歳 | 1年目 | 左左 |
|---|---|---|---|
| 1996.8.10 | | 188cm86kg | |

①メキシカンL-ロイヤルズ-メキシカンL-楽天(24)③4人目の外国人として出番を待つ軟投派タイプの左腕。カーブやスライダーといった変化球の安定感を売りにする。

| 年度 | 試合 | 先発 | 勝利 | 敗戦 | セーブ | ホールド | 投球回 | 四球 | 三振 | 防御率 |
|---|---|---|---|---|---|---|---|---|---|---|
| 2023 | - | - | - | - | - | - | - | - | - | - |
| 通算 | - | - | - | - | - | - | - | - | - | - |

## 22 朱承洋
しゅ・しょうよう
ジュ・チェンヤン
CHU CHENG YANG

| 投手 | 29歳 | 12年目 | 右右 |
|---|---|---|---|
| 1995.4.15 | | 175cm70kg | |

①台中高農-Lamigo(13-19)-楽天(20)③台湾球界でも1、2を争うスライダーの使い手だが、怪我の影響もあり奪三振率は前年から大きく下降した。体調万全なら守護神候補だ。④APBC(17)

| 年度 | 試合 | 先発 | 勝利 | 敗戦 | セーブ | ホールド | 投球回 | 四球 | 三振 | 防御率 |
|---|---|---|---|---|---|---|---|---|---|---|
| 2023 | 38 | 0 | 2 | 1 | 6 | 32 | 8 | 21 | 3.94 | |
| 通算 | 256 | 0 | 17 | 10 | 4 | 60 | 251 | 96 | 269 | 4.05 |

## 26 葉家淇
よう・かき
イェ・ジャーチ
YEH CHIA CHI

| 投手 | 27歳 | 10年目 | 左左 |
|---|---|---|---|
| 1997.5.23 | | 179cm71kg | |

①平鎮高中-Lamigo(15-19)-楽天(20)③19年に左腕としてはCPBL最速の157キロを記録した剛腕。22年のトミージョン手術を乗り越えて、自身初の開幕一軍入りを果たした。

| 年度 | 試合 | 先発 | 勝利 | 敗戦 | セーブ | ホールド | 投球回 | 四球 | 三振 | 防御率 |
|---|---|---|---|---|---|---|---|---|---|---|
| 23(二軍) | 20 | 0 | 0 | 5 | 1 | 18 1/3 | 15 | 18 | 7.36 | |
| 通算 | 53 | 4 | 1 | 3 | 5 | 52 2/3 | 49 | 56 | 8.37 | |

## 5　梁家榮
りょう・かえい
リャン・ジャーロン
LIANG CHIA JUNG

内野手　29歳　12年目　右左
1995.3.25　180cm90kg

①高苑工商-Lamigo(13-19)-楽天(20)②首(23)、ベ(23)③アプローチの良さが光る三塁手は、昨季シーズン途中に大谷翔平を参考に導入したノーステップ打法が効果を発揮し首位打者を獲得。20代後半から成長著しい打撃は長打力も向上しており、今季も中軸で得点力アップに貢献する。

| 年度 | チーム | 試合 | 打数 | 安打 | 本塁打 | 打点 | 四球 | 三振 | 盗塁 | 打率 | OPS |
|---|---|---|---|---|---|---|---|---|---|---|---|
| 2017 | Lamigo | 82 | 239 | 64 | 6 | 34 | 24 | 50 | 0 | .268 | .754 |
| 2018 | Lamigo | 39 | 99 | 28 | 1 | 11 | 8 | 20 | 0 | .283 | .679 |
| 2019 | Lamigo | 44 | 85 | 20 | 2 | 13 | 6 | 14 | 0 | .235 | .673 |
| 2020 | 楽天 | 55 | 171 | 58 | 5 | 29 | 16 | 31 | 0 | .339 | .926 |
| 2021 | 楽天 | 96 | 289 | 83 | 4 | 31 | 28 | 48 | 1 | .287 | .756 |
| 2022 | 楽天 | 100 | 318 | 91 | 3 | 25 | 55 | 46 | 2 | .286 | .744 |
| 2023 | 楽天 | 96 | 349 | 118 | 8 | 54 | 52 | 43 | 0 | .338 | .907 |
| 通算 | | 608 | 1789 | 521 | 29 | 221 | 196 | 297 | 4 | .291 | .775 |

## 39　林立
りん・りつ
リン・リー
LIN LI

内野手　28歳　8年目　右右
1996.1.1　182cm86kg

①平鎮高中-国立体大-Lamigo(17-19)-楽天(20)-M(22)、安(22)、首(19,22)、点(22)、盗(21)、ベ(19,22)③昨季は故障やアジア大会出場による離脱で出場試合数を減らすも、レベルの高い打撃は健在。苦手なコースなく広角に打てるのが強みだ。リーグ屈指の打てる二塁手は今季も上位打線で出塁、走者を還す両方の役割を担う。④APBC(17)、プレミア12(19)、WBC(23)、アジア大会(23)

| 年度 | チーム | 試合 | 打数 | 安打 | 本塁打 | 打点 | 四球 | 三振 | 盗塁 | 打率 | OPS |
|---|---|---|---|---|---|---|---|---|---|---|---|
| 2017 | Lamigo | 13 | 47 | 16 | 2 | 11 | 6 | 15 | 2 | .340 | .926 |
| 2018 | Lamigo | 95 | 306 | 97 | 7 | 38 | 16 | 82 | 2 | .317 | .810 |
| 2019 | Lamigo | 103 | 388 | 151 | 20 | 81 | 35 | 72 | 9 | .389 | 1.079 |
| 2020 | 楽天 | 103 | 416 | 149 | 25 | 84 | 37 | 107 | 21 | .358 | 1.029 |
| 2021 | 楽天 | 98 | 364 | 101 | 7 | 47 | 33 | 89 | 27 | .277 | .770 |
| 2022 | 楽天 | 109 | 418 | 140 | 14 | 83 | 40 | 77 | 22 | .335 | .908 |
| 2023 | 楽天 | 67 | 234 | 79 | 6 | 37 | 24 | 40 | 5 | .338 | .893 |
| 通算 | | 588 | 2173 | 733 | 81 | 381 | 191 | 482 | 99 | .337 | .924 |

## 27　楊彬
よう・ひん
ヤン・ビン
YANG PIN

投手　28歳　7年目　右右　1996.1.18　180cm90kg

①高苑工商-高雄大学-富邦(18-22)-楽天(22)③22年途中に王躍霖との2対2トレードで楽天入り。昨季はブレイクを期待されるも、7月以降は一軍登板なしに終わった。

| 年度 | 試合 | 先発 | 勝利 | 敗戦 | セーブ | ホールド | 投球回 | 四球 | 三振 | 防御率 |
|---|---|---|---|---|---|---|---|---|---|---|
| 2023 | 6 | 0 | 0 | 0 | 0 | 1 | 15 | 5 | 8 | 3.00 |
| 通算 | 29 | 10 | 3 | 3 | 0 | 3 | 86 1/3 | 35 | 51 | 4.69 |

## 37　曾仁和
そう・じんわ
ツェン・レンヘ
TSENG JEN HO

投手　30歳　4年目　右右　1994.10.3　186cm91kg

①三民高中-国立体大-カブス-レンジャーズ-楽天(21)③MLBでの先発経験もある先発右腕。チェンジアップとカーブを巧みに交え、健康なら二桁勝利を挙げられる実力の持ち主。④WBC(13)

| 年度 | 試合 | 先発 | 勝利 | 敗戦 | セーブ | ホールド | 投球回 | 四球 | 三振 | 防御率 |
|---|---|---|---|---|---|---|---|---|---|---|
| 2023 | 19 | 14 | 6 | 6 | 0 | 0 | 91 | 25 | 64 | 4.55 |
| 通算 | 42 | 30 | 14 | 11 | 0 | 3 | 184 1/3 | 50 | 144 | 3.61 |

## 44　曾家輝
そう・かき
ツェン・ジャーフイ
TSENG CHIA HUI

● 投手　21歳　2年目　右右　2003.4.19　184cm70kg

①新社高中-台湾体大-楽天(23)③ツーシームで打たせて取る投球が特徴のルーキー。大学時代はクローザーとして活躍し、プロでもリリーフなら即戦力だ。

| 年度 | 試合 | 先発 | 勝利 | 敗戦 | セーブ | ホールド | 投球回 | 四球 | 三振 | 防御率 |
|---|---|---|---|---|---|---|---|---|---|---|
| 2023 | 1 | 0 | 0 | 0 | 0 | 1 | 1 | 0 | 0 | 9.00 |
| 通算 | 1 | 0 | 0 | 0 | 0 | 1 | 1 | 0 | 0 | 9.00 |

## 46　邱駿威
きゅう・しゅんい
チョウ・ジュンウェイ
CHIU CHUN WEI

投手　22歳　4年目　右右　2002.11.10　176cm86kg

①高苑工商-楽天(21)③球の強さとスタミナに長けたパワータイプ。APBCで先発として好投するも、今季はチーム事情から再びブルペンに移る。④APBC(23)

| 年度 | 試合 | 先発 | 勝利 | 敗戦 | セーブ | ホールド | 投球回 | 四球 | 三振 | 防御率 |
|---|---|---|---|---|---|---|---|---|---|---|
| 2023 | 19 | 0 | 0 | 2 | 0 | 0 | 22 2/3 | 9 | 10 | 5.96 |
| 通算 | 31 | 0 | 0 | 0 | 2 | 0 | 34 1/3 | 16 | 23 | 4.98 |

## 49　威能帝
ペドロ・フェルナンデス
ウェイネンディ(ドミニカ共和国)
PEDRO FERNANDEZ

投手　30歳　2年目　右右　1994.5.25　183cm79kg

①ロイヤルズ-メキシカンL-ブルワーズ-楽天(23)③一試合を任せられる卓越した航続能力とボールの強さはまさにエース。台湾シリーズ第5戦では13奪三振の快投を見せた。

| 年度 | 試合 | 先発 | 勝利 | 敗戦 | セーブ | ホールド | 投球回 | 四球 | 三振 | 防御率 |
|---|---|---|---|---|---|---|---|---|---|---|
| 2023 | 8 | 8 | 4 | 1 | 0 | 0 | 51 2/3 | 14 | 53 | 2.09 |
| 通算 | 8 | 8 | 4 | 1 | 0 | 0 | 51 2/3 | 14 | 53 | 2.09 |

## 51　賴知頎
らい・ちき
ライ・チーチ
LAI CHIH CHI

投手　21歳　4年目　右右　2003.7.26　180cm70kg

①鶯歌工商-楽天(21)③ベース両方にノビのあるボールを投じられる点が魅力の有望株。コーナーに決まると簡単には打たれないだけに、精度を高めたい。

| 年度 | 試合 | 先発 | 勝利 | 敗戦 | セーブ | ホールド | 投球回 | 四球 | 三振 | 防御率 |
|---|---|---|---|---|---|---|---|---|---|---|
| 2023 | 3 | 0 | 1 | 0 | 0 | 0 | 7 | 2 | 3 | 2.57 |
| 通算 | 6 | 0 | 1 | 0 | 0 | 0 | 8 1/3 | 4 | 3 | 3.24 |

味全龍　樂天桃猿　統一7-ELEVEn獅　中信兄弟　富邦悍將　台鋼雄鷹

## 58 廖健富
りょう・けんふ　リャオ・ジェンフ　LIAO CHIEN FU

内野手　26歳　8年目　左右
1998.9.28　178cm88kg

①高苑工商-Lamigo(17-19)-楽天(20)②点(23)、ベ(20,23)③高い打撃技術を備える天才打者は、DHとしてシーズンを戦い抜き初の打撃タイトルである打点王を獲得、HRもリーグ2位と飛躍した。怪我無くシーズンを過ごせれば、リーグ7年ぶりの三冠王も十分に射程圏内だ。

| 年度 | チーム | 試合 | 打数 | 安打 | 本塁打 | 打点 | 四球 | 三振 | 盗塁 | 打率 | OPS |
|---|---|---|---|---|---|---|---|---|---|---|---|
| 2017 | Lamigo | 6 | 11 | 5 | 0 | 0 | 2 | 0 | | .455 | .910 |
| 2018 | Lamigo | 88 | 292 | 113 | 10 | 69 | 41 | 40 | 0 | .387 | 1.037 |
| 2019 | Lamigo | 95 | 282 | 82 | 6 | 34 | 14 | 35 | 1 | .291 | .782 |
| 2020 | 楽天 | 98 | 306 | 103 | 10 | 50 | 28 | 32 | 1 | .337 | .948 |
| 2021 | 楽天 | 76 | 237 | 76 | 8 | 47 | 31 | 34 | 1 | .321 | .889 |
| 2022 | 楽天 | 46 | 130 | 39 | 2 | 17 | 18 | 24 | 0 | .300 | .771 |
| 2023 | 楽天 | 111 | 387 | 121 | 22 | **83** | 44 | 62 | 0 | .313 | .910 |
| 通算 | | 520 | 1645 | 539 | 58 | 320 | 203 | 226 | 3 | .328 | .904 |

## 85 朱育賢
しゅ・いくけん　ジュ・ユーシェン　CHU YU HSIEN

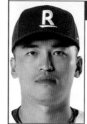

内野手　33歳　10年目　左右
1991.11.26　188cm100kg

①大理高中-中国文化大学-Lamigo(15-19)-楽天(20)②M(19)、安(19)、本(19,21)、点(21)③立派な体躯の長距離砲は主に4番、5番に入り、22年の不振から復調。台湾シリーズでは2HR、打率.400と気を吐き優秀選手に選出された。左翼と一塁を守るが、今季は陳俊秀の移籍により一塁での出場が増えそうだ。④APBC(17)、プレミア12(19)

| 年度 | チーム | 試合 | 打数 | 安打 | 本塁打 | 打点 | 四球 | 三振 | 盗塁 | 打率 | OPS |
|---|---|---|---|---|---|---|---|---|---|---|---|
| 2017 | Lamigo | 112 | 364 | 112 | 27 | 83 | 51 | 89 | 1 | .308 | 1.009 |
| 2018 | Lamigo | 98 | 326 | 104 | 12 | 82 | 32 | 71 | 1 | .319 | .856 |
| 2019 | Lamigo | 118 | **458** | 159 | **30** | 105 | 41 | 105 | 0 | .347 | 1.003 |
| 2020 | 楽天 | 103 | 357 | 126 | 27 | 78 | 31 | 80 | 0 | .353 | **1.047** |
| 2021 | 楽天 | 98 | 366 | 114 | **22** | **81** | 24 | 71 | 2 | .311 | **.897** |
| 2022 | 楽天 | 96 | 328 | 79 | 11 | 49 | 23 | 73 | 1 | .232 | .684 |
| 2023 | 楽天 | 104 | 363 | 100 | 17 | 63 | 38 | 88 | 1 | .275 | .804 |
| 通算 | | 816 | 2797 | 875 | 157 | 590 | 282 | 639 | 6 | .313 | .923 |

## 54 林子崴
りん・しわい　リン・ズーウェイ　LIN TZU WEI

投手　22歳　5年目　左左　2002.3.22　178cm80kg

①穀保家商-楽天(20)③完成度の高さから将来が期待された左腕も、昨季はわずか1登板のみ。9月にトミージョン手術を受け、復帰は25年の予定。

| 年度 | 試合 | 先発 | 勝利 | 敗戦 | セーブ | ホールド | 投球回 | 四球 | 三振 | 防御率 |
|---|---|---|---|---|---|---|---|---|---|---|
| 2023 | 1 | 1 | 0 | 1 | 0 | 0 | 3 | 2 | 3 | 63.00 |
| 通算 | 16 | 8 | 2 | 4 | 0 | 1 | 46 1/3 | 26 | 23 | 6.60 |

## 63 賴胤豪
らい・いんごう　ライ・インハオ　LAI YIN HAO

● 投手　19歳　2年目　右右　2005.3.26　173cm65kg

①北科附工-楽天(23)③小柄な身体をフルに使った全力投球が持ち味のルーキー。最速152キロの真っ直ぐを武器に、見事開幕一軍入りを果たした。

| 年度 | 試合 | 先発 | 勝利 | 敗戦 | セーブ | ホールド | 投球回 | 四球 | 三振 | 防御率 |
|---|---|---|---|---|---|---|---|---|---|---|
| 2023 | - | - | - | - | - | - | - | - | - | - |
| 通算 | - | - | - | - | - | - | - | - | - | - |

## 75 郭玟毅
かく・びんき　グォ・ウェンイ　KUO WEN YI

● 投手　24歳　2年目　右右　2000.11.9　178cm90kg

①平鎮高中-中国文化大学-楽天(23)③大学2年から投手に転向した変わり種。既に最速149キロに達するが、投手経験が浅く今後の伸びしろが楽しみな素材だ。

| 年度 | 試合 | 先発 | 勝利 | 敗戦 | セーブ | ホールド | 投球回 | 四球 | 三振 | 防御率 |
|---|---|---|---|---|---|---|---|---|---|---|
| 2023 | - | - | - | - | - | - | - | - | - | - |
| 通算 | - | - | - | - | - | - | - | - | - | - |

## 77 莊昕諺
そう・きんげん　ジュアン・シンイェン　CHUANG HSIN YEN

投手　24歳　6年目　右右　2000.10.19　181cm91kg

①南英商工-Lamigo(19)-楽天(20)③最速149キロの速球に、落差の大きな縦スラとスローカーブを織り交ぜる。課題の精神面を魚釣りで強化し開幕一軍を摑んだ。

| 年度 | 試合 | 先発 | 勝利 | 敗戦 | セーブ | ホールド | 投球回 | 四球 | 三振 | 防御率 |
|---|---|---|---|---|---|---|---|---|---|---|
| 2023 | 5 | 0 | 0 | 0 | 0 | 1 | 10 | 9 | 6 | 9.90 |
| 通算 | 14 | 4 | 0 | 4 | 0 | 1 | 30 2/3 | 18 | 15 | 9.68 |

## 80 邱緯綸
きゅう・いりん　チョウ・ウェイルン　CHIU WEI LUN

投手　20歳　3年目　左右　2004.7.25　180cm93kg

①穀保家商-楽天(22)③スケールの大きなロマン型左腕。速球とスライダーの威力は十分だが、二軍では3.1回で6奪三振6四死球と制球に大きな課題。

| 年度 | 試合 | 先発 | 勝利 | 敗戦 | セーブ | ホールド | 投球回 | 四球 | 三振 | 防御率 |
|---|---|---|---|---|---|---|---|---|---|---|
| 23(二軍) | 5 | 0 | 0 | 0 | 0 | 0 | 3 1/3 | 4 | 6 | 5.40 |
| 通算(二軍) | 5 | 0 | 0 | 0 | 0 | 0 | 3 1/3 | 4 | 6 | 5.40 |

## 81 林華偉
りん・かい　リン・ホァウェイ　LIN HUA WEI

投手　21歳　2年目　右右　2003.11.8　178cm85kg

①穀保家商-台湾体大-楽天(23)③将来の先発として期待される右腕。22年のドラフトでは富邦に12位で指名されるも拒否、翌年に2位指名を摑み取った。

| 年度 | 試合 | 先発 | 勝利 | 敗戦 | セーブ | ホールド | 投球回 | 四球 | 三振 | 防御率 |
|---|---|---|---|---|---|---|---|---|---|---|
| 2023 | 1 | 0 | 0 | 0 | 0 | 0 | 1 | 1 | 1 | 0.00 |
| 通算 | 1 | 0 | 0 | 0 | 0 | 0 | 1 | 1 | 1 | 0.00 |

楽天モンキーズ　レティエン タオユエン

## 84 張梓軒
ちょう・しけん
ジャン・ズーシュエン
CHANG TZU HSUAN

投手　25歳　4年目　左左　1999.3.30　191cm88kg

①南英商工-中国文化大学-楽天(21)①大型左腕は独特なリリース位置から繰り出す回転数の高い速球を武器に、二軍では被打率.167と圧倒。ただし制球力が課題だ。

| 年度 | 試合 | 先発 | 勝利 | 敗戦 | セーブ | ホールド | 投球回 | 四球 | 三振 | 防御率 |
|---|---|---|---|---|---|---|---|---|---|---|
| 2023 | 4 | 0 | 0 | 0 | 0 | 0 | 2 2/3 | 2 | 2 | 13.50 |
| 通算 | 5 | 0 | 0 | 0 | 0 | 0 | 2 2/3 | 6 | 2 | 16.88 |

## 2 宋嘉翔
そう・かしょう
ソン・ジャーシャン
SUNG JIA XIANG

捕手　20歳　3年目　右右　2004.7.22　183cm81kg

①穀保家商-楽天(22)①昨季は高卒2年目にして開幕スタメンマスクを被り、7月下旬まで打率3割をキープと活躍。強肩も併せ持ち今季の正捕手候補だ。

| 年度 | 試合 | 打数 | 安打 | 本塁打 | 打点 | 四球 | 三振 | 盗塁 | 打率 | OPS |
|---|---|---|---|---|---|---|---|---|---|---|
| 2023 | 56 | 164 | 44 | 3 | 22 | 11 | 46 | | .268 | .689 |
| 通算 | 56 | 164 | 44 | 3 | 22 | 11 | 46 | | .268 | .689 |

## 11 林泓育
りん・おういく
リン・ホンユ
LIN HUNG YU

捕手　38歳　15年目　右右　1986.3.21　181cm103kg

①南英商工-中国文化大学-La New(10)-Lamigo(11-19)-楽天(20)②M(11)、本(11,16)、点(11,16)、ベ(11,13,14,15,16,17,19)、ゴ(16)③自己最少のHR数となった昨季は控えに回る試合も多かった。台湾球界屈指の打てる捕手はかつての長打力を取り戻せるか。④WBC(13)、プレミア12(15,19)

| 年度 | 試合 | 打数 | 安打 | 本塁打 | 打点 | 四球 | 三振 | 盗塁 | 打率 | OPS |
|---|---|---|---|---|---|---|---|---|---|---|
| 2023 | 79 | 198 | 58 | 2 | 31 | 19 | 48 | 0 | .293 | .742 |
| 通算 | 1405 | 5084 | 1655 | 198 | 983 | 376 | 881 | 11 | .326 | .897 |

## 28 張閔勛
ちょう・びんくん
ジャン・ミンシュン
CHANG MIN HSUN

捕手　30歳　9年目　右右　1994.8.8　177cm80kg

①高苑工商-中国文化大学-Lamigo(16-19)-楽天(20)③送球が課題の一方、インサイドワークでチームに貢献する捕手。昨季は大学同期の黄子鵬と12試合バッテリーを組んだ。

| 年度 | 試合 | 打数 | 安打 | 本塁打 | 打点 | 四球 | 三振 | 盗塁 | 打率 | OPS |
|---|---|---|---|---|---|---|---|---|---|---|
| 2023 | 37 | 94 | 16 | 0 | 5 | 2 | 12 | 0 | .170 | .420 |
| 通算 | 183 | 482 | 97 | 0 | 37 | 26 | 67 | 2 | .201 | .480 |

## 62 嚴宏鈞
いぇん・こうきん
イェン・ホンジュン
YEN HUNG CHUN

捕手　27歳　10年目　右右　1997.4.30　165cm70kg

①美和中学-Lamigo(15-19)-楽天(20)③小柄な控え捕手はシーズン終盤出番を増やしプレーオフ、台湾シリーズでは全試合スタメン出場。打撃では左投手への強さを見せる。④APBC(17)

| 年度 | 試合 | 打数 | 安打 | 本塁打 | 打点 | 四球 | 三振 | 盗塁 | 打率 | OPS |
|---|---|---|---|---|---|---|---|---|---|---|
| 2023 | 51 | 71 | 13 | 1 | 10 | 8 | 25 | 0 | .183 | .543 |
| 通算 | 257 | 490 | 122 | 6 | 65 | 41 | 111 | 2 | .249 | .645 |

## 74 邱勝宥
きゅう・しょうゆう
チョウ・シェンヨウ
CHIU SHENG YU

捕手　23歳　5年目　右右　2001.10.10　176cm84kg

①成徳高中-楽天(20)③強肩が魅力も、昨季は二軍でスタメン出場無しと出番を大きく減らした。年下捕手の台頭もある中で今季は正念場だ。

| 年度 | 試合 | 打数 | 安打 | 本塁打 | 打点 | 四球 | 三振 | 盗塁 | 打率 | OPS |
|---|---|---|---|---|---|---|---|---|---|---|
| 23(二軍) | 8 | 14 | 0 | 0 | 1 | 0 | 5 | 0 | .000 | .000 |
| 通算(二軍) | 60 | 115 | 28 | 0 | 13 | 7 | 25 | 0 | .243 | .578 |

## 89 毛英傑
もう・えいけつ
マオ・インジェ
MAO YING CHIEH

捕手　21歳　4年目　右右　2003.4.4　170cm70kg

①高苑工商-楽天(21)プロ入り後は二軍で高い盗塁阻止率を記録し続け昨季は.583。打撃が一皮剥ければ一軍の控え捕手争いに割って入れる。

| 年度 | 試合 | 打数 | 安打 | 本塁打 | 打点 | 四球 | 三振 | 盗塁 | 打率 | OPS |
|---|---|---|---|---|---|---|---|---|---|---|
| 2023 | 2 | 3 | 0 | 0 | 0 | 0 | 0 | | .000 | .000 |
| 通算 | 2 | 3 | 0 | 0 | 0 | 0 | 0 | | .000 | .000 |

## 6 林承飛
りん・しょうひ
リン・チェンフェイ
LIN CHEN FEI

内野手　27歳　10年目　右右　1997.4.8　180cm86kg

①平鎮高中-Lamigo(15-19)-楽天(20)②ベ(16,19)③長打力あるチーム不動の遊撃手は前期打撃不振に苦しみ、自己最多の19失策と課題も多かった。攻守に安定感を取り戻したい。④APBC(17)、アジア大会(18)

| 年度 | 試合 | 打数 | 安打 | 本塁打 | 打点 | 四球 | 三振 | 盗塁 | 打率 | OPS |
|---|---|---|---|---|---|---|---|---|---|---|
| 2023 | 91 | 306 | 81 | 8 | 43 | 15 | 63 | 1 | .265 | .714 |
| 通算 | 693 | 2305 | 646 | 86 | 361 | 152 | 578 | 24 | .280 | .766 |

## 8 陳佳樂
ちん・からく
チェン・ジャーレ
CHEN CHIA LE

内野手　21歳　3年目　右右　2003.9.26　183cm97kg

①平鎮高中-楽天(22)③将来の主軸候補として期待の一塁手は昨季二軍でチーム最多の66試合に出場し高い打撃センスを見せた。父は元兄弟の陳瑞昌。

| 年度 | 試合 | 打数 | 安打 | 本塁打 | 打点 | 四球 | 三振 | 盗塁 | 打率 | OPS |
|---|---|---|---|---|---|---|---|---|---|---|
| 2023 | 1 | 3 | 0 | 0 | 0 | 1 | 2 | | .000 | .250 |
| 通算 | 1 | 3 | 0 | 0 | 0 | 1 | 2 | | .000 | .250 |

## 12 吳桀睿
ご・けつえい
ウ・ジェルイ
WU CHIEH RUI

▲　内野手　31歳　8年目　右右　1993.4.7　170cm78kg

①南英商工-中国文化大学-統一(17-22)-統一コーチ(23)-楽天(24)-ベ(18)③肩の怪我もあり昨季は統一でコーチを務めるも、今季楽天の春季キャンプに招待され現役復帰。打撃をアピールし再スタートだ。

| 年度 | 試合 | 打数 | 安打 | 本塁打 | 打点 | 四球 | 三振 | 盗塁 | 打率 | OPS |
|---|---|---|---|---|---|---|---|---|---|---|
| 2023 | - | - | - | - | - | - | - | - | - | - |
| 通算 | 272 | 877 | 269 | 15 | 134 | 77 | 126 | 25 | .307 | .779 |

背番号　漢字名　日本語読み　現地読み(国籍)　英語　｜　ポジション　年齢　年数(CPBL)　投打　生年月日　身長体重
①経歴②タイトル歴③寸評④代表歴⑤NPBでの登録名　記号●…新入団(新任)、▲…移籍、■…復帰

## 15 林子偉
りん・しい
リン・ズーウェイ
LIN TZU WEI

内野手　30歳　2年目　右右　1994.2.15　175cm85kg

①高苑工商-レッドソックス-ツインズ-メッツ-米独立L-台鋼(23)-楽天(23)③昨年のドラフトで台鋼が全体1位指名もその後大型トレードで移籍。MLB経験豊富なユーティリティーは今季本領発揮となるか。④WBC(23)、アジア大会(23)

| 年度 | 試合 | 打数 | 安打 | 本塁打 | 打点 | 四球 | 三振 | 盗塁 | 打率 | OPS |
|---|---|---|---|---|---|---|---|---|---|---|
| 2023 | 20 | 73 | 15 | 1 | 12 | 6 | 20 | 3 | .205 | .554 |
| 通算 | 20 | 73 | 15 | 1 | 12 | 6 | 20 | 3 | .205 | .554 |

## 38 董順傑
とう・じゅんけつ
ドン・シュンジェ
TUNG SHUN CHIEH

内野手　20歳　3年目　右右　2004.3.13　181cm81kg

①大理高中-楽天(22)③昨季は二軍でスタメン時は下位打線に入り経験を積んだ。守備は内外野様々なポジションを守れ、強肩も備える。

| 年度 | 試合 | 打数 | 安打 | 本塁打 | 打点 | 四球 | 三振 | 盗塁 | 打率 | OPS |
|---|---|---|---|---|---|---|---|---|---|---|
| 23(二軍) | 41 | 77 | 15 | 1 | 5 | 5 | 24 | 0 | .195 | .478 |
| 通算(二軍) | 45 | 87 | 16 | 1 | 6 | 5 | 27 | 0 | .184 | .444 |

## 53 楊家勝
よう・かしょう
ヤン・ジャーシェン
YANG CHIA SHENG

内野手　26歳　4年目　右右　1998.6.11　175cm73kg

①北科附工-台湾体大-楽天(21)③三塁、遊撃、二塁の3ポジションを守れる内野手はプロ入り後打撃で成長を見せている。年齢的にも今季一軍でチャンスを得たい。

| 年度 | 試合 | 打数 | 安打 | 本塁打 | 打点 | 四球 | 三振 | 盗塁 | 打率 | OPS |
|---|---|---|---|---|---|---|---|---|---|---|
| 23(二軍) | 58 | 175 | 47 | 1 | 20 | 14 | 26 | 2 | .269 | .703 |
| 通算 | 1 | 1 | 0 | 0 | 0 | 0 | 0 | 0 | .000 | .000 |

## 88 藍震威
らん・しんい
ラン・ジェンウェイ
LAN CHEN WEI

内野手　22歳　4年目　右右　2002.12.3　173cm77kg

①高苑工商-楽天(21)③21年に自主培訓選手(育成選手に相当)として入団し今季支配下登録。安定感ある守備を見せる内野手は打力を向上さ飛躍したい。

| 年度 | 試合 | 打数 | 安打 | 本塁打 | 打点 | 四球 | 三振 | 盗塁 | 打率 | OPS |
|---|---|---|---|---|---|---|---|---|---|---|
| 23(二軍) | 45 | 97 | 20 | 0 | 9 | 7 | 23 | 0 | .206 | .532 |
| 通算(二軍) | 81 | 148 | 31 | 1 | 14 | 10 | 35 | 1 | .209 | .564 |

## 95 李勛傑
り・くんけつ
リ・シュンジェ
LI HSUN CHIEH

内野手　19歳　2年目　右右　2005.1.20　187cm96kg

①平鎮高中-楽天(23)③一塁と両翼を守れる、パワフルなスイングが魅力の強打者。強豪校で4番を張ったパワーを発揮できれば将来の主軸候補だ。

| 年度 | 試合 | 打数 | 安打 | 本塁打 | 打点 | 四球 | 三振 | 盗塁 | 打率 | OPS |
|---|---|---|---|---|---|---|---|---|---|---|
| 23(二軍) | 6 | 9 | 1 | 0 | 0 | 1 | 3 | 0 | .111 | .384 |
| 通算(二軍) | 6 | 9 | 1 | 0 | 0 | 1 | 3 | 0 | .111 | .384 |

## 31 杜禹鋒
と・うほう
ドゥ・ユーフォン
TU YU FENG

内野手　19歳　2年目　右右　2005.2.22　174cm67kg

①東大体中-楽天(23)③細身の二塁手は広い守備範囲と天性の野球センスを生かした打球反応の良さを見せる。プロでは遊撃も守り出場機会を伺う。

| 年度 | 試合 | 打数 | 安打 | 本塁打 | 打点 | 四球 | 三振 | 盗塁 | 打率 | OPS |
|---|---|---|---|---|---|---|---|---|---|---|
| 23(二軍) | 3 | 3 | 1 | 0 | 0 | 1 | 3 | 0 | .333 | 1.167 |
| 通算(二軍) | 3 | 3 | 1 | 0 | 0 | 1 | 3 | 0 | .333 | 1.167 |

## 45 馮健庭
ひょう・けんてい
フォン・ジェンティン
FENG CHIEN TING

内野手　32歳　9年目　右右　1992.1.5　180cm85kg

①南英商工-国立体大-Lamigo(16-19)-楽天(20)③二軍で毎年好成績の内野手は昨季チームの守備難を解決するため一軍で機会を得た。今季も複数ポジションを高いレベルで守る。

| 年度 | 試合 | 打数 | 安打 | 本塁打 | 打点 | 四球 | 三振 | 盗塁 | 打率 | OPS |
|---|---|---|---|---|---|---|---|---|---|---|
| 2023 | 37 | 85 | 24 | 1 | 9 | 10 | 16 | 0 | .282 | .679 |
| 通算 | 110 | 216 | 52 | 1 | 19 | | 38 | 0 | .241 | .585 |

## 79 林智平
りん・ちへい
リン・ジーピン
LIN CHIH PING

内野手　39歳　16年目　右右　1985.3.23　178cm77kg

①穀保家商-中国文化大学-La New(09-10)-Lamigo(11-19)-楽天(20)②盗(14,15,16)、べ(13,14,15)、ゴ(13,16)③チーム最年長は二軍で打率.374をマークし首位打者に。シーズン最終盤に一軍で活躍しプレーオフ、台湾シリーズに出場した。

| 年度 | 試合 | 打数 | 安打 | 本塁打 | 打点 | 四球 | 三振 | 盗塁 | 打率 | OPS |
|---|---|---|---|---|---|---|---|---|---|---|
| 2023 | | | | | | | | | .500 | 1.125 |
| 通算 | 1048 | 3331 | 955 | 15 | 363 | 306 | 502 | 160 | .287 | .698 |

## 94 馬傑森
ば・けつしん
マ・ジェセン
MA CHIEH SEN

内野手　22歳　5年目　右右　2002.5.15　180cm80kg

①普門中学-楽天(20)③昨季は開幕スタメンを掴むも勢いが続かず二軍でのプレーが長くなった。ダイナミックな遊撃守備はAPBCでも話題に。④APBC(23)

| 年度 | 試合 | 打数 | 安打 | 本塁打 | 打点 | 四球 | 三振 | 盗塁 | 打率 | OPS |
|---|---|---|---|---|---|---|---|---|---|---|
| 2023 | 37 | 91 | 20 | 0 | 7 | 1 | 12 | 1 | .220 | .490 |
| 通算 | 123 | 338 | 88 | 0 | 21 | | 49 | 5 | .260 | .605 |

## 7 邱鑫
きゅう・きん
チョウ・シン
CHIU HSIN

外野手　19歳　2年目　右右　2005.4.17　174cm80kg

①穀保家商-楽天(23)③俊足と巧みなバットコントロールを持つ将来のリードオフマン候補。高い出塁能力を活かし、まずは二軍で経験を積みたい。

| 年度 | 試合 | 打数 | 安打 | 本塁打 | 打点 | 四球 | 三振 | 盗塁 | 打率 | OPS |
|---|---|---|---|---|---|---|---|---|---|---|
| 23(二軍) | 6 | 8 | 3 | 0 | 0 | 0 | 0 | 0 | .375 | .750 |
| 通算(二軍) | 6 | 8 | 3 | 0 | 0 | 0 | 0 | 0 | .375 | .750 |

### 24 蔡鎮宇　さい・ちんう　ツァイ・ジェンユ　TSAI CHEN YU

外野手　28歳　5年目　右右　1996.11.20　168cm78kg

①穀保家商-アズサパシフィック大-楽天(20)③昨季は二軍で61試合に出場も自由契約となり、春季キャンプでテストを受け再契約。左投手への強さと俊足を一軍で再び見せたい。

| 年度 | 試合 | 打数 | 安打 | 本塁打 | 打点 | 四球 | 三振 | 盗塁 | 打率 | OPS |
|---|---|---|---|---|---|---|---|---|---|---|
| 2023 | 6 | 1 | 0 | 0 | 0 | 1 | 0 | 0 | .000 | .000 |
| 通算 | 47 | 55 | 15 | 0 | 7 | 5 | 12 | 2 | .273 | .694 |

### 36 余德龍　よ・とくりゅう　ユ・デーロン　YU TE LUNG

外野手　36歳　13年目　右右　1988.6.12　180cm73kg

①台中高農-嘉義大学-Lamigo(12-19)-楽天(20)②ゴ(15)③内外野守れるユーティリティーはベンチにいると助かる存在。昨季は6月にサヨナラスクイズを決め、9月に投手として登板した。

| 年度 | 試合 | 打数 | 安打 | 本塁打 | 打点 | 四球 | 三振 | 盗塁 | 打率 | OPS |
|---|---|---|---|---|---|---|---|---|---|---|
| 2023 | 36 | 48 | 10 | 1 | 5 | 1 | 12 | 0 | .208 | .508 |
| 通算 | 811 | 2103 | 573 | 13 | 219 | 116 | 353 | 78 | .272 | .650 |

### 76 林耀煌　りん・ようこう　リン・ヤオホァン　LIN YAO HUANG

外野手　21歳　3年目　右右　2003.12.22　180cm90kg

①高苑工商-楽天(22)③2年目の昨季は二軍で8月以降打撃好調で、シーズン終盤は5番に定着した。成長著しい打撃で今季のブレイク候補だ。

| 年度 | 試合 | 打数 | 安打 | 本塁打 | 打点 | 四球 | 三振 | 盗塁 | 打率 | OPS |
|---|---|---|---|---|---|---|---|---|---|---|
| 23(二軍) | 56 | 132 | 34 | 0 | 10 | 29 | 3 | .258 | .639 |
| 通算(二軍) | 60 | 148 | 36 | 0 | 11 | 16 | 34 | 3 | .243 | .604 |

### 97 鍾玉成　しょう・ぎょくせい　ジョン・ユーチェン　CHUNG YU CHENG

外野手　21歳　4年目　右左　2003.2.10　181cm77kg

①大渓高中-楽天(21)③広い守備範囲と強肩が魅力の外野手は昨季二軍で下位打線に入り62試合に出場。野手の間を抜く長打をより増やしたい。

| 年度 | 試合 | 打数 | 安打 | 本塁打 | 打点 | 四球 | 三振 | 盗塁 | 打率 | OPS |
|---|---|---|---|---|---|---|---|---|---|---|
| 2023 | 2 | 3 | 0 | 0 | 0 | 1 | 1 | 0 | .000 | .250 |
| 通算 | 4 | 7 | 0 | 0 | 0 | 1 | 4 | 0 | .000 | .222 |

### 35 成晉　せい・しん　チェン・ジン　CHENG CHIN

外野手　26歳　8年目　右右　1998.11.13　184cm90kg

①平鎮高中-Lamigo(17-19)-楽天(20)③昨季はリーグで唯一全試合に出場し、2年連続でリーグ最多犠打。コンタクト能力に長けた打撃で打線の繋ぎ役に欠かせない存在だ。④WBC(23)

| 年度 | 試合 | 打数 | 安打 | 本塁打 | 打点 | 四球 | 三振 | 盗塁 | 打率 | OPS |
|---|---|---|---|---|---|---|---|---|---|---|
| 2023 | 120 | 438 | 127 | 1 | 40 | 39 | 50 | 14 | .290 | .706 |
| 通算 | 318 | 1078 | 316 | 6 | 113 | 76 | 116 | 46 | .293 | .705 |

### 65 林政華　りん・せいか　リン・ジェンホァ　LIN CHENG HUA

外野手　23歳　5年目　右右　2001.9.22　173cm73kg

①東大体中-楽天(20)③昨季は6月下旬に一軍昇格し一時期9番に定着。コンタクト能力に長けた打撃と守備範囲の広さを武器にレギュラー獲得なるか。

| 年度 | 試合 | 打数 | 安打 | 本塁打 | 打点 | 四球 | 三振 | 盗塁 | 打率 | OPS |
|---|---|---|---|---|---|---|---|---|---|---|
| 2023 | 56 | 96 | 24 | 0 | 6 | 6 | 13 | 1 | .250 | .597 |
| 通算 | 60 | 98 | 25 | 0 | 6 | 6 | 14 | 1 | .255 | .605 |

### 86 邱丹　きゅう・たん　チョウ・ダン　CHIU TAN

外野手　24歳　7年目　左右　2000.7.11　174cm89kg

①普門中学-Lamigo(18-19)-楽天(20)②ゴ(21)③4月に首位打者となる好調ぶりを見せるも5月に失速、以降は二軍でのプレーが中心だった。打撃にパワーが加わればレギュラーも狙える。

| 年度 | 試合 | 打数 | 安打 | 本塁打 | 打点 | 四球 | 三振 | 盗塁 | 打率 | OPS |
|---|---|---|---|---|---|---|---|---|---|---|
| 2023 | 25 | 88 | 27 | 0 | 9 | 2 | 10 | 0 | .307 | .717 |
| 通算 | 200 | 533 | 141 | 3 | 70 | 34 | 78 | 2 | .265 | .644 |

### 98 陳晨威　ちん・しんい　チェン・チンウェイ　CHEN CHEN WEI

外野手　27歳　7年目　右右　1997.12.12　180cm72kg

①美和中学-大同技術学院-Lamigo(18-19)-楽天(20)②新(19)、盗(20,22,23)、べ(22)、ゴ(23)③球界屈指のスピードスターは主に1番に入り3度目の盗塁王、プレーオフで打率.500、3盗塁と活躍。守備も成長を見せている。④WBC(23)

| 年度 | 試合 | 打数 | 安打 | 本塁打 | 打点 | 四球 | 三振 | 盗塁 | 打率 | OPS |
|---|---|---|---|---|---|---|---|---|---|---|
| 2023 | 108 | 398 | 101 | 5 | 38 | 39 | 53 | 22 | .254 | .670 |
| 通算 | 500 | 1880 | 538 | 17 | 176 | 173 | 243 | 142 | .286 | .739 |

**主な獲得タイトル**　（　）内はNPBでの該当タイトル名

| | | | |
|---|---|---|---|
| M=年度MVP | (最優秀選手) | 防=防禦率王 | (最優秀防御率) |
| 新=最佳新人奨 | (新人王) | 勝=勝投王 | (最多勝利) |
| 安=安打王 | (最多安打) | 救=救援王 | (最多セーブ) |
| 首=打撃王 | (首位打者) | 中=中継王 | (最優秀中継ぎ) |
| 本=全塁打王 | (最多本塁打) | 三=三振王 | (最多奪三振) |
| 点=打點王 | (最多打点) | べ=最佳十人奨 | (ベストナイン) |
| 盗=盗塁王 | (最多盗塁) | ゴ=金手套奨 | (ゴールデングラブ賞) |

※成績の太字はリーグトップ

# Rakuten Girls

## 51 藍藍
ランラン

## 7 筠熹
Yuhi
ユンシー

## 22 菲菲
フェイフェイ

紅隊キャプテン
①9月27日
②てんびん座
③158cm43kg
④歌を歌う、ダンス、
　TVゲーム、「ペット」吸い
⑤タピオカミルクティー、
　カップ麺、
　鹹水鶏（塩ゆで鶏）、
　滷味（台湾風煮込み）
⑥大谷翔平
⑦勝利飛船
⑧yuhi_0927

白隊キャプテン
①10月28日
②さそり座
③166cm48kg
④ゴルフ、グルメ、撮影
⑤地瓜球（揚げさつま
　いもボール）、
　羊肉爐（薬膳スープ
　のヤギ肉の鍋）
⑥陳俊秀
⑦球場我最猛、突破
⑧aviva_1028

総キャプテン
①7月16日
②かに座
③162cm48kg
④ダンス、ダイビング、
　大型バイク、
　ペットを飼う、スポーツ
⑤鶏もも肉、チョコレート、
　ティーラテ
⑥大谷翔平、秋広優人、
　山本由伸、千賀滉大、
　黃子鵬、林智平、
　吳念庭、王柏融
⑦突破嗆司
⑧lan0716

## 27 若潼
Tanya
ルォトン

## 24 張雅涵
Kimi
ジャンヤハン

紅隊副キャプテン
①9月27日
②てんびん座
③161cm47kg
④歌を歌う、ダンス、
　寝る、グルメ
⑤鍋、焼肉、海苔、カニ
⑥大谷翔平、
　楽天の全選手
⑦林耀煌
⑧tanyalee_0927

白隊副キャプテン
①5月31日
②ふたご座
③152cm42kg
④歌を歌う、猫吸い、
　写真撮影
⑤パスタ、鉄板焼き、
　ポテト
⑥馬傑森、黃子鵬
⑦林政華
⑧kimi850531

Rakuten Girls
背番号
名前
現地読み
（海外メンバーは出身地）
①誕生日
②星座
③身長体重
④趣味
⑤好きな食べ物・飲み物
⑥好きな選手
⑦好きな応援歌
⑧Instagramアカウント

味全龍

樂天桃猿

統一7-ELEVEN獅

中信兄弟

富邦悍將

台鋼雄鷹

**77**
## 曲曲
チュチュ

**25**
## 慧慧
フイフイ

**00**
## 琳妲
リンダ

①5月25日
②ふたご座
③162cm46kg
④トレッキング、旅行、
　ダイビング、
　写真撮影、料理、
　グルメ
⑤火鍋、焼肉、日本料理、
　滷味（台湾風煮込み）、
　焼き魚、フライドポテト
　…まだまだあります
⑥陳俊秀、陳晨威、
　廖健富
⑦超越夢想
⑧huihui52525

①7月25日
②しし座
③166cm52kg
④旅行
⑤果物
⑥朱育賢
⑦勝利飛船
⑧chuyi_77

①12月12日
②いて座
③160cm48kg
④脱出ゲームで遊ぶ、
　ボードゲーム
⑤タロイモミルク、
　豆花
⑥張閔勛
⑦突破
⑧linda831212

**66**
## 代縈
ダイン

**5**
## 阿布舞
アブウ

**10**
## 卉妮
フイニー

①12月29日
②やぎ座
③160cm45kg
④ダンス
⑤アイス
⑥大谷翔平、陳冠宇
⑦勝利飛船
⑧daiying0

①2月10日
②みずがめ座
③157cm50kg
④ウエイトトレーニング、
　ダイビング、ボクシング
⑤パクチー、
　シナモンロール
⑥余德龍
⑦林子偉
⑧abuueucna0210

①10月10日
②てんびん座
③163cm42kg
④ダンス
⑤いちごケーキ
⑥岸孝之
⑦超越夢想
⑧ninidaniel

味全龍

樂天桃猿

統一7ELEVEN獅

中信兄弟

富邦悍將

台鋼雄鷹

# 1 巫苡萱
ウーイーシュエン

①7月26日
②しし座
③157cm46kg
④ジャズドラム、スキー
⑤タピオカミルク
　グリーンティー、
　羊肉爐（薬膳スープ
　のヤギ肉の鍋）
⑥嚴宏鈞
⑦突破
⑧avawu0726

# 15 盂潔
モンジェ

①2月15日
②みずがめ座
③160cm43kg
④美味しいものを
　食べる
⑤いちごを使った
　ものなら何でも
⑥廖健富
⑦突破
⑧mengj215

# 48 凱莉絲
カイリス

①4月8日
②おひつじ座
③167cm55kg
④ダンス、料理
⑤魯肉飯
　（豚バラ肉かけごはん）
⑥柳田悠岐、朱育賢、
　王溢正
⑦勇敢樂天
⑧kelis0408

# 16 Yuri
ユリ

①6月29日
②かに座
③167cm48kg
④ドラマ・映画鑑賞、
　フードデリバリー
　サービスの利用、
　スキー
⑤火鍋、即席麺、
　辛いもの
⑥林子偉
⑦突破
⑧xx15995

# 3 小紫
シャオズー

①3月20日
②うお座
③158cm44kg
④占い
⑤牛タン
⑥張育成
⑦突破
⑧chloe_320

## 11 陳伊
チェンイー

①10月5日
②てんびん座
③165cm49kg
④ダンス
⑤肉圓（肉のあんをでんぷんの粉の皮で包んで揚げたり蒸したりした料理）
⑥張閎勛、黃子鵬
⑦超級覇
⑧bobeyiyi

## 12 林穎樂
リンインレ

①12月31日
②やぎ座
③160cm45kg
④ダンス、スポーツ
⑤美味しいもの
⑥楽天の全選手
⑦楽天の応援歌
⑧ninalin1231

## 18 熊霓
ションニー

①2月14日
②みずがめ座
③160cm47kg
④競技ダンス、ジャズドラム、ピアノ、ボールダンス
⑤日本料理
⑥陳冠宇、林立
⑦超越夢想
⑧michelle02_14

## 2 嘎琳
Galin
ガリン

①10月2日
②てんびん座
③167cm46kg
④歌を歌う、ダンス、旅行
⑤火鍋
⑥林立、陳晨威、陳傑憲
⑦突破
⑧54lin._.a

## 6 宗宗
ソンソン

①1月10日
②やぎ座
③168cm51kg
④料理、PS5
⑤フライドポテト、コーラ
⑥楽天の全選手
⑦超越夢想
⑧song_.x

## 55 十元
シーユエン

①4月24日
②おうし座
③153cm42kg
④本を読む
⑤火鍋
⑥曾仁和
⑦超越夢想
⑧10yuan.0424

81

味全龍

樂天桃猿

統一7-ELEVEn獅

中

富邦悍將

味全龍

台鋼雄鷹

## 8 儷軒
リーシュエン

①5月19日
②おうし座
③164cm48kg
④食べる
⑤ステーキ
⑥林立
⑦勝利飛船、
　勇敢樂天
⑧llxyblair

## 19 Kira
キラ

①1月9日
②やぎ座
③162cm46kg
④旅行
⑤焼肉
⑥廖健富
⑦超越夢想
⑧iamkira_yt

## 23 心韻
シンユン

①2月15日
②みずがめ座
③160cm48kg
④ダンス、メイク
⑤果物、チェコレート、
　スイーツ
⑥廖健富、王志煊
⑦超越夢想、勇敢樂天、
　為你瘋狂
⑧xy_2.15

## 33 李昀
リーユン

①4月26日
②おうし座
③158cm47kg
④ダンス
⑤「刁民酸菜魚（ライ
　ギョとカラシナを使
　った独特の四川風
　味の鍋の店）」
⑥嚴宏鈞
⑦林子偉
⑧nikkilyxx

## 36 黄禹菡
ホァンユハン

①7月7日
②かに座
③155cm42kg
④歌を歌う、ギター、
　コーヒーに関すること、
　スマホゲーム
⑤日本料理、
　いちご、ドリアン、
　れんこんスープ
⑥廖健富、林立、
　嚴宏鈞、陳晨威、
　張閔勛、林子偉
⑦桃猿還慶
⑧0707yuhan

## 83 芷軒
ジーシュエン

①8月3日
②しし座
③157cm43kg
④寝る
⑤モチモチ
　したもの
⑥宋嘉翔
⑦林政華
⑧zhixuan0803

## 88 凱伊 Kaii カイイ

①4月21日
②おうし座
③160cm43kg
④アニメ・漫画、
　歌を歌う、世界を見る
⑤茶碗蒸し、ホットココア、
　ドリンクスタンドの飲み物
⑥大谷翔平、廖健富、
　張閔勛
⑦We are
⑧kaii_0421

## 20 Mika ミカ

①8月21日
②しし座
③157cm44kg
④ダンス、競技チア
　リーディング、
　スケートボード
⑤火鍋、日本料理、
　バーベキュー
⑥張閔勛
⑦為勝利突破
⑧lyud_fly

## 97 溫妮 ウェンニー

①11月7日
②さそり座
③166.6cm50kg
④ダンス、歌を歌う、ゴルフ、
　YouTube
⑤卵料理はなんでも、
　野菜、日本料理
⑥黃子鵬、廖健富
⑦成晋、張閔勛
⑧weni_1107

## 67 梔梔 ジージー

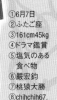

①6月7日
②ふたご座
③161cm45kg
④ドラマ鑑賞
⑤塩気のある
　食べ物
⑥嚴宏鈞
⑦桃猿大勝
⑧chihchih67.__

## 98 Dora ドラ

①7月23日
②しし座
③158cm42kg
④魚すくい、料理、
　ダンス、スキー、
　キャンプ
⑤糖葫蘆(フルーツの飴
　がけ)、「香酥雞」(台
　湾風チキンフライ)、
　果物
⑥大谷翔平
⑦韓風應援《架架架》
⑧dodo.ra_h

## 99 丘薆 チョウアイ

①2月5日
②みずがめ座
③155cm42kg
④ピアノ演奏、
　歌を歌う、
　スポーツ、旅行、
　映画鑑賞、レゴ、
　ハリー・ポッター
⑤ラーメン、パスタ、
　ピザ、パン、
　スープ入り小籠包
⑥大谷翔平、林立
⑦勇敢樂天、突破
⑧hobby0205

羅昂（オンドルセク）

# 日台で活躍した「助っ人外国人選手」

日本人監督2人の就任をはじめ、4月10日には09年以来15年ぶりとなる日本人投手の投げ合いが行われるなど、日本人の活躍に注目が集まる今季のCPBL。しかし彼ら以外にも、注目を集めている日本野球経験者たちがいる。それが元NPBの助っ人外国人選手たちだ。今季も統一で主戦投手の1人として奮闘中の羅昂（オンドルセク）は、かつてヤクルトでセットアッパーとして優勝に貢献。新球団・台鋼の主砲として活躍する魔鷹（モヤ）は、セ・パ両リーグで長打力を発揮した。過去35年で100人を超える日台で活躍した「助っ人外国人選手」の中から、特に印象に残る活躍を見せた選手を紹介する。

①CPBL所属（年度）②NPB所属（年度）③CPBL成績④NPB成績⑤寸評

## 巴比諾（バルビーノ・ガルベス）
①兄弟（94〜95）②巨人（96〜00）
③(2年)48試合 26勝16敗4S 2.53
④(5年)106試合 46勝43敗0S 3.31
⑤来台1年目から16勝。2年目は20先発で18完投も、相手選手や審判との度重なるトラブルから、8月末で解雇された。翌年テスト入団した巨人でも1年目から活躍を見せるが、審判へのボール投げつけ事件や、山崎武司との乱闘など気性の粗さは台湾時代と変わらず。

## 奇戈（ロビンソン・チェコ）
①時報（94）②広島（95〜96）
③(1年)24試合 7勝11敗0S 2.88
④(2年)37試合 19勝9敗0S 3.17
⑤94年に当時広島と業務提携を行っていた時報に派遣されると、初登板から13奪三振を奪う活躍を見せ、ローテ投手として活躍。その成長ぶりを見た広島が翌95年に正式契約を結び、カープアカデミー出身者初の一軍デビューを果たした。95年に15勝も翌オフに退団。

## 亞力士（アレックス・カブレラ）
①和信（99）②西武（01〜07）、オリックス（08〜10）、ソフトバンク（11〜12）
③(1年)80試合 .325 18本 64打点
④(12年)1239試合 .303 357本 949打点
⑤シーズン途中入団ながら、チーム最多の本塁打を放って優勝に大きく貢献。またオールスターのホームラン競争でも、外国人選手初の優勝を果たした。西武移籍2年目には55本塁打を放つなど、日本でも圧倒的な長打力を発揮。和信時代のチームメイトであるミラバルとは犬猿の仲。

## 王漢（ホセ・ヌーニェス）
①統一（93〜95）②ダイエー（96〜97）
③(3年)102試合 56勝25敗8S 2.14
④(2年)66試合 7勝11敗17S 3.27
⑤統一では、3年間で56勝、44完投を記録。絶対的エースとして君臨し、チーム最高の助っ人と名高い。ダイエー移籍初年度にはクローザーとして16セーブの活躍。

## 馬來寶（カルロス・ミラバル）
①和信（99）②日本ハム（00〜05）
③(1年)43試合 2勝1敗13S 1.87
④(6年)180試合 39勝38敗37S 4.32
⑤和信では、リリーフエースとして大車輪の活躍で最優秀防御率のタイトルを獲得。日本ハムでも先発・救援の両方で活躍し03年には16勝を挙げた。

## 多明哥（ドミンゴ・グスマン）
①和信（01）②横浜（02〜03）、中日（04〜06）、東北楽天（07〜08）
③(1年)25試合 5勝8敗1S 3.39
④(7年)108試合 30勝37敗0S 4.01
⑤ネットミーム「ンゴ」の語源として知られる投手。01年は途中入団ながら、打たせて取る投球でチームを支え、チーム4位の93イニングを投げた。

## 丹尼（ダン・セラフィニ）
①中信（02）②ロッテ（04〜05）、オリックス（06〜07）
③(1年)2試合 0勝2敗0S 13.50
④(4年)74試合 18勝17敗0S 4.13
⑤台湾ではわずか2先発で解雇も、ロッテでは05年に11勝を挙げ、先発の一角として優勝に貢献した。台湾で結果を残せずも、日本で活躍した珍しいケース。

## 路易士（ルイス・デロスサントス）
①兄弟（94〜96）②巨人（97）
③(3年)282試合 .361 50本 211打点
④(1年)39試合 .237 0本 14打点
⑤94年に史上最高額（当時）で兄弟に入団すると、3年間で2度、首位打者1度の大活躍。しかし、巨人では守備難もあり活躍できず。現台鋼打撃コーチ。

## 羅薩（ウィリン・ロサリオ）
①統一（22）②阪神（18）
③(1年)5試合 .333 1本 4打点
④(1年)75試合 .242 8本 40打点
⑤統一では陽気な性格でファン人気が高かったが、怪我の影響でわずか5試合の出場で退団。CPBL、NPB、MLB、KBOの4リーグでの本塁打は彼とペンバートン（元西武）のみ。

84

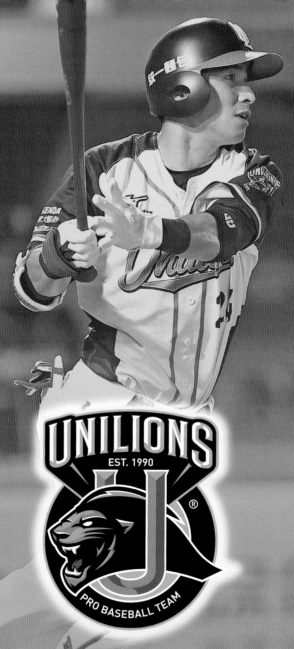

統一7-ELEVEnライオンズ

統一7-ELEVEn獅

味全龍

樂天桃猿

統一7-ELEVEn獅

中信兄弟

富邦悍將

台鋼雄鷹

# 統一7-ELEVEnライオンズ

とう いつ　　セブンイレブン

トンイー セブンイレブン シー

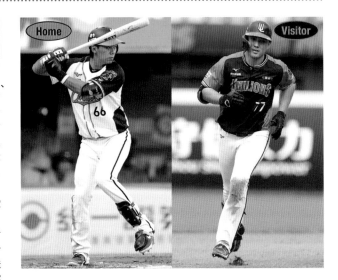

| 球団情報 | 統一棒球隊股份有限公司<br>創立：1989年1月1日　GM：蘇泰安　本拠地：台南市立棒球場<br>球団事務所：台南市南区健康路一段257號　TEL：06-215-3399<br>https://www.uni-lions.com.tw |
|---|---|

## 2023年シーズン回顧と2024年シーズンの展望

　昨季前期は好調の外国人投手4人を軸に先発ローテを回し、打線は蘇智傑、陳傑憲、林安可の外野三人衆を中心に好調で前期優勝。しかし後期は勝騎士が退団、7月に羅昂が骨折し歯車が狂いだすと、打線も調子を落とし、リリーフ陣も打ち込まれる試合が目立ち4位。プレーオフでは楽天に3連敗し、竜頭蛇尾の一年となった。

　今季の投手陣は外国人先発では布雷克、羅昂が残留、勝騎士が復帰し層が厚く、台湾人先発ではエース候補の古林睿煬が盤石。ただし以降の先発は胡智爲が前期絶望のため、高卒3年目の林詔恩やトレードで加入した郭俊麟の活躍に期待。リリーフ陣は勝ちパターンを固定できるか。昨季リーグ2位の得点数を記録した打線は日替わりでも層が厚く、若手、中堅、ベテランのバランスが良いのが強み。蘇智傑が開幕には間に合わないが、邱智呈や林佳緯などでカバーできるか。

　4年ぶりの王座奪還は、充実した戦力でシーズンを通し戦うことができるかにかかっている。

**マスコット**
**莱恩&盈盈**

**チアリーダー**
**Uni-Girls**

## 年度別成績

| 年度 | 順位 | チーム名 | 試合 | 勝 | 敗 | 分 | 勝率 |
|---|---|---|---|---|---|---|---|
| 1990 | | 統一ライオンズ | 90 | 37 | 49 | 4 | .430 |
| 1991 | ★ 1 | 統一ライオンズ | 90 | 46 | 34 | 10 | .575 |
| 1992 | 3 | 統一ライオンズ | 90 | 41 | 45 | 4 | .477 |
| 1993 | 1 | 統一ライオンズ | 90 | 54 | 34 | 2 | .614 |
| 1994 | 2 | 統一ライオンズ | 90 | 48 | 38 | 4 | .558 |
| 1995 | ★ 1 | 統一ライオンズ | 100 | 62 | 36 | 2 | .633 |
| 1996 | ★ 1 | 統一ライオンズ | 100 | 60 | 37 | 3 | .619 |
| 1997 | 1 | 統一ライオンズ | 96 | 58 | 31 | 7 | .652 |
| 1998 | 2 | 統一ライオンズ | 105 | 57 | 45 | 3 | .559 |
| 1999 | 2 | 統一ライオンズ | 93 | 56 | 37 | 0 | .602 |
| 2000 | ★ 2 | 統一ライオンズ | 90 | 44 | 43 | 3 | .506 |
| 2001 | 1 | 統一ライオンズ | 90 | 49 | 37 | 4 | .570 |
| 2002 | 4 | 統一ライオンズ | 90 | 32 | 54 | 4 | .372 |
| 2003 | 3 | 統一ライオンズ | 100 | 54 | 39 | 7 | .581 |
| 2004 | 1 | 統一ライオンズ | 100 | 54 | 40 | 6 | .574 |
| 2005 | 3 | 統一ライオンズ | 100 | 48 | 49 | 3 | .495 |
| 2006 | 2 | 統一ライオンズ | 100 | 48 | 45 | 7 | .516 |
| 2007 | ★ 1 | 統一ライオンズ | 100 | 58 | 41 | 1 | .586 |
| 2008 | ★ 1 | 統一7-ELEVEnライオンズ | 100 | 67 | 33 | 0 | .670 |
| 2009 | ★ 1 | 統一7-ELEVEnライオンズ | 120 | 63 | 54 | 3 | .538 |
| 2010 | 4 | 統一7-ELEVEnライオンズ | 120 | 54 | 63 | 3 | .462 |
| 2011 | ★ 2 | 統一7-ELEVEnライオンズ | 120 | 65 | 52 | 3 | .556 |
| 2012 | 1 | 統一7-ELEVEnライオンズ | 120 | 71 | 48 | 1 | .597 |
| 2013 | ★ 1 | 統一7-ELEVEnライオンズ | 120 | 62 | 55 | 3 | .530 |
| 2014 | 2 | 統一7-ELEVEnライオンズ | 120 | 58 | 55 | 7 | .513 |
| 2015 | 4 | 統一7-ELEVEnライオンズ | 120 | 49 | 69 | 2 | .415 |
| 2016 | 3 | 統一7-ELEVEnライオンズ | 120 | 55 | 65 | 0 | .458 |
| 2017 | 2 | 統一7-ELEVEnライオンズ | 120 | 57 | 61 | 2 | .483 |
| 2018 | 2 | 統一7-ELEVEnライオンズ | 120 | 64 | 55 | 1 | .538 |
| 2019 | 4 | 統一7-ELEVEnライオンズ | 120 | 48 | 70 | 2 | .407 |
| 2020 | ★ 3 | 統一7-ELEVEnライオンズ | 120 | 58 | 61 | 1 | .487 |
| 2021 | 2 | 統一7-ELEVEnライオンズ | 120 | 64 | 51 | 5 | .557 |
| 2022 | 4 | 統一7-ELEVEnライオンズ | 120 | 48 | 69 | 3 | .410 |
| 2023 | 2 | 統一7-ELEVEnライオンズ | 120 | 62 | 55 | 3 | .530 |
| 通算 | | | 3614 | 1851 | 1650 | 113 | .529 |

球団小史■CPBL発足時の4球団の中で、現在まで運営会社が変わらない唯一のチーム。一貫してグループの発祥地、南部台南を本拠地としている。2008年からは、グループ内の企業「7-ELEVEn」をチーム名に採用した。2007年から7年間で三連覇を含め5回優勝と黄金時代を築いたが、その後は低迷。しかし2020年後期に7年ぶりの半期優勝を果たすと、台湾シリーズも1勝3敗の劣勢から大逆転で制した。2021年後期、2023年前期も半期優勝。シリーズ制覇はリーグ最多の10回。

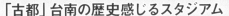

左側縦タブ：
味全龍 / 樂天桃猿 / 統一7-ELEVEn獅 / 中信兄弟 / 富邦悍將 / 台鋼雄鷹

「古都」台南の歴史感じるスタジアム

# 台南市立棒球場

たいなんしりつきゅうじょう
タイナンシーリー バンチョウチャン

住所：台南市南區健康路一段257號　TEL：06-215-3399
収容人員：10,000人　天然芝　中堅：122m（400ft）　両翼　103m（339ft）

## 台湾プロ野球元年から35年、開催試合数は最多

台北から南西に約310km、人口約185万人の台南は古都として知られ、史跡や文化財が残る。特に今年はオランダ人によるゼーランディア城建設から400年の節目の年。各種グルメの他、こだわりの店も多く、街歩きが楽しい。台南運動公園内にある球場は日本統治時代の1931年に竣工、幾度もの改修工事を重ね現在に至っている。本拠地の概念が明確になる以前から地元企業である統一のメインスタジアムとなり、これまでの試合数は全球場で最多だ。昨年、台南市郊外に「台南亞太國際棒球訓練中心」のサブ球場が完成、今季から二軍公式戦が開催される。メイン球場完成後は統一の新本拠地となる可能性が高いため、早めの観戦をオススメする。

## 台南っ子と一体感を覚えながら応援できる

チームカラーのオレンジの座席が目をひくスタジアム。グラウンドレベルよりも高い位置に座席があるが、グラウンドとの距離はあまり感じず、地元ファンと一体感を覚えながら応援ができる。外野席は開放感があり、夜間は風が吹くと気持ちがいい。ステージ前の内野席で盛り上がるのもいいが、ライト線脇のフィールドシート「ダイヤモンドシート」もおすすめだ。

## グルメ

球場に常設のドリンクスタンドがあり、台湾のお茶やタピオカミルクティが気軽に楽しめるのがポイント。球場外には屋台が並び、台湾夜市の名物、地瓜球（さつまいもボール）など、出来立ての台湾グルメを味わう事ができる。球場内では、親会社統一グループの商品が売られ、かつて唐肇廷ら選手がCMに起用された自社ブランドのペットボトル茶、茶裏王など、飲み物系の充実ぶりが目立つ。餃子の有名チェーン八方雲集等も出店。

## テーマデー

西武ライオンズとのコラボは、毎年恒例。昨年は辻発彦元監督と台鋼の横田久則コーチが登場し、大いに盛り上がった。日本の特撮とのコラボも多く、過去には仮面ライダーやウルトラマンとのコラボを実施。特に18年に採用されたウルトラマンユニフォームは見た目のインパクトに加え、着用時9勝0敗と負けないユニフォームとしても話題となった。今季は球団創立35周年を記念し、OBを招いたイベントも各種開催される予定だ。

## 統一主催試合チケット（台南市立棒球場）

| エリア | 大人（平日） | 割引（平日） | 大人（土日祝） | 割引（土日祝） |
|---|---|---|---|---|
| 内野席 | 350or550 | 250or450 | 400or550or600 | 300or450or500 |
| ファミリースペシャルシート | 2,000or3,000 | | 2,500or3,250or3,500 | |
| スカウトシート（1人用） | 450or650 | | 500or650or700 | |
| スカウトシート（2人用） | 900or1,300 | | 1,000or1,300or1,400 | |
| ダイヤモンドシート | 500or700 | | 500or650or700 | |
| 外野自由席 | 200or300 | | 250or350or400 | |

※前期のチケット価格のため、後期は変更になる場合があります
※イベントデーは価格が変更になる場合があります
※割引チケットは学生、115cm以上の児童、65歳以上が対象
※単位は台湾ドル　1台湾ドル＝約4.7円

## 台南市立棒球場　周辺地図&アクセス

台北駅から台南市内へ
- ・高速鉄道(高鉄)で高鉄台南駅まで約1時間45分。
- ・在来線(台鉄)の特急(自強号)で台鉄台南駅まで、約3時間10分から4時間20分。

台鉄台南駅から球場へ
- ・台鉄台南駅前から0左バス、0右バスで「體育公園(台南大學)」バス停下車、もしくは「小東路」バス停から5番バスで「體育公園(台南大學)」バス停下車(約20分)。台鉄台南駅前から2番バスで「南門路」バス停下車(約20分)、球場まで徒歩5分。
- ・タクシーで約10分(約2.8km)。

**要チェック!!**

高鉄台南駅は在来線、台鉄台南駅の南東11kmの位置にあり、市中心部から離れている。高鉄台南駅から台鉄台南駅に行くには、高鉄台南駅に隣接する台鉄沙崙駅から沙崙線に乗り換えとなる。台南駅までの所要時間は約25分だ。

## 選手別応援歌&チャンステーマ

**2 林子豪** (リンズーハオ)
♪「豪棒出撃 豪棒猛撃 豪棒砲撃
　豪棒砲撃 林子豪」
(ハオバンチュジ ハオバンモンジ ハオバンパオジ／ハオバンパオジ リンズーハオ)

**13 陳鏞基** (チェンヨンジ)
♪「Go Go Let's Go! 陳鏞基
　Go Go Let's Go! 陳鏞基」
(チェンヨンジ／チェンヨンジ)

**14 邱智呈** (チョウジーチェン)
♪「衝 智呈 Let's Go DJAEKUN
　轟 智呈 Homerun DJAEKUN」
(チョンジチェン ダエクン／ホンジチェン ダエクン)

**20 林佳緯** (リンジャーウェイ)
♪「強打無畏 火力加倍 捨我其誰 林佳緯」
(チャンダウウェイ フオリジャベイ シェウチシェイ リンジャーウェイ)

**24 陳傑憲** (チェンジェーシェン)
♪「HIT 安打 没有極限 轟吧 陳傑憲」
(アンダ メイヨウジーシェン ホンバ チェンジェーシェン)

**32 蘇智傑** (スジージェ)
♪「打! 安打安打 球! 給! 智! 傑!
　轟! 智傑智傑 直球對決」
(ダ アンダアンダ チョウゲイジージェ／ホンジジェジェ ジチョウドゥイジュエ)

**64 林靖凱** (リンジンカイ)
♪「一壘二壘三壘打 火力全開林靖凱
　一壘二壘三壘跑 跑回本壘林靖凱」
(イーレイアーレイサンレイダ フオリチュエンカイリンジンカイ／イーレイアーレイサンレイパオ パオフイベンレイリンジンカイ)

**65 陳重羽** (チェンチョンユ)
♪「GO GO GO GO 陳重羽 向前衝
　轟 轟 轟 轟 陳重羽 全力轟」
(チェンチョンユ シャンチェンチョン／ホン ホン ホン ホン チェンチョンユ チュエンリホン)

**66 陳重廷** (チェンチョンティン)
♪「重廷重廷 安打不停 重廷重廷 火力不停
　隊友 隊友 來挺 陳重廷」
(チョンティンチョンティン アンダ ブティン チョンティンチョンティン フオリ ブティン／ドゥイヨウ ドゥイヨウ ライティン チェンチョンティン)

**77 林安可** (リンアンケ)
♪「Vamos Lions Hero Ito
　Vamos Ito Power Hito」
(イト／イト)

**99 林益全** (リンイーチュエン)
♪「神全左一拳 神全右一拳
　猛獅神全 林益全」
(シェンチュエンズォ イ チュエン シェンチュエンヨウ イ チュエン／モン シ シェンチュエン リンイーチュエン)

**チャンス 統一尚勇** (トン イ シャンヨン)
♪「HERO! HIT! 安打! ○○○」
(アンダ)
※○○○は選手名
コール部分のみ抜粋し掲載

| 11 | 林岳平 | りん・がくへい リン・ユエビン LIN YUEH PING |
|---|---|---|

監督 42歳 20年目 右右 1982.1.28 176cm70kg

①三民高中-統一(05-17)-統一コーチ(18-19)-統一監督(20)②救(09)④アジア大会(02,06)、WBC(09)

| 34 | 高志綱 | こう・しこう ガオ・ジーガン KAO CHIH KANG |
|---|---|---|

ヘッドコーチ 43歳 20年目 右右 1981.2.7 178cm75kg

①穀保家商-台湾体院-統一(05-18)-コーチ(19)②ベ(07,09,12,13)、ゴ(09,10)④アジア大会(02,10)、アテネ五輪(04)、WBC(06,09,13)、北京五輪(08)、プレミア12(15)

| 71 | 羅錦龍 | ら・きんりゅう ルオ・ジンロン LO CHING LUNG |
|---|---|---|

投手コーチ 39歳 12年目 右右 1985.8.20 198cm103kg

①高苑工商-ロッキーズ-米独立L-統一(13-19)-統一コーチ(20)④アジア大会(10)、WBC(13)

| 47 | 賴泊凱 | らい・はくがい ライ・ボカイ LAI PO KAI |
|---|---|---|

ブルペンコーチ 35歳 11年目 右右 1988.6.23 180cm73kg

①台中高農-台湾体育大-統一(14-21)-統一コーチ(22)

| 22 | 馬修爾 | ジャスティン・マショア マショウアル(アメリカ合衆国) JUSTIN MASHORE |
|---|---|---|

打撃コーチ 52歳 2年目 右右 1972.2.14 175cm86kg

①クレイトンバレーチャーター高-タイガース-パドレス-メキシカンL-米独立L-レッドソックス-メッツ-ロッキーズ-米独立L-統一コーチ(23)

| 55 | 潘武雄 | はん・ぶゆう パン・ウーション PAN WU HSIUNG |
|---|---|---|

打撃コーチ補佐 43歳 19年目 左右 1981.3.11 178cm82kg

①美和中学-統一(06-22)-統一コーチ(23)②新(07)、首(09,12)、ベ(07,08,09)、ゴ(07)④北京五輪(08)、WBC(09)

| 76 | 玉木朋孝 | たまき・ともたか ユム・ボンシャオ(日本) TAMAKI TOMOTAKA |
|---|---|---|

守備兼走塁コーチ 49歳 2年目 右右 1975.6.13 184cm78kg

①修徳高-広島-オリックス-広島コーチ-統一コーチ(23)⑤玉木朋孝

| 70 | 周廣勝 | しゅう・こうしょう ジョウ・グァンシェン CHOU KUANG SHENG |
|---|---|---|

内野守備兼三塁ベースコーチ 40歳 15年目 右右 1984.12.13 179cm75kg

①台東農工-台北体院-統一(10-17)-統一コーチ(18)

| 80 | 莊駿凱 | そう・しゅんがい ジュアン・ジュンカイ CHUANG CHUN KAI |
|---|---|---|

外野守備兼走塁コーチ 33歳 10年目 右右 1991.12.15 170cm68kg

①南英商工-長栄大学-統一コーチ(15-20)-統一コーチ(21)

| 82 | 陳俊輝 | ちん・しゅんき チェン・ジュンフイ CHEN CHUN HUI |
|---|---|---|

バッテリーコーチ 43歳 20年目 右右 1981.3.8 180cm80kg

①台東農工-嘉義大学-統一(05-15)-統一コーチ(16)

| 94 | 吳秉軒 | ご・へいけん ウ・ビンシュエン WU PING HSUAN |
|---|---|---|

● トレーニングコーチ 32歳 1年目 右右 1992.11.24 173cm70kg

①陽明高中-中国文化大学-統一コーチ(24)

| 92 | 劉育辰 | りゅう・いくしん リョウ・ユーチェン LIU YU CHEN |
|---|---|---|

二軍監督 39歳 16年目 右右 1985.2.3 176cm77kg

①南英商工-中国文化大学-統一(09-16)-統一コーチ(17)

| 68 | 高國慶 | こう・こくけい ガオ・グォチン KAO KUO CHING |
|---|---|---|

二軍ヘッドコーチ 46歳 21年目 右右 1978.10.5 181cm93kg

①美和中学-台湾体院-統一(04-23)-統一コーチ(24)②M(07)、安(07)、ベ(07,11,12)、ゴ(07,11,17,18)④WBC(09)

| 81 | 鄭博壬 | てい・はくじん ジェン・ボーレン CHENG PO JEN |
|---|---|---|

二軍投手コーチ 42歳 19年目 右右 1982.10.17 182cm75kg

①穀保家商-台北体院-統一(06-09)-統一コーチ(10)

| 93 | 廖文揚 | りょう・ぶんよう リャオ・ウェンヤン LIAO WEN YANG |
|---|---|---|

二軍ブルペンコーチ 37歳 14年目 右右 1987.10.10 177cm81kg

①高苑工商-中国文化大学-統一(11-19)-味全(20-22)-統一コーチ(23)

| 96 | 郭俊佑 | かく・しゅんゆう グォ・ジュンヨウ KUO CHUN YU |
|---|---|---|

二軍打撃コーチ 40歳 17年目 右右 1984.4.20 177cm90kg

①台中高農-台湾体院-統一(08-16)-統一コーチ(17)

| 91 | 莊景賀 | そう・けいが ジュアン・ジンヘ CHUANG CHING HE |
|---|---|---|

二軍守備コーチ 46歳 24年目 右右 1978.5.12 186cm86kg

①南英商工-TML-台中金剛(01-02)-誠泰太陽(03)-誠泰(04-07)-統一(08-11)-統一コーチ(12)④アジア大会(98)

| 75 | 朱元勤 | しゅ・げんきん ジュ・ユエンチン CHU YUAN CHIN |
|---|---|---|

二軍外野兼走塁コーチ 38歳 14年目 右右 1986.7.17 179cm82kg

①強恕中学-国立体院-統一(11-19)-統一コーチ(20)

| 89 | 林偉 | りん・い リン・ウェイ LIN WEI |
|---|---|---|

二軍バッテリーコーチ 38歳 15年目 右右 1986.5.19 174cm90kg

①強恕中学-国立体院-統一(10-14)-統一コーチ(15)

| 72 | 高政華 | こう・せいか ガオ・ジェンホァ KAO CHENG HUA |
|---|---|---|

二軍トレーニングコーチ 47歳 25年目 右右 1977.7.1 179cm87kg

①東海中学-統一(00-10)-統一コーチ(11)

| 85 | 涂壯勳 | と・そうくん トゥ・ジュアンシュン TU CHUANG HSUN |
|---|---|---|

二軍トレーニングコーチ 42歳 19年目 右右 1982.2.? 177cm90kg

①南英商工-中国文化大学-統一(06-16)-統一コーチ(17)

統一7-ELEVEnライオンズ　トンイー セブンイレブン シー

背番号　漢字名　日本語読み　現地読み(国籍)　英語
①経歴②タイトル歴④代表歴⑤NPBでの登録名

役職　年齢　年数(CPBL)　投打　生年月日　身長体重
記号:●…新入団(新任)、▲…移籍、■…復帰

## 12 陳韻文

ちん・いんぶん
チェン・ユンウェン
CHEN YUN WEN

投手　29歳　11年目　右右
1995.11.28　183cm97kg

①屏東高中-統一(14)②救(19,20,21)③リーグ屈指の強心臓を誇る統一の絶対的ストッパー。昨季は27歳の若さで林岳平監督の持つCPBL通算セーブ記録を更新したが、故障もあり一軍定着後自己ワーストの登板数に終わった。首脳陣も認める劇場型で、ファンからは「小韻劇場」とも。④WBC(17)

| 年度 | チーム | 試合 | 先発 | 勝利 | 敗戦 | セーブ | ホールド | 投球回 | 四球 | 三振 | 防御率 |
|---|---|---|---|---|---|---|---|---|---|---|---|
| 2017 | 統一 | 55 | 0 | 3 | 3 | 11 | 11 | 60 | 30 | 62 | 3.60 |
| 2018 | 統一 | 49 | 0 | 3 | 1 | 19 | 4 | 46 | 23 | 61 | 3.72 |
| 2019 | 統一 | 48 | 0 | 2 | 3 | 24 | 1 | 47 2/3 | 19 | 55 | 3.02 |
| 2020 | 統一 | 56 | 0 | 3 | 3 | 23 | 3 | 56 | 23 | 54 | 2.09 |
| 2021 | 統一 | 52 | 0 | 1 | 3 | 32 | 5 | 53 | 14 | 53 | 1.53 |
| 2022 | 統一 | 44 | 0 | 3 | 4 | 12 | 8 | 44 | 24 | 43 | 2.49 |
| 2023 | 統一 | 34 | 0 | 1 | 1 | 16 | 1 | 33 1/3 | 11 | 32 | 1.62 |
| 通算 | | 383 | 7 | 23 | 23 | 144 | 33 | 419 1/3 | 180 | 420 | 3.48 |

## 16 郭俊麟

かく・しゅんりん
グォ・ジュンリン
KUO CHUN LIN

▲　投手　32歳　5年目　右右
1992.2.2　175cm76kg

①西苑高中-台湾体大-西武-富邦(20-23)-統一(24)③オフに拡大ドラフトで富邦から台鋼に移った後、江承諺とのトレードで統一入り。かつて153キロを記録した速球の勢いが戻りつつあり、先発での活躍に期待。平良海馬ら西武時代のチームメイトとは今でも親交がある。④アジア大会(14)、プレミア12(15)、WBC(17)⑤クォ・ジュンリン

| 年度 | チーム | 試合 | 先発 | 勝利 | 敗戦 | セーブ | ホールド | 投球回 | 四球 | 三振 | 防御率 |
|---|---|---|---|---|---|---|---|---|---|---|---|
| 2017 | - | - | - | - | - | - | - | - | - | - | - |
| 2018 | - | - | - | - | - | - | - | - | - | - | - |
| 2019 | - | - | - | - | - | - | - | - | - | - | - |
| 2020/二軍 | 楽天 | 4 | 0 | 1 | 0 | | | 3 | 0 | | 0.00 |
| 2021 | 富邦 | 2 | 2 | 0 | 0 | | | 6 2/3 | 1 | | 1.35 |
| 2022 | 富邦 | 15 | 14 | 3 | 7 | 0 | | 71 1/3 | 24 | 47 | 4.11 |
| 2023 | 富邦 | 19 | 14 | 6 | 7 | | | 69 | 26 | 37 | 6.39 |
| 通算 | | 40 | 30 | 5 | 14 | 0 | 1 | 148 | 51 | 90 | 5.05 |

## 17 林子崴

りん・しわい
リン・ズーウェイ
LIN TZU WEI

投手　29歳　10年目　左左　1995.9.17　179cm78kg

①榖保家商-中国文化大学-統一(15)③鋭いカーブを操る元ドラ1左腕。毎年怪我に苦しめられているが、昨季も4月は計18.1回を自責2と健康時は出色の投球を見せる。④プレミア12(15)

| 年度 | 試合 | 先発 | 勝利 | 敗戦 | セーブ | ホールド | 投球回 | 四球 | 三振 | 防御率 |
|---|---|---|---|---|---|---|---|---|---|---|
| 2023 | 12 | 7 | 2 | 0 | 1 | 0 | 39 1/3 | 26 | 25 | 3.20 |
| 通算 | 119 | 23 | 6 | 15 | 0 | 20 | 191 | 123 | 159 | 5.75 |

## 18 潘威倫

はん・いりん
パン・ウェイルン
PAN WEI LUN

投手　42歳　22年目　右右　1982.3.5　182cm98kg

①美和中学-輔仁大学-統一(03)②新(03)、防(09)、勝(07)、ベ(07)、ゴ(03,06,10)③長年代表のエースを務めたレジェンドは今季限りでの引退を表明。あと2つに迫ったCPBL史上初の通算150勝を達成し、有終の美を迎えたい。④アジア大会(02,06,10)、アテネ五輪(04)、WBC(06,13,17)、北京五輪(08)、プレミア12(15)

| 年度 | 試合 | 先発 | 勝利 | 敗戦 | セーブ | ホールド | 投球回 | 四球 | 三振 | 防御率 |
|---|---|---|---|---|---|---|---|---|---|---|
| 2023 | 4 | 1 | 0 | 0 | 0 | 0 | 9 2/3 | 1 | 5 | 10.24 |
| 通算 | 387 | 336 | 148 | 103 | 0 | 0 | 2096 1/3 | 322 | 1179 | 3.57 |

## 21 勝騎士

マリオ・サンチェス
シェンチシ(ベネズエラ)
MARIO SANCHEZ

投手　30歳　2年目　右右　1994.10.31　185cm75kg

①ナショナルズ-フィリーズ-ナショナルズ-ツインズ-統一(23)-韓国・KIA-統一(24)③昨年は2ヵ月間で8勝を挙げ、チームの前期優勝に貢献した。チェンジアップとスライダーはいずれも決め球になる威力がある。

| 年度 | 試合 | 先発 | 勝利 | 敗戦 | セーブ | ホールド | 投球回 | 四球 | 三振 | 防御率 |
|---|---|---|---|---|---|---|---|---|---|---|
| 2023 | 10 | 9 | 8 | 1 | 0 | 0 | 62 2/3 | 11 | 42 | 1.44 |
| 通算 | 10 | 9 | 8 | 1 | 0 | 0 | 62 2/3 | 11 | 42 | 1.44 |

## 23 劉軒荅

りゅう・けんとう
リョウ・シュエンダ
LIU HSUAN TA

投手　28歳　7年目　右右　1996.11.23　180cm88kg

①高苑工商-国立体大-統一(18)③5年連続40登板を記録しているチームの屋台骨。火消し役として信頼が厚く、古林睿煬からも「彼は俺のウルトラマン」。

| 年度 | 試合 | 先発 | 勝利 | 敗戦 | セーブ | ホールド | 投球回 | 四球 | 三振 | 防御率 |
|---|---|---|---|---|---|---|---|---|---|---|
| 2023 | 48 | 0 | 1 | 0 | 16 | | 41 2/3 | 16 | 24 | 1.94 |
| 通算 | 232 | 0 | 11 | 12 | 0 | 57 | 238 1/3 | 104 | 157 | 3.81 |

## 26 劉予承

りゅう・よしょう
リョウ・ユーチェン
LIU YU CHENG

投手　22歳　5年目　右右　2002.2.3　175cm80kg

①榖保家商-統一(20)③切れ味抜群のパワーカーブを武器に、高い奪三振能力を発揮する若手リリーバー。4月は12登板で無失点の活躍を見せた。

| 年度 | 試合 | 先発 | 勝利 | 敗戦 | セーブ | ホールド | 投球回 | 四球 | 三振 | 防御率 |
|---|---|---|---|---|---|---|---|---|---|---|
| 2023 | 26 | 0 | 4 | 1 | 0 | 22 | 22 | 12 | 22 | 4.91 |
| 通算 | 67 | 0 | 2 | 1 | 1 | 14 | 60 1/3 | 33 | 62 | 4.48 |

## 27 凱力士

ジェイク・ケイリッシュ
カイリシ(アメリカ合衆国)
JAKE KALISH

●　投手　33歳　1年目　左両　1991.7.9　188cm103kg

①ジョージ・メイソン大-ロイヤルズ-エンゼルス-統一(24)③スピードは無いが、手元で動くボールを駆使してゴロに打ち取るタイプ。17年のWBCにはイスラエル代表として出場した。④WBC(17)

| 年度 | 試合 | 先発 | 勝利 | 敗戦 | セーブ | ホールド | 投球回 | 四球 | 三振 | 防御率 |
|---|---|---|---|---|---|---|---|---|---|---|
| 2023 | - | - | - | - | - | - | - | - | - | - |
| 通算 | - | - | - | - | - | - | - | - | - | - |

## 19 古林睿煬

こりん・えいよう
グーリン・ルイヤン
GU LIN RUEI YANG

投手　24歳　7年目　右右　2000.6.12　184cm81kg

①平鎮高中-統一(18)③台湾球界を背負って立つ若手エースの一人。怪我の多さは玉に瑕だが、最速158キロの速球に加え高い制球力とハイレベルな変化球を兼備する。昨年のAPBCでは侍ジャパン相手に、6回途中まで完全試合の完璧な投球を見せた。④アジア大会(23)、APBC(23)

| 年度 | チーム | 試合 | 先発 | 勝利 | 敗戦 | セーブ | ホールド | 投球回 | 四球 | 三振 | 防御率 |
|---|---|---|---|---|---|---|---|---|---|---|---|
| 2017 | - | - | - | - | - | - | - | - | - | - | - |
| 2018 | - | - | - | - | - | - | - | - | - | - | - |
| 2019 | 統一 | 1 | 1 | 0 | 1 | 0 | 0 | 5 | 3 | 6 | 3.60 |
| 2020 | 統一 | 3 | 3 | 2 | 0 | 0 | 0 | 12 | 8 | 14 | 5.25 |
| 2021 | 統一 | 20 | 20 | 8 | 6 | 0 | 0 | 100 | 37 | 106 | 3.15 |
| 2022 | 統一 | 12 | 12 | 7 | 4 | 0 | 0 | 62 | 22 | 70 | 3.34 |
| 2023 | 統一 | 13 | 13 | 5 | 2 | 0 | 0 | 80 | 15 | 52 | 1.80 |
| 通算 | | 49 | 49 | 22 | 13 | 0 | 0 | 259 | 85 | 248 | 2.88 |

## 44 羅昂

ローガン・オンドルセク
ルォアン(アメリカ合衆国)
LOGAN ONDRUSEK

投手　39歳　3年目　右右　1985.2.13　203cm111kg

①マクレナンコミュニティー大-レッズ-ヤクルト-オリオールズ-ドジャース-米独立L-ナショナルズ-メキシカンL-ジャイアンツ-統一(22)③かつてのヤクルトのリリーフエースが、台湾では先発として活躍中。39歳を迎えた今季も、球威や切り札のフォークボールは健在だ。彼が投げる時にはバックの野手が戦々恐々としている様から「守備コーチ」の異名を持つ。⑤ローガン・オンドルセク

| 年度 | チーム | 試合 | 先発 | 勝利 | 敗戦 | セーブ | ホールド | 投球回 | 四球 | 三振 | 防御率 |
|---|---|---|---|---|---|---|---|---|---|---|---|
| 2017 | - | - | - | - | - | - | - | - | - | - | - |
| 2018 | - | - | - | - | - | - | - | - | - | - | - |
| 2019 | - | - | - | - | - | - | - | - | - | - | - |
| 2020 | - | - | - | - | - | - | - | - | - | - | - |
| 2021 | - | - | - | - | - | - | - | - | - | - | - |
| 2022 | 統一 | 14 | 14 | 9 | 1 | 0 | 0 | 82 | 12 | 84 | 1.87 |
| 2023 | 統一 | 14 | 14 | 4 | 0 | 0 | 0 | 84 1/3 | 22 | 73 | 2.35 |
| 通算 | | 28 | 28 | 13 | 1 | 0 | 0 | 166 1/3 | 34 | 157 | 2.11 |

## 30 李其峰

り・きほう
リ・チーフォン
LI CHI FENG

投手　27歳　5年目　右右　1997.10.14　180cm73kg

①興大附農-カブス-統一(20)③23年は運にも恵まれ、自己ベストの好成績。変化球は右打者には縦のスライダー、左打者にはチェンジアップと使い分ける。

| 年度 | 試合 | 先発 | 勝利 | 敗戦 | セーブ | ホールド | 投球回 | 四球 | 三振 | 防御率 |
|---|---|---|---|---|---|---|---|---|---|---|
| 2023 | 36 | 0 | 0 | 0 | | 9 | 35 1/3 | 11 | 31 | 3.31 |
| 通算 | 60 | 0 | 0 | | | 15 | 57 1/3 | 21 | 32 | 4.87 |

## 33 鄭浩

てい・こう
ジェン・ハオ
CHENG HAO

●投手　22歳　2年目　左左　2002.2.11　176cm85kg

①普門中学-台湾体大-統一(23)③即戦力として活躍が期待される台湾版岡島秀樹。勢いのあるクロスファイヤーと、スローカーブを武器に一軍定着を狙う。

| 年度 | 試合 | 先発 | 勝利 | 敗戦 | セーブ | ホールド | 投球回 | 四球 | 三振 | 防御率 |
|---|---|---|---|---|---|---|---|---|---|---|
| 2023 | | | | | | | | | | |
| 通算 | | | | | | | | | | |

## 37 邱浩鈞

きゅう・こうきん
チョウ・ハオジュン
CHIU HAO CHUN

投手　34歳　11年目　右右　1990.12.29　180cm70kg

①平鎮高中-中国文化大学-統一(14)②中(18)③過去2年で計100試合登板の頼れるセットアッパー。ストレートは140キロ台前半と速くないが、非常に高い空振り率を誇る魔球だ。④APBC(17)

| 年度 | 試合 | 先発 | 勝利 | 敗戦 | セーブ | ホールド | 投球回 | 四球 | 三振 | 防御率 |
|---|---|---|---|---|---|---|---|---|---|---|
| 2023 | 49 | 0 | 0 | 3 | 7 | 14 | 44 1/3 | 25 | 44 | 2.64 |
| 通算 | 323 | 1 | 10 | 15 | 11 | 82 | 312 | 163 | 283 | 4.24 |

## 40 黄竣彦

こう・しゅんげん
ホァン・ジュンイェン
HUANG CHUN YEN

投手　31歳　8年目　右右　1993.10.6　190cm93kg

①東勢高工-高苑科技大学-統一(17)③高身長を活かした角度のあるボールが武器のリリーバー。良いフォークを持つだけに、精度を高めて奪三振率向上に繋げたい。

| 年度 | 試合 | 先発 | 勝利 | 敗戦 | セーブ | ホールド | 投球回 | 四球 | 三振 | 防御率 |
|---|---|---|---|---|---|---|---|---|---|---|
| 2023 | 25 | 0 | 0 | 0 | 0 | 1 | 24 | 11 | 12 | 4.13 |
| 通算 | 190 | 0 | 9 | 10 | 2 | 35 | 191 1/3 | 87 | 140 | 4.14 |

## 41 王鏡銘

おう・きょうめい
ワン・ジンミン
WANG CHING MING

投手　38歳　15年目　右右　1986.1.16　176cm93kg

①東大体中-開南大学-統一(10)②新(10)③10年の新人王は37歳のシーズンも28登板と健在。6月4日には史上4人目の通算500試合登板を達成した。④WBC(13,17)、プレミア12(15)

| 年度 | 試合 | 先発 | 勝利 | 敗戦 | セーブ | ホールド | 投球回 | 四球 | 三振 | 防御率 |
|---|---|---|---|---|---|---|---|---|---|---|
| 2023 | 28 | 0 | 2 | 3 | 0 | 5 | 24 | 13 | 10 | 7.50 |
| 通算 | 506 | 68 | 57 | 48 | 20 | 106 | 861 2/3 | 325 | 623 | 4.57 |

## 42 傅于剛

ふ・うごう
フ・ユーガン
FU YU KANG

投手　36歳　13年目　右右　1988.1.18　180cm93kg

①台中高農-嘉義大学-統一(12)②新(12)③2010年代を支えてきたリリーフエースも、ここ3年はわずか19登板。大きなスライダーを武器にもう一花咲かせたい。

| 年度 | 試合 | 先発 | 勝利 | 敗戦 | セーブ | ホールド | 投球回 | 四球 | 三振 | 防御率 |
|---|---|---|---|---|---|---|---|---|---|---|
| 2023 | 5 | 0 | 0 | 0 | 0 | 0 | 3 1/3 | 2 | 1 | 2.70 |
| 通算 | 375 | 0 | 23 | 9 | 7 | 70 | 413 | 118 | 322 | 3.64 |

背番号　漢字名　日本語読み　現地読み(国籍)　英語　　ポジション　年齢　年数(CPBL)　投打　生年月日　身長体重
①経歴②タイトル歴③寸評④代表歴⑤NPBでの登録名　　記号:●=新入団(新任)、▲=移籍、◆=復帰

味全龍

樂天桃猿

統一7-ELEVEn獅

中信兄弟

富邦悍將

台鋼雄鷹

## 64 林靖凱

りん・せいがい
リン・ジンカイ
LIN CHING KAI

内野手　24歳　7年目　右右
2000.7.22　170cm70kg

①平鎮高中-統一(18) ②ベ(21)、ゴ(20,21) ③昨季は二塁から遊撃にコンバート。広い範囲と強肩でチームが長年固定できなかったポジションを守り抜き、センターラインの守備力向上に貢献した。守備の安定感、ストレートへの対応を改善させより高みを目指したい。④APBC(23)

| 年度 | チーム | 試合 | 打数 | 安打 | 本塁打 | 打点 | 四球 | 三振 | 盗塁 | 打率 | OPS |
|---|---|---|---|---|---|---|---|---|---|---|---|
| 2017 | | | | | | | | | | | |
| 2018 | | | | | | | | | | | |
| 2019 | 統一 | 53 | 217 | 65 | 0 | 23 | 10 | 38 | 7 | .300 | .689 |
| 2020 | 統一 | 109 | 309 | 75 | 3 | 36 | 11 | 66 | 14 | .243 | .607 |
| 2021 | 統一 | 116 | 445 | 135 | 3 | 56 | 15 | 55 | 23 | .303 | .741 |
| 2022 | 統一 | 112 | 389 | 89 | 1 | 31 | 22 | 44 | 14 | .229 | .560 |
| 2023 | 統一 | 104 | 348 | 91 | 1 | 33 | 11 | 60 | 5 | .261 | .601 |
| 通算 | | 494 | 1708 | 455 | 8 | 179 | 69 | 263 | 63 | .266 | .641 |

## 24 陳傑憲

ちん・けつけん
チェン・ジェーシェン
CHEN CHIEH HSIEN

外野手　30歳　9年目　右左
1994.1.7　173cm73kg

①岡山共生高-統一(16) ②安(18,20)、首(20)、ベ(17,18,20,21,22,23)、ゴ(22,23) ③統一不動の中堅手は昨季も上位打線で活躍。ボールをしっかりと見極め、野手の間を抜く安打を打つ技術はリーグ随一。またWBC、APBCと国際大会でも結果を残した。今季も走攻守でチームを引っ張っていく。④APBC(17,23)、WBC(23)

| 年度 | チーム | 試合 | 打数 | 安打 | 本塁打 | 打点 | 四球 | 三振 | 盗塁 | 打率 | OPS |
|---|---|---|---|---|---|---|---|---|---|---|---|
| 2017 | 統一 | 114 | 437 | 169 | 4 | 48 | 60 | 36 | 17 | .387 | .974 |
| 2018 | 統一 | 112 | 463 | 165 | 8 | 60 | 56 | 43 | 16 | .356 | .923 |
| 2019 | 統一 | 108 | 454 | 169 | 3 | 55 | 58 | 5 | 5 | .372 | .919 |
| 2020 | 統一 | 115 | 484 | 174 | 3 | 67 | 49 | 42 | 21 | .360 | .881 |
| 2021 | 統一 | 104 | 394 | 128 | 3 | 36 | 42 | 43 | 14 | .325 | .810 |
| 2022 | 統一 | 108 | 402 | 131 | 6 | 42 | 43 | 37 | 17 | .309 | .802 |
| 2023 | 統一 | 109 | 403 | 127 | 4 | 49 | 65 | 41 | 10 | .315 | .810 |
| 通算 | | 719 | 2783 | 958 | 31 | 334 | 334 | 257 | 113 | .344 | .870 |

## 43 裴瑞茲

ヘクター・ペレス
ベイルイス(ドミニカ共和国)
HECTOR PEREZ

● 投手　28歳　1年目　右右　1996.6.6　190cm100kg

①アストロズ-ブルージェイズ-レッズ-オリオールズ-レイズ-フィリーズ-統一(24) ③平均でも150キロを超える速球が魅力の新助っ人。去年マイナーで11を超える奪三振率を記録した球威で、不安定な制球を補う。

| 年度 | 試合 | 先発 | 勝利 | 敗戦 | セーブ | ホールド | 投球回 | 四球 | 三振 | 防御率 |
|---|---|---|---|---|---|---|---|---|---|---|
| 2023 | | | | | | | | | | |
| 通算 | | | | | | | | | | |

## 45 周彦農

しゅう・げんのう
ジョウ・イェンノン
CHOU YEN NUNG

● 投手　19歳　2年目　右右　2005.2.6　190cm92kg

①三民高中-統一(23) ③長身から投げ下ろす角度のあるボールが魅力のルーキー。大型の割に制球力に破綻がなく、変化球も器用に操る未来のローテ候補だ。

| 年度 | 試合 | 先発 | 勝利 | 敗戦 | セーブ | ホールド | 投球回 | 四球 | 三振 | 防御率 |
|---|---|---|---|---|---|---|---|---|---|---|
| 2023 | | | | | | | | | | |
| 通算 | | | | | | | | | | |

## 48 鄭副豪

てい・ふくごう
ジェン・フーハオ
CHENG FU HAO

投手　24歳　3年目　右右　2000.3.3　183cm74kg

①成徳高中-台北市立大學-統一(22) ②2種類の落ちる球とマウンド度胸が魅力の右腕。即戦力として期待されたが、二軍で28回29四死球と制球に苦しんだ。

| 年度 | 試合 | 先発 | 勝利 | 敗戦 | セーブ | ホールド | 投球回 | 四球 | 三振 | 防御率 |
|---|---|---|---|---|---|---|---|---|---|---|
| 23(二軍) | 26 | 0 | 1 | 3 | 0 | 4 | 28 | 24 | 13 | 3.86 |
| 通算(二軍) | 33 | 0 | 1 | 4 | 0 | 6 | 33 | 28 | 15 | 5.18 |

## 50 布雷克

ブロック・ダイクソン
ブレイケ(カナダ)
BROCK DYKXHOORN

投手　30歳　5年目　右右　1994.7.2　205cm118kg

①セントラルアリゾナカレッジ-アストロズ-韓国・SK-韓国・ロッテ-統一(20) ②勝(21) ③21年の最多勝投手は、抜群の安定感を武器に投球回と勝ち星でチームトップの成績を残した。今季も大黒柱として期待大。④プレミア12(19)

| 年度 | 試合 | 先発 | 勝利 | 敗戦 | セーブ | ホールド | 投球回 | 四球 | 三振 | 防御率 |
|---|---|---|---|---|---|---|---|---|---|---|
| 2023 | 25 | 25 | 10 | 7 | 0 | 0 | 149 2/3 | 39 | 104 | 2.83 |
| 通算 | 77 | 75 | 17 | 17 | 0 | 0 | 474 | 115 | 359 | 2.89 |

## 57 吳承諭

ご・しょうゆ
ウ・チェンユ
WU CHENG YU

投手　27歳　6年目　右左　1997.1.9　181cm85kg

①鶯歌工商-開南大學-統一(19) ③21年には49登板で11ホールド、防御率2.09の好成績も、怪我に苦しみ過去2年間の一軍登板はわずかに1度のみ。復活に期待。

| 年度 | 試合 | 先発 | 勝利 | 敗戦 | セーブ | ホールド | 投球回 | 四球 | 三振 | 防御率 |
|---|---|---|---|---|---|---|---|---|---|---|
| 2023 | 1 | 0 | 0 | 0 | 0 | 0 | 0 | 0 | 0 | ∞ |
| 通算 | 52 | 1 | 1 | 2 | 0 | 11 | 61 1/3 | 30 | 48 | 2.93 |

## 58 胡智爲

こ・ちい
フ・ジーウェイ
HU CHIH WEI

投手　31歳　4年目　右右　1993.11.4　182cm90kg

①西苑高中-國立東大-ツインズ-レイズ-インディアンス-カブス-パドレス-統一(21) ③23年のWBCでは初戦の先発を任された実績豊富な先発投手だが、今季は右肘クリーニング手術で出遅れ。妻はUni-Girlsの艾璿。④アジア大会(14)、プレミア12(19)、WBC(23)

| 年度 | 試合 | 先発 | 勝利 | 敗戦 | セーブ | ホールド | 投球回 | 四球 | 三振 | 防御率 |
|---|---|---|---|---|---|---|---|---|---|---|
| 2023 | 18 | 15 | 7 | 7 | 0 | 0 | 84 1/3 | 21 | 42 | 4.70 |
| 通算 | 57 | 52 | 17 | 25 | 0 | 0 | 297 2/3 | 83 | 178 | 4.02 |

## 32 蘇智傑

そ・ちけつ
ス・ジージェ
SU CHIH CHIEH

外野手　30歳　9年目　右左
1994.7.28　180cm88kg

①平鎮高中-中国文化大学-統一(16)②ベ(19,20,23)、ゴ(19,20)③完成度の高い打撃を見せる左翼手は、昨季に3番、4番に入り主軸として前期優勝に貢献。一方後期は3HRのみと長打が出ず苦しんだ。今季は開幕前に肘のクリーニング手術を受け出遅れるが、復帰後は安定感あるプレーを披露したい。④APBC(17)、プレミア12(19)

| 年度 | チーム | 試合 | 打数 | 安打 | 本塁打 | 打点 | 四球 | 三振 | 盗塁 | 打率 | OPS |
|---|---|---|---|---|---|---|---|---|---|---|---|
| 2017 | 統一 | 92 | 356 | 125 | 17 | 77 | 42 | 72 | 9 | .351 | 1.016 |
| 2018 | 統一 | 65 | 244 | 75 | 17 | 49 | 34 | 59 | 13 | .307 | .935 |
| 2019 | 統一 | 120 | 444 | 125 | 27 | 83 | 49 | 103 | 21 | .282 | .911 |
| 2020 | 統一 | 118 | 438 | 137 | 28 | 98 | 58 | 115 | 13 | .313 | .989 |
| 2021 | 統一 | 105 | 375 | 103 | 6 | 61 | 36 | 78 | 15 | .275 | .750 |
| 2022 | 統一 | 15 | 38 | 7 | 1 | 6 | 5 | 13 | 0 | .184 | .558 |
| 2023 | 統一 | 111 | 407 | 122 | 12 | 76 | 55 | 59 | 9 | .300 | .838 |
| 通算 | | 670 | 2461 | 747 | 118 | 481 | 300 | 537 | 80 | .304 | .904 |

## 77 林安可

りん・あんか
リン・アンケ
LIN AN KO

外野手　27歳　6年目　左左
1997.5.19　184cm90kg

①南英商工-中国文化大学-統一(19)②新(20)、本(20)、点(20)、ベ(20,21)③天性の打撃センスで長打を量産する右翼手は故障、不振、アジア大会出場で出場機会を減らすもチーム最多のHR数を記録。シーズンを通して体調が万全ならば、4年ぶりの本塁打王を十分狙える存在だ。④アジア大会(23)

| 年度 | チーム | 試合 | 打数 | 安打 | 本塁打 | 打点 | 四球 | 三振 | 盗塁 | 打率 | OPS |
|---|---|---|---|---|---|---|---|---|---|---|---|
| 2017 | - | - | - | - | - | - | - | - | - | - | - |
| 2018 | - | - | - | - | - | - | - | - | - | - | - |
| 2019 | 統一 | 29 | 106 | 27 | 2 | 13 | 14 | 30 | 0 | .255 | .724 |
| 2020 | 統一 | 118 | 432 | 134 | 32 | 99 | 55 | 113 | 10 | .310 | .990 |
| 2021 | 統一 | 114 | 387 | 117 | 16 | 67 | 50 | 75 | 17 | .302 | .868 |
| 2022 | 統一 | 38 | 117 | 34 | 4 | 19 | 11 | 20 | 2 | .276 | .771 |
| 2023 | 統一 | 76 | 259 | 64 | 15 | 35 | 26 | 57 | 3 | .247 | .793 |
| 通算 | | 375 | 1307 | 376 | 69 | 233 | 156 | 295 | 32 | .288 | .873 |

## 59 林原裕

りん・げんゆう
リン・ユエンユ
LIN YUAN YU

投手　23歳　5年目　右右　2001.12.24　185cm76kg

①強恕中学-統一(20)③昨年3月にWBC代表との練習試合で好投を見せるも、シーズン中は二軍でもわずか1登板のみ。プロ4年間一軍登板が無く正念場だ。

| 年度 | 試合 | 先発 | 勝利 | 敗戦 | セーブ | ホールド | 投球回 | 四球 | 三振 | 防御率 |
|---|---|---|---|---|---|---|---|---|---|---|
| 23(二軍) | 1 | 0 | 0 | 1 | 0 | 0 | 3 | 1 | 18.00 |
| 通算(二軍) | 26 | 13 | 3 | 6 | 2 | 0 | 62 | 40 | 48 | 4.35 |

## 60 鄭鈞仁

てい・きんじん
ジェン・ジュンレン
CHENG CHUN JEN

投手　29歳　8年目　右右　1995.11.3　184cm95kg

①西苑高中-輔仁大学-統一(17)②20~21年に計120試合に登板し、セットアッパーとしてフル回転した。かつてのパワーピッチング復活に期待がかかる。

| 年度 | 試合 | 先発 | 勝利 | 敗戦 | セーブ | ホールド | 投球回 | 四球 | 三振 | 防御率 |
|---|---|---|---|---|---|---|---|---|---|---|
| 2023 | 10 | 0 | 0 | 2 | 0 | 2 | 9 1/3 | 5 | 4 | 8.68 |
| 通算 | 169 | 0 | 9 | 11 | 1 | 45 | 155 1/3 | 62 | 95 | 5.27 |

## 69 辛俊昇

しん・しゅんしょう
シン・ジュンシェン
HSIN CHUN SHENG

● 投手　20歳　2年目　左左　2004.6.22　190cm100kg

①高苑工商-国立体大-統一(23)③今季の飛躍が期待される大型左腕。アジアウインターリーグでは9.1回を投げ14奪三振、リーグ最多の4ホールドを記録した。

| 年度 | 試合 | 先発 | 勝利 | 敗戦 | セーブ | ホールド | 投球回 | 四球 | 三振 | 防御率 |
|---|---|---|---|---|---|---|---|---|---|---|
| 23(二軍) | 3 | 0 | 0 | 0 | 0 | 1 | 3 | 1 | 1 | 0.00 |
| 通算(二軍) | 3 | 0 | 0 | 0 | 0 | 1 | 3 | 1 | 1 | 0.00 |

## 73 李嘉祥

り・かしょう
リ・ジャーシャン
LI CHIA HSIANG

投手　23歳　5年目　右右　2001.9.10　186cm93kg

①穀保家商-統一(20)③140キロ台後半のストレートで内角を抉る速球派サイドハンド。課題である調子の波を改善し、21年以来の一軍登板を目指す。

| 年度 | 試合 | 先発 | 勝利 | 敗戦 | セーブ | ホールド | 投球回 | 四球 | 三振 | 防御率 |
|---|---|---|---|---|---|---|---|---|---|---|
| 23(二軍) | 30 | 0 | 3 | 3 | 0 | 3 | 28 | 18 | 18 | 3.21 |
| 通算 | 1 | 1 | 0 | 0 | 0 | 0 | 0 | 4 | 0 | 45.00 |

## 74 林詔恩

りん・しょうおん
リン・ジャオエン
LIN SHAO EN

投手　20歳　3年目　左左　2004.2.13　177cm69kg

①平鎮高中-統一(22)③代表の左腕エースへの成長を期待される超有望株。速球、変化球共に年齢離れした質の高さを誇り、オフのAPBCでも好投を見せた。④APBC(23)

| 年度 | 試合 | 先発 | 勝利 | 敗戦 | セーブ | ホールド | 投球回 | 四球 | 三振 | 防御率 |
|---|---|---|---|---|---|---|---|---|---|---|
| 2023 | 11 | 2 | 0 | 2 | 0 | 0 | 17 1/3 | 6 | 15 | 4.15 |
| 通算 | 11 | 2 | 0 | 2 | 0 | 0 | 17 1/3 | 6 | 15 | 4.15 |

## 79 姚杰宏

よう・けつこう
ヤオ・ジェホン
YAO CHIEH HUNG

投手　26歳　5年目　右右　1998.4.15　186cm93kg

①強恕中学-中国文化大学-統一(20)③終盤に大きく調子を落とすも、登板数と防御率は自己ベストを記録した。今オフは制球力の改善に取り組み、更なる好成績を目指す。

| 年度 | 試合 | 先発 | 勝利 | 敗戦 | セーブ | ホールド | 投球回 | 四球 | 三振 | 防御率 |
|---|---|---|---|---|---|---|---|---|---|---|
| 2023 | 12 | 0 | 0 | 0 | 0 | 1 | 18 2/3 | 8 | 8 | 3.86 |
| 通算 | 26 | 1 | 2 | 3 | 0 | 1 | 62 | 36 | 28 | 5.23 |

## 84 尹柏淮
いん・はくわい
イン・ボーホァイ
YIN PO HUAI

投手　20歳　3年目　右右　2004.4.30　181cm95kg

①白河商工-統一(22)③小柄ながら馬力と球の強さを兼備し、「台湾の平良海馬」の異名を持つ未来の守護神候補。オープン戦でも2セーブを挙げた。

| 年度 | 試合 | 先発 | 勝利 | 敗戦 | セーブ | ホールド | 投球回 | 四球 | 三振 | 防御率 |
|---|---|---|---|---|---|---|---|---|---|---|
| 23(二軍) | 34 | 0 | 0 | 2 | 12 | 1 | 33 | 21 | 27 | 2.73 |
| 通算(二軍) | 34 | 0 | 0 | 2 | 12 | 1 | 33 | 21 | 27 | 2.73 |

## 86 李承鴻
り・しょうこう
リ・チェンホン
LI CHENG HUNG

投手　21歳　4年目　右右　2003.3.11　182cm76kg

①普悅中学-統一(21)③22年に二軍で奪三振のタイトルを獲得。昨季は飛躍が期待されるも、課題の制球難が解消されず一軍登板なしに終わった。

| 年度 | 試合 | 先発 | 勝利 | 敗戦 | セーブ | ホールド | 投球回 | 四球 | 三振 | 防御率 |
|---|---|---|---|---|---|---|---|---|---|---|
| 23(二軍) | 25 | 7 | 5 | 3 | 0 | 0 | 52 1/3 | 27 | 30 | 4.13 |
| 通算 | 1 | 0 | 0 | 0 | 0 | 0 | 1 | 0 | 0 | 0.00 |

## 90 楊孟沅
よう・もうげん
ヤン・モンユエン
YANG MENG YUAN

投手　25歳　4年目　左右　1999.3.14　173cm75kg

①平鎮高中-台北市立大学-統一(21)③22年に36登板で6ホールドを記録したパワーレフティ。高校時代は最速131キロの平凡な選手も、大学とプロで大きく成長した。

| 年度 | 試合 | 先発 | 勝利 | 敗戦 | セーブ | ホールド | 投球回 | 四球 | 三振 | 防御率 |
|---|---|---|---|---|---|---|---|---|---|---|
| 2023 | 11 | 0 | 0 | 0 | 0 | 1 | 10 | 7 | 6 | 6.30 |
| 通算 | 47 | 1 | 2 | 1 | 0 | 8 | 40 | 20 | 28 | 4.72 |

## 95 江承峰
こう・しょうほう
ジャン・チェンフォン
CHIANG CHENG FENG

投手　36歳　12年目　右右　1988.10.14　180cm90kg

①強恕中学-台北体院-統一(13)③11年連続20登板以上と安定感の光るリリーバー。利き腕と逆に落ちるチェンジアップが決め球で、右サイドながら左打者に強い。

| 年度 | 試合 | 先発 | 勝利 | 敗戦 | セーブ | ホールド | 投球回 | 四球 | 三振 | 防御率 |
|---|---|---|---|---|---|---|---|---|---|---|
| 2023 | 37 | 1 | 0 | 1 | 0 | 28 | 16 | 15 | 4.50 | |
| 通算 | 346 | 11 | 8 | 11 | 0 | 68 | 410 2/3 | 148 | 254 | 4.97 |

## 97 宋文華
そう・ぶんか
ソン・ウェンホァ
SUNG WEN HUA

投手　28歳　3年目　右右　1996.9.2　187cm105kg

①平鎮高中-国立体大-パドレス-統一(22)③角度のある速球とスプリットが武器の右腕も、怪我に苦しみ一軍登板なしに終わった。かつてはMLB昇格直前までいった実力の持ち主。

| 年度 | 試合 | 先発 | 勝利 | 敗戦 | セーブ | ホールド | 投球回 | 四球 | 三振 | 防御率 |
|---|---|---|---|---|---|---|---|---|---|---|
| 23(二軍) | 7 | 1 | 1 | 0 | 0 | 1 | 8 | 5 | 7 | 12.38 |
| 通算 | 4 | 2 | 0 | 0 | 0 | 1 | 10 2/3 | 7 | 9 | 0.84 |

## 4 張翔
ちょう・しょう
ジャン・シャン
CHANG HSIANG

捕手　21歳　4年目　右右　2003.1.22　180cm88kg

①平鎮高中-統一(21)③昨季は二軍で45試合に出場。若くして守備の安定感が光る将来の正捕手候補は一軍の3番手捕手争いに加われるか。

| 年度 | 試合 | 打数 | 安打 | 本塁打 | 打点 | 四球 | 三振 | 盗塁 | 打率 | OPS |
|---|---|---|---|---|---|---|---|---|---|---|
| 2023 | 1 | 1 | 0 | 0 | 0 | 0 | 0 | 0 | .000 | .000 |
| 通算 | 1 | 1 | 0 | 0 | 0 | 0 | 0 | 0 | .000 | .000 |

## 31 林岱安
りん・たいあん
リン・ダイアン
LIN DAI AN

捕手　32歳　10年目　右右　1992.6.23　175cm90kg

①華徳工家-台湾体大-統一(15)②べ(21)、ゴ(19,21)③昨季は6月上旬に下顎を骨折し約2ヶ月の離脱も、守備面での安定感は相変わらず。盗塁阻止率.410をマークした。④APBC(17)、WBC(23)

| 年度 | 試合 | 打数 | 安打 | 本塁打 | 打点 | 四球 | 三振 | 盗塁 | 打率 | OPS |
|---|---|---|---|---|---|---|---|---|---|---|
| 2023 | 54 | 156 | 35 | 2 | 11 | 10 | 29 | 0 | .224 | .548 |
| 通算 | 538 | 1448 | 362 | 19 | 177 | 80 | 331 | 10 | .250 | .625 |

## 36 柯育民
か・いくみん
ケ・ユーミン
KO YU MIN

捕手　27歳　6年目　右右　1997.11.14　175cm77kg

①屏東高中-台湾体大-統一(19)③内外野もこなす器用な捕手は一軍での出番は減ったが一、二軍両方で盗塁阻止率5割超え、捕逸なしと守備で成長を見せた。

| 年度 | 試合 | 打数 | 安打 | 本塁打 | 打点 | 四球 | 三振 | 盗塁 | 打率 | OPS |
|---|---|---|---|---|---|---|---|---|---|---|
| 2023 | 15 | 30 | 8 | 0 | 3 | 2 | 3 | 1 | .267 | .646 |
| 通算 | 70 | 147 | 40 | 0 | 8 | 8 | 30 | 5 | .272 | .611 |

## 46 張聖豪
ちょう・せいごう
ジャン・シェンハオ
CHANG SHENG HAO

捕手　23歳　6年目　右右　2001.5.11　175cm70kg

①東大体中-中信兄弟(19-22)-統一(23)③出場機会を求め統一に移籍した昨季は二軍で主に4番に入り、盗塁阻止率.435と飛躍。5月には一軍初出場、初安打も放った。

| 年度 | 試合 | 打数 | 安打 | 本塁打 | 打点 | 四球 | 三振 | 盗塁 | 打率 | OPS |
|---|---|---|---|---|---|---|---|---|---|---|
| 2023 | 2 | 2 | 1 | 0 | 0 | 0 | 0 | 0 | .500 | 1.000 |
| 通算 | 2 | 2 | 1 | 0 | 0 | 0 | 0 | 0 | .500 | 1.000 |

## 54 潘磊
はん・らい
パン・レイ
PAN LEI

捕手　20歳　3年目　右右　2004.4.27　181cm105kg

①高苑工商-統一(22)③打てる捕手として入団も昨季は二軍で打撃不振、盗塁も7回走られて刺せず。攻守に課題が見つかったが一つ一つ克服したい。

| 年度 | 試合 | 打数 | 安打 | 本塁打 | 打点 | 四球 | 三振 | 盗塁 | 打率 | OPS |
|---|---|---|---|---|---|---|---|---|---|---|
| 23(二軍) | 35 | 58 | 7 | 0 | 2 | 3 | 11 | 0 | .121 | .305 |
| 通算(二軍) | 46 | 74 | 11 | 0 | 4 | 3 | 15 | 0 | .149 | .347 |

## 65 陳重羽

ちん・ちょうう
チェン・チョンユ
CHEN CHUNG YU

捕手　29歳　8年目　右右　1995.9.14　183cm83kg

①嘉義高中・国立体大・統一(17)②ベ(18,23)③昨季は5年ぶりに主戦捕手として攻守で存在感を発揮し、ベストナインを獲得。今季も林岱安との二人体制で投手陣を支える。

| 年度 | 試合 | 打数 | 安打 | 本塁打 | 打点 | 四球 | 三振 | 盗塁 | 打率 | OPS |
|---|---|---|---|---|---|---|---|---|---|---|
| 2023 | 74 | 222 | 61 | 4 | 33 | 19 | 38 | 3 | .275 | .699 |
| 通算 | 440 | 1139 | 318 | 10 | 131 | 82 | 238 | 35 | .279 | .680 |

## 78 余羿賢

よ・げいけん
ユ・イーシェン
YU YI HSIEN

●捕手　20歳　2年目　右右　2004.2.12　178cm76kg

①玉里高中・開南大学・統一(23)③盗塁阻止能力はプロでも平均以上との評価受ける強肩捕手。高校までは捕手も大学で投手に転向し、社会人で捕手に再転向した。

| 年度 | 打数 | 安打 | 本塁打 | 打点 | 四球 | 三振 | 盗塁 | 打率 | OPS |
|---|---|---|---|---|---|---|---|---|---|
| 23(二軍) | 8 | 6 | 0 | 0 | 1 | 2 | 0 | .000 | .143 |
| 通算(二軍) | 8 | 6 | 0 | 0 | 1 | 2 | 0 | .000 | .143 |

## 2 林子豪

りん・しごう
リン・ズーハオ
LIN TZU HAO

内野手　22歳　5年目　右右　2002.3.29　185cm73kg

①平鎮高中・統一(20)③プロ入り後は守備での成長著しい三塁手は選球眼が大幅に改善。持ち前のパワーを活かせればレギュラーは安泰だ。④アジア大会(23)

| 年度 | 試合 | 打数 | 安打 | 本塁打 | 打点 | 四球 | 三振 | 盗塁 | 打率 | OPS |
|---|---|---|---|---|---|---|---|---|---|---|
| 2023 | 77 | 247 | 65 | 2 | 23 | 37 | 42 | 3 | .263 | .708 |
| 通算 | 230 | 700 | 187 | 7 | 74 | 69 | 132 | 16 | .267 | .682 |

## 3 施冠宇

し・かんう
シ・グァンユ
SHIH KUAN YU

内野手　29歳　7年目　右右　1995.12.30　183cm95kg

①陸興高中・中国文化大学・統一(18)③一塁と外野両翼を守る右打者は9月下旬以降一軍でスタメンの機会を多く得た。中距離打者として長打を増やしていきたい。

| 年度 | 試合 | 打数 | 安打 | 本塁打 | 打点 | 四球 | 三振 | 盗塁 | 打率 | OPS |
|---|---|---|---|---|---|---|---|---|---|---|
| 2023 | 15 | 55 | 13 | 0 | 6 | 6 | 11 | 2 | .236 | .650 |
| 通算 | 83 | 213 | 41 | 1 | 20 | 18 | 56 | 5 | .192 | .533 |

## 5 郭阜林

かく・ふりん
グォ・フーリン
KUO FU LIN

内野手　33歳　10年目　右右　1991.1.7　181cm90kg

①南英商工・台湾体院・ヤンキース・統一(15)②ゴ(18)③二軍ではリーグトップの8HRを放つも、一軍では持ち前の長打力を発揮できず。好調時の打撃を持続できるかがカギだ。④APBC(17)

| 年度 | 試合 | 打数 | 安打 | 本塁打 | 打点 | 四球 | 三振 | 盗塁 | 打率 | OPS |
|---|---|---|---|---|---|---|---|---|---|---|
| 2023 | 21 | 68 | 17 | 1 | 6 | 2 | 13 | 0 | .250 | .620 |
| 通算 | 520 | 1632 | 425 | 74 | 276 | 107 | 467 | 24 | .260 | .780 |

## 7 何恆佑

か・こうゆう
ヘ・ヘンヨウ
HO HENG YU

内野手　23歳　5年目　右右　2001.10.12　185cm86kg

①穀保家商・統一(20)③2年連続二軍で打率3割以上も一軍の壁が厚い。一塁に専念する今季はAPBC、アジアウインターリーグで得た経験を活かしたい。④APBC(23)

| 年度 | 試合 | 打数 | 安打 | 本塁打 | 打点 | 四球 | 三振 | 盗塁 | 打率 | OPS |
|---|---|---|---|---|---|---|---|---|---|---|
| 2023 | 22 | 45 | 8 | 0 | 1 | | 12 | 0 | .178 | .418 |
| 通算 | 32 | 69 | 12 | 0 | 4 | | 21 | 0 | .174 | .422 |

## 9 楊竣翔

よう・しゅんしょう
ヤン・ジュンシャン
YANG CHUN HSIANG

内野手　24歳　4年目　右右　2000.3.6　178cm76kg

①大理高中・台東大学・統一(21)③二塁、遊撃、三塁を守るユーティリティーは昨季二軍でシーズン終盤に調子を上げ一軍昇格。秘めた長打力を実戦で発揮したい。

| 年度 | 試合 | 打数 | 安打 | 本塁打 | 打点 | 四球 | 三振 | 盗塁 | 打率 | OPS |
|---|---|---|---|---|---|---|---|---|---|---|
| 2023 | 5 | 7 | 2 | 0 | 1 | 1 | 0 | | .286 | .661 |
| 通算 | 15 | 26 | 5 | 0 | 3 | 6 | 0 | | .192 | .468 |

## 10 許哲晏

きょ・てつあん
シュ・ジェーイェン
HSU CHE YEN

内野手　26歳　5年目　右右　1998.1.16　176cm78kg

①普門中学・遠東科技大学・統一(20)③開幕戦でいきなり3失策とつまずき波に乗れなかった昨季。クローズドスタンスが特徴の内野手は二塁、遊撃、三塁をこなす。

| 年度 | 試合 | 打数 | 安打 | 本塁打 | 打点 | 四球 | 三振 | 盗塁 | 打率 | OPS |
|---|---|---|---|---|---|---|---|---|---|---|
| 2023 | 9 | 18 | 4 | 0 | 3 | 3 | 0 | | .222 | .642 |
| 通算 | 43 | 70 | 11 | 0 | 7 | 6 | 21 | 0 | .157 | .444 |

## 13 陳鏞基

ちん・ようき
チェン・ヨンジ
CHEN YUNG CHI

内野手　41歳　14年目　右右　1983.7.13　179cm89kg

①高苑工商・国立体院・マリナーズ・アスレチックス・パイレーツ・統一(11)②ベ(14,17)③21、22年の不振から一転し見事に復活した大ベテラン。安定感ある打撃に加えて一塁、三塁、二塁を守りまだまだ元気だ。④アテネ五輪(04)、WBC(06,13,17)、アジア大会(06,10)、プレミア12(15)

| 年度 | 試合 | 打数 | 安打 | 本塁打 | 打点 | 四球 | 三振 | 盗塁 | 打率 | OPS |
|---|---|---|---|---|---|---|---|---|---|---|
| 2023 | 86 | 262 | 88 | 4 | 48 | 20 | 43 | 4 | .336 | .850 |
| 通算 | 1195 | 3967 | 1205 | 126 | 668 | 410 | 771 | 114 | .304 | .823 |

## 25 林培緯

りん・ばいい
リン・ベイウェイ
LIN PEI WEI

内野手　20歳　3年目　右右　2004.1.26　188cm93kg

①大理高中・統一(22)③強い打球を飛ばす将来の長距離砲は二軍でチーム最多出場。大柄な体格だが器用さも備え、一塁の他に三塁、左翼も守った。

| 年度 | 試合 | 打数 | 安打 | 本塁打 | 打点 | 四球 | 三振 | 盗塁 | 打率 | OPS |
|---|---|---|---|---|---|---|---|---|---|---|
| 2023 | 1 | 3 | 0 | 0 | 0 | 0 | 1 | | .000 | .000 |
| 通算 | 3 | 3 | 0 | 0 | 0 | 0 | 1 | | .000 | .000 |

味全龍

樂天桃猿

統一7ELEVEn獅

中信兄弟

富邦悍將

台鋼雄鷹

**35 潘傑楷** はん・けつかい／パン・ジェカイ／PAN CHIEH KAI

内野手　30歳　9年目　右打　1994.2.3　184cm78kg

①穀保家商-中国文化大学-統一(16)③昨季は主に5～7番に入り苦手の左投手を克服し、プレーオフでもHR。三塁、一塁共に競争は激しいが、広角打法で生き残りたい。

| 年度 | 試合 | 打数 | 安打 | 本塁打 | 打点 | 四球 | 三振 | 盗塁 | 打率 | OPS |
|---|---|---|---|---|---|---|---|---|---|---|
| 2023 | 63 | 153 | 44 | 1 | 14 | 24 | 24 | 3 | .288 | .729 |
| 通算 | 360 | 895 | 243 | 10 | 107 | 102 | 176 | 28 | .272 | .722 |

**38 張皓崴** ちょう・こうわい／ジャン・ハオウェイ／CHANG HAO WEI

● 内野手　19歳　2年目　右左　2005.6.3　176cm67kg

①西苑高中-統一(23)③三遊間での深い打球も軽々追いつく守備範囲を持つ遊撃手。攻撃では俊足と率を残せる打撃で戦術の幅を広げる存在になりたい。

| 年度 | 試合 | 打数 | 安打 | 本塁打 | 打点 | 四球 | 三振 | 盗塁 | 打率 | OPS |
|---|---|---|---|---|---|---|---|---|---|---|
| 23(二軍) | 7 | 5 | 1 | 0 | 0 | 3 | 0 | 0 | .200 | .400 |
| 通算(二軍) | 7 | 5 | 1 | 0 | 0 | 3 | 0 | 0 | .200 | .400 |

**39 林祖傑** りん・そけつ／リン・ズージェ／LIN TSU CHIEH

内野手　33歳　6年目　右右　1991.5.13　176cm80kg

①強恕中学-中国文化大学-統一(19)③安定感ある守備を誇るベテラン内野手は昨季主戦場を遊撃から二塁に移した。レギュラー獲りには打撃の復調が必要不可欠だ。④アジア大会(18)

| 年度 | 試合 | 打数 | 安打 | 本塁打 | 打点 | 四球 | 三振 | 盗塁 | 打率 | OPS |
|---|---|---|---|---|---|---|---|---|---|---|
| 2023 | 59 | 138 | 27 | 0 | 9 | 12 | 22 | 1 | .196 | .511 |
| 通算 | 388 | 1030 | 235 | 12 | 94 | 67 | 196 | 18 | .228 | .588 |

**61 黄勇傳** こう・ゆうでん／ホァン・ヨンチュアン／HUANG YUNG CHUAN

内野手　20歳　3年目　右右　2004.3.12　172cm83kg

①平鎮高中-統一(22)③天性のバットコントロールが光る巧打者は9月以降スタメンに定着。がっちりした体格ながら守備も機敏で、チーム期待の有望株だ。

| 年度 | 試合 | 打数 | 安打 | 本塁打 | 打点 | 四球 | 三振 | 盗塁 | 打率 | OPS |
|---|---|---|---|---|---|---|---|---|---|---|
| 2023 | 39 | 107 | 25 | 0 | 11 | 9 | 19 | 2 | .234 | .576 |
| 通算 | 39 | 107 | 25 | 0 | 11 | 9 | 19 | 2 | .234 | .576 |

**66 陳重廷** ちん・ちょうてい／チェン・チョンティン／CHEN CHUNG TING

内野手　29歳　8年目　右右　1995.9.14　181cm81kg

①嘉義高中-中国文化大学-統一(17)③二塁専念の昨季は7月まで打率3割をキープし、後期は主に2番に入った。三塁も守る予定の今季は初の規定打席到達を目指したい。

| 年度 | 試合 | 打数 | 安打 | 本塁打 | 打点 | 四球 | 三振 | 盗塁 | 打率 | OPS |
|---|---|---|---|---|---|---|---|---|---|---|
| 2023 | 72 | 239 | 67 | 1 | 19 | 12 | 35 | 8 | .280 | .666 |
| 通算 | 387 | 1028 | 262 | 10 | 98 | 56 | 202 | 26 | .255 | .625 |

**67 林泓弦** りん・おうげん／リン・ホンシェン／LIN HUNG HSIEN

● 内野手　19歳　2年目　右左　2005.8.11　183cm72kg

①成徳高中-統一(23)③高卒とは思えない安定感ある守備を見せる遊撃手。伸びしろもあり、林靖凱に続くレギュラー候補として二軍でしっかり鍛えたい。

| 年度 | 試合 | 打数 | 安打 | 本塁打 | 打点 | 四球 | 三振 | 盗塁 | 打率 | OPS |
|---|---|---|---|---|---|---|---|---|---|---|
| 23(二軍) | 10 | 8 | 0 | 0 | 0 | 2 | 0 | 0 | .000 | .000 |
| 通算(二軍) | 10 | 8 | 0 | 0 | 0 | 2 | 0 | 0 | .000 | .000 |

**99 林益全** りん・えきぜん／リン・イーチュエン／LIN YI CHUAN

内野手　39歳　16年目　右右　1985.11.11　183cm83kg

①南英商工-興農(09-12)-義大(13-16)-富邦(17-22)-統一(23)②M(09,13,14)、新(09)、安(13)、首(13)、本(13)、点(09,14,15,19)、べ(09,13,14,15,16,17,21)、ゴ(09,14,15,16)③リーグきっての好打者は富邦を自由契約になり新天地へ移籍し見事に復活。3度のサヨナラ打と印象深い活躍が光った。④WBC(09,13,17)、アジア大会(10)、プレミア12(15)

| 年度 | 試合 | 打数 | 安打 | 本塁打 | 打点 | 四球 | 三振 | 盗塁 | 打率 | OPS |
|---|---|---|---|---|---|---|---|---|---|---|
| 2023 | 89 | 284 | 87 | 3 | 54 | 22 | 42 | 1 | .306 | .744 |
| 通算 | 1594 | 5936 | 1979 | 208 | 1128 | 559 | 775 | 32 | .333 | .897 |

**6 唐肇廷** とう・ちょうてい／タン・ジャオティン／TANG CHAO TING

外野手　37歳　12年目　右右　1987.10.12　180cm85kg

①三民高中-国立体院-タイガース-統一(13)③開幕スタメンもその後は身体のコンディションが整わず苦しい一年になった昨季。若手外野手の台頭の中で元気に安打を重ねたい。

| 年度 | 試合 | 打数 | 安打 | 本塁打 | 打点 | 四球 | 三振 | 盗塁 | 打率 | OPS |
|---|---|---|---|---|---|---|---|---|---|---|
| 2023 | 35 | 66 | 13 | 0 | 6 | 9 | 6 | 1 | .197 | .505 |
| 通算 | 794 | 2149 | 597 | 21 | 231 | 167 | 331 | 39 | .278 | .691 |

**8 羅暐捷** ら・いしょう／ルォ・ウェイジェ／LO WEI CHIEH

外野手　23歳　6年目　右左　2001.1.15　175cm70kg

①高苑工商-統一(19)③細身ながらパワーを備え、外野3ポジションを守れるロマン砲は昨季二軍で5HR。一軍定着には確実性を高めたい。

| 年度 | 試合 | 打数 | 安打 | 本塁打 | 打点 | 四球 | 三振 | 盗塁 | 打率 | OPS |
|---|---|---|---|---|---|---|---|---|---|---|
| 2023 | 17 | 33 | 4 | 0 | 3 | 3 | 13 | 0 | .121 | .349 |
| 通算 | 68 | 167 | 31 | 2 | 28 | 14 | 55 | 1 | .186 | .536 |

**14 邱智呈** きゅう・ちてい／チョウ・ジーチェン／CHIU CHIH CHENG

外野手　24歳　6年目　左左　2000.11.26　168cm80kg

①穀保家商-統一(19)③粘り強さと鋭いスイングが武器の外野手は後期好調で8月下旬から1番に定着。外野3ポジションを守りレギュラー離脱時の穴を埋めた。④APBC(23)

| 年度 | 試合 | 打数 | 安打 | 本塁打 | 打点 | 四球 | 三振 | 盗塁 | 打率 | OPS |
|---|---|---|---|---|---|---|---|---|---|---|
| 2023 | 82 | 227 | 71 | 0 | 23 | 22 | 45 | 7 | .313 | .822 |
| 通算 | 182 | 499 | 139 | 5 | 34 | 45 | 90 | 18 | .279 | .709 |

## 20 林佳緯
りん・かい
リン・ジャーウェイ
LIN CHIA WEI

外野手 19歳 2年目 右左 2005.1.11 182cm74kg

①穀保家商-統一(23)③長打力と守備力を兼備した昨年の高卒ドラ1は10月に一軍昇格しプレーオフにも出場。今季は外野3ポジションを守り一軍定着を狙う。

| 年度 | 試合 | 打数 | 安打 | 本塁打 | 打点 | 四球 | 三振 | 盗塁 | 打率 | OPS |
|---|---|---|---|---|---|---|---|---|---|---|
| 2023 | 6 | 9 | 1 | 0 | 1 | 2 | 2 | 0 | .111 | .495 |
| 通算 | 6 | 9 | 1 | 0 | 1 | 2 | 2 | 0 | .111 | .495 |

## 49 田子杰
でん・しけつ
ティエン・ズージェ
TIEN TZU CHIEH

外野手 21歳 3年目 左左 2003.9.10 175cm70kg

①平鎮高中-統一(22)③優れた選球眼を持つローボールヒッターで昨季二軍で途中出場が多かったが67試合に出場。目指すは将来の1番打者だ。

| 年度 | 試合 | 打数 | 安打 | 本塁打 | 打点 | 四球 | 三振 | 盗塁 | 打率 | OPS |
|---|---|---|---|---|---|---|---|---|---|---|
| 2023 | 1 | 1 | 0 | 0 | 0 | 0 | 1 | 0 | .000 | .000 |
| 通算 | 1 | 1 | 0 | 0 | 0 | 0 | 1 | 0 | .000 | .000 |

## 51 胡金龍
こ・きんりゅう
フ・ジンロン
HU CHIN LUNG

外野手 40歳 12年目 右右 1984.2.2 180cm86kg

①南英商工-国立体院-ドジャース・メッツ・インディアンス・米独立L-義大(13-16)・富邦(17-21)-統一(22)②安(14,15)、首(14,15)、ベ(14,18,19)③開幕からクリーンアップで出場も、シーズン中盤に左肩関節唇を傷め失速。高い打撃技術は対左投手相手により存在感を増す。④アジア大会(06,10)、WBC(06,17)、プレミア12(19)

| 年度 | 試合 | 打数 | 安打 | 本塁打 | 打点 | 四球 | 三振 | 盗塁 | 打率 | OPS |
|---|---|---|---|---|---|---|---|---|---|---|
| 2023 | 64 | 215 | 59 | 2 | 24 | 13 | 40 | 0 | .274 | .652 |
| 通算 | 895 | 3434 | 1184 | 85 | 530 | 251 | 365 | 74 | .345 | .872 |

## 52 張偉聖
ちょう・いせい
ジャン・ウェイシェン
CHANG WEI SHENG

外野手 27歳 7年目 右右 1997.12.7 168cm65kg

①興大附農-統一(18)③走力と守備範囲に優れた外野手はプロ入り後本領を発揮できていない。同じタイプの邱智呈が台頭した今季は正念場だ。

| 年度 | 試合 | 打数 | 安打 | 本塁打 | 打点 | 四球 | 三振 | 盗塁 | 打率 | OPS |
|---|---|---|---|---|---|---|---|---|---|---|
| 2023 | 8 | 10 | 2 | 0 | 1 | 2 | 3 | 0 | .200 | .533 |
| 通算 | 105 | 268 | 65 | 1 | 16 | 28 | 65 | 10 | .243 | .605 |

### 主な獲得タイトル （ ）内はNPBでの該当タイトル名

| M=年度MVP | （最優秀選手） | 防=防禦率王 | （最優秀防御率） |
|---|---|---|---|
| 新=最佳新人獎 | （新人王） | 勝=勝投王 | （最多勝利） |
| 安=安打王 | （最多安打） | 救=救援王 | （最多セーブ） |
| 首=打擊王 | （首位打者） | 中=中繼王 | （最優秀中継ぎ） |
| 本=全壘打王 | （最多本塁打） | 三=三振王 | （最多奪三振） |
| 点=打點王 | （最多打点） | ベ=最佳十人獎 | （ベストナイン） |
| 盗=盗壘王 | （最多盗塁） | ゴ=金手套獎 | （ゴールデングラブ賞） |

※成績の太字はリーグトップ

背番号 漢字名 日本語読み 現地読み（国籍） 英語　ポジション 年齢 年数（CPBL） 投打 生年月日 身長体重
①経歴②タイトル歴③寸評④代表歴⑤NPBでの登録名　記号:●…新入団（新任）、▲…移籍、■…復帰

# *Uni-Girls*

Uni-Girls
**背番号**
名前
現地読み
（海外メンバーは出身地）
① 誕生日
② 星座
③ 身長体重
④ 趣味
⑤ 好きな食べ物・飲み物
⑥ 好きな選手
⑦ 好きな応援歌
⑧ Instagramアカウント

## 9
## Yuki
ユキ

キャプテン
①4月11日
②おひつじ座
③165cm48kg
④ゲーム
⑤ミルクティー
⑥潘武雄、古林睿煬
⑦愛上我
⑧yukiii_min

## 19
## 賴賴
ライライ

副キャプテン
①11月9日
②さそり座
③155cm45kg
④ダンス
⑤ドリンクスタンドの
　飲み物
⑥林岳平、邱智呈
⑦黃勇傳
⑧wenziofficial

## 22
## 妮妮
ニーニー

①11月2日
②さそり座
③165cm47kg
④ダンス、F1観戦
⑤キャンディ
⑥大谷翔平
⑦統一尚勇
⑧nini.lin_022

## 18
## Yovia
ヨヴィア

①3月18日
②うお座
③160cm44kg
④創作、歌を歌う、
　ダンス、言語学習
⑤キムチ、ベリー類、
　健康食品
⑥統一の全選手
⑦登峰造極
⑧____yovia____

## 4
## 綵采
Mina
ミナ

①8月30日
②おとめ座
③167cm48kg
④料理、
　アニメ・漫画
⑤カップ麵
⑥高國慶
⑦登峰造極
⑧wutsaimi

## 1
### 曼萍
#### Manping
マンピン

## 8
### 丷丷
シャオシャオ

## 16
### 詩詩
シーシー

①7月20日
②かに座
③157cm45kg
④歌を歌う
⑤塩気のある食べ物
⑥陳鏞基
⑦林佳緯
⑧yimanping

①9月26日
②てんびん座
③167cm48kg
④歌を歌う、ダンス、
　札束数え
⑤ナイトマーケットの
　食べ物
⑥林佳緯
⑦統一尚勇
⑧jane.duu.88

①2月16日
②みずがめ座
③161cm50kg
④パフォーマンス（製作も）、
　歌を歌う、キャンプ
⑤半熟卵、チョコレート、
　コーヒー
⑥布雷克
⑦蘇智傑
⑧shihshih_sawmah

## 30
### 芮絲
ルイス

## 47
### 琴七
セーチー

①8月30日
②おとめ座
③155cm41kg
④ダンス、猫をなでる、
　旅行
⑤グミ、スナック、
　スイーツ
⑥蘇智傑
⑦登峰造極
⑧han.yang830

①2月13日
②みずがめ座
③162cm48kg
④推し活、スイーツ作り
⑤ミルクティー
⑥陳重羽
⑦古林睿煬
⑧__seul777

味全龍
樂天桃猿
統一7-ELEVEn獅
中信兄弟
富邦悍將
台鋼雄鷹

**91**
**Joy**
ジョイ

①5月21日
②ふたご座
③165cm48kg
④夜市に行く
⑤火鍋、蜜餞
（果物の蜜漬け）
⑥林益全
⑦登峰造極
⑧joy_lee.91

**7**
**Maggie**
マギー

①11月4日
②さそり座
③167cm55kg
④グルメ、旅行
⑤「小美」ブランドの
アイスクリーム
⑥林安可
⑦登峰造極
⑧_maggie_chen

**11**
斐棋
フェイチー

①11月24日
②いて座
③160cm48kg
④旅行体験のシェア、
美味しいお店探し
⑤和牛、トッポギ、鹽酥雞
（一口サイズの鶏唐揚げ）、
ピザ、サムギョプサル
⑥陳傑憲、大谷翔平
⑦統一尚勇
⑧feichi1124

**61**
柔一
ロウイー

①1月13日
②やぎ座
③162cm43kg
④バーベキュー
⑤火鍋
⑥林佳緯
⑦愛上我
⑧rouyi113

**17**
一七
イーチー

①4月22日
②おうし座
③156cm46kg
④旅行、寝る、
美味しいものを食べる
⑤マンゴー、海鮮
⑥胡金龍
⑦誰與爭鋒
⑧hi54017

**37**
艾璐
アイル

**23**
希美
のぞみ
（日本）

①3月7日
②うお座
③167cm50kg
④ドラマ・映画鑑賞、
　ピックルボール
⑤納豆
⑥潘威倫
⑦統一尚勇
⑧airu_0307

①3月23日
②おひつじ座
③159cm45kg
④神社巡り、ダンス
⑤小籠包
⑥玉木朋孝
⑦統一尚勇
⑧nono.cc23

**59**
侯芳
ホウファン

**88**
包子
バオズ

**71**
千紘
ちひろ
（日本）

①5月9日
②おうし座
③165cm46kg
④ショッピング
⑤臭豆腐
⑥林佳緯
⑦制覇天下
⑧5.59h

①11月27日
②いて座
③156cm46kg
④美味しいものを
　食べる
⑤チョコレート
⑥張翔
⑦登峰造極
⑧_chii.s2

①1月14日
②やぎ座
③162cm50kg
④ダンス、
　猫をなでる
⑤パン、うどん
⑥高國慶
⑦統一尚勇
⑧bzjan14_

統一7-ELEVEnライオンズ　トンイー セブンイレブン シー

# チアリーダーを現地で見たい！

## ★各球団のチアリーダーは大人気！

近年は台湾プロ野球の人気の高まりに伴い、チアリーダーの人気も急上昇しています。チアリーダーは基本的に内野に設置されているステージでパフォーマンスを行いますが、ステージの前数列のエリアは通称「髪香區」（フアシャンチュ）と呼ばれ、非常に人気です。ただ髪香區は各球団のファンクラブ会員が既にほとんどを確保していることが多く、日本からチケットを購入する場合、チアリーダーが見やすい座席を確保するのは難しいです。ですが、後述するポイントを押さえればチアが見やすい座席を確保できる可能性が高まります。

## ★チケットはどうやって買う？

もしチアリーダーを近くの席で見たい場合は、できる限りチケットを早く購入することをオススメします。公式戦のチケット発売は前後期で分けて行われ、前期の場合は開幕の一か月前から半月前に発売が開始されることが多いです。各球団のFacebookページで発売日が数日前に発表されるため、予めチェックすると良いでしょう。前後期共に終盤の試合、また火曜日から木曜日の試合は良い座席が残っていることが多いです。

チケットは日本からでも各球団がリリースしているアプリやサイト、コンビニのWebサイト(2024年の場合は楽天と台鋼はFamiTicket、統一はibon、味全、中信兄弟、富邦は球団のチケット販売サイト)から購入が可能です。ただし、日本からの購入は実質クレジットカードによる支払いのみ可能で、多くの球団で3Dセキュアに対応していないクレジットカードは使用不可のため注意が必要です。またチケットは台湾現地のコンビニで発券するか、QRコードで発券するかを選択できますが、QRコードは万が一観戦できない場合にキャンセルがしやすく、現地で発券を行う手間がかからないというメリットがあります。

日本からのチケット購入ができない場合は台湾現地での購入となります。ただし試合当日に球場でチケットを購入する場合は並ぶことも多く、また細かい座席指定ができないため、可能な限り試合前日までにコンビニで購入（味全、楽天、富邦、台鋼はファミリーマート、統一と中信兄弟はセブン-イレブン）しておいた方が良いでしょう。

## ★座席はどうやって選ぶ？

チアリーダーがしっかりと見える座席は既に埋まっていることが多いですが、そのような中で少しでも良い座席を確保したい場合は、下記に挙げる二つの状況に合わせてチケットの選び方を考えてみると良いかもしれません。

一つ目はチアリーダーを近くで見たいし、応援も楽しみたい場合です。その場合は「熱區」（ホットエリア）と呼ばれる内野ステージ前のエリアがオススメです。チアを近くで見ることができ、応援の盛り上がりも感じられます。二つ目はチアリーダーもある程度近くで見たいし、撮影もしたい場合です。前述の熱區では立って踊る観客も多いため、撮影には若干不向きかもしれません。撮影をメインにしたい場合は、味全と楽天は三塁側、中信兄弟、統一、富邦は一塁側がホームのため、逆サイドに座るほうが無難です。（台鋼はチアが登場するのは一塁側のみ）またステージを斜めや横から見る形になる座席も、しっかり撮影したい場合はオススメです。なお、チアリーダーが試合前に球場外で開催されるイベントに登場することもあります。イベントは早い者勝ちで場所を確保できるため、チアリーダーが見にくい座席しか取れなかった場合でも、近くで撮影できるチャンスです。

## ★メンバーのシフト、登場するタイミングは？

メンバーのシフトは各球団チアリーダーのFacebookページや各メンバーのInstagramで事前に発表され、平日よりも土日祝の試合は登場する人数が多いです。チアリーダーは基本的に一塁側、三塁側に分かれて1～3回、7～9回に登場し、一塁側、三塁側のメンバーが1～3回、7～9回で入れ替わります。また、5回裏終了後にパフォーマンスタイムとしてチアリーダーが登場することもあります。

## ★最後に

試合中にステージ前の通路で撮影したり、チアリーダーにサインや写真を求めたりすることはNGです。ステージ前の席が空いていることもありますが、勝手に座るのも他の人が購入している場合があるので避けましょう。カメラについては300mm以上のレンズの持参は禁止されています。また、今年から公式戦が開催される台北ドームはコンコースや最後列付近で立ち止まっての観戦や撮影が禁止なので気を付けてください。

チアリーダーと一緒に球場で盛り上がれるのは台湾プロ野球の醍醐味です。是非現地で盛り上がりを体感してみてください。

中信ブラザーズ
中信兄弟

味全龍

樂天桃猿

統一7ELEVEn獅

中信兄弟

富邦悍将

台鋼雄鷹

# 中信ブラザーズ（中信兄弟）
## ジョンシン ションディー

| 球団情報 | 中國信託育樂股份有限公司<br>創立：2013年12月3日　GM：劉志威　本拠地：台中洲際棒球場<br>球団事務所：台北市南港區經貿二路188號5樓　TEL：02-2788-3158<br>https://www.brothers.tw/ |
|---|---|

### 2023年シーズン回顧と
### 2024年シーズンの展望

Home　Visitor

　3連覇を目指した昨季は開幕から低調で5月10日に林威助監督が辞任し、当時副GM兼ファームディレクターを務めていた彭政閔が就任。前期は4位に終わると、後期は残り1試合までプレーオフの可能性を残すも及ばず。5年ぶりに台湾シリーズ進出を逃す悔しい一年となった。

　今季はチームに2年間在籍した平野恵一が監督に就任。投手陣は昨季成績を落とした先発が、猛登と克迪、2人の外国人投手の加入でどう変わるか。台湾人先発は昨季新人王の鄭浩均がトミージョン手術、吳哲源も開幕出遅れと不安要素が多いが、余謙、徐基麟、林暉盛など若手の飛躍に期待。リリーフ陣は蔡齊哲、吳俊偉、呂彥青以外にも勝ちパターンを任せられる投手の出現が望まれる。

　得点力不足に苦しんだ打線はFAで陳俊秀が加入。陳文杰が拡大ドラフトで台鋼に移籍したが、昨季不振だった許基宏、陳子豪などが復調すれば改善の可能性は大いにある。

　王座奪還に必要な投打の底上げをどう行うか、守り勝つ野球を掲げる新監督の手腕に注目したい。

チアリーダー
**Passion Sisters**

## 年度別成績

| 年度 | 順位 | チーム名 | 試合 | 勝 | 敗 | 分 | 勝率 |
|---|---|---|---|---|---|---|---|
| 1990 | 4 | 兄弟エレファンツ | 90 | 34 | 49 | 7 | .410 |
| 1991 | 4 | 兄弟エレファンツ | 90 | 37 | 49 | 4 | .430 |
| 1992 | ★ 1 | 兄弟エレファンツ | 90 | 51 | 35 | 4 | .593 |
| 1993 | ★ 2 | 兄弟エレファンツ | 90 | 52 | 36 | 2 | .591 |
| 1994 | ★ 1 | 兄弟エレファンツ | 90 | 64 | 24 | 2 | .727 |
| 1995 | 4 | 兄弟エレファンツ | 100 | 48 | 51 | 1 | .485 |
| 1996 | 4 | 兄弟エレファンツ | 100 | 52 | 43 | 5 | .547 |
| 1997 | 3 | 兄弟エレファンツ | 96 | 45 | 44 | 7 | .506 |
| 1998 | 6 | 兄弟エレファンツ | 105 | 33 | 69 | 3 | .324 |
| 1999 | 5 | 兄弟エレファンツ | 94 | 37 | 53 | 4 | .411 |
| 2000 | 4 | 兄弟エレファンツ | 90 | 38 | 48 | 4 | .442 |
| 2001 | ★ 2 | 兄弟エレファンツ | 90 | 44 | 39 | 7 | .530 |
| 2002 | ★ 1 | 兄弟エレファンツ | 90 | 53 | 33 | 4 | .616 |
| 2003 | ★ 1 | 兄弟エレファンツ | 100 | 63 | 31 | 6 | .670 |
| 2004 | 3 | 兄弟エレファンツ | 100 | 54 | 45 | 1 | .545 |
| 2005 | 4 | 兄弟エレファンツ | 100 | 47 | 49 | 4 | .490 |
| 2006 | 6 | 兄弟エレファンツ | 100 | 40 | 59 | 1 | .404 |
| 2007 | 3 | 兄弟エレファンツ | 100 | 49 | 50 | 1 | .495 |
| 2008 | 3 | 兄弟エレファンツ | 98 | 52 | 42 | 4 | .553 |
| 2009 | 4 | 兄弟エレファンツ | 120 | 54 | 63 | 3 | .462 |
| 2010 | ★ 2 | 兄弟エレファンツ | 120 | 61 | 57 | 2 | .517 |
| 2011 | 3 | 兄弟エレファンツ | 120 | 60 | 60 | 0 | .500 |
| 2012 | 3 | 兄弟エレファンツ | 120 | 60 | 58 | 2 | .508 |
| 2013 | 4 | 兄弟エレファンツ | 120 | 55 | 65 | 0 | .458 |
| 2014 | 4 | 中信ブラザーズ（中信兄弟） | 120 | 50 | 66 | 4 | .431 |
| 2015 | 2 | 中信ブラザーズ（中信兄弟） | 120 | 63 | 56 | 1 | .529 |
| 2016 | 1 | 中信ブラザーズ（中信兄弟） | 120 | 68 | 50 | 2 | .576 |
| 2017 | 3 | 中信ブラザーズ（中信兄弟） | 120 | 53 | 64 | 3 | .453 |
| 2018 | 4 | 中信ブラザーズ（中信兄弟） | 120 | 48 | 71 | 1 | .403 |
| 2019 | 3 | 中信ブラザーズ（中信兄弟） | 120 | 62 | 56 | 2 | .525 |
| 2020 | 1 | 中信ブラザーズ（中信兄弟） | 120 | 67 | 51 | 2 | .568 |
| 2021 | ★ 1 | 中信ブラザーズ（中信兄弟） | 120 | 66 | 49 | 5 | .574 |
| 2022 | ★ 2 | 中信ブラザーズ（中信兄弟） | 120 | 69 | 47 | 4 | .595 |
| 2023 | 4 | 中信ブラザーズ（中信兄弟） | 120 | 57 | 58 | 5 | .496 |
| 通算 | | | 3613 | 1786 | 1720 | 107 | .509 |

球団小史■プロ発足に奔走した兄弟ホテルの洪騰勝・董事長がオーナーを務めた兄弟エレファンツが前身。熱狂的なファンに支えられ、2度の3連覇を果たすなど球界をリードしてきたが、八百長事件の影響もあり、2013年限りで球団身売り。中国信託HDが実質的なオーナーとなり翌年から中信兄弟に。2014年以降、7年間で6度シリーズ進出もいずれも優勝を逃すという悲運に泣いてきたが、2021年に林威助監督の下で11年ぶりに優勝、2022年も連覇を果たした。シリーズ制覇はリーグ2位の9回。

107

「象迷」の聖地は、台湾代表のホームグラウンド

# 台中洲際棒球場

たいちゅうインターコンチネンタルきゅうじょう

タイジョン　ジョウジー　バンチョウチャン

住所：台中市北屯區崇德路三段835號　TEL：04-2422-1588
収容人員：約20,000人　天然芝　中堅：122m（400ft）　両翼：99m（325ft）

## 台湾野球史に残る数々のドラマが生まれた球場

台北から南西に約165km、中部の台中市は人口約285万人を誇る台湾第二の都市。市内中心部から北へ約6kmの位置にある台中洲際棒球場は、2006年のインターコンチネンタルカップ（台湾華語で「洲際盃」）開催を機に建設された。2階席を覆う白い屋根とそれを包むボールの縫い目をイメージした赤色のアーチが特徴的。2015年に中信兄弟の本拠地となり、2018年には正式に経営権を取得。ホームスタジアムとして幾度も改修が行われ、すっかり「象迷」（中信兄弟ファン）の聖地となった。国際規格を満たし収容人員も多い同球場では、これまでWBCやプレミア12など主要国際大会も開催され、数々のドラマが生まれた。

## ゆったりとした設計で、見やすい観客席

台湾初のアメリカンスタイルだという同球場は、内野最前列がグラウンドレベル。スタンドの傾斜が緩やかである上、内野下段の後方が広々としたコンコースとなっており、どこからでも試合が見やすい。コンコース階のゲート内外には常設、仮設の売店が並ぶ。現在は球場付近の開発が進んでおり、今後の発展が楽しみなエリアだ。

味全龍

樂天桃猿

統一7-ELEVEN獅

中信兄弟

富邦悍將

台鋼雄鷹

## グルメ

今季からアサヒビールが多くの店舗をバックアップ。またPassion Sistersの曼容がキャンペーンガールを務めるドイツビールショップの檸檬啤酒（レモンビール）も中信兄弟ファン愛飲の一品と、ビール類が充実。球場内でも滷味やタコス、その場で焼くバーベキューまで様々な料理が揃う他、球場外にも多数の屋台が並び、よりどりみどりだ。チアファンであれば、

メンバーの貴貴が経営するアイスクリームショップ「小貴冰」も押さえておきたい。

## テーマデー

目玉は夏場に行われる「涼水季（ウォーターパーティー）」。観客やチアが試合中に水鉄砲で水を掛け合うだけでなく、ヒットが出れば大量の放水が行われる様子は、日本のプロ野球では決して見られない。選手も「スタンドに行って遊びたい」と語るほど盛り上がるが、着替えは必須だ。選手が阪神風のユニフォームを来て試合に臨む甲子園テーマデーもファン人気が高く、即完売になるコラボグッズもある。

## 中信兄弟主催試合チケット（台中洲際棒球場）

| エリア | 大人（平日） | 割引（平日） | 大人（土日祝） | 割引（土日祝） |
|---|---|---|---|---|
| 内野ホットエリア（一階南および西C~F1~14列） | 400 | | 600 | |
| 内野ホットエリア（一階南および西C~F15~26列） | | | 550 | |
| バックネット裏エリア（南A~B、一階西B） | 350 | 250 | 500 | |
| 一般エリア（一階南および西G~K） | | | 450 | 350 |
| 内野二階席 | | | | |
| 外野席 | 200 | | 300 | |

※イベントデーは価格が変更になる場合があります
※割引チケットは学生、115cm以上の児童、65歳以上が対象
※単位は台湾ドル　1台湾ドル＝約4.7円

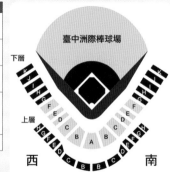

臺中洲際棒球場

下層

上層

西　　　南

味全龍
樂天桃猿
統一7-ELEVEn獅
中信兄弟
富邦悍將
台鋼雄鷹

## 台中洲際棒球場　周辺地図&アクセス

**台北駅から台中市内へ**
・高速鉄道 (高鉄) で高鉄台中駅まで約50分から1時間10分ほど。
・在来線 (台湾鉄道) の特急 (自強号) で、台鉄台中駅まで約1時間40分から2時間20分ほど。
・その他、高速バスもあり。

**高速鉄道 (高鉄) 台中駅から球場へ**
・台中メトロ (MRT) グリーンライン北屯總站行きに乗り換え、文心崇徳駅下車 (約27分)、さらに「捷運文心崇徳站 (崇德路)」バス停から12番、58番、71番バスなどで「臺中洲際棒球場」バス停下車 (約10分から20分ほど)、「臺中洲際棒球場」バス停から徒歩5分。
・タクシーで約25分 (約15.5km)。

**台湾鉄道 (台鉄) 台中駅から球場へ**
・駅前バスターミナルから12番、58番、71番バスなどで「臺中洲際棒球場」バス停下車 (約25分から40分ほど)。「臺中洲際棒球場」バス停から徒歩5分。
・タクシーで約15分から30分 (約8.4km)。

**要チェック!!** 市中心部にある在来線台湾鉄道 (台鉄) の台中駅と、高速鉄道 (高鉄) の台中駅は別の場所にあり、高鉄台中駅には台鉄新烏日駅、台中メトロ (MRT) 高鐵台中駅が隣接する。台鉄台中駅から球場までの道は特に夕方や休日は渋滞しやすい。予算や台中での宿泊場所を考えてルートを決めよう。

## 選手別応援歌&チャンステーマ

**1 陳子豪** (チェンズーハオ)
♪「炸裂 陳子豪 一撃炸裂 陳子豪
　炸裂 陳子豪 一號重砲 陳子豪」

**9 王威晨** (ワンウェイチェン)
♪「□棒 王威晨 威力加晨 王威晨
　□棒 王威晨 一棒功臣 王威晨」

**16 周思齊** (ジョウスーチー)
♪「周思齊 轟出去 甩砲出擊無人敵
　周思齊 轟出去 天下無敵周思齊」

**29 陳俊秀** (チェンジュンショウ)
♪「安打 全壘打秀 黃袍我秀 陳俊秀」

**32 曾頌恩** (ツェンソンエン)
♪「火力放送 全壘打 BOOM BOOM
　頌恩開轟 全壘打 BOOM BOOM」

**39 詹子賢** (ジャンズーシェン)
♪「詹子賢 轟 詹子賢 炸 霸氣一擊 詹子賢」

**65 高宇杰** (ガオユージェ)
♪「左線預備 (三壘側) 右線預備 (一壘側)
　全線預備 高宇杰 on Fire!!」

**90 江坤宇** (ジャンクンユ)
♪「坤宇 □棒 鐵壁銅牆
　坤宇 □棒 一棒過牆」

**92 岳政華** (ユエジェンホア)
♪「安打 岳政華 雙刀投打 岳政華
　轟吧 岳政華 狂轟猛炸 岳政華」

**98 岳東華** (ユエドンホア)
♪「安打 岳東華 越打 越強 岳東華
　轟吧 岳東華 越轟 越猛 岳東華」

**チャンス CHARGE**
♪「CHARGE! CHARGE! 中信兄弟 ○○○!
　CHARGE! CHARGE! 台灣最強 ○○○!」

※□は打順、○○○は選手名
　コール部分のみ抜粋し掲載

# 中國信託公益園區棒球場

ちゅうごくしんたくこうえきえんくきゅうじょう
ジョングォシントゥオ　ゴンイーユエンチュー　バンチョウチャン

住所：屏東縣鹽埔鄉洛寧路31號
TEL：08-703-1910
収容人員：1,000人
天然芝
中堅：122m（400ft）　両翼：100m（327ft）

## 最南端屏東のファーム本拠地

台湾の最南端、屏東県は一年を通じて気候が温暖で観光資源に恵まれた県だ。この球場は中信兄弟を運営する中信グループの慈善団体が建設した。2015年12月の落成後は中信兄弟のキャンプ地及びファーム本拠地となり、少年野球大会や公益活動も開催されている。球場にはナイター照明が設置されているほか、室内打撃練習場やブルペン、ウエイトルーム、四階建ての宿舎、食堂も併設。施設は米マイナーリーグ3Aレベルと称され、若手が野球に打ち込める環境が十分に整っている。2017年からは二軍公式戦も開催している（略称は「園區」）。

## 中國信託公益園區棒球場　周辺地図&アクセス

中國信託
公益園區棒球場

3

3

27

3

24

27　24

24

台鉄屏東駅

台北駅から屏東市内へ
・高速鉄道（高鉄）で高鉄左營駅まで約1時間35分から2時間15分。さらに、高鉄左營駅に隣接している在来線台湾鉄道（台鉄）の新左營駅から、台鉄屏東駅までは30〜45分。
・台鉄の特急（自強号）で、台鉄屏東駅まで約4時間から5時間20分。
・その他、高速バスのルートもあり。
屏東市内から球場へ
・台鉄屏東駅前バスターミナルから8223番、8225番バスで「洛陽」バス停下車（約30分）、「洛陽」バス停から徒歩5分。
・台鉄屏東駅からタクシーで約20分（約10km）。

**要チェック!!**
屏東駅からの乗り合いバスは運行本数が少ないので注意！また、球場付近に商店はないので駅前で飲料、軽食の購入をお忘れなく。

## 10 平野恵一　ひらの・けいいち　ピンイェ・フイイ(日本)　HIRANO KEIICHI
監督　45歳　3年目　右左　1979.4.7　169cm66kg

①桐蔭学園高-東海大-オリックス-阪神-オリックス-阪神コーチ-中信兄弟コーチ(22-23)-中信兄弟監督(24)④アジア大会(02)⑤平野恵一

## 31 陳江和　ちん・こうわ　チェン・ジャンヘ　CHEN CHIANG HO
ヘッド兼打撃コーチ　42歳　18年目　右右　1982.1.15　178cm90kg

①南英商工-中国文化大学-兄弟(07-13)-中信兄弟(14-19)-中信兄弟コーチ(19)④ベ(10,12)、ゴ(10,11,12)④WBC(13)

## 40 王建民　おう・けんみん　ワン・ジェンシン　WANG CHIEN MIN
投手コーチ　44歳　6年目　右右　1980.3.31　195cm100kg

①中華中学-台北体院-ヤンキース-ナショナルズ-ヤンキース-ブルージェイズ-レッズ-ホワイトソックス-ブレーブス-米独立-マリナーズ-ロイヤルズ-富邦コーチ(19)-中信兄弟コーチ(20)④アジア大会(02)、アテネ五輪(04)、WBC(13)

## 53 艾迪頓　ニック・アディトン　アイディドゥン(アメリカ合衆国)　NICK ADDITON
ブルペンコーチ　37歳　8年目　左右　1987.12.16　196cm98kg

①インディアンリバーステートカレッジ-カージナルス-オリオールズ-ブルワーズ-オリオールズ-中信兄弟(16-17)-韓国・ロッテ-ロッキーズ-中信兄弟(18-19)-中信兄弟コーチ(21)

## 5 丹尼爾　ダニエル・カタラン　ダンニーアル(アメリカ合衆国)　DANIEL CATALAN
● 打撃コーチ　32歳　1年目　左左　1992.3.22　178cm70kg
①ホーリーネームズ大-中信兄弟コーチ(24)

## 36 石志偉　せき・しい　シ・ジーウェイ　SHIH CHIH WEI
内野守備コーチ　47歳　20年目　右右　1977.8.14　180cm85kg

①中華中学-台北体院-La New(04-10)-Lamigo(11-14)-中信兄弟コーチ(16)②新(04)、ベ(12)、ゴ(04,06,08,12)④アジア大会(06)、北京五輪(08)

## 57 陳皓然　ちん・こうぜん　チェン・ハオラン　CHEN HAO JAN
外野守備兼走塁コーチ　38歳　13年目　右右　1986.5.9　179cm86kg

①台東農工-嘉南薬理科技大学-兄弟(12-13)-中信兄弟(14-18)-中信兄弟コーチ(19)

## 45 王峻杰　おう・しゅんけつ　ワン・ジュンジェ　WANG CHUN CHIEH
バッテリーコーチ　35歳　12年目　右右　1989.1.4　175cm85kg

①高苑工商-国立体大-兄弟(13)-中信兄弟(14-19)-中信兄弟コーチ(20)

## 86 彭政閔　ほう・せいびん　ポン・ジェンシン　PENG CHENG MIN
二軍監督兼ファームマネージャー　46歳　24年目　右右　1978.8.6　183cm101kg

①美和中学-兄弟(01-13)-中信兄弟(14-19)-中信兄弟コーチ(20-23)-中信兄弟監督(23)-中信兄弟コーチ(24)②M(10)、安(04)、首(03,04,05,08,10)、ベ(02,03,04,05,08,10)、ゴ(08,10,13)④アジア大会(02,10)、アテネ五輪(04)、北京五輪(08)、WBC(09,13)

## 76 林明憲　りん・めいけん　リン・ミンシェン　LIN MING HSIEN
二軍ヘッドファーム野手ディレクター　47歳　26年目　右左　1977.3.29　174cm71kg

①南英商工-兄弟(99-09)-兄弟コーチ(09-13)-中信兄弟コーチ(14)②ベ(00,01)

## 78 林恩宇　りん・おんう　リン・エンユ　LIN EN YU
二軍投手コーチ兼ファーム投手ディレクター　43歳　17年目　右右　1981.3.25　188cm92kg

①穀保家商-国立体院-誠泰(05-06)-東北楽天-兄弟(10-13)-中信兄弟(14)-中信兄弟コーチ(15)②M(05,06)、新(05)、防(05,06)、勝(06)、三(06)、ベ(05,06)、ゴ(05)④アテネ五輪(04)、WBC(06)⑤リン・オンユ

## 95 鄭錡鴻　てい・きこう　ジェン・チーホン　CHENG CHI HUNG
二軍投手コーチ　39歳　14年目　右右　1985.6.20　185cm97kg

①高苑工商-台湾体院-ブルージェイズ-パイレーツ-兄弟(11-13)-中信兄弟(14-19)-中信兄弟コーチ(19)④WBC(09)

## 87 許皓銘　きょ・こうめい　シュ・ハオミン　HSU HAO MING
二軍打撃コーチ　47歳　15年目　右左　1977.4.5　175cm75kg

①中正高工-兄弟(99-06)-中信兄弟コーチ(18)

## 6 威爾森　タック・ウィルソン　ウェイアルセン(アメリカ合衆国)　TACK WILSON
二軍打撃兼走塁コーチ　68歳　7年目　右右　1956.5.16　178cm83kg

①ラニー大-ドジャース-ツインズ-ドジャース-ツインズ-ジャイアンツ-エンゼルス-レンジャーズ-ブルワーズ-アスレチックス-中信兄弟コーチ(18)

## 69 張志強　ちょう・しきょう　ジャン・ジーチャン　CHANG CHIH CHIANG
二軍内野守備コーチ　35歳　11年目　右右　1989.12.21　168cm80kg

①中道高中-中国文化大学-中信兄弟(14-22)-中信兄弟コーチ(23)

## 27 黄稚峰　こう・ちほう　ホァン・ジーフォン　HUANG CHIH FENG
二軍外野守備兼トレーニングコーチ　31歳　9年目　右右　1993.5.22　182cm65kg

①平鎮高中-輔仁大学-中信兄弟(16-20)-中信兄弟コーチ(21)

## 77 陳智弘　ちん・ちこう　チェン・ジーホン　CHEN CHIH HUNG
二軍バッテリーコーチ　46歳　19年目　右右　1978.12.11　177cm89kg

①成功商水-中国文化大学-兄弟(06-13)-中信兄弟(14-16)-中信兄弟コーチ(17)②ゴ(11,12)

## 44 佛斯特　ジョン・フォスター　フォスティン(アメリカ合衆国)　JOHN FOSTER
二軍リハビリ投手コーチ　46歳　7年目　左左　1978.5.17　182cm96kg

①ルイスクラーク州立大-ブレーブス-ブルワーズ-ブレーブス-ロイヤルズ-中信兄弟コーチ(18)

## 99 周磊　しゅう・らい　ジョウ・レイ　CHOU LEI
二軍リハビリ投手コーチ　33歳　10年目　右右　1991.4.16　184cm89kg
①強恕中学-台北体院-中信兄弟コーチ(15-22)-中信兄弟コーチ(23)

## 51 陳弘桂　ちん・こうけい　チェン・ホングイ　CHEN HUNG KUEI
トレーニングコーチ　36歳　13年目　右右　1988.10.11　177cm66kg

## 25 李尚儒　り・しょうじゅ　リ・シャンル　LI SHANG JU
トレーニングコーチ　38歳　6年目　なし　1986.1.25　174cm65kg

## 22 陳品翰　ちん・ひんかん　チェン・ピンハン　CHEN PIN HAN
二軍トレーニングコーチ　38歳　5年目　なし　1986.11.22　183cm100kg

## 8 郭峰駿　かく・ほうしゅん　グォ・フォンジュン　KUO FENG CHUN
ファームコーチ補佐　36歳　7年目　右右　1988.11.5　173cm86kg

## 13 陳偉漢　ちん・いかん　チェン・ウェイハン　CHEN WEI HAN
ファームコーチ補佐　35歳　11年目　右右　1989.8.29　178cm60kg

背番号　漢字名　日本語読み　現地読み(国籍)　英語
①経歴②タイトル歴④代表歴⑤NPBでの登録名
役職　年齢　年数(CPBL)　投打　生年月日　身長体重
記号：●…新入団(新任)、▲…移籍、■…復帰

## 19 鄭凱文
てい・がいぶん　ジェン・カイウェン　CHENG KAI WEN

投手　36歳　11年目　右右
1988.7.26　176cm86kg

①南英商工-中国文化大学-阪神-DeNA-中信兄弟(14)②防(14)、勝(14)、べ(14)、ゴ(19)③CPBL随一のコントロールを誇るベテラン。日本球界で磨いた制球力を武器に復帰後10年間で76勝を挙げた。オフにFA権を行使するも残留。チームの台湾人先発の多くが怪我で離脱しており、3年ぶりの二桁勝利を期待したい。④北京五輪(08)、WBC(09)、アジア大会(14)⑤ゼン・カイウン

| 年度 | チーム | 試合 | 先発 | 勝利 | 敗戦 | セーブ | ホールド | 投球回 | 四球 | 三振 | 防御率 |
|---|---|---|---|---|---|---|---|---|---|---|---|
| 2017 | 中信兄弟 | 35 | 15 | 5 | 8 | 0 | 6 | 125 2/3 | 30 | 87 | 4.58 |
| 2018 | 中信兄弟 | 56 | 0 | 4 | 5 | 1 | 16 | 64 2/3 | 14 | 55 | 4.18 |
| 2019 | 中信兄弟 | 65 | 0 | 11 | 3 | 2 | 14 | 65 | 19 | 39 | 2.91 |
| 2020 | 中信兄弟 | 54 | 0 | 1 | 3 | 0 | 15 | 55 | 11 | 42 | 3.11 |
| 2021 | 中信兄弟 | 22 | 21 | 12 | 7 | 0 | 0 | 130 | 23 | 71 | 4.08 |
| 2022 | 中信兄弟 | 18 | 16 | 8 | 3 | 0 | 0 | 108 2/3 | 15 | 72 | 2.32 |
| 2023 | 中信兄弟 | 17 | 16 | 5 | 4 | 0 | 0 | 95 | 15 | 47 | 4.93 |
| 通算 | | 343 | 127 | 76 | 51 | 6 | 56 | 1044 2/3 | 206 | 718 | 3.69 |

## 46 德保拉
ホセ・デポーラ　デーバオ(ドミニカ共和国)　JOSE DE PAULA

投手　36歳　5年目　左右
1988.3.4　192cm102kg

①パドレス-ジャイアンツ-ヤンキース-BCL・石川-メキシカンL-中信兄弟(20)②M(20,21)、防(20,21)、勝(20,22)、三(20,21,22)、べ(20,21,22)③20、21年にMVPを獲得した中信兄弟のエース。30代中盤を迎え絶対的な存在ではなくなりつつあるが、昨季も投球回、QS共にリーグ2位と安定感は健在。風神(J.ハースト)の持つチームの外国人通算勝利記録まであと14と迫る。

| 年度 | チーム | 試合 | 先発 | 勝利 | 敗戦 | セーブ | ホールド | 投球回 | 四球 | 三振 | 防御率 |
|---|---|---|---|---|---|---|---|---|---|---|---|
| 2017 | - | - | - | - | - | - | - | - | - | - | - |
| 2018 | - | - | - | - | - | - | - | - | - | - | - |
| 2019 | - | - | - | - | - | - | - | - | - | - | - |
| 2020 | 中信兄弟 | 27 | 26 | 16 | 9 | 0 | 0 | 174 1/3 | 48 | 192 | 3.20 |
| 2021 | 中信兄弟 | 26 | 25 | 16 | 4 | 0 | 0 | 178 | 25 | 187 | 1.77 |
| 2022 | 中信兄弟 | 24 | 24 | 14 | 4 | 0 | 0 | 162 | 21 | 158 | 2.44 |
| 2023 | 中信兄弟 | 27 | 27 | 10 | 9 | 0 | 0 | 173 1/3 | 39 | 139 | 3.53 |
| 通算 | | 104 | 102 | 56 | 26 | 0 | 0 | 687 2/3 | 133 | 676 | 2.74 |

## 11 廖乙忠
りょう・おつちゅう　リャオ・イージョン　LIAO YI CHUNG

投手　29歳　7年目　右右　1995.11.2　188cm110kg

①南山学園高-履正社医療スポーツ専門学校-開南大学-中信兄弟(18)②廖任磊(味全)の弟は兄とは対照的に制球力と緩急で勝負するスタイル。プレミア12でも好投した19年の投球を取り戻したい。④プレミア12(19)

| 年度 | 試合 | 先発 | 勝利 | 敗戦 | セーブ | ホールド | 投球回 | 四球 | 三振 | 防御率 |
|---|---|---|---|---|---|---|---|---|---|---|
| 2023 | 11 | 0 | 0 | 0 | 1 | 1 | 12 2/3 | 3 | 11 | 3.55 |
| 通算 | 78 | 36 | 9 | 17 | 0 | 4 | 246 2/3 | 81 | 191 | 5.03 |

## 12 林暉盛
りん・きせい　リン・フイション　LIN HUI SHENG

● 投手　26歳　2年目　右右　1998.10.9　188cm93kg

①高苑工商-国立体大-ドジャース-中信兄弟(23)③球威のあるツーシーム、カットボールを武器にする昨年のドラフト1位。威力で圧倒し、手薄なリリーフ陣に割って入りたい。

| 年度 | 試合 | 先発 | 勝利 | 敗戦 | セーブ | ホールド | 投球回 | 四球 | 三振 | 防御率 |
|---|---|---|---|---|---|---|---|---|---|---|
| 2023 | 1 | 0 | 0 | 0 | 1 | 1 | 2 | 2 | 0 | 0.00 |
| 通算 | 1 | 0 | 0 | 0 | 1 | 1 | 2 | 2 | 0 | 0.00 |

## 14 魏碩成
ぎ・せきせい　ウェイ・シュオチェン　WEI SHUO CHENG

投手　27歳　6年目　左左　1997.6.17　182cm85kg

①善化高中-遠東科技大学-中信兄弟(19)③先発ローテ入りが期待される左腕。スプリットとスイーパーの切れ味は誰もが認める一級品だけに、制球力さえ身につけば。

| 年度 | 試合 | 先発 | 勝利 | 敗戦 | セーブ | ホールド | 投球回 | 四球 | 三振 | 防御率 |
|---|---|---|---|---|---|---|---|---|---|---|
| 2023 | 23 | 0 | 1 | 0 | 0 | 5 | 33 | 21 | 28 | 3.27 |
| 通算 | 35 | 8 | 4 | 3 | 0 | 5 | 75 2/3 | 46 | 56 | 4.40 |

## 15 王凱程
おう・がいてい　ワン・カイチェン　WANG KAI CHENG

投手　33歳　8年目　右右　1991.9.8　192cm99kg

①福岡第一高-日本経済大-BCL・石川-中信兄弟(17)③日本でのプレー経験もある長身サイドは、150キロに迫る直球を武器に力で押す投球が魅力。平野監督からの期待も高い。④APBC(17)

| 年度 | 試合 | 先発 | 勝利 | 敗戦 | セーブ | ホールド | 投球回 | 四球 | 三振 | 防御率 |
|---|---|---|---|---|---|---|---|---|---|---|
| 2023 | 4 | 0 | 0 | 0 | 0 | 0 | 3 1/3 | 2 | 1 | 0.00 |
| 通算 | 67 | 0 | 2 | 2 | 1 | 1 | 58 2/3 | 35 | 35 | 5.22 |

## 17 陳志杰
ちん・しけつ　チェン・ジージェ　CHEN CHIH CHIEH

投手　22歳　4年目　右右　2002.12.9　185cm103kg

①平鎮高中-中信兄弟(21)③高校時代に150キロを超える速球と大きなカーブで圧倒した本格派右腕も、プロ入り後は故障続き。健康にシーズンを過ごしたい。

| 年度 | 試合 | 先発 | 勝利 | 敗戦 | セーブ | ホールド | 投球回 | 四球 | 三振 | 防御率 |
|---|---|---|---|---|---|---|---|---|---|---|
| 23(二軍) | 1 | 0 | 0 | 0 | 0 | 0 | 2/3 | 1 | 1 | 0.00 |
| 通算(二軍) | 8 | 7 | 0 | 2 | 0 | 0 | 14 | 17 | 15 | 9.00 |

## 18 克迪
カーク・マッカーティ　ケディ(アメリカ合衆国)　KIRK MCCARTY

● 投手　29歳　1年目　左左　1995.10.12　178cm88kg

①南ミシシッピ大-インディアンス-オリオールズ-ガーディアンズ-韓国-SSG-中信兄弟(24)③23年に韓国で9勝を記録した横滑りするスライダーが武器の左腕。先発として期待されるも、肘の故障で開幕二軍スタート。

| 年度 | 試合 | 先発 | 勝利 | 敗戦 | セーブ | ホールド | 投球回 | 四球 | 三振 | 防御率 |
|---|---|---|---|---|---|---|---|---|---|---|
| 2023 | - | - | - | - | - | - | - | - | - | - |
| 通算 | - | - | - | - | - | - | - | - | - | - |

背番号　漢字名　日本語読み　現地読み(国籍)　英語　**ポジション　年齢　年数(CPBL)　投打　生年月日　身長体重**
①経歴②タイトル歴③寸評④代表歴⑤NPBでの登録名　記号:●…新入団(新任)、▲…移籍、■…復帰

味全龍　楽天桃猿　統一7-ELEVENn獅　中信兄弟　富邦悍将　台鋼雄鷹

# 58 呂彦青

ろ・げんせい
ル・イェンチン
LU YEN CHING

投手　28歳　4年目　左左
1996.3.10　177cm76kg

①三民高中-台湾体大-阪神-中信兄弟(21)②救(23)③18～20年には阪神でプレーした左腕。台湾球界復帰後に大きく成長を見せ、23年はWBC代表入りを果たし、3年目にして自身初の個人タイトルも獲得した。3種類の変化球いずれでも空振りを奪えるのが魅力で、高い奪三振率を誇る。④プレミア12(15)、WBC(23)⑤ル・イェンチン

| 年度 | チーム | 試合 | 先発 | 勝利 | 敗戦 | セーブ | ホールド | 投球回 | 四球 | 三振 | 防御率 |
|---|---|---|---|---|---|---|---|---|---|---|---|
| 2017 | - | - | - | - | - | - | - | - | - | - | - |
| 2018 | - | - | - | - | - | - | - | - | - | - | - |
| 2019 | - | - | - | - | - | - | - | - | - | - | - |
| 2020 | - | - | - | - | - | - | - | - | - | - | - |
| 2021 | 中信兄弟 | 13 | 11 | 2 | 3 | 0 | 0 | 60 2/3 | 27 | 55 | 4.60 |
| 2022 | 中信兄弟 | 51 | 1 | 1 | 2 | 0 | 20 | 63 2/3 | 16 | 52 | 1.98 |
| 2023 | 中信兄弟 | 54 | 0 | 4 | 5 | 0 | **22** | 58 2/3 | 21 | 68 | 3.84 |
| 通算 | | 118 | 12 | 7 | 10 | 0 | 42 | 183 | 64 | 175 | 3.44 |

# 94 呉俊偉

ご・しゅんい
ウ・ジュンウェイ
WU CHUN WEI

投手　26歳　7年目　右右
1998.12.31　175cm78kg

①屏東高中-中信兄弟(18)②中(20,21,23)③火の玉リリーバーが22年の不調から見事なV字回復。自身3度目となる最優秀中継ぎのタイトルを獲得した。スピードだけでなく、空振り率40%以上を記録した2種類の変化球も魅力。またリーグ最高と称される牽制も密かな武器だ。

| 年度 | チーム | 試合 | 先発 | 勝利 | 敗戦 | セーブ | ホールド | 投球回 | 四球 | 三振 | 防御率 |
|---|---|---|---|---|---|---|---|---|---|---|---|
| 2017 | - | - | - | - | - | - | - | - | - | - | - |
| 2018/二軍 | 中信兄弟 | 3 | 0 | 0 | 0 | 0 | 0 | 2 2/3 | 0 | 1 | 0.00 |
| 2019 | 中信兄弟 | 16 | 0 | 3 | 0 | 0 | 2 | 13 2/3 | 8 | 13 | 2.89 |
| 2020 | 中信兄弟 | 56 | 0 | 3 | 5 | 0 | **24** | 49 2/3 | 22 | 54 | 3.08 |
| 2021 | 中信兄弟 | 55 | 0 | 1 | 4 | 0 | **27** | 59 | 15 | 48 | 3.20 |
| 2022 | 中信兄弟 | 15 | 0 | 1 | 0 | 0 | 5 | 13 | 5 | 10 | 10.38 |
| 2023 | 中信兄弟 | 61 | 0 | 4 | 1 | 1 | **26** | 66 2/3 | 15 | 60 | 1.22 |
| 通算 | | 203 | 0 | 11 | 9 | 1 | 84 | 207 | 68 | 183 | 2.96 |

# 20 江忠城

こう・ちゅうじょう
ジャン・ジョンチェン
CHIANG CHUNG CHENG

投手　34歳　11年目　右右　1990.3.10　180cm98kg

①花蓮体中-国立体大-中信兄弟(14)③大胸筋断裂の大怪我から奇跡の復活を果たしたパワーアーム。球威は一線級だけに、コントロールさえつけば常時一軍だ。

| 年度 | 試合 | 先発 | 勝利 | 敗戦 | セーブ | ホールド | 投球回 | 四球 | 三振 | 防御率 |
|---|---|---|---|---|---|---|---|---|---|---|
| 2023 | 23 | 1 | 0 | 1 | 0 | 2 | 26 | 13 | 13 | 5.00 |
| 通算 | 187 | 10 | 7 | 16 | 3 | 26 | 210 | 113 | 208 | 6.39 |

# 21 彭識穎

ほう・しきえい
ボン・シーイン
PENG SHIH YING

投手　32歳　10年目　左左　1992.7.2　175cm77kg

①平鎮高中-輔仁大学-中信兄弟(15)③ワンポイントでの起用がメインとなるスライダーが武器の左腕。肩が出来上がるのが非常に早く、緊急登板もお手の物。④APBC(17)

| 年度 | 試合 | 先発 | 勝利 | 敗戦 | セーブ | ホールド | 投球回 | 四球 | 三振 | 防御率 |
|---|---|---|---|---|---|---|---|---|---|---|
| 2023 | 23 | 0 | 0 | 0 | 0 | 2 | 13 | 8 | 13 | 4.15 |
| 通算 | 190 | 0 | 3 | 5 | 3 | 26 | 150 1/3 | 49 | 86 | 6.35 |

# 30 李吳永勤

りご・えいきん
リーウ・ヨンチン
LI WU YUNG CHIN

投手　26歳　9年目　左左　1998.3.29　177cm95kg

①高苑工商-中信兄弟(16)③回転数の高い速球とスローカーブの緩急で勝負するリリーフ左腕。トルネード気味の新フォームに変更し、一軍定着を目指す。

| 年度 | 試合 | 先発 | 勝利 | 敗戦 | セーブ | ホールド | 投球回 | 四球 | 三振 | 防御率 |
|---|---|---|---|---|---|---|---|---|---|---|
| 2023 | 5 | 0 | 0 | 0 | 0 | 1 | 5 2/3 | 2 | 5 | 7.94 |
| 通算 | 17 | 0 | 0 | 0 | 0 | 1 | 20 1/3 | 5 | 17 | 3.10 |

# 33 鄭浩均

てい・こうきん
ジェン・ハオジュン
CHENG HAO CHUN

投手　27歳　3年目　右右　1997.9.17　191cm95kg

①北科附工-国立体大-ドジャース-米独立L-中信兄弟(22)②新(23)③ファッションでもファンを魅了する本格派エースは昨季新人王を獲得。オフにトミー・ジョン手術を受け、今季は全体が濃厚。④アジア大会(23)

| 年度 | 試合 | 先発 | 勝利 | 敗戦 | セーブ | ホールド | 投球回 | 四球 | 三振 | 防御率 |
|---|---|---|---|---|---|---|---|---|---|---|
| 2023 | 21 | 19 | 5 | 1 | 0 | 0 | 101 1/3 | **51** | 110 | 3.02 |
| 通算 | 22 | 20 | 5 | 1 | 0 | 0 | 105 2/3 | 53 | 113 | 2.98 |

# 34 李振昌

り・しんしょう
リー・ジェンチャン
LEE CHEN CHANG

投手　38歳　7年目　右右　1986.10.21　180cm87kg

①屏東高中-台北体院-インディアンス-西武-ロッキーズ-ドジャース-中信兄弟(18)③18年の入団以後、「鬼のスライダー」を武器に守護神を務めた右腕。昨季は交通事故の影響もあり、自己最少の試合数に終わった。④アジア大会(06)、北京五輪(08)、WBC(09,23)⑤C.C.リー

| 年度 | 試合 | 先発 | 勝利 | 敗戦 | セーブ | ホールド | 投球回 | 四球 | 三振 | 防御率 |
|---|---|---|---|---|---|---|---|---|---|---|
| 2023 | 11 | 0 | 0 | 1 | 0 | 8 | 9 | 6 | 8 | 6.75 |
| 通算 | 235 | 1 | 8 | 22 | | | 226 2/3 | 58 | 273 | 2.66 |

# 35 艾士特

エリック・スタウト
アイシテ(アメリカ合衆国)
ERIC STOUT

投手　31歳　2年目　左左　1993.3.27　188cm98kg

①バトラー大-ロイヤルズ-米独立L-レッズ-米独立L-マーリンズ-米独立L-カブス-パイレーツ-カブス-マリナーズ-中信兄弟(23)③150キロの真っ直ぐと、ウイニングショットのスイーパーで三振の山を築く左腕。左打者には被打率153と強さを発揮した。

| 年度 | 試合 | 先発 | 勝利 | 敗戦 | セーブ | ホールド | 投球回 | 四球 | 三振 | 防御率 |
|---|---|---|---|---|---|---|---|---|---|---|
| 2023 | 12 | 12 | 6 | 1 | 0 | 0 | 68 2/3 | 13 | 79 | 3.28 |
| 通算 | 12 | 12 | 6 | 1 | 0 | 0 | 68 2/3 | 13 | 79 | 3.28 |

## 29 陳俊秀

ちん・しゅんしゅう
チェン・ジュンショウ
CHEN CHUN HSIU

▲ 内野手 36歳 11年目 右右
1988.11.1 183cm106kg

①花蓮体中-国立体大-インディアンス-米独立L-Lamigo(14-19)-楽天(20-23)-中信兄弟(24)②M(18)、首(18,21)、べ(18,19,21)、ゴ(18,19,21)③チームの補強ポイントだった長打を打てる右打者がFAで加入。22年に大不振に陥り、昨季も7月までエンジンがかからなかったが8月以降復調。選球眼のある中距離打者としての打撃と、捕球技術の高い一塁守備に期待だ。④アジア大会(10,14)、プレミア12(15,19)

| 年度 | チーム | 試合 | 打数 | 安打 | 本塁打 | 打点 | 四球 | 三振 | 盗塁 | 打率 | OPS |
|---|---|---|---|---|---|---|---|---|---|---|---|
| 2017 | Lamigo | 106 | 355 | 114 | 16 | 78 | 52 | 78 | 15 | .321 | .946 |
| 2018 | Lamigo | 104 | 387 | 145 | 17 | 77 | 45 | 74 | 5 | .375 | 1.041 |
| 2019 | Lamigo | 103 | 381 | 145 | 22 | 89 | 50 | 59 | 2 | .381 | 1.073 |
| 2020 | 楽天 | 97 | 341 | 106 | 12 | 49 | 39 | 79 | 3 | .311 | .850 |
| 2021 | 楽天 | 97 | 338 | 119 | 14 | 46 | 43 | 55 | 8 | .352 | .895 |
| 2022 | 楽天 | 97 | 301 | 76 | 0 | 31 | 28 | 59 | 3 | .252 | .612 |
| 2023 | 楽天 | 66 | 214 | 61 | 7 | 32 | 40 | 41 | 2 | .285 | .835 |
| 通算 | | 901 | 3181 | 1033 | 134 | 633 | 417 | 592 | 71 | .325 | .919 |

## 90 江坤宇

こう・こんう
ジャン・クンユ
CHIANG KUN YU

内野手 24歳 7年目 右右
2000.7.4 175cm77kg

①平鎮高中-中信兄弟(18)②べ(21,22,23)、ゴ(20,21,22,23)③若くしてチーム不動の遊撃手は、好守が普通のプレーに見える流れるような守備にますます磨きがかかっている。打撃では速球に力負けせず野手の間を抜くことができ、左投手に強い。今後もチーム、そして台湾代表を支える選手だ。④WBC(23)

| 年度 | チーム | 試合 | 打数 | 安打 | 本塁打 | 打点 | 四球 | 三振 | 盗塁 | 打率 | OPS |
|---|---|---|---|---|---|---|---|---|---|---|---|
| 2017 | - | - | - | - | - | - | - | - | - | - | - |
| 2018/二軍 | 中信兄弟 | 2 | 3 | 0 | 0 | 0 | 0 | 0 | 0 | .000 | .000 |
| 2019 | 中信兄弟 | 3 | 6 | 1 | 0 | 0 | 1 | 1 | 0 | .167 | .453 |
| 2020 | 中信兄弟 | 114 | 395 | 122 | 4 | 44 | 18 | 39 | 7 | .309 | .766 |
| 2021 | 中信兄弟 | 120 | 433 | 113 | 1 | 33 | 34 | 57 | 10 | .261 | .667 |
| 2022 | 中信兄弟 | 109 | 406 | 129 | 6 | 43 | 40 | 42 | 10 | .318 | .808 |
| 2023 | 中信兄弟 | 110 | 395 | 115 | 5 | 43 | 17 | 59 | 4 | .291 | .740 |
| 通算 | | 456 | 1635 | 480 | 16 | 160 | 132 | 198 | 41 | .294 | .743 |

## 37 阮裕智

げん・ゆうち
ルァン・ユージ
JUAN YU CHIH

投手 20歳 3年目 右右 2004.8.29 181cm81kg

①白河商工-中信兄弟(22)③高い制球力から将来のローテ候補と期待されるも、フルシーズン1年目は二軍で5.2回を投げ13被安打とプロのレベルを痛感した。

| 年度 | 試合 | 先発 | 勝利 | 敗戦 | セーブ | ホールド | 投球回 | 四球 | 三振 | 防御率 |
|---|---|---|---|---|---|---|---|---|---|---|
| 23(二軍) | 5 | 2 | 0 | 0 | 0 | 0 | 5 2/3 | 3 | 4 | 9.53 |
| 通算(二軍) | 6 | 2 | 0 | 0 | 0 | 0 | 6 2/3 | 4 | 4 | 8.10 |

## 38 林丞軒

りん・じょうけん
リン・チェンシュエン
LIN CHENG HSUAN

投手 31歳 7年目 右右 1993.6.22 183cm85kg

①成功商水-高苑科技大学-中信兄弟(18)③22年オフにオーストラリアのウインターリーグに派遣され飛躍が期待された右腕だが、昨季は一軍登板0と停滞の一年に。

| 年度 | 試合 | 先発 | 勝利 | 敗戦 | セーブ | ホールド | 投球回 | 四球 | 三振 | 防御率 |
|---|---|---|---|---|---|---|---|---|---|---|
| 23(二軍) | 21 | 0 | 0 | 0 | 0 | 3 | 18 1/3 | 23 | 12 | 10.80 |
| 通算 | 10 | 0 | 0 | 0 | 0 | 0 | 10 2/3 | 5 | 9 | 5.06 |

## 41 楊志龍

よう・しりゅう
ヤン・ジーロン
YANG CHIH LUNG

投手 31歳 9年目 右右 1993.4.7 189cm105kg

①東大体中-中国文化大学-中信兄弟(16)③22年に40試合で12ホールドの好成績も、昨季は制球難に陥りわずか1登板に終わった。高身長からのフォークボールが武器。

| 年度 | 試合 | 先発 | 勝利 | 敗戦 | セーブ | ホールド | 投球回 | 四球 | 三振 | 防御率 |
|---|---|---|---|---|---|---|---|---|---|---|
| 2023 | 1 | 0 | 0 | 0 | 0 | 0 | 1 | 1 | 0 | 18.00 |
| 通算 | 84 | 24 | 6 | 12 | 0 | 12 | 168 1/3 | 56 | 162 | 5.45 |

## 49 余謙

よ・けん
ユ・チェン
YU CHIEN

投手 23歳 5年目 右右 2001.4.9 180cm85kg

①東大体中-開南大学-中信兄弟(20)③昨年はチーム5位の11試合に先発も、好不調の波が激しく信頼を掴み取れなかった。投球の軸であるツーシームの精度を高めたい。

| 年度 | 試合 | 先発 | 勝利 | 敗戦 | セーブ | ホールド | 投球回 | 四球 | 三振 | 防御率 |
|---|---|---|---|---|---|---|---|---|---|---|
| 2023 | 13 | 11 | 3 | 6 | 0 | 0 | 63 2/3 | 24 | 38 | 4.95 |
| 通算 | 15 | 13 | 4 | 7 | 0 | 0 | 72 | 26 | 40 | 5.25 |

## 50 蔡齊哲

さい・せいてつ
ツァイ・チージェ
TSAI CHI CHE

投手 29歳 8年目 右右 1995.12.18 185cm86kg

①成功商水-台東大学-中信兄弟(17)③チーム2位の17ホールドを挙げた頼れるセットアッパー。二種類のスライダーを駆使して、与えられた仕事を確実にこなす。

| 年度 | 試合 | 先発 | 勝利 | 敗戦 | セーブ | ホールド | 投球回 | 四球 | 三振 | 防御率 |
|---|---|---|---|---|---|---|---|---|---|---|
| 2023 | 49 | 0 | 1 | 2 | 1 | 17 | 45 | 12 | 36 | 3.80 |
| 通算 | 208 | 23 | 18 | 22 | 1 | 58 | 297 1/3 | 103 | 199 | 4.90 |

## 54 王奕凱

おう・やくがい
ワン・イーカイ
WANG YI KAI

投手 24歳 7年目 左右 2000.8.29 186cm83kg

①花蓮体中-中信兄弟(18)③150キロを超す速球を投じる左腕リリーバー。直近3年間いずれも投球回を超える三振を奪っている球威は一級品だけに、怪我を減らしたい。

| 年度 | 試合 | 先発 | 勝利 | 敗戦 | セーブ | ホールド | 投球回 | 四球 | 三振 | 防御率 |
|---|---|---|---|---|---|---|---|---|---|---|
| 2023 | 9 | 0 | 0 | 0 | 0 | 3 | 10 1/3 | 4 | 12 | 6.10 |
| 通算 | 60 | 1 | 0 | 6 | 0 | 6 | 61 1/3 | 40 | 75 | 2.93 |

## 39 詹子賢　せん・しけん ジャン・ズーシェン　CHAN TZU HSIEN

外野手　30歳　9年目　右右
1994.2.24　183cm93kg

①南英商工-中国文化大学-中信兄弟(16)②新(17)、ベ(19,23)、ゴ(20,21)③ゆったりとしたフォームからの広角打法が持ち味の右打者は22年の不振から復調。得点力不足に苦しんだ打線において、中軸で存在感を発揮した。昨季は失敗無しで初の二桁盗塁と足でも貢献。安定感ある打撃で今季も打線の柱だ。④APBC(17)、アジア大会(18)

| 年度 | チーム | 試合 | 打数 | 安打 | 本塁打 | 打点 | 四球 | 三振 | 盗塁 | 打率 | OPS |
|---|---|---|---|---|---|---|---|---|---|---|---|
| 2017 | 中信兄弟 | 83 | 277 | 97 | 17 | 60 | 26 | 53 | 3 | .350 | 1.013 |
| 2018 | 中信兄弟 | 93 | 331 | 93 | 9 | 50 | 18 | 64 | 2 | .281 | .771 |
| 2019 | 中信兄弟 | 111 | 348 | 122 | 26 | 75 | 32 | 55 | 6 | .351 | 1.046 |
| 2020 | 中信兄弟 | 112 | 420 | 140 | 20 | 79 | 52 | 55 | 6 | .333 | .935 |
| 2021 | 中信兄弟 | 105 | 364 | 100 | 10 | 62 | 43 | 55 | 3 | .275 | .771 |
| 2022 | 中信兄弟 | 87 | 253 | 63 | 2 | 35 | 31 | 38 | 5 | .251 | .697 |
| 2023 | 中信兄弟 | 106 | 349 | 106 | 8 | 48 | 55 | 56 | 4 | .304 | .811 |
| 通算 | | 697 | 2342 | 724 | 94 | 416 | 260 | 409 | 33 | .309 | .870 |

## 92 岳政華　がく・せいか ユエ・ジェンホァ　YUEH CHENG HUA

外野手　23歳　6年目　左左
2001.1.29　176cm78kg

①穀保家商-中信兄弟(19)③昨季は主に1番、2番に入り中堅のレギュラーを獲得。走力を活かした広い守備範囲を見せ、打撃では細身ながら長打力の成長が著しい。打席でのアプローチをより改善できれば、走攻守揃った理想のリードオフマンになれる。④APBC(23)

| 年度 | チーム | 試合 | 打数 | 安打 | 本塁打 | 打点 | 四球 | 三振 | 盗塁 | 打率 | OPS |
|---|---|---|---|---|---|---|---|---|---|---|---|
| 2017 | - | - | - | - | - | - | - | - | - | - | - |
| 2018 | - | - | - | - | - | - | - | - | - | - | - |
| 2019/二軍 | 中信兄弟 | 6 | 9 | 2 | 0 | 0 | 0 | 5 | 1 | .222 | .522 |
| 2020 | 中信兄弟 | 15 | 24 | 5 | 1 | 6 | 0 | 5 | 1 | .208 | .575 |
| 2021 | 中信兄弟 | 29 | 44 | 6 | 1 | 3 | 7 | 16 | 1 | .136 | .460 |
| 2022 | 中信兄弟 | 73 | 219 | 60 | 5 | 26 | 29 | 52 | 5 | .274 | .759 |
| 2023 | 中信兄弟 | 107 | 414 | 115 | 9 | 53 | 25 | 81 | 10 | .278 | .753 |
| 通算 | | 230 | 711 | 194 | 16 | 88 | 41 | 154 | 17 | .273 | .731 |

## 55 象魔力　ショーン・モリマンド シャンモーリ(アメリカ合衆国)　SHAWN MORIMANDO

投手　32歳　4年目　左左　1992.11.20　185cm92kg

①オーシャンレイクス高-インディアンス-ブルージェイズ-米独立L-マーリンズ-中信兄弟(21-22)-韓国・SSG-中信兄弟(23)③昨季は初登板で左肘の靭帯を断裂しトミージョン手術。22年に前半だけで7勝を挙げた左腕の復帰時期は順位に直結する。

| 年度 | 試合 | 先発 | 勝利 | 敗戦 | セーブ | ホールド | 投球回 | 四球 | 三振 | 防御率 |
|---|---|---|---|---|---|---|---|---|---|---|
| 2023 | 1 | 1 | 0 | 0 | 0 | 0 | 6 | 1 | 4 | 0.00 |
| 通算 | 20 | 17 | 8 | 7 | 0 | 0 | 110 | 38 | 105 | 2.78 |

## 56 陳柏均　ちん・はくきん チェン・ボージュン　CHEN PO CHUN

投手　23歳　3年目　左左　2001.5.7　175cm77kg

①平鎮高中-台湾体大-中信兄弟(22)③大きな変化球が魅力の左腕だが、フルシーズン1年目は二軍で防御率8.68とプロの壁にぶつかった。課題の制球力を磨きたい。

| 年度 | 試合 | 先発 | 勝利 | 敗戦 | セーブ | ホールド | 投球回 | 四球 | 三振 | 防御率 |
|---|---|---|---|---|---|---|---|---|---|---|
| 23(二軍) | 11 | 0 | 0 | 1 | 0 | 0 | 9 1/3 | 8 | 7 | 8.68 |
| 通算(二軍) | 11 | 0 | 0 | 1 | 0 | 0 | 9 1/3 | 8 | 7 | 8.68 |

## 59 馮皓　ひょう・こう フォン・ハオ　FENG HAO

投手　21歳　3年目　右右　2003.11.21　180cm81kg

①穀保家商-中信兄弟(22)③アジアウインターリーグで日本社会人の中軸を驚かせた大きなカーブは間違いなく魅力。制球を向上させ一軍ブルペンへ。

| 年度 | 試合 | 先発 | 勝利 | 敗戦 | セーブ | ホールド | 投球回 | 四球 | 三振 | 防御率 |
|---|---|---|---|---|---|---|---|---|---|---|
| 23(二軍) | 26 | 0 | 4 | 0 | 5 | 0 | 22 | 11 | 11 | 4.91 |
| 通算(二軍) | 27 | 0 | 4 | 0 | 6 | 0 | 23 | 11 | 19 | 4.70 |

## 62 陳琥　ちん・こ チェン・フー　CHEN HU

投手　26歳　9年目　右右　1998.4.29　180cm104kg

①穀保家商-中信兄弟(16)③二刀流での活躍も期待された有望株が、長い時間を経てリリーフで一軍に定着。制球と一発病を改善し、勝ちパターンを目指したい。

| 年度 | 試合 | 先発 | 勝利 | 敗戦 | セーブ | ホールド | 投球回 | 四球 | 三振 | 防御率 |
|---|---|---|---|---|---|---|---|---|---|---|
| 2023 | 15 | 0 | 0 | 1 | 0 | 3 | 17 | 13 | 8 | 3.71 |
| 通算 | 50 | 23 | 5 | 9 | 0 | 3 | 147 2/3 | 81 | 117 | 4.81 |

## 64 黃恩賜　こう・おんし ホァン・エンス　HUANG EN SSU

投手　28歳　8年目　右右　1996.5.17　185cm110kg

①玉里高中-台湾体大-中信兄弟(17)③20年に9勝を挙げ国産エースとして君臨するも、以降は故障続き。最速156キロの速球や鋭い変化球が蘇れば貴重な戦力だ。

| 年度 | 試合 | 先発 | 勝利 | 敗戦 | セーブ | ホールド | 投球回 | 四球 | 三振 | 防御率 |
|---|---|---|---|---|---|---|---|---|---|---|
| 23(二軍) | 8 | 4 | 2 | 2 | 0 | 0 | 22 | 6 | 14 | 2.86 |
| 通算 | 50 | 44 | 15 | 11 | 0 | 1 | 234 1/3 | 73 | 180 | 5.30 |

## 70 徐基麟　じょ・きりん シュ・ジーリン　HSU CHI LIN

投手　25歳　3年目　右右　1999.8.9　190cm93kg

①三民高中-フィリーズ-中信兄弟(22)③今季から先発に転向。左打者へは最速152キロのクロスファイヤー、右打者にはスライダーでゾーンの横を広く使う投球が光る。

| 年度 | 試合 | 先発 | 勝利 | 敗戦 | セーブ | ホールド | 投球回 | 四球 | 三振 | 防御率 |
|---|---|---|---|---|---|---|---|---|---|---|
| 2023 | 10 | 1 | 0 | 1 | 0 | 1 | 13 1/3 | 7 | 6 | 6.75 |
| 通算 | 10 | 1 | 0 | 1 | 0 | 1 | 13 1/3 | 7 | 6 | 6.75 |

## 71 盧孟揚
ろ・もうよう
ル・モンヤン
LU MENG YANG

投手　20歳　3年目　右左　2004.5.19　186cm68kg

①東石高中-中信兄弟(22)③脚を高々と上げるフォームが特徴的な将来のエース。既に球質や変化球などは非凡だが、まだ細身でアップサイドも大きい。

| 年度 | 試合 | 先発 | 勝利 | 敗戦 | セーブ | ホールド | 投球回 | 四球 | 三振 | 防御率 |
|---|---|---|---|---|---|---|---|---|---|---|
| 2023 | 6 | 1 | 0 | 0 | 0 | 0 | 7 2/3 | 4 | 5 | 7.04 |
| 通算 | 6 | 1 | 0 | 0 | 0 | 0 | 7 2/3 | 4 | 5 | 7.04 |

## 79 謝榮豪
しゃ・えいごう
シェ・ロンハオ
HSIEH JUNG HAO

投手　34歳　11年目　右右　1990.7.9　188cm106kg

①穀保家商-台湾体大-中信兄弟(14)③速球とスライダーのコンビネーションで、淡々と仕事をこなすベテランリリーバー。まずはCPBL史上33人目の300登板を目指す。

| 年度 | 試合 | 先発 | 勝利 | 敗戦 | セーブ | ホールド | 投球回 | 四球 | 三振 | 防御率 |
|---|---|---|---|---|---|---|---|---|---|---|
| 2023 | 33 | 0 | 2 | 1 | 0 | 9 | 30 2/3 | 13 | 21 | 5.87 |
| 通算 | 281 | 9 | 15 | 16 | 14 | 59 | 317 | 118 | 201 | 4.57 |

## 84 黃弘毅
こう・こうき
ホァン・ホンイ
HUANG HUNG YI

投手　23歳　6年目　右右　2001.4.6　183cm80kg

①東大体中-中信兄弟(19)③恵まれた体格に最速153キロの速球とポテンシャルはあるが、なかなか結果に結び付いていない。残されたチャンスは少ない。

| 年度 | 試合 | 先発 | 勝利 | 敗戦 | セーブ | ホールド | 投球回 | 四球 | 三振 | 防御率 |
|---|---|---|---|---|---|---|---|---|---|---|
| 2023 | 2 | 0 | 0 | 0 | 0 | 0 | 1 2/3 | 1 | 0 | 0.00 |
| 通算 | 2 | 0 | 0 | 0 | 0 | 0 | 1 2/3 | 1 | 0 | 0.00 |

## 93 吳哲源
ご・てつげん
ウ・ジェーユエン
WU CHE YUAN

投手　30歳　9年目　右右　1994.8.12　175cm81kg

①東勢高工-高苑科技大学-中信兄弟(16)②ゴ(22)③22年に10連勝、WBCでも好投を見せたコントロールアーティストだが、昨年5月に肩を故障し長期離脱中。復帰が待たれる。④WBC(23)

| 年度 | 試合 | 先発 | 勝利 | 敗戦 | セーブ | ホールド | 投球回 | 四球 | 三振 | 防御率 |
|---|---|---|---|---|---|---|---|---|---|---|
| 2023 | 7 | 3 | 2 | 3 | 0 | 0 | 38 1/3 | 8 | 15 | 3.05 |
| 通算 | 123 | 22 | 18 | 6 | 7 | 9 | 250 1/3 | 53 | 144 | 3.81 |

## 42 陳家駒
ちん・かく
チェン・ジャージュ
CHEN CHIA CHU

捕手　35歳　11年目　右左　1989.4.7　180cm81kg

①穀保家商-中国文化大学-レッドソックス-中信兄弟(14)②ゴ(15,20)③高い守備力を誇る捕手もベテランとなり年々厳しい立場に。若手の多いチーム捕手陣において安定感で差別化を図りたい。

| 年度 | 試合 | 打数 | 安打 | 本塁打 | 打点 | 四球 | 三振 | 盗塁 | 打率 | OPS |
|---|---|---|---|---|---|---|---|---|---|---|
| 2023 | 14 | 20 | 3 | 0 | 1 | 3 | 6 | 0 | .150 | .332 |
| 通算 | 427 | 1008 | 250 | 26 | 114 | 70 | 209 | 3 | .248 | .667 |

## 72 劉志宏
りゅう・しこう
リョウ・ジーホン
LIU CHIH HUNG

▲ 投手　22歳　4年目　左左　2002.11.27　188cm90kg

①穀保家商-統一(21-23)-中信兄弟(24)③150キロを超える速球派左腕。トミージョン手術のリハビリで復帰は25年以降だが、素質を買った中信兄弟が複数年契約で獲得した。

| 年度 | 試合 | 先発 | 勝利 | 敗戦 | セーブ | ホールド | 投球回 | 四球 | 三振 | 防御率 |
|---|---|---|---|---|---|---|---|---|---|---|
| 23(二軍) | 17 | 0 | 1 | 0 | 0 | 0 | 8 2/3 | 21 | 11 | 20.77 |
| 通算(二軍) | 25 | 1 | 1 | 1 | 0 | 7 | 17 1/3 | 34 | 20 | 14.54 |

## 80 猛登
ダニエル・メンデン
モンデン(アメリカ合衆国)
DANIEL MENGDEN

● 投手　31歳　1年目　右右　1993.2.19　186cm95kg

①テキサスA&M大-アストロズ-アスレチックス-韓国・KIA-ロイヤルズ-ナショナルズ-中信兄弟(24)③髭がトレードマークの新外国人。力のある速球に加え、カッター等の変化球をコーナーに出し入れする精度の高さが光る。

| 年度 | 試合 | 先発 | 勝利 | 敗戦 | セーブ | ホールド | 投球回 | 四球 | 三振 | 防御率 |
|---|---|---|---|---|---|---|---|---|---|---|
| 2023 | - | - | - | - | - | - | - | - | - | - |
| 通算 | - | - | - | - | - | - | - | - | - | - |

## 91 張祖恩
ちょう・そおん
ジャン・ズーエン
CHANG TSU EN

投手　20歳　3年目　左左　2004.5.6　181cm82kg

①興大附農-中信兄弟(22)③盧孟揚と共に将来の両輪として期待される左腕。昨季は最高球速を5キロも伸ばすなど、期待を上回る成長を見せた。

| 年度 | 試合 | 先発 | 勝利 | 敗戦 | セーブ | ホールド | 投球回 | 四球 | 三振 | 防御率 |
|---|---|---|---|---|---|---|---|---|---|---|
| 2023 | 7 | 0 | 0 | 0 | 0 | 1 | 11 2/3 | 8 | 4 | 1.54 |
| 通算 | 7 | 0 | 0 | 0 | 0 | 1 | 11 2/3 | 8 | 4 | 1.54 |

## 0 林吳晉瑋
りんご・しんい
リンウ・ジンウェイ
LIN WU CHIN WEI

捕手　22歳　5年目　右右　2002.2.4　179cm88kg

①穀保家商-中信兄弟(20)③未来の正捕手候補は限られた出番で存在感を示した。昨季10安打中5本が長打の打撃と、捕ってからが速いスローイングが魅力だ。④APBC(23)

| 年度 | 試合 | 打数 | 安打 | 本塁打 | 打点 | 四球 | 三振 | 盗塁 | 打率 | OPS |
|---|---|---|---|---|---|---|---|---|---|---|
| 2023 | 24 | 40 | 10 | 0 | 4 | 1 | 15 | 0 | .250 | .668 |
| 通算 | 29 | 42 | 10 | 0 | 4 | 1 | 16 | 0 | .238 | .637 |

## 48 陳統恩
ちん・とうおん
チェン・トンエン
CHEN TUNG EN

捕手　23歳　4年目　右右　2001.9.19　178cm87kg

①南英商工-中国文化大学-中信兄弟(21)③二軍の正捕手としてシーズンを戦い抜き、内野手不足の際は三塁も守った。昨季捕逸8個を数えた守備の安定感を高めたい。

| 年度 | 試合 | 打数 | 安打 | 本塁打 | 打点 | 四球 | 三振 | 盗塁 | 打率 | OPS |
|---|---|---|---|---|---|---|---|---|---|---|
| 23(二軍) | 62 | 156 | 45 | 3 | 22 | 19 | 13 | 1 | .288 | .712 |
| 通算(二軍) | 101 | 237 | 69 | 3 | 33 | 11 | 27 | 2 | .291 | .699 |

背番号　漢字名　日本語読み　現地読み(国籍)　英語　　ポジション　年齢　年数(CPBL)　投打　生年月日　身長体重
①経歴②タイトル歴③寸評④代表歴⑤NPBでの登録名　　　　記号：●…新入団(新任)、▲…移籍、■…復帰

## 52 胡孟智

こ・もうち
フ・モンジ
HU MENG CHIH

● 捕手　19歳　2年目　右右　2005.8.1　161cm71kg

①平鎮高中-中信兄弟(23)③CPBL史上最低身長の捕手は肩、キャッチングに定評。強豪校で正捕手を務め、昨年のU18W杯ではベストナインに選出された。

| 年度 | 試合 | 打数 | 安打 | 本塁打 | 打点 | 四球 | 三振 | 盗塁 | 打率 | OPS |
|---|---|---|---|---|---|---|---|---|---|---|
| 23(二軍) | 5 | 8 | 2 | 0 | 0 | 1 | 0 | | .250 | .583 |
| 通算(二軍) | 5 | 8 | 2 | 0 | 0 | 1 | 0 | | .250 | .583 |

## 65 高宇杰

こう・うけつ
ガオ・ユージェ
KAO YU CHIEH

捕手　27歳　7年目　右右　1997.7.17　184cm91kg

①平鎮高中-国立体大-中信兄弟(18)③チームで最もマスクを被る今季は打撃不振に陥った昨季。プロ入り後から期待を受けてきた捕手は初の規定打席到達を目指した。④プレミア12(19)、WBC(23)

| 年度 | 試合 | 打数 | 安打 | 本塁打 | 打点 | 四球 | 三振 | 盗塁 | 打率 | OPS |
|---|---|---|---|---|---|---|---|---|---|---|
| 2023 | 87 | 212 | 40 | 1 | 10 | 14 | 54 | 1 | .189 | .461 |
| 通算 | 342 | 772 | 175 | 12 | 76 | 52 | 198 | 2 | .227 | .591 |

## 82 黃鈞聲

こう・きんせい
ホァン・ジュンシェン
HUANG CHUN SHENG

捕手　35歳　13年目　右右　1989.1.19　178cm97kg

①南英商工-嘉南薬理科技大学-兄弟(12-13)-中信兄弟(14)③昨季は8試合で代打起用され、先発出場は無かった。打撃が評価されてきたベテラン捕手はここぞの場面での一振りに備える。

| 年度 | 試合 | 打数 | 安打 | 本塁打 | 打点 | 四球 | 三振 | 盗塁 | 打率 | OPS |
|---|---|---|---|---|---|---|---|---|---|---|
| 2023 | 9 | 10 | 3 | 0 | 0 | 4 | 4 | 0 | .300 | .600 |
| 通算 | 490 | 1176 | 311 | 15 | 145 | 55 | 247 | 3 | .264 | .658 |

## 97 徐博瑋

じょ・はくい
シュ・ボーウェイ
HSU PO WEI

● 捕手　23歳　2年目　右右　2001.3.11　178cm92kg

①鶯歌工商-国立体大-中信兄弟(23)③大学では中軸を任されることもあった打てる捕手は、短期間ながら明徳義塾高に留学経験あり。プロでは守備力を向上できるか。

| 年度 | 試合 | 打数 | 安打 | 本塁打 | 打点 | 四球 | 三振 | 盗塁 | 打率 | OPS |
|---|---|---|---|---|---|---|---|---|---|---|
| 23(二軍) | 6 | 7 | 3 | 0 | 2 | 1 | 2 | 0 | .429 | .873 |
| 通算(二軍) | 6 | 7 | 3 | 0 | 2 | 1 | 2 | 0 | .429 | .873 |

## 3 楊祥禾

よう・しょうか
ヤン・シャンヘ
YANG HSIANG HE

● 内野手　21歳　2年目　右右　2003.1.12　180cm76kg

①東石高中-中国文化大学-中信兄弟(23)③広角に打てる打撃と強肩を持ち、昨年二軍で早速高打率を残した。守れる遊撃手が多いチームにおいて打力で差別化したい。

| 年度 | 試合 | 打数 | 安打 | 本塁打 | 打点 | 四球 | 三振 | 盗塁 | 打率 | OPS |
|---|---|---|---|---|---|---|---|---|---|---|
| 23(二軍) | 15 | 25 | 8 | 0 | 4 | 5 | 0 | | .320 | .819 |
| 通算(二軍) | 15 | 25 | 8 | 0 | 4 | 5 | 0 | | .320 | .819 |

## 4 張士綸

ちょう・しりん
ジャン・シールン
CHANG SHIH LUN

● 内野手　19歳　2年目　右左　2005.3.16　179cm68kg

①美和中学-中信兄弟(23)③守備力と走力に長けた遊撃手は同ポジションに有望な若手が多いチーム故、他のポジションも守る可能性がある。張政禹(味全)は兄。

| 年度 | 試合 | 打数 | 安打 | 本塁打 | 打点 | 四球 | 三振 | 盗塁 | 打率 | OPS |
|---|---|---|---|---|---|---|---|---|---|---|
| 23(二軍) | 10 | 10 | 1 | 0 | 1 | 2 | 0 | | .100 | .331 |
| 通算(二軍) | 10 | 10 | 1 | 0 | 1 | 2 | 0 | | .100 | .331 |

## 9 王威晨

おう・いしん
ワン・ウェイチェン
WANG WEI CHEN

内野手　33歳　10年目　右右　1991.7.3　185cm85kg

①榖保家商-輔仁大学-中信兄弟(15)②安(17)、盗(18,19)、べ(20,21,22)、ゴ(19,20,21,22,23)③流し打ちが美しい1番打者は打率3割が5年連続でストップし物足りないシーズンだった。安定感ある守備はゴールデングラブ5連覇。④プレミア12(19)、WBC(23)

| 年度 | 試合 | 打数 | 安打 | 本塁打 | 打点 | 四球 | 三振 | 盗塁 | 打率 | OPS |
|---|---|---|---|---|---|---|---|---|---|---|
| 2023 | 104 | 426 | 116 | 2 | 44 | 21 | 41 | 13 | .272 | .617 |
| 通算 | 707 | 2891 | 913 | 8 | 266 | 195 | 351 | 37 | .316 | .729 |

## 28 張仁瑋

ちょう・じんい
ジャン・レンウェイ
CHANG JEN WEI

内野手　21歳　4年目　右右　2003.5.1　175cm76kg

①普門中学-中信兄弟(21)③スムーズな守備が特長の若手内野手は昨季一軍デビュー。絶対的なレギュラー江坤宇がいる本職の遊撃以外に二塁と三塁もこなす。

| 年度 | 試合 | 打数 | 安打 | 本塁打 | 打点 | 四球 | 三振 | 盗塁 | 打率 | OPS |
|---|---|---|---|---|---|---|---|---|---|---|
| 2023 | 54 | 78 | 17 | 0 | 3 | 8 | 17 | 2 | .218 | .543 |
| 通算 | 54 | 78 | 17 | 0 | 3 | 8 | 17 | 2 | .218 | .543 |

## 47 林志綱

りん・しこう
リン・ジーガン
LIN CHIH KANG

内野手　25歳　5年目　右左　1999.2.13　178cm72kg

①彰化芸中-台湾体大(20)③俊足を活かし、昨季は6度の代走起用。内外野に加え捕手もこなせるスーパーサブは今季一軍にシーズン通して定着したい。

| 年度 | 試合 | 打数 | 安打 | 本塁打 | 打点 | 四球 | 三振 | 盗塁 | 打率 | OPS |
|---|---|---|---|---|---|---|---|---|---|---|
| 2023 | 10 | 5 | 2 | 0 | 0 | 1 | 0 | | .400 | .800 |
| 通算 | 25 | 10 | 5 | 0 | 0 | 1 | 0 | | .500 | 1.000 |

## 61 王政順

おう・せいじゅん
ワン・ジェンシュン
WANG CHENG SHUN

内野手　28歳　7年目　右左　1996.10.30　178cm88kg

①桃園農工-国立体大-中信兄弟(18)③岳東華が離脱した8月以降にスタメン定着。打撃は小柄ながらパワーがあり、守備では二塁、三塁、一塁をこなす。

| 年度 | 試合 | 打数 | 安打 | 本塁打 | 打点 | 四球 | 三振 | 盗塁 | 打率 | OPS |
|---|---|---|---|---|---|---|---|---|---|---|
| 2023 | 61 | 175 | 53 | 4 | 19 | 22 | 36 | 1 | .303 | .822 |
| 通算 | 81 | 214 | 61 | 4 | 23 | 29 | 50 | 3 | .285 | .771 |

## 63 潘志芳
はん・しほう
バン・ジーファン
PAN CHIH FANG

内野手　34歳　10年目　右右　1990.11.12　180cm85kg

①美和中学-台湾体院-アスレチックス-中信兄弟(15)③出番は少なかったが、5月の1ヶ月間で5つのポジションで先発出場したユーティリティー。今季は打撃復調なるか。④アジア大会(14)

| 年度 | 試合 | 打数 | 安打 | 本塁打 | 打点 | 四球 | 三振 | 盗塁 | 打率 | OPS |
|---|---|---|---|---|---|---|---|---|---|---|
| 2023 | 21 | 41 | 6 | 0 | 1 | 4 | 6 | 1 | .146 | .410 |
| 通算 | 250 | 553 | 146 | 5 | 47 | 42 | 132 | 8 | .264 | .681 |

## 68 馬鋼
ば・こう
マ・ガン
MA KANG

内野手　22歳　5年目　右右　2002.4.14　185cm84kg

①普門中学-中信兄弟(20)②昨季は二軍でチーム最多の出場数で、メインの三塁だけでなく様々なポジションを守った。シーズン通して好不調の波を減らしたい。

| 年度 | 試合 | 打数 | 安打 | 本塁打 | 打点 | 四球 | 三振 | 盗塁 | 打率 | OPS |
|---|---|---|---|---|---|---|---|---|---|---|
| 2023 | 2 | 4 | 0 | 0 | 0 | 0 | 2 | 0 | .000 | .000 |
| 通算 | 4 | 7 | 1 | 0 | 0 | 0 | 4 | 0 | .143 | .286 |

## 75 林瑞鈞
りん・ずいきん
リン・ルイジュン
LIN JUI CHUN

内野手　23歳　6年目　右右　2001.4.6　173cm88kg

①西苑高中-中信兄弟(19)③一、二塁で内野全ポジションを守った昨季。打撃ではバットコントロール、守備では動きの軽快さが際立つ。

| 年度 | 試合 | 打数 | 安打 | 本塁打 | 打点 | 四球 | 三振 | 盗塁 | 打率 | OPS |
|---|---|---|---|---|---|---|---|---|---|---|
| 2023 | 6 | 7 | 1 | 0 | 0 | 0 | 4 | 0 | .143 | .286 |
| 通算 | 12 | 19 | 2 | 0 | 0 | 0 | 7 | 0 | .105 | .210 |

## 98 岳東華
がく・とうか
ユエ・ドンホァ
YUEH TUNG HUA

内野手　29歳　8年目　右右　1995.10.19　179cm81kg

①穀保家商-開南大学-中信兄弟(17)③7月に足関節の靭帯を損傷し約2ヶ月離脱も、範囲の広い二塁守備と粘り強い打撃で貢献。今季もセンターラインを引き締める。④プレミア12(19)

| 年度 | 試合 | 打数 | 安打 | 本塁打 | 打点 | 四球 | 三振 | 盗塁 | 打率 | OPS |
|---|---|---|---|---|---|---|---|---|---|---|
| 2023 | 82 | 251 | 56 | 3 | 24 | 44 | 67 | 0 | .223 | .638 |
| 通算 | 426 | 1271 | 313 | 18 | 134 | 128 | 270 | 14 | .246 | .655 |

## 2 李聖裕
り・せいゆう
リ・シェンユ
LI SHENG YU

外野手　27歳　6年目　右右　1997.5.6　178cm78kg

①東大体中-台東大学-中信兄弟(19)③昨季は不振で6月以降一軍出場は無かった。バットコントロールに長け、コンパクトに広角に弾き返す打撃を取り戻せるか。

| 年度 | 試合 | 打数 | 安打 | 本塁打 | 打点 | 四球 | 三振 | 盗塁 | 打率 | OPS |
|---|---|---|---|---|---|---|---|---|---|---|
| 2023 | 10 | 15 | 1 | 0 | 0 | 0 | 6 | 0 | .067 | .200 |
| 通算 | 94 | 245 | 67 | 0 | 15 | 10 | 66 | 5 | .273 | .627 |

## 66 黄韋盛
こう・いせい
ホァン・ウェイシェン
HUANG WEI SHENG

内野手　25歳　5年目　右右　1999.2.19　184cm97kg

①西苑高中-遠東科技大学-中信兄弟(20)③黄色のバットが特徴の巧打者は一塁手争いに加わるも今一つ。今季は内外野守れる器用さと広角に打ち分ける打撃で飛躍したい。

| 年度 | 試合 | 打数 | 安打 | 本塁打 | 打点 | 四球 | 三振 | 盗塁 | 打率 | OPS |
|---|---|---|---|---|---|---|---|---|---|---|
| 2023 | 47 | 80 | 18 | 0 | 5 | 25 | 0 | 0 | .225 | .526 |
| 通算 | 85 | 164 | 40 | 0 | 16 | 12 | 46 | 1 | .244 | .580 |

## 74 許基宏
きょ・きこう
シュ・ジーホン
HSU CHI HUNG

内野手　32歳　11年目　左右　1992.7.22　189cm108kg

①高苑工商-台湾体大-中信兄弟(14)②新(15)、べ(20)、ゴ(20,21)③フルスイングが魅力の長距離砲も怪我と不振で一塁レギュラーの座を守れなかった。陳俊秀が加わる今季は正念場だ。④WBC(17)

| 年度 | 試合 | 打数 | 安打 | 本塁打 | 打点 | 四球 | 三振 | 盗塁 | 打率 | OPS |
|---|---|---|---|---|---|---|---|---|---|---|
| 2023 | 63 | 198 | 49 | 5 | 26 | 44 | 44 | 2 | .247 | .703 |
| 通算 | 651 | 2128 | 623 | 88 | 369 | 326 | 519 | 27 | .293 | .875 |

## 96 蘇緯達
そ・いたつ
ス・ウェイダ
SU WEI TA

内野手　34歳　10年目　右右　1990.11.10　185cm101kg

①台中高農-台湾体大-中信兄弟(15)③CPBL歴代最多タイの通算代打HR数8本を放ったパワーヒッター。近年は一軍での出番が減少も再び代打から活路を見出せるか。

| 年度 | 試合 | 打数 | 安打 | 本塁打 | 打点 | 四球 | 三振 | 盗塁 | 打率 | OPS |
|---|---|---|---|---|---|---|---|---|---|---|
| 2023 | 22 | 39 | 8 | 1 | 2 | 4 | 15 | 0 | .205 | .612 |
| 通算 | 405 | 969 | 250 | 40 | 170 | 83 | 286 | 5 | .258 | .767 |

## 1 陳子豪
ちん・しごう
チェン・ズーハオ
CHEN TZU HAO

外野手　29歳　12年目　左左　1995.7.29　180cm103kg

①高苑工商-兄弟(13)-中信兄弟(14)②べ(18)、ゴ(20)③開幕から4番を任されるも、シーズン通して調子が上がらずー、二軍を頻繁に行き来した。今季は力強く引っ張る長打が戻るか。④APBC(17)

| 年度 | 試合 | 打数 | 安打 | 本塁打 | 打点 | 四球 | 三振 | 盗塁 | 打率 | OPS |
|---|---|---|---|---|---|---|---|---|---|---|
| 2023 | 68 | 197 | 35 | 4 | 29 | 34 | 57 | 1 | .178 | .584 |
| 通算 | 953 | 3138 | 907 | 114 | 579 | 388 | 627 | 42 | .289 | .836 |

## 7 張志豪
ちょう・しごう
ジャン・ジーハオ
CHANG CHIH HAO

外野手　37歳　15年目　右右　1987.5.15　180cm87kg

①高苑工商-台湾体院-兄弟(10-13)-中信兄弟(14)②本(18)、盗(12)、べ(13,17,18,19)、ゴ(13,17,18,19)③昨季はプロ入り初の一塁を主に守り、チーム最多のHR数をマーク。近年故障がちだが、打球を強烈にかちあげるスイングは脅威だ。④プレミア12(15,19)、WBC(17)

| 年度 | 試合 | 打数 | 安打 | 本塁打 | 打点 | 四球 | 三振 | 盗塁 | 打率 | OPS |
|---|---|---|---|---|---|---|---|---|---|---|
| 2023 | 79 | 236 | 58 | 12 | 44 | 34 | 67 | 4 | .246 | .810 |
| 通算 | 1269 | 4343 | 1203 | 170 | 701 | 400 | 999 | 148 | .277 | .817 |

背番号　漢字名　日本語読み　現地読み(国籍)　英語　ポジション　年齢　年数(CPBL)　投打　生年月日　身長体重
①経歴②タイトル歴③寸評④代表歴⑤NPBでの登録名　　記号：●…新入団(新任)、▲…移籍、■…復帰

## 16 周思齊
しゅう・しせい / ジョウ・スーチ / CHOU SZU CHI

外野手　43歳　20年目　左左　1981.10.26　178cm92kg

①高苑工商-輔仁大学-誠泰(05-07)-米迪亜(08)-兄弟(09-13)-中信兄弟(14)②M(12)、ベ(08,09,12,20)③選球眼に長けた巧打者は今季限りでの引退を表明。昨季は怪我人や不振に苦しむ打線において44試合でクリーンアップを任された。④WBC(13)

| 年度 | 試合 | 打数 | 安打 | 本塁打 | 打点 | 四球 | 三振 | 盗塁 | 打率 | OPS |
|---|---|---|---|---|---|---|---|---|---|---|
| 2023 | 82 | 228 | 62 | 1 | 19 | 23 | 23 | 3 | .272 | .666 |
| 通算 | 1738 | 5861 | 1801 | 144 | 947 | 643 | 877 | 98 | .307 | .829 |

## 32 曾頌恩
そう・しょうおん / ツェン・ソンエン / TSENG SUNG EN

外野手　24歳　6年目　右右　2000.1.8　178cm102kg

①玉里高中-台東大学-中信兄弟(19)②パワフルなスイングで昨季はシーズン序盤にスタメンを勝ち取り、5月の打率は.405。がっちりした体格ながら足も速い。

| 年度 | 試合 | 打数 | 安打 | 本塁打 | 打点 | 四球 | 三振 | 盗塁 | 打率 | OPS |
|---|---|---|---|---|---|---|---|---|---|---|
| 2023 | 58 | 175 | 49 | 1 | 19 | 13 | 22 | 1 | .280 | .686 |
| 通算 | 84 | 218 | 61 | 3 | 22 | 16 | 34 | 1 | .280 | .716 |

## 43 林書逸
りん・しょいつ / リン・シューイ / LIN SHU YI

外野手　31歳　9年目　右左　1993.5.20　181cm80kg

①南英商工-中国文化大学-中信兄弟(16)③右翼のレギュラーを掴んだ22年から一転、昨季は不振で二軍暮らしが続いた。鋭いスイングを取り戻し復調なるか。

| 年度 | 試合 | 打数 | 安打 | 本塁打 | 打点 | 四球 | 三振 | 盗塁 | 打率 | OPS |
|---|---|---|---|---|---|---|---|---|---|---|
| 2023 | 14 | 22 | 3 | 0 | 3 | 1 | 4 | 1 | .136 | .376 |
| 通算 | 324 | 740 | 202 | 7 | 73 | 84 | 185 | 23 | .273 | .732 |

## 60 黄鈞麟
こう・きんりん / ホアン・ジュンリン / HUANG CHUN LIN

外野手　21歳　4年目　左左　2003.7.21　176cm72kg

①大渓高中-中信兄弟(21)③スピードが武器の若手外野手は昨季二軍で打率.337と打撃が成長。盗塁技術を高められれば、走攻守三拍子揃った選手に近付く。

| 年度 | 試合 | 打数 | 安打 | 本塁打 | 打点 | 四球 | 三振 | 盗塁 | 打率 | OPS |
|---|---|---|---|---|---|---|---|---|---|---|
| 2023 | 1 | 0 | 0 | 0 | 0 | 0 | 0 | 0 | .000 | 1.000 |
| 通算 | 1 | 0 | 0 | 0 | 0 | 0 | 0 | 0 | .000 | 1.000 |

## 85 劉貴元
りゅう・きげん / リョウ・グイユエン / LIU KUEI YUAN

外野手　22歳　5年目　右右　2002.1.19　177cm74kg

①普門中学-中信兄弟(20)③走力に自信の外野手は昨季二軍でリーグトップの14盗塁。じっくりとボールを見られる選球眼も備え、順調に成長を見せている。

| 年度 | 試合 | 打数 | 安打 | 本塁打 | 打点 | 四球 | 三振 | 盗塁 | 打率 | OPS |
|---|---|---|---|---|---|---|---|---|---|---|
| 23(二軍) | 66 | 125 | 34 | 0 | 18 | 24 | 19 | **14** | .272 | .776 |
| 通算(二軍) | 162 | 305 | 76 | 0 | 36 | 44 | 42 | 27 | .249 | .672 |

## 88 宋晟睿
そう・せいえい / ソン・チェンルイ / SUNG CHENG JUI

外野手　22歳　5年目　右右　2002.8.14　182cm84kg

①平鎮高中-中信兄弟(20)③走力、強肩、広い守備範囲を備えた有望株は二軍で毎年結果を残している。一軍でスタメンを勝ち取るには打力向上あるのみだ。

| 年度 | 試合 | 打数 | 安打 | 本塁打 | 打点 | 四球 | 三振 | 盗塁 | 打率 | OPS |
|---|---|---|---|---|---|---|---|---|---|---|
| 2023 | 40 | 44 | 8 | 0 | | 1 | 11 | 3 | .182 | .427 |
| 通算 | 131 | 150 | 29 | 0 | | 12 | 5 | 10 | .193 | .526 |

## 89 周委宏
しゅう・いこう / ジョウ・ウェイホン / CHOU WEI HUNG

外野手　22歳　4年目　右右　2002.11.17　175cm84kg

①穀保家商-中信兄弟(21)③打力が強みの内野手は打撃不振に苦しみ、三塁、外野守備でも課題を残した。攻守にレベルアップし二軍でレギュラーを掴みたい。

| 年度 | 試合 | 打数 | 安打 | 本塁打 | 打点 | 四球 | 三振 | 盗塁 | 打率 | OPS |
|---|---|---|---|---|---|---|---|---|---|---|
| 23(二軍) | 51 | 86 | 15 | 0 | 5 | 11 | 14 | 0 | .174 | .501 |
| 通算(二軍) | 107 | 205 | 43 | 2 | 17 | 24 | 28 | 2 | .210 | .584 |

### 主な獲得タイトル　（　）内はNPBでの該当タイトル名

| | | |
|---|---|---|
| M=年度MVP　（最優秀選手） | 防=防御率王　（最優秀防御率） |
| 新=最佳新人奬　（新人王） | 勝=勝投王　（最多勝利） |
| 安=安打王　（最多安打） | 救=救援王　（最多セーブ） |
| 首=打撃王　（首位打者） | 中=中継王　（最優秀中継ぎ） |
| 本=全塁打王　（最多本塁打） | 三=三振王　（最多奪三振） |
| 点=打點王　（最多打点） | ベ=最佳十人奬（ベストナイン） |
| 盗=盗塁王　（最多盗塁） | ゴ=金手套奬（ゴールデングラブ賞） |

※成績の太字はリーグトップ

背番号　漢字名　日本語読み　現地読み(国籍)　英語　ポジション　年齢　年数(CPBL)　投打　生年月日　身長体重
①経歴②タイトル歴③寸評④代表歴⑤NPBでの登録名　記号：●…新入団(新任)、▲…移籍、■…復帰

# *Passion Sisters*

Passion Sisters

名前
現地読み
（海外メンバーは出身地）
①誕生日
②星座
③身長体重
④趣味
⑤好きな食べ物・飲み物
⑥好きな選手
⑦好きな応援歌
⑧Instagramアカウント

## 3
## 廖小安
リャオシャオアン

キャプテン
①10月3日
②てんびん座
③168cm48kg
④ゴルフ
⑤麻辣鴨血（アヒルの
　血を固めた食べ物が
　入ったピリ辛スープ）
⑥許基宏
⑦周思齊
⑧ann5103

## 6
## 妮可
ニケ

副キャプテン
①6月29日
②かに座
③168cm50kg
④猫と遊ぶ
⑤エッグタルト、
　ミルクティー、
　チキンフライ
⑥周思齊
⑦周思齊
⑧nicole840629

## 14
## 貴貴
グイグイ

①10月5日
②てんびん座
③169cm49kg
④イラスト
⑤「小貴冰」（自身のア
　イスクリームブランド）
⑥呉俊偉
⑦蘇緯達
⑧3636sammy

## 73
## 謝凱蒂
シェカイディ

①7月3日
②かに座
③170cm49kg
④バドミントン
⑤パクチー
⑥岳政華
⑦我們兄弟
⑧imkatyhsieh

## 1
## 希希
シーシー

①8月5日
②しし座
③168cm52kg
④旅行、グルメ、
　ビデオゲーム
⑤生乳使用の
　ミルクティー、
　ハッシュドポテト
⑥彭政閔
⑦連覇黃潮
⑧cc.cece01

中信ブラザーズ（中信兄弟）ジョンシン ションディー

## 23 短今
ドゥアンジン

①9月23日
②てんびん座
③173cm53kg
④旅行
⑤紅茶、種無しブドウ
⑥彭政閔
⑦曾頌恩
⑧sammie_923

## 77 崷崷
チュンチュン

①4月19日
②おひつじ座
③160cm48kg
④旅行
⑤火鍋
⑥王威晨
⑦曾頌恩
⑧qun_04

## 16 白白
バイバイ

①1月16日
②やぎ座
③163cm46kg
④ダンス、料理、
　映画鑑賞、ポニョ、ネモ
⑤火鍋、海老、
　シナモンロール、
　バニララテ
⑥周思齊
⑦周思齊
⑧colawhite16

## 72 晴兒
チンアー

①3月27日
②おひつじ座
③168cm48kg
④旅行、ピアノ、
　水泳、お金を稼ぐ
⑤モチモチしたもの
⑥李振昌
⑦王政順
⑧____s.u.n.n.y

## 88 波波
ボボ

①7月15日
②かに座
③168cm48kg
④猫と遊ぶ、歌を歌う、
　料理、ビデオゲーム
⑤桃、ハマグリ
⑥周思齊
⑦周思齊
⑧bobo.0715

味全龍

樂天桃猿

統一7-ELEVEn獅

中信兄弟

富邦悍將

台鋼雄鷹

## 22 昀二
ユンアー

①3月1日
②うお座
③162cm47kg
④海外旅行、ダンス
⑤タイ料理、
　手打ち麺、
　山東式マントウ
⑥江坤宇
⑦江坤宇、王政順
⑧yuner.31

## 12 林可
リンク

①4月12日
②おひつじ座
③162cm47kg
④歌を歌う、励みになる
　言葉や文章を読む、
　アニメ・漫画
⑤クレープ
⑥呂彦青
⑦曾頌恩
⑧dou95412

## 33 盈瑩
インイン

①3月29日
②おひつじ座
③165cm48kg
④旅行、スポーツ、
　ファッションの
　コーディネート、
　スイーツ作り
⑤白米
⑥張志豪
⑦周思齊
⑧ying_in0329

## 2 林夏蕾
リンシャーレイ

①10月25日
②さそり座
③162cm44kg
④寝る、ダンス、歌を歌う
⑤雞蛋糕
　（台湾風ベビーカステラ）
⑥江坤宇
⑦徐博瑋
⑧abby28920

## 7 君白
ジュンバイ

①7月14日
②かに座
③165cm48kg
④モノ作り、
　映画鑑賞
⑤抹茶
⑥張志豪
⑦兄弟精神
⑧paiii.abm

味全龍

樂天桃猿

統一7-ELEVEN獅

中信兄弟

富邦悍將

台鋼雄鷹

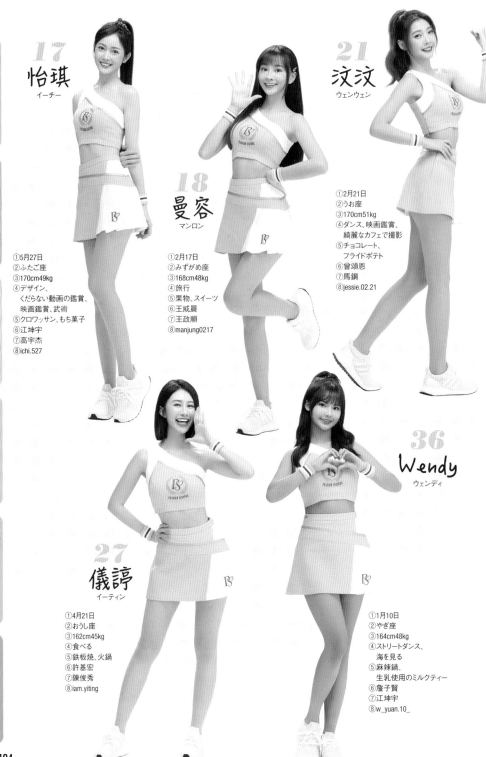

## 17 怡琪
イーチー

①5月27日
②ふたご座
③170cm49kg
④デザイン、
　くだらない動画の鑑賞、
　映画鑑賞、武術
⑤クロワッサン、もち菓子
⑥江坤宇
⑦高宇杰
⑧ichi.527

## 18 曼容
マンロン

①2月17日
②みずがめ座
③168cm48kg
④旅行
⑤果物、スイーツ
⑥王威晨
⑦王政順
⑧manjung0217

## 21 汶汶
ウェンウェン

①2月21日
②うお座
③170cm51kg
④ダンス、映画鑑賞、
　綺麗なカフェで撮影
⑤チョコレート、
　フライドポテト
⑥曾頌恩
⑦馬鋼
⑧jessie.02.21

## 27 儀諄
イーティン

①4月21日
②おうし座
③162cm45kg
④食べる
⑤鉄板焼、火鍋
⑥許基宏
⑦陳俊秀
⑧iam.yiting

## 36 Wendy
ウェンディ

①1月10日
②やぎ座
③164cm48kg
④ストリートダンス、
　海を見る
⑤麻辣鍋、
　生乳使用のミルクティー
⑥詹子賢
⑦江坤宇
⑧w_yuan.10_

**48**

## 小迪
シャオディ
（香港）

①2月13日
②みずがめ座
③165cm50kg
④音楽鑑賞、
　ゲーム、ギター、
　サッカー・野球観戦、
　ウサギの散歩
⑤チョコレート、日本料理、
　香港料理、西多士
　（香港風フレンチトースト）
⑥周思齊
⑦周思齊
⑧diccc0213

**49**

## Julia
ジュリア

①7月10日
②かに座
③169cm49kg
④ファッションのコーディネート、
　ショッピング
⑤生乳使用のミルクティー
⑥周思齊
⑦王政順
⑧juliaaa.49

**24**

## 李丹妃
イ・ダンビ
（韓国）

①3月8日
②うお座
③170cm50kg
④旅行
⑤お肉
⑥王威晨
⑦黃潮再起
⑧lu2ull

**29**

## 少鹽
シャオイェン

①2月9日
②みずがめ座
③160cm45kg
④絵を描く
⑤チョコレート
⑥王威晨
⑦進撃取勝
⑧shaoyenya

**34**

## 邊荷律
ピョン・ハユル
（韓国）

①3月4日
②うお座
③165cm48kg
④ビデオゲーム
⑤牛肉
⑥徐基麟
⑦我的兄弟
⑧yuling34

# 竣工まで32年! 台北ドーム公式戦開催までの歩み

今季(2024年)の台湾プロ野球において、16年ぶりの6球団制復活と共に二大トピックの一つといえるのが、ファン待望の室内球場である台北ドームの運用開始だ。

台湾プロ野球の開幕戦は前年の台湾シリーズで対戦した2チームが他のチームに先駆け、台湾王者の本拠地で行うことが恒例となっているが、昨季の王者味全ドラゴンズは2月下旬に楽天モンキーズとの3月30日の開幕戦を本拠地の天母棒球場でなく、台北ドームで行うことを決定した。

チケット販売前から大きな話題となった今年の開幕戦は、台北ドームにおけるCPBL公式戦初開催ということもありやや強気な価格設定であったが、CPBL公式戦史上最多となる28,618人のファンを集めた。

野球人気が高く高温多湿で雨も多い台湾で、21世紀もまもなく四半世紀が経とうという今、ドーム球場がようやく誕生したことに驚かれている方もいるかもしれない。実は台北ドームは建設計画から竣工まで、32年もの月日を費やしたのである。

台北ドームは台湾華語では「台北大巨蛋」と表記する。台湾では「ドーム」だけでなく、「アリーナ」にも「巨蛋」の字が当てられているが、この「巨蛋」とは1988年に開場した東京ドームの愛称「BIG EGG」の直訳によって生まれた、ドーム球場を指す言葉である。

1991年11月10日、今はなき台北市立棒球場では台湾シリーズ、統一ライオンズ対味全ドラゴンズの第7戦が行われた。13,219人のファンが詰めかけた最終戦は、味全が序盤4-0とリードする。しかし迎えた3回裏、突然の大雨に試合は中断を余儀なくされたのだった。

なかなか再開されない中、しびれを切らしたファンは観戦中だった郝柏村・行政院長(首相に相当)に向け、「我々にもドーム球場を!(我們要巨蛋!)」と声を合わせ叫んだ。そしてこの一件をきっかけに、郝行政院長は風雨に左右されない室内スタジアムの建設を指示した。

しかし、ここから文字通り「紆余曲折」といえる様々な事柄が発生、竣工まで32年の月日を要することとなった。その流れをざっくりと振り返っていこう。

まず、難航したのが建設地の決定であった。当時の台北市は公共交通機関の整備が喫緊の課題であり、都市開発が進む中、大規模施設の用地として適切な場所がなかなか決まらなかった。台北市の東部、かつての公売局松山タバコ工場の跡地に建設されることが決定したのは11年後、2002年の事であった。

2004年に大手ディベロッパー遠雄グループが入札を経て、台北市政府からBOT(建設・運営・委譲)事業者として選定され、2006年には契約を締結した。しかし、当初タッグを組んでいた日本の大手ゼネコン及び著名設計事務所とは設計上の理念に相違が生まれ、結果的に喧嘩別れとなってしまう。環境アセスメントの見直しもあり、ようやく2011年に遠雄と日本の大林組による新たなプロジェクトチームが受注し、着工に至った。

着工後も、街路樹移植を巡る環境保護団体との対立など様々な問題は発生していたものの、2014年の年末時点で工事の約8割は完了。2017年8月のユニバーシアード台北大会のメイン会場となることが期待されていた。

しかし、2014年12月の統一地方選で、過去の台北市のBOT契約に対し汚職の疑いを持っていた柯文哲が台北市長に当選、事態は風雲急を告げることとなる。台北市政府による調査の結果、遠雄側が図面通りに施工していなかった問題や、火災発生時の安全対策不備などが発覚。2015年5月に工事停止を命令したのだ。

当初両者は全面対立し、契約破棄の可能性も囁かれたが、次第に遠雄側が譲歩。設計変更、都市計画審査、環境アセスメント、防火避難設備等の各審査を経て、2020年7月に台北市が新しい建築許可を発行。同年8月には遠雄の工事再開申請を許可し、約5年ぶりに工事が再開された。

2022年12月、台北市長に当選した蒋萬安は1年以内の開場を目指すと宣言した。そして2023年1月に安全面で鍵となっていた火災時の避難、排煙に関する内政部の審査をクリアしたことで大きく前進。ついに10月下旬に落成、使用申請も許可された。

11月中旬には課題の洗い出しの為に、無観客と有観客で2試合のテストマッチを開催。ハード、ソフト面に大きな問題がみられなかった事から、翌12月のアジア選手権のメイン会場として使用されることが決定した。

そして、アジア選手権の開幕を翌日に控えた12月2日に王貞治氏が記念セレモニーで始球式を行い、ファン待望のドーム球場として、台北ドームはついに正式に開場の日を迎えることとなった。

事実上の「こけら落とし」となったアジア選手権では、入場者数の上限が設けられた中、チケット争奪戦が繰り広げられ、開幕戦の韓国戦には16,647人、決勝の日本戦には21,013人が入場。ファンは台湾初のドーム球場に興奮した。

さらに今年の3月2日、3日には読売ジャイアンツがCPBL2球団と親善試合を開催。入場者数の上限が撤廃された中、2日の中信兄弟戦は内野上段、外野まで埋まり台北ドーム史上初の満員御礼。台湾野球史上最多となる37,890人のファンが入場し、台湾野球史におけるマイルストーンとなった。

台北ドームは今年11月のプレミア12の会場の一つに決定している。今後CPBL公式戦や、各種国際大会が開催され、数々の歴史が生まれることになるだろう。

富邦ガーディアンズ
富邦悍將

味全龍

樂天桃猿

統一7-ELEVEn獅

中信兄弟

富邦悍將

台鋼雄鷹

# 富邦ガーディアンズ
ふほう

## フーバン ハンジャン

| 球団情報 | 富邦育樂股份有限公司<br>創立：2016年11月1日　GM：林華韋　本拠地：新北市立新莊棒球場<br>球団事務所：新北市新莊區和興街66號　TEL：02-6635-9588<br>https://www.fubonguardians.com |
|---|---|

## 2023年シーズン回顧と 2024年シーズンの展望

Home / Visitor

　昨季前期は優勝争いに加わることすらできず、6月9日に最下位転落後は1勝11敗1分と失速し、4位とも7ゲーム差をつけられフィニッシュ。後期は8月終了時点で首位タイも9月以降に8連敗、2度の4連敗と大型連敗が響き最下位に終わり、今季は二軍監督の陳金鋒が一軍監督に就任した。

　投手陣は比較的安定しており、先発は統一から移籍した戈威士、新外国人の布藍登と羅戈、安定感のある陳仕朋、19年ドラ1の江國豪、エース級の活躍を期待したい江少慶が中心。リリーフは富藍戈、曾峻岳のリーグでも屈指の勝ちパターンが控える。課題は昨季リーグ最下位の得点数とHR数を記録した打線。リーグ断トツの114盗塁を記録した機動力があるものの、長打力がある打者が少なく得点力不足に苦しんだ。今季の打線は昨年ドラ1王念好の起用、李宗賢の二塁、王正棠の外野コンバートでどこまで改善されるか。

　新監督のもと、戦力的に厳しい中ではあるがまずは上位進出を目指したい。

マスコット
**Frankie & Bonnie**

チアリーダー
**Fubon Angels**

| 年度 | 順位 | チーム名 | 試合 | 勝 | 敗 | 分 | 勝率 |
|---|---|---|---|---|---|---|---|
| 1993 | 4 | 俊国ベアーズ | 90 | 40 | 47 | 3 | .460 |
| 1994 | 6 | 俊国ベアーズ | 90 | 29 | 59 | 2 | .330 |
| 1995 | 6 | 俊国ベアーズ | 100 | 40 | 58 | 2 | .408 |
| 1996 | 6 | 興農ベアーズ/興農ブルズ | 100 | 28 | 69 | 3 | .289 |
| 1997 | 5 | 興農ブルズ | 96 | 45 | 48 | 3 | .484 |
| 1998 | 1 | 興農ブルズ | 105 | 58 | 45 | 2 | .563 |
| 1999 | 6 | 興農ブルズ | 93 | 30 | 61 | 2 | .330 |
| 2000 | 1 | 興農ブルズ | 90 | 51 | 38 | 1 | .573 |
| 2001 | 4 | 興農ブルズ | 90 | 34 | 51 | 5 | .400 |
| 2002 | 3 | 興農ブルズ | 90 | 44 | 45 | 1 | .494 |
| 2003 | 2 | 興農ブルズ | 100 | 62 | 32 | 6 | .660 |
| 2004 ★ | 2 | 興農ブルズ | 100 | 52 | 43 | 5 | .547 |
| 2005 ★ | 1 | 興農ブルズ | 101 | 53 | 42 | 6 | .558 |
| 2006 | 3 | 興農ブルズ | 100 | 48 | 49 | 3 | .495 |
| 2007 | 6 | 興農ブルズ | 100 | 42 | 57 | 1 | .424 |
| 2008 | 6 | 興農ブルズ | 100 | 37 | 62 | 1 | .374 |
| 2009 | 3 | 興農ブルズ | 120 | 57 | 60 | 3 | .487 |
| 2010 | 1 | 興農ブルズ | 120 | 65 | 53 | 2 | .551 |
| 2011 | 4 | 興農ブルズ | 120 | 45 | 72 | 3 | .385 |
| 2012 | 4 | 興農ブルズ | 120 | 38 | 77 | 5 | .330 |
| 2013 | 2 | 義大ライノス | 120 | 62 | 57 | 1 | .521 |
| 2014 | 3 | 義大ライノス | 120 | 58 | 60 | 2 | .492 |
| 2015 | 3 | 義大ライノス | 120 | 58 | 61 | 1 | .487 |
| 2016 ★ | 2 | 義大ライノス | 120 | 61 | 58 | 1 | .513 |
| 2017 | 4 | 富邦ガーディアンズ | 120 | 48 | 70 | 2 | .407 |
| 2018 | 3 | 富邦ガーディアンズ | 120 | 54 | 66 | 0 | .450 |
| 2019 | 1 | 富邦ガーディアンズ | 120 | 63 | 55 | 2 | .534 |
| 2020 | 4 | 富邦ガーディアンズ | 120 | 54 | 65 | 1 | .454 |
| 2021 | 4 | 富邦ガーディアンズ | 120 | 54 | 62 | 4 | .466 |
| 2022 | 5 | 富邦ガーディアンズ | 120 | 46 | 70 | 4 | .397 |
| 2023 | 5 | 富邦ガーディアンズ | 120 | 48 | 67 | 5 | .417 |
| 通算 | | | 3345 | 1504 | 1759 | 82 | .461 |

球団小史■1992年のバルセロナ五輪銀メンバーを中心に構成され、翌1993年に誕生した俊国ベアーズが前身。1996年に興農グループに売却され、後に興農ブルズに改称。2004、2005年と連覇も、次第に経営意欲が低下、2012年に義聯グループに売却され義大ライノスと改称した。義大はマニー・ラミレス獲得などで旋風を起こすも、2016年に成績低迷を理由に身売りを決定。台湾シリーズ優勝を置き土産に富邦HDに譲渡され、2017年から富邦ガーディアンズとなった。ただ、2019年を除き勝率5割に届かず下位が続いている。

味全龍

樂天桃猿

統一7-ELEVEn獅

中信兄弟

富邦悍將

台鋼雄鷹

市民憩いの場にあるクールなスタジアム

# 新北市立新莊棒球場

しんほくしりつしんそうきゅうじょう

シンベイシーリー　シンジュアン　バンチョウチャン

住所：新北市新莊區和興街66號　TEL：02-2998-1382
収容人員：12,150人　天然芝　中堅：122m（400ft）　両翼：99m（325ft）

## メトロ駅から徒歩圏内

直轄市昇格以前は台北県という名称だった新北市は、台北市をドーナツのように取り囲む衛星都市で、400万人超と台湾の自治体トップの人口を誇る。1997年に竣工した新莊棒球場は陸上競技場や体育館、テニスコートなどが集まる運動公園の中にある。

緑あふれる環境は地元民にとっての憩いの場で、球場の外周にはヤシの木が植えられており南国ムードいっぱいだ。2017年に富邦ガーディアンズを運営する富邦グループが同球場の経営権を取得すると、日本の球場を参考に積極的な改装を行い、ホームスタジアムとして各施設を一新、観戦の質も高めた。メトロ駅から徒歩圏内とアクセスもいい。

## 広く清潔なトイレは女性ファンに好評

コーポレートカラーのブルーで統一されたスタジアムはクールで都会的な印象を与える。竣工後に増築された2階席部分がせり出している影響で、内野1階席の後列は暗い印象があるが、外野寄りの前列の座席はネットもなく開放感がある。ブルペンにお目当ての投手がいる場合にはオススメの席だ。トイレが広く清潔なのは女性ファンならずとも嬉しい。

## グルメ

常設店舗の充実度は台湾屈指。定番の他、豆花やチキンライスの専門店まで揃い、カヤトーストのような変わり種もある。また、ファミリーマートの店舗も常設されている。オススメはドミノ・ピザの球場限定メニュー「夠悍披薩」。ピリ辛でビールが進む。また球場すぐ近くにある「炸雞大獅 新荘棒球場店」はFubon Angelsのメンバー蓁蓁が経営するお店。注文してからその場で揚げてくれるフライドチキンは野球のお供にピッタリだ。

## テーマデー

富邦の代名詞が、今年で7回目を迎える「悍將中學」。学校をテーマにしたイベントで、その年の校草・校花（ミスター・ミス）を決める投票が行われる他、チアは制服姿で登場するなど、選手・チアファン共に楽しめるイベントだ。また今季は6月にチーム初となるパリーグとのコラボデー「わくわく日本祭り」も予定されている。水曜・木曜日はそれぞれ試合後にチア・選手と交流が出来る限定席もある。

## 富邦主催試合チケット（新北市立新荘棒球場）

| エリア | 大人(平日) | 割引(平日) | 大人(土日祝) | 割引(土日祝) |
|---|---|---|---|---|
| 内野ホットパワーエリア<br>(A1~A5、B1~B5の6列から前) | 400 | | 600 | |
| 内野ホットエリア<br>(A1-A6、B1-B6の内野ホットパワーエリア以外の座席) | 350 | 250 | 500 | |
| 内野一般エリア<br>(A7~A13、B7~B11、C3~C13、D3~D13) | | | 450 | 350 |
| 外野自由席 | 200 | | 250 | |
| 食事付きシート(1、2、4人) | 600、1,280、3,000 | | 700、1,480、3,400 | |
| パーティーゾーン(18人まで) | 5,900 | | 7,900 | |

※前売券の価格　※イベントデーは価格が変更になる場合があります
※パーティーゾーンは18人を超える場合は4人まで追加でチケット購入可能
※割引チケットは学生、115cm以上の児童、65歳以上、新荘区住民が対象
※単位は台湾ドル　1台湾ドル≒約4.7円

## 新北市立新荘棒球場　周辺地図＆アクセス

新北棒球場
台北メトロ
新荘駅

台北駅から
- 【台北メトロ(MRT)で】淡水信義線で淡水行き または北投行きに乗り、民權西路駅で中和新蘆線(迴龍行)に乗り換え、新荘駅下車(約25分)。
- 【路線バスで】「台北車站(忠孝)」バス停から 299番バスで、「新荘棒球場」バス停下車(約40分)。

新荘駅(最寄り駅)から球場へ
- 徒歩約15分(約1.1km)。

**要チェック!!**

台北市周辺の移動はメトロ(MRT)が便利。新荘棒球場は最寄りの新荘駅から徒歩圏内なので、言葉が不慣れな人でも安心だ。ただし中和新蘆線は途中二股に分かれるので、「迴龍」行に乗ることをお忘れなく。駅から球場に行く途中にはコンビニもある。

## 選手別応援歌＆チャンステーマ

**1 林哲瑄** リンジェーシュエン
♪「We are NO.1 悍將遊俠 林哲瑄」

**3 王勝偉** ワンシェンウェイ
♪「王勝偉 衝落 王勝偉 催落
哈魯拿耀 王勝偉」

**6 葉子霆** イェズーティン
♪「Hit Hit Hit 葉子霆
閃電狂奔小跑車 葉子霆」

**22 李宗賢** リ ゾンシェン
♪「宗賢 宗賢 全力向前 李宗賢
宗賢 宗賢 火力串聯 李宗賢」

**29 申皓瑋** シェンハオウェイ
♪「強・打 申皓瑋 棒棒上壘 申皓瑋
好・威 申皓瑋 展翅高飛 申皓瑋」

**35 王正棠** ワンジェンタン
♪「棒棒棠 棒棒棠 我愛王正棠
王正棠 王正棠 正棠是王」

**46 范國宸** ファングォチェン
♪「一! 棒! 擊! 沈! 一棒擊沈全壘打 范國宸」

**67 辛元旭** シンユエンシュ
♪「辛元旭的揮擊 全壘打扛出去
蓄勢待發 辛元旭」

**69 張進德** ジャンジン デ
♪「進攻號角 張進德 得分交給 張進德
Let's Go 張進德」

**95 戴培峰** ダイベイフォン
♪「戴培峰 陪你瘋 悍將戴就捕 戴培峰
戴培峰 轟轟轟 全力去轟 戴培峰」

**98 高國麟** ガオグォリン
♪「悍將重砲 高國麟 砲轟強襲 轟不停」

**チャンス 藍色狂潮** ラン セ クァンチャオ
♪「狂轟 猛攻 湛藍出擊○○○」

※○○○は選手名
　コール部分のみ抜粋し掲載

# 嘉義市立棒球場

かぎしりつきゅうじょう
ジャーイーシーリー　バンチョウチャン

住所：嘉義市東區山仔頂249-1號
TEL：05-275-4225
収容人員：10,000人
天然芝
中堅：122m（400ft）　両翼：107m（350ft）

## 「KANO」は嘉義市民の誇り

台北の南西約200kmにある嘉義は、日本そして野球とつながりの深い町だ。1917年に建設された球場は日本統治時代の神社の社務所が残る嘉義公園の中にある。1931年に地元・嘉義農林学校が台湾代表として甲子園大会で準優勝を収めたことは市民の誇りで、スコアボードにも「嘉義市KANO棒球場」という表記が。2021年から富邦のファーム本拠地となり、今季も二軍戦だけでなく他チーム主催の一軍公式戦が7試合開催される。今春から内野に天然芝を舗装しているため、初戦は8月となる。嘉義県内にあり

「嘉縣」と略される嘉義縣立棒球場に対し、こちらは「嘉市」と略される。両翼107mは台湾最大級。

## 嘉義市立棒球場　周辺地図&アクセス

台北駅から嘉義市内へ
・在来線（台鉄）の特急（自強号）で台鉄嘉義駅まで、約2時間30分から3時間30分。
・高速鉄道（高鉄）で高鉄嘉義駅まで、約1時間30分。高鉄嘉義駅から市中心部の台鉄嘉義駅へは、嘉義BRT7211番バス（「嘉義公園」行き）か、嘉義BRT7212番バス（「宏仁女中」行き）で「嘉義市轉運中心」下車（約30分）。
・その他、高速バスもあり。
高鉄嘉義駅、台鉄嘉義駅から球場へ
・嘉義BRT7211番バス（「嘉義公園」行き）で終点の「嘉義公園」下車（約45分）。途中、台鉄嘉義駅

に隣接するバスターミナル（嘉義市轉運中心）を経由する。このバスは高鉄の乗車券を提示すれば無料で乗車できる。

**要チェック!!**
在来線、台湾鉄道（台鉄）の嘉義駅と、高速鉄道（高鉄）の嘉義駅は全く別の駅だが、どちらでも嘉義BRT7211番バスで球場の最寄りのバス停、終点の「嘉義公園」を目指せばOK。観戦前には名物の鶏肉飯（七面鳥ご飯）を味わいたい。

## 52 陳金鋒　ちん・きんぽう／チェン・ジンフォン／CHEN CHIN FENG

監督　47歳　14年目　右右　1977.10.28　183cm90kg
①中華中学-ドジャース-La New(06-10)-Lamigo(11-16)-富邦コーチ(22-23)-富邦監督(24)②首(07),点(06),べ(06,07,08,09)④アジア大会(98),アテネ五輪(04),アジア大会(06),北京五輪(08)

## 91 丘昌榮　きゅう・しょうえい／チョウ・チャンロン／CHIU CHANG JUNG

ヘッドコーチ　52歳　23年目　右右　1972.10.30　186cm83kg
①華興中学-中国文化大学-TML・台中金剛(97-02)-誠泰太陽(03)-誠泰(04-07)-米迪亜コーチ(08)-中信兄弟コーチ(14-19)-中信兄弟監督コーチ(21)-富邦監督(22-23)-富邦コーチ(24)

## 40 郭勇志　かく・ゆうし／グォ・ヨンジ／KUO YONG ZHI

投手コーチ　47歳　13年目　右右　1977.9.24　183cm93kg
①台湾体専-台湾体信-興農(01-09)-富邦コーチ(17-18)-富邦コーチ(23)②救(06)

## 42 林正豐　りん・せいほう／リン・ジェンフォン／LIN CHENG FENG
●ブルペンコーチ　42歳　18年目　右右　1982.12.26　182cm84kg
①高苑工商-統一(06-12)-義大(13-16)-富邦コーチ(17-22)-富邦コーチ(24)

## 72 垣内哲也　かきうち・てつや／ユエンネイ・ジェイェ(日本)／KAKIUCHI TETSUYA

打撃統括コーチ　54歳　2年目　右右　1970.6.6　186cm90kg
①日高高中中津分校-西武・千葉ロッテ-中日コーチ-東北楽天コーチ-富邦コーチ(23)⑤垣内哲也

## 51 稲田直人　いなだ・なおと／ダオティエン・ジーレン(日本)／INADA NAOTO
●内野統括コーチ　45歳　1年目　右左　1979.11.6　170cm76kg
①広陵高-駒沢大-NKK-JFE西日本-日本ハム-横浜-東北楽天-日本ハムコーチ-富邦コーチ(24)⑤稲田直人

## 68 施金典　し・きんてん／シ・ジンディエン／SHIH CHIN TIEN
内野守備コーチ　44歳　20年目　右右　1980.8.1　185cm75kg
①台湾体専-台湾体院-統一(05-10)-興農(11-12)-興農コーチ(12)-義大(13-16)-富邦コーチ(17)

## 8 詹智堯　せん・ちぎょう／ジャン・ジーヤオ／CHAN CHIH YAO

外野守備コーチ　41歳　16年目　左右　1983.1.2　178cm83kg
①屏東高中-台湾体院-La New(09-10)-Lamigo(11-19)-楽天(20-21)-富邦(22)-富邦コーチ(23)②ゴ(09,12,13,14,15)④WBC(06,09)

## 63 劉家豪　りゅう・かごう／リョウ・ジャーハオ／LIU CHIA HAO
バッテリーコーチ　40歳　19年目　右右　1984.5.28　172cm79kg
①桃園農工-La New(06-10)-Lamigo(11-14)-Lamigoコーチ(15-19)-楽天コーチ(20-21)-富邦コーチ(22)

## 86 郭建霖　かく・けんりん／グォ・ジェンリン／KUO CHIEN LIN

二軍監督　59歳　32年目　右右　1965.5.21　175cm78kg
①美和中学-味全(90-95)-TML・台北太陽(97-00)-TML・高屏雷公コーチ(01-02)-第一金剛コーチ(03)-La Newコーチ(04-07)-Lamigoコーチ(20)④べ(91),ゴ(93,95)

## 88 酒井光次郎　さかい・みつじろう／ジョウジン・グァンツラン(日本)／SAKAI MITSUJIROU
二軍投手コーチ　56歳　5年目　右右　1968.1.31　172cm75kg
①松山商業高-近畿大-日本ハム-阪神-統一コーチ(05-07)-BCリーグ・信濃コーチ-富邦コーチ(23)⑤酒井光次郎

## 90 廖剛池　りょう・ごうち／リャオ・ガンチ／LIAO GANG CHIH
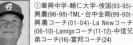
●二軍投手コーチ　59歳　21年目　右右　1965.12.25　175cm84kg
①華興中学-輔仁大学-俊国(93-95)-興農(96-98)-TML・台中金剛(99-00)-興農コーチ(01-04)-La Newコーチ(06-10)-Lamigoコーチ(11-12)-中信兄弟コーチ(16)-富邦コーチ(24)

## 36 蔡建偉　さい・けんい／ツァイ・ジェンウェイ／TSAI CHIEN WEI
二軍打撃コーチ　44歳　21年目　左左　1980.3.29　179cm91kg
①台北体専-台北体院-La New(04-10)-Lamigo(13-16)-Lamigoコーチ(16-19)-楽天コーチ(20-22)-富邦コーチ(23)②ゴ(06)

## 28 高國輝　こう・こくき／ガオ・グォフイ／KAO KUO HUI
二軍打撃コーチ　39歳　12年目　右右　1985.9.26　189cm103kg
①高苑工商-台北体院-マリナーズ-義大(13-16)-富邦(17-23)-富邦コーチ(24)③本(14,15,16),べ(13,15,16)④北京五輪(08),アジア大会(10),プレミア12(15),WBC(17)

## 45 葉竹軒　よう・ちくけん／イェ・ジューシュエン／YEH CHU HSUAN
二軍内野守備コーチ　37歳　14年目　右右　1987.3.29　172cm84kg
①美和中学-国立体大-Lamigo(11-19)-楽天(20)-富邦(21-23)-富邦コーチ(24)

## 93 徐育澄　じょ・いくちょう／シュ・ユーチェン／HSU YU CHEN
二軍外野守備コーチ　37歳　10年目　右右　1987.10.23　176cm70kg
①東石高中-輔仁大学-興農(12)-義大(13-16)-富邦(17)-富邦コーチ(21)

## 20 林琨笙　りん・こんしょう／リン・クンシェン／LIN KUN SHENG
二軍バッテリーコーチ　37歳　14年目　右右　1987.3.8　178cm87kg
①台中高農-台湾体院-興農(11-16)-義大(13-16)-富邦コーチ(17-22)-富邦コーチ(23)②ゴ(13,18)④WBC(09,17),アジア大会(10,14)

## 27 黃浩然　こう・こうぜん／ホァン・ハオラン／HUANG HAO JAN
二軍バッテリーコーチ　42歳　19年目　右右　1982.2.13　180cm85kg
①穀保家商-台北体院-誠泰(06-07)-米迪亜(08)-La New(09-10)-Lamigo(11-18)-富邦コーチ(19)②ゴ(14)

## 99 陳連宏　ちん・れんこう／チェン・リェンホン／CHEN LIEN HONG

▲ファーム基地統括コーチ　51歳　27年目　右右　1973.9.13
①新民高工-和信(97-01)-中信(02)-統一(03-11)-統一コーチ(12-13)-統一監督(14-15)-統一コーチ(16)-統一監督(18-19)-統一コーチ(20-23)-富邦コーチ(24)②べ(98,99,00,03),ゴ(98)④アジア大会(94)

## 47 林屹洲　りん・きつしゅう／リン・イージョウ／LIN YI CHOU
トレーニングコーチ　32歳　3年目　右右　1992.2.14　172cm90kg

## 92 陳柏穎　ちん・はくえい／チェン・ボーイン／CHEN PO YING
トレーニングコーチ　33歳　7年目　右右　1991.11.13　180cm73kg

## 53 杜正文　と・せいぶん／ドゥ・ジェンウェン／TU CHENG WEN

二軍トレーニングコーチ　46歳　14年目　右右　1978.8.31　176cm70kg

## 79 黃柏揚　こう・はくよう／ホァン・ボーヤン／HUANG PO YANG
二軍トレーニングコーチ　35歳　10年目　右右　1989.7.19　172cm75kg

背番号　漢字名　日本読み　現地読み(国籍)　英語　｜　役職　年齢　年数(CPBL)　投打　生年月日　身長体重
①経歴②タイトル歴④代表歴⑤NPBでの登録名
記号…●…新入団(新任)　▲…移籍，■…復帰

# 60 曾峻岳

そう・しゅんがく
ツェン・ジュンユエ
TSENG JYUN YUE

投手　23歳　5年目　右右
2001.11.7　174cm68kg

①西苑高中-富邦(20)②新(21)③オフにはポスティングでNPB入りを目指した若き豪腕。終盤調子を落とす場面もあったが、登板54試合で自責点がついたのは4試合だけと絶対的な存在だった。最速157キロのストレートを武器に、今季も相手打者をねじ伏せる。④WBC(23)、APBC(23)

| 年度 | チーム | 試合 | 先発 | 勝利 | 敗戦 | セーブ | ホールド | 投球回 | 四球 | 三振 | 防御率 |
|---|---|---|---|---|---|---|---|---|---|---|---|
| 2017 | - | - | - | - | - | - | - | - | - | - | - |
| 2018 | - | - | - | - | - | - | - | - | - | - | - |
| 2019 | - | - | - | - | - | - | - | - | - | - | - |
| 2020 | - | - | - | - | - | - | - | - | - | - | - |
| 2021 | 富邦 | 57 | 0 | 4 | 0 | 12 | 13 | 55 | 16 | 62 | 1.80 |
| 2022 | 富邦 | 47 | 0 | 2 | 4 | 20 | 6 | 50 1/3 | 18 | 64 | 2.86 |
| 2023 | 富邦 | 54 | 0 | 2 | 2 | 18 | 9 | 51 2/3 | 17 | 60 | 1.22 |
| 通算 | | 158 | 0 | 8 | 6 | 50 | 28 | 157 | 51 | 186 | 1.95 |

# 66 李東洺

り・とうめい
リ・ドンミン
LI DONG MING

投手　25歳　4年目　右左
1999.12.29　184cm74kg

①三信家商-南華大学-富邦(21)③高い奪三振能力を誇る球界屈指のイケメン右腕。昨季中盤に元々の武器だったシンカーを捨て、カットボール中心の投球にモデルチェンジしたことで大きく飛躍。子強から東洺に改名して迎える今季は先発再転向を目指す。④APBC(23)

| 年度 | チーム | 試合 | 先発 | 勝利 | 敗戦 | セーブ | ホールド | 投球回 | 四球 | 三振 | 防御率 |
|---|---|---|---|---|---|---|---|---|---|---|---|
| 2017 | - | - | - | - | - | - | - | - | - | - | - |
| 2018 | - | - | - | - | - | - | - | - | - | - | - |
| 2019 | - | - | - | - | - | - | - | - | - | - | - |
| 2020 | - | - | - | - | - | - | - | - | - | - | - |
| 2021 | 富邦 | 1 | 1 | 1 | 0 | 0 | 0 | 5 | 1 | 4 | 0.00 |
| 2022 | 富邦 | 14 | 3 | 0 | 1 | 0 | 2 | 34 | 9 | 27 | 3.18 |
| 2023 | 富邦 | 29 | 2 | 4 | 4 | 0 | 1 | 48 1/3 | 24 | 47 | 4.47 |
| 通算 | | 44 | 6 | 5 | 5 | 0 | 3 | 87 1/3 | 34 | 78 | 3.71 |

# 0 道鉑戈

ジェイク・ダールバーグ
ダオボーゲ(アメリカ合衆国)
JAKE DAHLBERG

▲　投手　31歳　2年目　左左　1993.12.1　185cm92kg

①イリノイ大学シカゴ校-カージナルス-米独立L-ジャイアンツ-米独立L-楽天(23)-富邦(24)③楽天でプレーした昨季は終盤リリーフに回るなど、ポストシーズンで大車輪の活躍を見せた。今季は先発で起用される予定だ。

| 年度 | 試合 | 先発 | 勝利 | 敗戦 | セーブ | ホールド | 投球回 | 四球 | 三振 | 防御率 |
|---|---|---|---|---|---|---|---|---|---|---|
| 2023 | 16 | 13 | 6 | 4 | 0 | 0 | 73 1/3 | 36 | 49 | 3.31 |
| 通算 | 16 | 13 | 6 | 4 | 0 | 0 | 73 1/3 | 36 | 49 | 3.31 |

# 12 江國豪

こう・こくごう
ジャン・グォハオ
CHIANG KUO HAO

投手　27歳　6年目　右右　1997.12.29　178cm73kg

①麥寮高中-台湾体大-富邦(19)③フルシーズン1年目に9勝を挙げるも、以降は伸び悩みが続く。オーバーエイジ枠で選出されたAPBCでの経験を糧に復活を。④APBC(23)

| 年度 | 試合 | 先発 | 勝利 | 敗戦 | セーブ | ホールド | 投球回 | 四球 | 三振 | 防御率 |
|---|---|---|---|---|---|---|---|---|---|---|
| 2023 | 17 | 14 | 2 | 6 | 0 | 0 | 69 1/3 | 39 | 40 | 4.02 |
| 通算 | 80 | 36 | 13 | 17 | 0 | 4 | 231 1/3 | 103 | 131 | 4.82 |

# 15 范柏絜

はん・はくけつ
ファン・ボージェ
FAN PO CHIEH

▲　投手　24歳　7年目　右右　2000.8.13　183cm73kg

①高苑工商-Lamigo(18-19)-楽天(20-23)-富邦(24)③オフに楽天を自由契約となった後、春季キャンプでのテストに合格し富邦入り。制球力の高さと明るい性格が武器だ。

| 年度 | 試合 | 先発 | 勝利 | 敗戦 | セーブ | ホールド | 投球回 | 四球 | 三振 | 防御率 |
|---|---|---|---|---|---|---|---|---|---|---|
| 2023 | 3 | 0 | 0 | 0 | 0 | 0 | 4 | 1 | 5 | 2.25 |
| 通算 | 5 | 0 | 0 | 1 | 0 | 0 | 5 2/3 | 1 | 7 | 3.18 |

# 16 潘奕誠

はん・やくせい
パン・イーチェン
PAN I CHENG

投手　24歳　3年目　右右　2000.9.16　185cm75kg

①三民高中-台湾体大-富邦(22)③22年にドラフト2位と高評価で入団も、伸び悩みが続く。球速の低下が顕著なだけに、まずは大学時代の球威を取り戻したい。

| 年度 | 試合 | 先発 | 勝利 | 敗戦 | セーブ | ホールド | 投球回 | 四球 | 三振 | 防御率 |
|---|---|---|---|---|---|---|---|---|---|---|
| 23(二軍) | 13 | 8 | 2 | 5 | 0 | 0 | 40 1/3 | 19 | 17 | 4.68 |
| 通算(二軍) | 15 | 10 | 2 | 5 | 0 | 0 | 47 1/3 | 24 | 22 | 5.51 |

# 17 黃子宸

こう・ししん
ホァン・ズーチェン
HUANG TZU CHEN

投手　21歳　3年目　右右　2003.7.1　188cm78kg

①南英商工-嘉義大学-富邦(22)③23年は二軍で最多勝を獲得し、シーズン最終戦では一軍初登板と飛躍の一年に。豊富な変化球を駆使し打たせて取るスタイルだ。

| 年度 | 試合 | 先発 | 勝利 | 敗戦 | セーブ | ホールド | 投球回 | 四球 | 三振 | 防御率 |
|---|---|---|---|---|---|---|---|---|---|---|
| 2023 | 1 | 0 | 0 | 0 | 0 | 1 | 2 | 1 | 1 | 0.00 |
| 通算 | 1 | 0 | 0 | 0 | 0 | 1 | 2 | 1 | 1 | 0.00 |

# 18 黃保羅

こう・ほら
ホァン・バオルォ
HUANG PAO LO

投手　20歳　3年目　右右　2004.4.16　188cm80kg

①平鎮高中-富邦(22)③将来の大黒柱として期待される右腕は、長い手足を活かして投げ下ろす速球が魅力。安定感を向上させ、ローテ入りを目指したい。

| 年度 | 試合 | 先発 | 勝利 | 敗戦 | セーブ | ホールド | 投球回 | 四球 | 三振 | 防御率 |
|---|---|---|---|---|---|---|---|---|---|---|
| 2023 | 2 | 2 | 0 | 0 | 0 | 0 | 6 | 5 | 5 | 15.00 |
| 通算 | 2 | 2 | 0 | 0 | 0 | 0 | 6 | 5 | 5 | 15.00 |

富邦ガーディアンズ　フーバン ハンジャン

背番号　漢字名　日本語読み　現地読み(国籍)　英語　ポジション　年齢　年数(CPBL)　投打　生年月日　身長体重
①経歴②タイトル歴③寸評④代表歴⑤NPBでの登録名　記号：●…新入団(新任)、▲…移籍、■…復帰

## 81 陳仕朋

ちん・しほう
チェン・シーポン
CHEN SHIH PENG

投手 27歳 9年目 左左
1997.9.20 179cm79kg

①西苑高中-義大(16)-富邦(17)③富邦の左のエースはローテを守り続ける安定感が最大の魅力。過去5年連続で100イニング超えはリーグで彼一人しかいない。手元で不規則に変化するクセ球と豊富な変化球を低めに集め、ゴロアウトの山を築く。④WBC(23)

| 年度 | チーム | 試合 | 先発 | 勝利 | 敗戦 | セーブ | ホールド | 投球回 | 四球 | 三振 | 防御率 |
|---|---|---|---|---|---|---|---|---|---|---|---|
| 2017 | 富邦 | 1 | 1 | 0 | 0 | 0 | 0 | 2 | 5 | 0 | 13.50 |
| 2018 | 富邦 | 7 | 6 | 0 | 2 | 0 | 0 | 27 1/3 | 11 | 13 | 7.24 |
| 2019 | 富邦 | 23 | 23 | 11 | 8 | 0 | 0 | 124 | 36 | 73 | 3.48 |
| 2020 | 富邦 | 20 | 19 | 6 | 10 | 0 | 1 | 107 | 31 | 72 | 5.21 |
| 2021 | 富邦 | 20 | 18 | 12 | 4 | 0 | 0 | 106 2/3 | 38 | 67 | 4.72 |
| 2022 | 富邦 | 23 | 18 | 7 | 6 | 0 | 0 | 113 2/3 | 37 | 86 | 2.69 |
| 2023 | 富邦 | 22 | 22 | 7 | 9 | 0 | 0 | 122 1/3 | 28 | 71 | 3.60 |
| 通算 | | 116 | 107 | 34 | 48 | 0 | 1 | 603 | 186 | 382 | 4.09 |

## 87 富藍戈

エンダーソン・フランコ
フランゲ(ベネズエラ)
ENDERSON FRANCO

投手 32歳 3年目 右右
1992.12.29 185cm109kg

①アストロズ-レイズ-マーリンズ-ブレーブス-ジャイアンツ-韓国・ロッテ-メキシカンL-富邦(22)③22年にCPBL記録の161キロをマークした豪速球右腕。昨季はチェンジアップの精度が上がったことで、安定感が大幅に向上。46.1イニング連続自責点0のリーグ記録を打ち立て、終盤からは曾峻岳に代わりクローザーを任された。

| 年度 | チーム | 試合 | 先発 | 勝利 | 敗戦 | セーブ | ホールド | 投球回 | 四球 | 三振 | 防御率 |
|---|---|---|---|---|---|---|---|---|---|---|---|
| 2017 | - | | | | | | | | | | |
| 2018 | - | | | | | | | | | | |
| 2019 | - | | | | | | | | | | |
| 2020 | - | | | | | | | | | | |
| 2021 | - | | | | | | | | | | |
| 2022 | 富邦 | 40 | | 1 | 2 | 5 | 11 | 51 1/3 | 10 | 51 | 2.45 |
| 2023 | 富邦 | 52 | | 5 | | 9 | 17 | 66 1/3 | 13 | 71 | 0.95 |
| 通算 | | 92 | | 6 | | 14 | 28 | 117 2/3 | 23 | 122 | 1.61 |

## 21 藍愷青

らん・がいせい
ラン・カイチン
LAN KAI CHING

投手 26歳 5年目 左左 1998.9.6 176cm74kg

①高苑工商-国立体大-富邦(20)③投球術が光る左の中継ぎも、年々出番が減少している。被打率.343と打ち込まれた左打者を抑え込み、信頼を取り戻したい。

| 年度 | 試合 | 先発 | 勝利 | 敗戦 | セーブ | ホールド | 投球回 | 四球 | 三振 | 防御率 |
|---|---|---|---|---|---|---|---|---|---|---|
| 2023 | 17 | 0 | 1 | 0 | 0 | 10 | 13 2/3 | 5 | 8 | 3.95 |
| 通算 | 81 | 0 | 5 | 1 | 0 | 10 | 74 | 26 | 34 | 3.77 |

## 23 布藍登

ブランドン・ブレナン
ブランデン(アメリカ合衆国)
BRANDON BRENNAN

● 投手 33歳 1年目 右右 1991.7.26 193cm93kg

①オレンジコースト大-ホワイトソックス-ロッキーズ-マリナーズ-レッドソックス-ブレーブス-メキシカンL-富邦(24)③シンカーが投球の大半を占めるゴロピッチャー。19年にMLBで44登板、昨年はメキシカンリーグで最多勝のタイトルに輝いた。

| 年度 | 試合 | 先発 | 勝利 | 敗戦 | セーブ | ホールド | 投球回 | 四球 | 三振 | 防御率 |
|---|---|---|---|---|---|---|---|---|---|---|
| 2023 | - | | | | | | | | | |
| 通算 | - | | | | | | | | | |

## 24 戈威士

キーバス・サンプソン
ゲーウェイシ(アメリカ合衆国)
KEYVIUS SAMPSON

▲ 投手 33歳 3年目 右右 1991.1.6 188cm102kg

①フォレスト高-パドレス-レッズ-ダイヤモンドバックス-マーリンズ-韓国・ハンファ-ジャイアンツ-ホワイトソックス-米独立L-統一(22-23)-富邦(24)昨年は統一で8勝を挙げた奪三振能力に長けたスターター。制球が安定している日は手の付けられないピッチングを見せる。

| 年度 | 試合 | 先発 | 勝利 | 敗戦 | セーブ | ホールド | 投球回 | 四球 | 三振 | 防御率 |
|---|---|---|---|---|---|---|---|---|---|---|
| 2023 | 21 | 19 | 8 | 5 | 0 | 0 | 110 | 44 | 115 | 3.11 |
| 通算 | 32 | 29 | 11 | 10 | 0 | 0 | 171 | 76 | 174 | 3.26 |

## 25 賴智垣

らい・ちえん
ライ・ジーユエン
LAI CHIH YUAN

投手 27歳 7年目 右右 1997.2.28 178cm86kg

①西苑高中-台湾体大-Lamigo(18-19)-楽天(20-21)-富邦(22)③強烈にナチュラルシュートする速球が武器。22年には17ホールド、防御率1.35の活躍を見せた台湾版リストラの星だ。

| 年度 | 試合 | 先発 | 勝利 | 敗戦 | セーブ | ホールド | 投球回 | 四球 | 三振 | 防御率 |
|---|---|---|---|---|---|---|---|---|---|---|
| 2023 | 22 | 0 | 0 | 1 | 0 | 3 | 18 1/3 | 12 | 10 | 4.42 |
| 通算 | 85 | 0 | 1 | 0 | | | 81 | 36 | 46 | 4.44 |

## 30 陳韋霖

ちん・いりん
チェン・ウェイリン
CHEN WEI LIN

投手 29歳 5年目 左左 1995.6.30 177cm67kg

①中興高中-遠東科技大学-富邦(20)③伸びのある速球が魅力の左腕リリーフ。前年から大きく登板数を増やすも、防御率は5.11で首脳陣の信頼を摑み取れなかった。

| 年度 | 試合 | 先発 | 勝利 | 敗戦 | セーブ | ホールド | 投球回 | 四球 | 三振 | 防御率 |
|---|---|---|---|---|---|---|---|---|---|---|
| 2023 | 15 | 0 | 0 | 0 | 0 | 0 | 12 1/3 | 3 | 11 | 5.11 |
| 通算 | 49 | 0 | 2 | 0 | 0 | 9 | 38 1/3 | 20 | 23 | 6.57 |

## 34 王尉永

おう・いえい
ワン・ウェイヨン
WANG WEI YONG

投手 29歳 7年目 右右 1995.9.18 181cm72kg

①中道高中-中国文化大学-富邦(18)③かつて稲葉篤紀元日本代表監督も高く評価した快速球右腕。決め球に手元で落ちる縦のスライダーもあり、空振り率は優秀。

| 年度 | 試合 | 先発 | 勝利 | 敗戦 | セーブ | ホールド | 投球回 | 四球 | 三振 | 防御率 |
|---|---|---|---|---|---|---|---|---|---|---|
| 2023 | 42 | 0 | 0 | 0 | 0 | 7 | 34 | 18 | 24 | 3.44 |
| 通算 | 212 | 6 | 0 | 0 | | 47 | 183 2/3 | 74 | 194 | 3.87 |

## 22 李宗賢

り・そうけん
リ・ゾンシェン
LI TSUNG HSIEN

内野手　30歳　9年目　右右
1994.6.29　178cm70kg

①平鎮高中-国立体大-義大(16)-富邦(17)②ベ(20)、ゴ(17)③21、22年と不振も昨年は6年ぶりにポジションを遊撃から三塁に戻し、主に1番に入り打率リーグ2位と復活。最も成績が進歩した選手に送られる「最佳進歩獎」を受賞した。今季は二塁手として鋭い打球を飛ばしていく。

| 年度 | チーム | 試合 | 打数 | 安打 | 本塁打 | 打点 | 四球 | 三振 | 盗塁 | 打率 | OPS |
|---|---|---|---|---|---|---|---|---|---|---|---|
| 2017 | 富邦 | 105 | 317 | 87 | 4 | 32 | 31 | 83 | 5 | .274 | .719 |
| 2018 | 富邦 | 66 | 111 | 27 | 0 | 10 | 10 | 25 | 10 | .243 | .585 |
| 2019 | 富邦 | 110 | 321 | 84 | 1 | 28 | 16 | 56 | 18 | .262 | .607 |
| 2020 | 富邦 | 117 | 488 | 151 | 4 | 46 | 28 | 66 | 17 | .309 | .759 |
| 2021 | 富邦 | 78 | 274 | 61 | 0 | 18 | 20 | 47 | 8 | .223 | .556 |
| 2022 | 富邦 | 46 | 82 | 16 | 0 | 1 | 3 | 13 | 3 | .195 | .485 |
| 2023 | 富邦 | 104 | 368 | 117 | 3 | 41 | 29 | 48 | 11 | .318 | .802 |
| 通算 | | 647 | 2030 | 562 | 14 | 192 | 140 | 375 | 90 | .277 | .687 |

## 46 范國宸

はん・こくしん
ファン・グォチェン
FAN KUO CHEN

内野手　30歳　8年目　右右
1994.11.25　183cm88kg

①平鎮高中-台湾体大-富邦(17)②ベ(22,23)、ゴ(22,23)③広角打法が持ち味の中距離打者はここ2年で大きく成長。昨季は4番に定着し自身初の二桁HRをマーク、安定感ある一塁守備も見せた。落ち着きのあるキャプテンは、より高みを目指しチームの順位を引き上げたい。④APBC(17)、WBC(23)

| 年度 | チーム | 試合 | 打数 | 安打 | 本塁打 | 打点 | 四球 | 三振 | 盗塁 | 打率 | OPS |
|---|---|---|---|---|---|---|---|---|---|---|---|
| 2017 | 富邦 | 11 | 38 | 16 | 2 | 7 | 4 | 6 | 1 | .421 | 1.093 |
| 2018 | 富邦 | 66 | 195 | 56 | 2 | 19 | 8 | 35 | 2 | .287 | .700 |
| 2019 | 富邦 | 56 | 157 | 50 | 5 | 34 | 11 | 29 | 1 | .318 | .851 |
| 2020 | 富邦 | 91 | 258 | 73 | 5 | 32 | 14 | 31 | 0 | .283 | .752 |
| 2021 | 富邦 | 92 | 300 | 81 | 9 | 40 | 32 | 67 | 0 | .270 | .768 |
| 2022 | 富邦 | 114 | 447 | 131 | 9 | 51 | 29 | 88 | 2 | .293 | .755 |
| 2023 | 富邦 | 113 | 406 | 107 | 12 | 65 | 38 | 110 | 9 | .264 | .733 |
| 通算 | | 543 | 1801 | 514 | 44 | 248 | 136 | 366 | 15 | .285 | .762 |

## 41 楊強森

よう・きょうしん
ヤン・チャンセン
YANG CHIANG SEN

投手　22歳　4年目　右右　2002.9.22　178cm78kg

①高苑工商-富邦(21)③素質を高く評価されるダイヤの原石は、二軍で投球回を上回る三振を奪った。今季こそ念願の一軍マウンドに上がりたい。

| 年度 | 試合 | 先発 | 勝利 | 敗戦 | セーブ | ホールド | 投球回 | 四球 | 三振 | 防御率 |
|---|---|---|---|---|---|---|---|---|---|---|
| 23(二軍) | 17 | 0 | 0 | 0 | 0 | 3 | 18 | 7 | 19 | 6.50 |
| 通算(二軍) | 32 | 0 | 0 | 1 | 0 | 8 | 33 2/3 | 11 | 35 | 5.35 |

## 44 爾曼羅索普

アーマン・ルォスオブ
ARMAN RASOULPOUR

投手　25歳　2年目　右右　1999.4.12　180cm82kg

①西苑高中-台北城市科技大学-富邦(23)③最速149キロ、2種類のカーブを操る台湾とイランのハーフ。台鋼の福永春吾コーチとは社会人時代にルームメイトだった。

| 年度 | 試合 | 先発 | 勝利 | 敗戦 | セーブ | ホールド | 投球回 | 四球 | 三振 | 防御率 |
|---|---|---|---|---|---|---|---|---|---|---|
| 23(二軍) | 1 | 0 | 1 | 0 | 0 | 0 | 2 | 1 | 2 | 0.00 |
| 通算(二軍) | 1 | 0 | 1 | 0 | 0 | 0 | 2 | 1 | 2 | 0.00 |

## 48 岳少華

がく・しょうか
ユエ・シャオホァ
YUEH SHAO HUA

投手　25歳　4年目　右右　1999.6.1　180cm68kg

①中道高中-開南大学-富邦(21)③魔球レベルの空振り率を誇るチェンジアップを武器に、自己最多の46試合に登板。兄と弟は中信兄弟で主力選手として活躍している。

| 年度 | 試合 | 先発 | 勝利 | 敗戦 | セーブ | ホールド | 投球回 | 四球 | 三振 | 防御率 |
|---|---|---|---|---|---|---|---|---|---|---|
| 2023 | 46 | 0 | 1 | 1 | 0 | 5 | 42 1/3 | 21 | 38 | 3.40 |
| 通算 | 64 | 0 | 1 | 2 | 0 | 6 | 61 1/3 | 28 | 52 | 3.38 |

## 49 江國謙

こう・こくけん
ジャン・グォチェン
CHIANG KUO CHIEN

▲ 投手　25歳　7年目　右右　1999.10.1　180cm99kg

①平鎮高中-Lamigo(18-19)-楽天(20-21)-統一(22-23)-富邦(24)③オフに統一を自由契約となり、自身3球団目となる富邦へ移籍。低めに丁寧に集める投球を心掛け、一軍入りを目指したい。

| 年度 | 試合 | 先発 | 勝利 | 敗戦 | セーブ | ホールド | 投球回 | 四球 | 三振 | 防御率 |
|---|---|---|---|---|---|---|---|---|---|---|
| 2023 | 4 | 0 | 0 | 1 | 0 | 0 | 2 2/3 | 2 | 4 | 13.50 |
| 通算 | 44 | 0 | 0 | 1 | 0 | 4 | 45 1/3 | 21 | 28 | 10.32 |

## 50 呉世豪

ご・せごう
ウ・シーハオ
WU SHIH HAO

投手　25歳　8年目　右右　1999.1.13　180cm70kg

①美和中学-富邦(17)③威力のある速球をどんどんストライクゾーンに投げ込んでいく胆力が魅力。怪我から完全に復活した今季はフル回転に期待する。

| 年度 | 試合 | 先発 | 勝利 | 敗戦 | セーブ | ホールド | 投球回 | 四球 | 三振 | 防御率 |
|---|---|---|---|---|---|---|---|---|---|---|
| 2023 | 6 | 0 | 0 | 1 | 0 | 0 | 5 | 3 | 6 | 12.60 |
| 通算 | 56 | 0 | 3 | 3 | 0 | 11 | 79 | 45 | 79 | 3.87 |

## 54 李建勳

り・けんくん
リ・ジェンシュン
LEE CHIEN HSUN

投手　28歳　6年目　右右　1996.9.8　192cm95kg

①大理高中-高苑科技大学-富邦(19)③192cm、95kgの恵まれた体格から繰り出す重いボールが魅力のパワーピッチャー。オフには建永から建勳に改名した。

| 年度 | 試合 | 先発 | 勝利 | 敗戦 | セーブ | ホールド | 投球回 | 四球 | 三振 | 防御率 |
|---|---|---|---|---|---|---|---|---|---|---|
| 2023 | 10 | 0 | 0 | 1 | 0 | 0 | 8 2/3 | 5 | 8 | 5.19 |
| 通算 | 75 | 0 | 1 | 0 | 0 | 0 | 71 | 34 | 60 | 3.80 |

味全龍
樂天桃猿
統一7-ELEVEn獅
中信兄弟
富邦悍將
台鋼雄鷹

# 1 林哲瑄
りん・てつせん
リン・ジェーシュエン
LIN CHE HSUAN

外野手　36歳　10年目　右右
1988.9.21　180cm90kg

①南英商工-レッドソックス-アストロズ-レンジャーズ-四国IL·高知-義大(15-16)-富邦(17)②ベ(16)、ゴ(16,17,18,19)③ベテラン外野手は22年7月の試合中に負った肩関節唇損傷から復activated。打球判断と広い守備範囲は健在で、盗塁数も18年のキャリアハイに並んだ。メインの中堅以外に左翼、右翼での出場も増えたが、まだまだレギュラーでチームを牽引する。④北京五輪(08)、WBC(09,13,17)、アジア大会(10)、プレミア12(19)

| 年度 | チーム | 試合 | 打数 | 安打 | 本塁打 | 打点 | 四球 | 三振 | 盗塁 | 打率 | OPS |
|---|---|---|---|---|---|---|---|---|---|---|---|
| 2017 | 富邦 | 91 | 351 | 104 | 3 | 43 | 39 | 60 | 9 | .296 | .780 |
| 2018 | 富邦 | 106 | 388 | 108 | 10 | 59 | 33 | 66 | 18 | .278 | .770 |
| 2019 | 富邦 | 112 | 414 | 130 | 9 | 48 | 31 | 75 | 14 | .314 | .835 |
| 2020 | 富邦 | 73 | 220 | 64 | 9 | 32 | 28 | 54 | 14 | .291 | .847 |
| 2021 | 富邦 | 84 | 290 | 69 | 5 | 23 | 34 | 58 | 15 | .238 | .665 |
| 2022 | 富邦 | 105 | 119 | 29 | 1 | 4 | 13 | 20 | 5 | .244 | .640 |
| 2023 | 富邦 | 105 | 334 | 80 | 17 | 51 | 28 | 50 | 18 | .240 | .624 |
| 通算 | | 736 | 2594 | 741 | 63 | 323 | 267 | 448 | 105 | .286 | .788 |

# 29 申皓瑋
しん・こうい
シェン・ハオウェイ
SHEN HAO WEI

外野手　27歳　9年目　右右
1997.9.12　183cm75kg

①高苑工商-義大(16)-富邦(17)③入団時から期待が高かった外野手は昨季自身初の二桁HR、3年連続二桁盗塁を達成。一方で打撃に波があり、対左投手に率率.094と苦しんだ。中堅手での出場が増える今季は、足を活かした広い守備範囲を存分に披露したい。④アジア大会(18,23)

| 年度 | チーム | 試合 | 打数 | 安打 | 本塁打 | 打点 | 四球 | 三振 | 盗塁 | 打率 | OPS |
|---|---|---|---|---|---|---|---|---|---|---|---|
| 2017 | 富邦 | 35 | 93 | 20 | 0 | 8 | 0 | 42 | 0 | .215 | .509 |
| 2018 | 富邦 | 45 | 139 | 40 | 4 | 18 | 12 | 43 | 1 | .288 | .788 |
| 2019 | 富邦 | 33 | 63 | 13 | 1 | 6 | 2 | 19 | 3 | .206 | .554 |
| 2020 | 富邦 | 78 | 229 | 64 | 8 | 27 | 13 | 72 | 6 | .279 | .789 |
| 2021 | 富邦 | 111 | 305 | 83 | 4 | 35 | 20 | 72 | 11 | .272 | .753 |
| 2022 | 富邦 | 99 | 393 | 98 | 8 | 37 | 26 | 87 | 12 | .249 | .686 |
| 2023 | 富邦 | 99 | 335 | 77 | 12 | 43 | 42 | 64 | 10 | .230 | .685 |
| 通算 | | 511 | 1562 | 396 | 37 | 174 | 115 | 393 | 42 | .254 | .708 |

# 57 歐書誠
おう・しょせい
オウ・シューチェン
OU SU CHEN

投手　31歳　7年目　右右　1993.2.11　180cm65kg

①平鎮高中-長栄大学-富邦(18)③場面を問わず起用できる汎用性が売りのリリーバーだが、昨季は速球を痛打される場面が目立ち、防御率を大きく悪化させた。

| 年度 | 試合 | 先発 | 勝利 | 敗戦 | セーブ | ホールド | 投球回 | 四球 | 三振 | 防御率 |
|---|---|---|---|---|---|---|---|---|---|---|
| 2023 | 30 | 0 | 2 | 0 | 0 | 2 | 22 | 11 | 10 | 6.55 |
| 通算 | 138 | 0 | 6 | 5 | 0 | 18 | 128 2/3 | 43 | 82 | 4.55 |

# 58 陳聖文
ちん・せいぶん
チェン・シェンウェン
CHEN SHENG WEN

● 投手　21歳　2年目　左左　2003.6.30　175cm65kg

①興大附農-嘉義大学-富邦(23)③投球フォームの流麗さが高く評価される左腕。変化の大きいスラーブを武器に、まずは左殺しとして一軍に定着したい。

| 年度 | 試合 | 先発 | 勝利 | 敗戦 | セーブ | ホールド | 投球回 | 四球 | 三振 | 防御率 |
|---|---|---|---|---|---|---|---|---|---|---|
| 2023 | 2 | 0 | 0 | 0 | 0 | 0 | 1 2/3 | 1 | 0 | 10.80 |
| 通算 | 2 | 0 | 0 | 0 | 0 | 0 | 1 2/3 | 1 | 0 | 10.80 |

# 59 陳冠勳
ちん・かんくん
チェン・グァンシュン
CHEN GUAN XUN

投手　26歳　4年目　左左　1998.12.23　178cm68kg

①鶯歌工商-開南大学-富邦(21)③スライダーを丁寧に低めに集める投球で、22年から登板数を大きく増加させた。課題の速球を強化し更なる飛躍を。

| 年度 | 試合 | 先発 | 勝利 | 敗戦 | セーブ | ホールド | 投球回 | 四球 | 三振 | 防御率 |
|---|---|---|---|---|---|---|---|---|---|---|
| 2023 | 54 | 0 | 2 | 4 | 0 | 10 | 46 2/3 | 25 | 35 | 3.47 |
| 通算 | 69 | 0 | 2 | 5 | 0 | 12 | 59 1/3 | 33 | 44 | 4.10 |

# 64 羅戈
ニバルド・ロドリゲス
ルオゲ(ベネズエラ)
NIVALDO RODRIGUEZ

● 投手　27歳　1年目　右右　1997.4.16　185cm104kg

①アストロズ-タイガース-米独立L-メキシカンL-富邦(24)③パワーカーブと眼鏡が特徴の新助っ人。23歳でMLB昇格を果たし、昨季はリーグ平均防御率5.15のメキシカンリーグで防御率2.76。

| 年度 | 試合 | 先発 | 勝利 | 敗戦 | セーブ | ホールド | 投球回 | 四球 | 三振 | 防御率 |
|---|---|---|---|---|---|---|---|---|---|---|
| 2023 | - | - | - | - | - | - | - | - | - | - |
| 通算 | - | - | - | - | - | - | - | - | - | - |

# 70 張瑞麟
ちょう・ずいりん
ジャン・ルイリン
CHANG JUI LING

■ 投手　32歳　8年目　左左　1992.6.8　181cm80kg

①穀保家商-国立体大-義大(17-22)-富邦(24)22年のオフに一度リリースされるも、昨年は打撃投手を務める傍ら課題の制球力を改善。再び支配下契約を勝ち取った。

| 年度 | 試合 | 先発 | 勝利 | 敗戦 | セーブ | ホールド | 投球回 | 四球 | 三振 | 防御率 |
|---|---|---|---|---|---|---|---|---|---|---|
| 2023 | - | - | - | - | - | - | - | - | - | - |
| 通算 | 12 | 0 | 0 | 0 | 0 | 0 | 12 | 8 | 2 | 4.50 |

# 71 江少慶
こう・しょうけい
ジャン・シャオチン
CHIANG SHAO CHING

投手　31歳　4年目　右右　1993.11.10　183cm94kg

①穀保家商-中国文化大学-インディアンス-タイガース-富邦(21)③19年のプレミア12ではエース格として活躍した右腕も、21年のCPBL入り以来故障続き。球界最高年俸投手の意地を見せたい。④アジア大会(14)、WBC(17,23)、プレミア12(19)

| 年度 | 試合 | 先発 | 勝利 | 敗戦 | セーブ | ホールド | 投球回 | 四球 | 三振 | 防御率 |
|---|---|---|---|---|---|---|---|---|---|---|
| 2023 | 12 | 12 | 2 | 2 | 0 | 0 | 64 | 21 | 63 | 3.66 |
| 通算 | 46 | 46 | 21 | 21 | 0 | 0 | 254 1/3 | 82 | 204 | 3.82 |

## 73 林旺熙　りん・おうき／リン・ワンシ／LIN WANG SHI

● | 投手　21歳　2年目　右右　2003.8.26　178cm95kg

①鶯歌工商-中国文化大学-富邦(23)③大学では守護神として活躍した最速151キロ右腕は、プロ入り後に制球力を大きく向上させ開幕一軍入り。変化球が今後の課題だ。

| 年度 | 試合 | 先発 | 勝利 | 敗戦 | セーブ | ホールド | 投球回 | 四球 | 三振 | 防御率 |
|---|---|---|---|---|---|---|---|---|---|---|
| 23(二軍) | 1 | 0 | 0 | 0 | 0 | 0 | 0 | 1 | 0 | ∞ |
| 通算(二軍) | 1 | 0 | 0 | 0 | 0 | 0 | 0 | 1 | 0 | ∞ |

## 80 游霆崴　ゆう・ていわい／ヨウ・ティンウェイ／YU TING WEI

投手　27歳　8年目　右右　1997.10.11　178cm68kg

①西苑高中-富邦(17)③様々な役割をこなす使い勝手が魅力の右腕だが、被打率.440と滅多打ちにされた。球速を取り戻し一軍の座を死守したい。

| 年度 | 試合 | 先発 | 勝利 | 敗戦 | セーブ | ホールド | 投球回 | 四球 | 三振 | 防御率 |
|---|---|---|---|---|---|---|---|---|---|---|
| 2023 | 4 | 0 | 0 | 0 | 0 | 0 | 6 1/3 | 3 | 6 | 11.37 |
| 通算 | 52 | 27 | 12 | 12 | 0 | 0 | 172 1/3 | 73 | 104 | 5.80 |

## 89 林育辰　りん・いくしん／リン・ユーチェン／LIN YU CHEN

● | 投手　19歳　2年目　右右　2005.8.15　183cm76kg

①普門中学-富邦(23)③クセ球とブレーキの効いたスライダーを軸とするサイドハンド。まずは安心してマウンドに送れる制球力を身に着けたい。

| 年度 | 試合 | 先発 | 勝利 | 敗戦 | セーブ | ホールド | 投球回 | 四球 | 三振 | 防御率 |
|---|---|---|---|---|---|---|---|---|---|---|
| 2023 | - | - | - | - | - | - | - | - | - | - |
| 通算 | - | - | - | - | - | - | - | - | - | - |

## 94 林桟呈　りん・ちんてい／リン・ジェンチェン／LIN ZHEN CHENG

投手　24歳　3年目　右右　2000.6.7　195cm83kg

①中道高中-美和科技大学-富邦(22)③チーム歴代最高身長の195cm右腕。大型の割に制球も悪くなく、新たに落ちる球を習得した今季は秘密兵器として期待される。

| 年度 | 試合 | 先発 | 勝利 | 敗戦 | セーブ | ホールド | 投球回 | 四球 | 三振 | 防御率 |
|---|---|---|---|---|---|---|---|---|---|---|
| 23(二軍) | 3 | 0 | 3 | 0 | 0 | 5 | 25 | 5 | 17 | 4.32 |
| 通算(二軍) | 25 | 3 | 0 | 0 | 5 | 26 1/3 | 7 | 17 | | 4.44 |

## 96 郭泰呈　かく・たいてい／グォ・タイチェン／KUO TAI CHENG

投手　21歳　3年目　右左　2003.11.17　178cm80kg

①彰化芸中-富邦(22)③二刀流を目指す20歳。昨季開幕時は外野手登録も、シーズン中に本人が自信のある投手へ登録変更。研究熱心な性格はプロ向きだ。

| 年度 | 試合 | 先発 | 勝利 | 敗戦 | セーブ | ホールド | 投球回 | 四球 | 三振 | 防御率 |
|---|---|---|---|---|---|---|---|---|---|---|
| 23(二軍) | 3 | 0 | 0 | 0 | 0 | 0 | 2 1/3 | 4 | 1 | 7.71 |
| 通算(二軍) | 3 | 0 | 0 | 0 | 0 | 0 | 2 1/3 | 4 | 1 | 7.71 |

## 10 姚冠瑋　よう・かんい／ヤオ・グァンウェイ／YAO KUAN WEI

捕手　28歳　6年目　右右　1996.1.11　170cm78kg

①穀保家商-中国文化大学-富邦(19)③広角に打てる捕手は昨季前期、チームの捕手陣に怪我人が続出する中で機会を掴んだ。今季はレギュラー争いに加わりたい。

| 年度 | 試合 | 打数 | 安打 | 本塁打 | 打点 | 四球 | 三振 | 盗塁 | 打率 | OPS |
|---|---|---|---|---|---|---|---|---|---|---|
| 2023 | 63 | 143 | 36 | 0 | 12 | 20 | 28 | 2 | .252 | .636 |
| 通算 | 82 | 181 | 43 | 0 | 16 | 23 | 39 | 2 | .238 | .611 |

## 26 蘇煒智　そ・いち／ス・ウェイジ／SU WEI CHIH

捕手　25歳　3年目　右右　1999.4.26　173cm78kg

①穀保家商-台湾体大-富邦(22)③22年5月に自主訓練選手(育成選手に相当)から支配下登録され、昨季は二軍で38試合に出場。守備面での評価が高い。

| 年度 | 試合 | 打数 | 安打 | 本塁打 | 打点 | 四球 | 三振 | 盗塁 | 打率 | OPS |
|---|---|---|---|---|---|---|---|---|---|---|
| 2023 | 1 | 0 | 0 | 0 | 0 | 0 | 0 | 0 | .000 | .000 |
| 通算 | 3 | 0 | 0 | 0 | 0 | 0 | 1 | 0 | .000 | .000 |

## 43 豊暐　ほう・い／リ・ウェイ／LI WEI

捕手　25歳　3年目　右右　1999.10.2　176cm83kg

①中道高中-台北市立大学-富邦(22)③ドラフトでは11位の下位指名ながら二軍で36試合4HRと長打力が光った。打力を武器に一軍の控え捕手争いに加わりたい。

| 年度 | 試合 | 打数 | 安打 | 本塁打 | 打点 | 四球 | 三振 | 盗塁 | 打率 | OPS |
|---|---|---|---|---|---|---|---|---|---|---|
| 2023 | 7 | 8 | 2 | 0 | 0 | 0 | 1 | 0 | .250 | .705 |
| 通算 | 7 | 8 | 2 | 0 | 0 | 0 | 1 | 0 | .250 | .705 |

## 55 楊皓然　よう・こうぜん／ヤン・ハオラン／YANG HAO RAN

捕手　24歳　2年目　右右　2000.11.2　176cm98kg

①穀保家商-開南大学-富邦(23)③昨季8月に自主培養選手(育成選手に相当)として入団し間もなく支配下登録。まずは打てる捕手としてアピールしたい。王念好は弟。

| 年度 | 試合 | 打数 | 安打 | 本塁打 | 打点 | 四球 | 三振 | 盗塁 | 打率 | OPS |
|---|---|---|---|---|---|---|---|---|---|---|
| 2023 | - | - | - | - | - | - | - | - | - | - |
| 通算 | - | - | - | - | - | - | - | - | - | - |

## 61 蕭憶銘　しょう・おくめい／シャオ・イミン／SIAO YI MING

捕手　25歳　7年目　右右　1999.11.21　175cm80kg

①高雄工商-富邦(18)③昨季一軍でのスタメン2試合はいずれも江少慶とバッテリーを組んだ。出番をより増やすには打力向上あるのみだ。

| 年度 | 試合 | 打数 | 安打 | 本塁打 | 打点 | 四球 | 三振 | 盗塁 | 打率 | OPS |
|---|---|---|---|---|---|---|---|---|---|---|
| 2023 | 5 | 7 | 1 | 0 | 0 | 3 | 0 | 0 | .143 | .393 |
| 通算 | 25 | 50 | 7 | 0 | 0 | 5 | 19 | 0 | .140 | .386 |

背番号　漢字名　日本語読み　現地読み(国籍)　英語　ポジション　年齢　年数(CPBL)　投打　生年月日　身長体重
①経歴②タイトル歴③寸評④代表歴⑤NPBでの登録名　記号：●…新入団(新任)、▲…移籍、■…復帰

味全龍　樂天桃猿　統一7-ELEVEn獅　中信兄弟　富邦悍將　台鋼雄鷹

## 69 張進徳
ちょう・しんとく　ジャン・ジンデ　JHANG JIN DE

捕手　31歳　5年目　右左　1993.5.17　179cm102kg

①台中高農-国立台湾体大-パイレーツ-ジャイアンツ-富邦(20)③5月から約2ヶ月間腰の違和感で戦線離脱も復帰後の8、9月は好調だった。健康であればリーグ屈指の強打の捕手だ。④アジア大会(14)、プレミア12(15,19)

| 年度 | 試合 | 打数 | 安打 | 本塁打 | 打点 | 四球 | 三振 | 盗塁 | 打率 | OPS |
|---|---|---|---|---|---|---|---|---|---|---|
| 2023 | 66 | 203 | 54 | 4 | 18 | 18 | 32 | 0 | .266 | .697 |
| 通算 | 242 | 751 | 224 | 17 | 95 | 69 | 94 | 0 | .298 | .778 |

## 95 戴培峰
たい・ばいほう　ダイ・ペイフォン　TAI PEI FENG

捕手　24歳　7年目　右左　2000.1.7　182cm75kg

①平鎮高中-富邦(18)③昨季はオープン戦で骨折し復帰は6月、打撃不振にも陥った。強肩捕手はアジア大会、APBCの経験を活かし正捕手定着なるか。④アジア大会(23)、APBC(23)

| 年度 | 試合 | 打数 | 安打 | 本塁打 | 打点 | 四球 | 三振 | 盗塁 | 打率 | OPS |
|---|---|---|---|---|---|---|---|---|---|---|
| 2023 | 53 | 130 | 24 | 1 | 13 | 14 | 24 | 3 | .185 | .526 |
| 通算 | 284 | 730 | 165 | 8 | 84 | 52 | 162 | 9 | .226 | .583 |

## 2 林澤彬
りん・たくひん　リン・ゼビン　LIN TSE BIN

内野手　26歳　6年目　右左　1998.12.23　177cm80kg

①鶯歌工商-台湾体大-Lamigo(19)-楽天(20-22)-富邦(22)③22年シーズン途中に楽天から移籍後は攻守に不安定。遊撃を主に守るが、競争を勝ち抜くには二塁専念が最適解か。

| 年度 | 試合 | 打数 | 安打 | 本塁打 | 打点 | 四球 | 三振 | 盗塁 | 打率 | OPS |
|---|---|---|---|---|---|---|---|---|---|---|
| 2023 | 25 | 32 | 6 | 0 | 3 | 4 | 4 | | .188 | .516 |
| 通算 | 82 | 173 | 44 | 0 | 13 | 16 | 32 | 7 | .254 | .611 |

## 3 王勝偉
おう・しょうい　ワン・シェンウェイ　WANG SHENG WEI

内野手　40歳　17年目　右左　1984.4.1　180cm73kg

①成功商水-台湾体院-兄弟(08-13)-中信兄弟(14-21)-富邦(22)②盗(08,09,13,17)、ベ(11,13)、ゴ(08,10,11,12,14,15,16,17,19)③大ベテランが移籍2年目の昨季もチームで最も多く塁を守った。広い守備範囲に2年連続二塁盗塁と攻守に健在だ。④WBC(09,17)、プレミア12(19)

| 年度 | 試合 | 打数 | 安打 | 本塁打 | 打点 | 四球 | 三振 | 盗塁 | 打率 | OPS |
|---|---|---|---|---|---|---|---|---|---|---|
| 2023 | 65 | 201 | 49 | 2 | 21 | 14 | 13 | | .244 | .664 |
| 通算 | 1470 | 5048 | 1372 | 59 | 569 | 372 | 858 | 238 | .272 | .707 |

## 4 高捷 ●
こう・しょう　ガオ・ジェ　GAO JIE

内野手　22歳　2年目　右右　2002.8.22　178cm83kg

①三民高中-台湾体大-富邦(23)③二塁、三塁を中心に守る運動能力に長けた内野手。22年のベースボール5W杯では台湾代表として3位に貢献。

| 年度 | 試合 | 打数 | 安打 | 本塁打 | 打点 | 四球 | 三振 | 盗塁 | 打率 | OPS |
|---|---|---|---|---|---|---|---|---|---|---|
| 23(二軍) | 5 | 13 | 1 | 0 | 1 | 2 | 0 | | .077 | .297 |
| 通算(二軍) | 5 | 13 | 1 | 0 | 1 | 2 | 0 | | .077 | .297 |

## 5 王念好 ●
おう・ねんこう　ワン・ニェンハオ　WANG NIAN HAO

内野手　19歳　2年目　右右　2005.4.29　183cm92kg

①北科附工-富邦(23)③近年の高卒野手ではトップクラスの打撃を見せる三塁手。パワーと選球眼を兼備し、10月25日にはCPBL史上最年少で1試合3安打。

| 年度 | 試合 | 打数 | 安打 | 本塁打 | 打点 | 四球 | 三振 | 盗塁 | 打率 | OPS |
|---|---|---|---|---|---|---|---|---|---|---|
| 2023 | 4 | 15 | 5 | 0 | 3 | 4 | 0 | | .333 | .807 |
| 通算 | 4 | 15 | 5 | 0 | 3 | 4 | 0 | | .333 | .807 |

## 6 葉子霆
よう・してい　イェ・ズーティン　YEH TZU TING

内野手　26歳　5年目　右右　1998.1.7　170cm65kg

①成徳高中-国立体大-富邦(20)③昨季は後期から二塁、遊撃で出場機会を得た飛躍の一年だった。俊足と内外野守れる器用さを活かし、与えられた場所で輝く。④APBC(23)

| 年度 | 試合 | 打数 | 安打 | 本塁打 | 打点 | 四球 | 三振 | 盗塁 | 打率 | OPS |
|---|---|---|---|---|---|---|---|---|---|---|
| 2023 | 48 | 124 | 41 | 0 | 9 | 3 | 18 | 13 | .331 | .770 |
| 通算 | 112 | 226 | 61 | 0 | 15 | 7 | 33 | 22 | .270 | .629 |

## 11 蔣智賢
しょう・ちけん　ジャン・ジーシェン　CHIANG CHIH HSIEN

内野手　36歳　10年目　右左　1988.2.21　183cm95kg

①三民高中-レッドソックス-マリナーズ-レンジャーズ-オリオールズ-四国IL-高知-中信兄弟(15-17)-富邦(18)②盗(18)、ベ(16,18)③かつてリーグを代表した強打者も、打球がなかなか上がらず二軍暮らしが増えた。今季は一塁やDHで結果を残し復活となるか。④北京五輪(08)、WBC(09,17)、アジア大会(14)、プレミア12(15)

| 年度 | 試合 | 打数 | 安打 | 本塁打 | 打点 | 四球 | 三振 | 盗塁 | 打率 | OPS |
|---|---|---|---|---|---|---|---|---|---|---|
| 2023 | 27 | 66 | 13 | 0 | 4 | 14 | 0 | | .197 | .526 |
| 通算 | 522 | 1916 | 630 | 97 | 385 | 164 | 317 | 7 | .329 | .938 |

## 19 林岳谷
りん・がくこく　リン・ユエグ　LIN YUE KU

内野手　23歳　3年目　右右　2001.10.20　178cm70kg

①榖保家商-国立体大-富邦(22)③昨季は一軍3打席目で古林睿煬(統一)からプロ初ホームラン。守備はダイナミックな動きを見せ、遊撃と二塁を守る。

| 年度 | 試合 | 打数 | 安打 | 本塁打 | 打点 | 四球 | 三振 | 盗塁 | 打率 | OPS |
|---|---|---|---|---|---|---|---|---|---|---|
| 2023 | 9 | 20 | 5 | 1 | 1 | 0 | 6 | | .250 | .736 |
| 通算 | 9 | 20 | 5 | 1 | 1 | 0 | 6 | | .250 | .736 |

## 31 黃兆維
こう・ちょうい　ホァン・ジャオウェイ　HUANG CHAO WEI

内野手　23歳　5年目　右右　2001.11.3　183cm85kg

①平鎮高中-富邦(20)③パワーが武器の一塁手はプロ入り後、二軍で満足いく成績を残せていない。潜在能力を開花させ、まずは一軍初出場を果たしたい。

| 年度 | 試合 | 打数 | 安打 | 本塁打 | 打点 | 四球 | 三振 | 盗塁 | 打率 | OPS |
|---|---|---|---|---|---|---|---|---|---|---|
| 23(二軍) | 41 | 88 | 18 | 0 | 11 | 5 | 28 | | .205 | .506 |
| 通算(二軍) | 122 | 283 | 59 | 3 | 39 | 15 | 83 | | .208 | .544 |

## 32 賴柏均
らい・はくきん
ライ・ボージェン
LAI BO JYUN

内野手　23歳　3年目　右右　2001.8.1　173cm68kg

①鶯歌工商-輔仁大学-富邦(22)③守備が売りの内野手は限られた出場機会でアピールできず。二塁、遊撃にライバルが多い中、今季は勝負の一年だ。

| 年度 | 試合 | 打数 | 安打 | 本塁打 | 打点 | 四球 | 三振 | 盗塁 | 打率 | OPS |
|---|---|---|---|---|---|---|---|---|---|---|
| 23(二軍) | 27 | 24 | 4 | 0 | 3 | 2 | 4 | 1 | .167 | .417 |
| 通算(二軍) | 32 | 29 | 6 | 0 | 3 | 2 | 5 | 1 | .207 | .480 |

## 56 陳愷佑
ちん・がいゆう
チェン・カイヨウ
CHEN KAI YU

● 内野手　20歳　2年目　右左　2004.7.2　176cm74kg

①高知中央高-東日本国際大-富邦(23)③約4年間日本に留学後プロ入り。高校時代は投手兼遊撃手、大学では投手中心でプレーも現時点では遊撃手として起用される予定だ。

| 年度 | 試合 | 打数 | 安打 | 本塁打 | 打点 | 四球 | 三振 | 盗塁 | 打率 | OPS |
|---|---|---|---|---|---|---|---|---|---|---|
| 2023 | - | - | - | - | - | - | - | - | - | - |
| 通算 | - | - | - | - | - | - | - | - | - | - |

## 67 辛元旭
しん・げんきょく
シン・ユエンシュ
HSIN YUAN HSU

内野手　25歳　6年目　右右　1999.6.4　184cm76kg

①平鎮高中-台北市立大学-富邦(19)③昨季3～9番でスタメン出場した三塁手はDHでも多く起用された。レギュラー獲得には長打力向上が必要不可欠だ。④APBC(23)

| 年度 | 試合 | 打数 | 安打 | 本塁打 | 打点 | 四球 | 三振 | 盗塁 | 打率 | OPS |
|---|---|---|---|---|---|---|---|---|---|---|
| 2023 | 80 | 193 | 44 | 1 | 27 | 9 | 37 | 3 | .228 | .561 |
| 通算 | 260 | 738 | 197 | 9 | 87 | 39 | 125 | 3 | .267 | .672 |

## 78 董子恩
とう・しおん
ドン・ズーエン
TUNG TZU EN

内野手　21歳　4年目　右右　2003.2.28　182cm80kg

①平鎮高中-富邦(21)③昨季は二軍で打率.336の好成績。三振が少なく率を残せる巧打者は激しい一軍の三塁手争いにどこまで加われるか。

| 年度 | 試合 | 打数 | 安打 | 本塁打 | 打点 | 四球 | 三振 | 盗塁 | 打率 | OPS |
|---|---|---|---|---|---|---|---|---|---|---|
| 2023 | 5 | 13 | 8 | 0 | 2 | 1 | 0 | 0 | .615 | 1.359 |
| 通算 | 51 | 141 | 40 | 1 | 13 | 17 | 17 | 0 | .284 | .728 |

## 85 劉俊豪
りゅう・しゅんごう
リョウ・ジュンハオ
LIU JUN HAO

内野手　22歳　4年目　右右　2002.2.20　179cm72kg

①高苑工商-国立体大-富邦(21)③遊撃として前期に出場機会を多く得た昨季。広い守備範囲と鋭いスイングをより一軍で見せるには、苦手の左投手攻略が欠かせない。

| 年度 | 試合 | 打数 | 安打 | 本塁打 | 打点 | 四球 | 三振 | 盗塁 | 打率 | OPS |
|---|---|---|---|---|---|---|---|---|---|---|
| 2023 | 57 | 171 | 38 | 0 | 15 | 7 | 6 | 1 | .222 | .529 |
| 通算 | 64 | 190 | 45 | 0 | 18 | 7 | 40 | 2 | .237 | .559 |

## 97 池恩齊
ち・おんせい
チ・エンチ
CHI EN QI

内野手　21歳　3年目　右右　2003.8.3　173cm76kg

①屏東高中-富邦(22)③主に2番、9番に入り足のある繋ぎ役として起用された。打球反応に優れた守備の安定感を高めたい。呉俊偉(中信兄弟)は兄。

| 年度 | 試合 | 打数 | 安打 | 本塁打 | 打点 | 四球 | 三振 | 盗塁 | 打率 | OPS |
|---|---|---|---|---|---|---|---|---|---|---|
| 2023 | 55 | 95 | 20 | 0 | 8 | 7 | 19 | 6 | .211 | .497 |
| 通算 | 55 | 95 | 20 | 0 | 8 | 7 | 19 | 6 | .211 | .497 |

## 7 陳真
ちん・しん
チェン・ジェン
CHEN ZHEN

外野手　26歳　5年目　右右　1998.10.22　185cm85kg

①穀保家商-中国文化大学-富邦(20)③そろそろ一軍で結果が欲しいパワーヒッターだが、なかなか出番を得られなかった。守備に不安があるだけに、長打力の開花が待たれる。

| 年度 | 試合 | 打数 | 安打 | 本塁打 | 打点 | 四球 | 三振 | 盗塁 | 打率 | OPS |
|---|---|---|---|---|---|---|---|---|---|---|
| 2023 | 19 | 35 | 8 | 1 | 4 | 6 | 11 | 0 | .229 | .707 |
| 通算 | 85 | 201 | 42 | 7 | 23 | 17 | 68 | 2 | .209 | .642 |

## 9 林莛済
りん・ていいく
リン・ティンユ
LIN TING YU

外野手　23歳　2年目　右右　2001.4.16　183cm80kg

①麥寮高中-台湾体大-富邦(23)③昨年のドラフトで全球団最後に指名された選手。持ち味の走力と強肩で、守備力に長けた外野手としてアピールしたい。

| 年度 | 試合 | 打数 | 安打 | 本塁打 | 打点 | 四球 | 三振 | 盗塁 | 打率 | OPS |
|---|---|---|---|---|---|---|---|---|---|---|
| 23(二軍) | 2 | 5 | 0 | 0 | 0 | 0 | 2 | 0 | .000 | .000 |
| 通算(二軍) | 2 | 5 | 0 | 0 | 0 | 0 | 2 | 0 | .000 | .000 |

## 13 戴云真
たい・うんしん
ダイ・ユンジェン
TAI YUN CHEN

外野手　27歳　6年目　右右　1997.4.20　183cm80kg

①中道高中-中国文化大学-富邦(19)③パンチ力とスピードのある外野手は二軍で毎年安定した成績を残している。あとは一軍で実力を発揮するのみだ。

| 年度 | 試合 | 打数 | 安打 | 本塁打 | 打点 | 四球 | 三振 | 盗塁 | 打率 | OPS |
|---|---|---|---|---|---|---|---|---|---|---|
| 2023 | 9 | 20 | 5 | 0 | 4 | 1 | 5 | 0 | .250 | .650 |
| 通算 | 22 | 46 | 10 | 1 | 6 | 2 | 13 | 1 | .217 | .683 |

## 14 王苡丞
おう・いじょう
ワン・イーチェン
WANG YI CHENG

外野手　21歳　4年目　右右　2003.5.1　185cm85kg

①成德高中-富邦(21)③ストレートに強さを見せる、チームでは貴重な若手大砲。本職の一塁に加え、昨年終盤から外野も練習し出場機会を伺う。

| 年度 | 試合 | 打数 | 安打 | 本塁打 | 打点 | 四球 | 三振 | 盗塁 | 打率 | OPS |
|---|---|---|---|---|---|---|---|---|---|---|
| 2023 | 37 | 83 | 20 | 3 | 14 | 6 | 26 | 0 | .241 | .720 |
| 通算 | 62 | 154 | 30 | 4 | 19 | 9 | 50 | 0 | .195 | .579 |

味全龍

樂天桃猿

統一7-ELEVEn獅

中信兄弟

富邦悍將

台鋼雄鷹

## 33 張冠廷
ちょう・かんてい
ジャン・グァンティン
CHANG KUAN TING

外野手 26歳 9年目 右右 1998.9.1 178cm70kg

①美和中学-義大(16)-富邦(17)③打撃不振に苦しんだ昨季。両翼のレギュラーが固まらないチームで、外野手の間を抜く安打を量産し存在感を示したい。

| 年度 | 試合 | 打数 | 安打 | 本塁打 | 打点 | 四球 | 三振 | 盗塁 | 打率 | OPS |
|---|---|---|---|---|---|---|---|---|---|---|
| 2023 | 6 | 5 | 1 | 0 | 0 | 2 | 1 | 0 | .200 | .700 |
| 通算 | 64 | 140 | 26 | 0 | 5 | 12 | 46 | 4 | .186 | .518 |

## 35 王正棠
おう・せいとう
ワン・ジェンタン
WANG CHENG TANG

外野手 29歳 7年目 右右 1995.9.17 177cm81kg

①穀保家商-台湾体大-富邦(18)③本職は二塁手だが昨季は攻撃力アップのため右翼でも起用された。外野手でプレー予定の今季はシーズン終盤まで調子を維持したい。

| 年度 | 試合 | 打数 | 安打 | 本塁打 | 打点 | 四球 | 三振 | 盗塁 | 打率 | OPS |
|---|---|---|---|---|---|---|---|---|---|---|
| 2023 | 103 | 379 | 96 | 4 | 34 | 26 | 52 | 9 | .253 | .662 |
| 通算 | 491 | 1714 | 464 | 14 | 188 | 114 | 264 | 49 | .271 | .689 |

## 65 蔡佳諺
さい・かげん
ツァイ・ジャーイェン
TSAI CHIA YEN

外野手 22歳 3年目 右右 2002.7.9 183cm84kg

①穀保家商-開南大学-富邦(22)③将来の中軸候補は二軍で打率.357、一軍では主に7番以降で起用された。守備は外野3ポジションをそつなくこなす。

| 年度 | 試合 | 打数 | 安打 | 本塁打 | 打点 | 四球 | 三振 | 盗塁 | 打率 | OPS |
|---|---|---|---|---|---|---|---|---|---|---|
| 2023 | 41 | 78 | 16 | 0 | 0 | 5 | 22 | 2 | .205 | .518 |
| 通算 | 48 | 97 | 19 | 0 | 1 | 5 | 26 | 2 | .196 | .490 |

## 76 李祐賢
り・ゆうけん
リ・ヨウシェン
LEE YU HSIEN

● 外野手 19歳 2年目 右右 2005.7.6 185cm81kg

①彰化芸中-富邦(23)③元々は外野手だったが、高2から投手も兼任し最速145kmの二刀流としてプレー。恵まれた体格は、今後の可能性を感じさせる。

| 年度 | 試合 | 打数 | 安打 | 本塁打 | 打点 | 四球 | 三振 | 盗塁 | 打率 | OPS |
|---|---|---|---|---|---|---|---|---|---|---|
| 2023 | - | - | - | - | - | - | - | - | - | - |
| 通算 | - | - | - | - | - | - | - | - | - | - |

## 77 周佳樂
しゅう・からく
ジョウ・ジャーレ
JHOU JIA LE

外野手 25歳 3年目 右左 1999.12.2 172cm65kg

①北科附工-輔仁大学-富邦(22)③後期下位打線に定着した俊足外野手は正確な送球と強肩で7補殺を記録。打撃のアプローチを改善できればレギュラー候補だ。

| 年度 | 試合 | 打数 | 安打 | 本塁打 | 打点 | 四球 | 三振 | 盗塁 | 打率 | OPS |
|---|---|---|---|---|---|---|---|---|---|---|
| 2023 | 65 | 140 | 32 | 0 | 6 | 4 | 40 | 6 | .229 | .536 |
| 通算 | 65 | 140 | 32 | 0 | 6 | 4 | 40 | 6 | .229 | .536 |

## 82 孔念恩
こう・ねんおん
コン・ニェンエン
KUNG NIEN EN

外野手 21歳 4年目 右右 2003.9.1 184cm78kg

①高苑工商-富邦(21)③昨季は開幕から打撃好調で5月中旬まで右翼でスタメン出場。豪快な打撃フォームから見せるスイングが安定すればレギュラーは近い。

| 年度 | 試合 | 打数 | 安打 | 本塁打 | 打点 | 四球 | 三振 | 盗塁 | 打率 | OPS |
|---|---|---|---|---|---|---|---|---|---|---|
| 2023 | 43 | 122 | 26 | 0 | 7 | 10 | 43 | 2 | .213 | .599 |
| 通算 | 60 | 169 | 34 | 0 | 10 | 12 | 58 | 3 | .201 | .559 |

## 83 張宥鈞
ちょう・ゆうきん
ジャン・ヨウジュン
CHANG YU CHUN

外野手 21歳 4年目 右右 2003.2.16 183cm73kg

①平鎮高中-富邦(21)③俊足巧打の中堅手は二軍でスタメン時は主に1番、9番に入り選球眼の良さを示した。盗塁数を増やせれば嫌らしい存在になれる。

| 年度 | 試合 | 打数 | 安打 | 本塁打 | 打点 | 四球 | 三振 | 盗塁 | 打率 | OPS |
|---|---|---|---|---|---|---|---|---|---|---|
| 23(二軍) | 50 | 106 | 25 | 0 | 7 | 15 | 19 | 4 | .236 | .642 |
| 通算(二軍) | 78 | 135 | 32 | 0 | 10 | 21 | 25 | 5 | .237 | .659 |

## 98 高國麟
こう・こくりん
ガオ・グォリン
KAO KUO LIN

外野手 31歳 10年目 右右 1993.1.2 183cm92kg

①高苑工商-国立体大-義大(15-16)-富邦(17)③バットに乗せて運ぶスイングが特徴の中距離打者はここ2年成績が下降。一塁も守る今季は打線に厚みを加える存在となれるか。

| 年度 | 試合 | 打数 | 安打 | 本塁打 | 打点 | 四球 | 三振 | 盗塁 | 打率 | OPS |
|---|---|---|---|---|---|---|---|---|---|---|
| 2023 | 60 | 130 | 32 | 1 | 15 | 15 | 25 | 0 | .246 | .675 |
| 通算 | 543 | 1590 | 440 | 57 | 234 | 153 | 369 | 4 | .277 | .809 |

### 主な獲得タイトル （ ）内はNPBでの該当タイトル名

| | | | | |
|---|---|---|---|---|
| M=年度MVP | （最優秀選手） | | 防=防御率王 | （最優秀防御率） |
| 新=最佳新人獎 | （新人王） | | 勝=勝投王 | （最多勝利） |
| 安=安打王 | （最多安打） | | 救=救援王 | （最多セーブ） |
| 首=首打擊王 | （首位打者） | | 中=中繼王 | （最優秀中継ぎ） |
| 本=全壘打王 | （最多本塁打） | | 三=三振王 | （最多奪三振） |
| 点=打點王 | （最多打点） | | ベ=最佳十人獎 | （ベストナイン） |
| 盗=盗壘王 | （最多盗塁） | | ゴ=金手套獎 | （ゴールデングラブ賞） |

※成績の太字はリーグトップ

背番号 漢字名 日本語読み 現地読み(国籍) 英語　ポジション 年齢 年数(CPBL) 投打 生年月日 身長体重
①経歴②タイトル歴③寸評④代表歴⑤NPBでの登録名　記号●…新入団(新任)、▲…移籍、■…復帰

# Fubon Angels

**Fubon Angels**
背番号
名前
現地読み
（海外メンバーは出身地）
①誕生日
②星座
③身長体重
④趣味
⑤好きな食べ物・飲み物
⑥好きな選手
⑦好きな応援歌
⑧Instagramアカウント

## 24 秀秀子 ショウショウズ

キャプテン
①11月24日
②いて座
③165cm48kg
④トークショー、アニメ・漫画、
　日本語、映画、撮影、
　シングルプレイヤーゲーム
⑤無糖のお茶、アメリカンコーヒー、
　コストコサラダ、火鍋、すき焼き、
　サーモン、氷のかたまり
⑥王勝偉
⑦陳真
⑧showshowz1124

## 20 潔米 ジェミ

①5月20日
②おうし座
③165cm43kg
④歌を歌う、音楽鑑賞、
　ギター、名言集を読む、
　美味しいものを食べる、
　思いのまま写真を撮る
⑤りんご、シチリア風
　レモンコーヒー、火鍋
⑥林哲瑄
⑦葉子霆
⑧jamie.0520

## 37 慈妹 ツーメイ

①3月7日
②うお座
③156cm37kg
④フリーダイビング、
　スキューバダイビング、
　小さな島での生活
⑤果物
⑥張進德
⑦劉俊豪
⑧j.oycee377

## 64 東東 ドンドン

①6月4日
②ふたご座
③165cm48kg
④ダンス、旅行、ゲーム、
　ドラマ・映画鑑賞
⑤ミルクティー、
　日本料理、焼肉、
　魯肉飯（豚バラ肉か
　けごはん）
⑥張進德
⑦戴培峰
⑧dong_0604

## 7 朱朱 ジュジュ

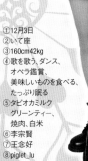

①12月3日
②いて座
③160cm42kg
④歌を歌う、ダンス、
　オペラ鑑賞、
　美味しいものを食べる、
　たっぷり眠る
⑤タピオカミルク
　グリーンティー、
　焼肉、白米
⑥李宗賢
⑦王念好
⑧piglet_lu

143

味全龍

樂天桃猿

統一7-ELEVEn獅

中信兄弟

富邦悍將

台鋼雄鷹

**100**
檸檬
ニンモン

①6月5日
②ふたご座
③168cm47kg
④ダンス、ジャズドラム、
　新しい事を学ぶ、韓国語
⑤火鍋、刺身、即席麺炒め、
　カレーライス、滷味（台湾
　風煮込み）、魯肉飯（豚バ
　ラ肉かけごはん）
⑥藥智賢
⑦葉子霆
⑧funkygirls_lemon

**0**
蓁蓁
ジェンジェン

①11月15日
②さそり座
③166cm46kg
④フルート、旅行、
　ソファーでぐだぐだ
⑤いちごタルト、
　チョコレート、
　鍋焼意麺
⑥林哲瑄
⑦姚冠瑋
⑧funkygirls_jennifer

**15**
丹丹
ダンダン

**23**
Tiffany
ティファニー

①2月15日
②みずがめ座
③158cm45kg
④旅行、猫にお仕え、
　ソファーでぐだぐだ、映画鑑賞
⑤トリュフと干し貝柱のリゾット、
　サラダ、香香雞（一口サイズ
　の鶏唐揚げの有名店）
⑥葉子霆
⑦范國宸
⑧yea_wu

①11月22日
②さそり座
③166cm45kg
④海外旅行
⑤日本料理、鉄板焼
⑥富藍戈
⑦王勝偉
⑧tiff_1122_

**25**
安娜
アンナ

①2月5日
②みずがめ座
③161cm43kg
④海でのダイビング
　あるいはエアリア
　ルフープでの回転
⑤ミルクティー以外
　の飲み物
⑥賴智垣
⑦王念好
⑧anna0205chen_

## 66 Jessy
ジェシー

①4月26日
②おうし座
③168cm45kg
④ダンス、旅行、韓国語
　学習、周囲の人への
　ネイル施術
⑤「鼎泰豊」のチャーハ
　ンと鶏スープ、韓国
　式の釜飯、豚の三枚
　肉の糖醋肉（酢豚）
⑥李東洺
⑦葉子霆
⑧jessy04260426

## 6 奶昔
ナイシー

①6月22日
②かに座
③158cm43kg
④歌を歌う、
　ジャズドラム
⑤寿司
⑥林哲瑄
⑦王念好
⑧milkshake_0622

## 10 Kesha
ケシャ

①10月9日
②てんびん座
③157cm43kg
④外に遊びに行く
⑤即席麺の
　「滿漢大餐」
⑥王勝偉
⑦王勝偉
⑧keshaaa.kk

## 77 維心
ウェイシン

①10月7日
②てんびん座
③160cm45kg
④様々なスタイルのダンス
　に挑戦すること、
　動画の撮影編集、
　スイーツ作り
⑤カフェラテ、りんご、
　刺身、火鍋
⑥葉子霆
⑦高國麟
⑧weihsin.1007

## 97 冰冰
チンチン

①1月16日
②やぎ座
③162cm47kg
④ダンス、歌を歌う、
　カウチポテト
⑤パスタ、刺身、鹽酥雞
　（一口サイズの鶏唐揚
　げ）、焼肉、魯肉飯（豚
　バラ肉かけごはん）
⑥李宗賢
⑦葉子霆
⑧_chinchin_77_

## 28 卡洛琳
カルォリン

①1月18日
②やぎ座
③159cm46kg
④歌を歌う、旅行、
　日本の流行研究
⑤サーモンの刺身
⑥林哲瑄
⑦辛元旭
⑧carolynnnnn28

145

味全龍

樂天桃猿

統一7-ELEVEn獅

中信兄弟

富邦悍將

台鋼雄鷹

**51**
**李晧禎**
イ・ホジョン
（韓国）

①6月2日
②ふたご座
③171cm52kg
④ドライブ
⑤火鍋
⑥范國宸
⑦藍色狂潮
⑧leehozeong

**58**
**大頭**
ダートウ

①4月19日
②おひつじ座
③162cm48kg
④ラップ、旅行、ダンス
⑤烤鴨（アヒルを焼いた料理）、鹽酥雞（一口サイズの鶏唐揚げ）
⑥李東洺
⑦葉子霆
⑧bighead.58

**90**
**栗子**
リズ

①11月5日
②さそり座
③165cm49kg
④料理、アニメ・漫画鑑賞、ゲーム、絵を描く、旅行、芸術鑑賞
⑤白米、焼肉
⑥葉子霆
⑦范國宸
⑧chiali_1105

**1**
**寶兒**
バオアー

①1月7日
②やぎ座
③160cm42kg
④歌・ダンス、料理、アニメ・漫画、ゲーム、絵を描く、旅行、芸術鑑賞
⑤チキンフライ、タピオカミルクティー、クッキー・スナック、カップ麺、日本料理
⑥王念好
⑦蕭憶銘
⑧sdd776941

**29**
**李雅英**
イ・アヨン
（韓国）

①2月9日
②みずがめ座
③170cm50kg
④陶器づくり、短編動画制作
⑤アイスアメリカンコーヒー、パン、家庭料理、チョコレート、焼き野菜
⑥申晧瑋
⑦Go Stronger、Hands up
⑧yyyoungggggg

**98**
**南珉貞**
ナム・ミンジョン
（韓国）

①9月8日
②おとめ座
③166cm48kg
④音楽鑑賞、旅行
⑤チーズ
⑥申皓瑋
⑦Here we go
⑧minjeong_w_

# 台鋼ホークス

台鋼雄鷹

# 台鋼ホークス
たい こう
## タイガン ションイン

| 球団情報 | 台鋼雄鷹棒球隊股份有限公司<br>創立：2022年4月27日　GM：劉東洋　本拠地：高雄市立澄清湖棒球場<br>球団事務所：高雄市三民區九如一路67號　TEL：07-385-5081<br>https://www.tsghawks.com |
| --- | --- |

## 2023年シーズン回顧と2024年シーズンの展望

Home　Visitor

　ゼロからのスタートとなった新球団は昨季二軍に参入し、7月終了までは19勝23敗4分とエンジンがかからず。しかし8月以降は調子を上げシーズンを2位で終えると、二軍チャンピオンシップでは富邦に3連勝し頂点に立った。

　先発は哈瑪星、笠原祥太郎、小野寺賢人、後勁の外国人を軸に統一からトレード移籍の江承諺、昨季二軍で経験を積んだ陳柏清、伍祐城などでローテを回すことが予想される。層の薄さが目立ったリリーフ陣は経験豊富なベテランの賴鴻誠と王躍霖が加わり、抑えは外国人の雷公で勝ちパターンに目途が立った。打線は台湾球界復帰の王柏融、中信兄弟から拡大ドラフトで移籍の陳文杰、外国人では魔鷹が加入。長打力不足が心配されていた中でどれだけ厚みを増せるか。一方捕手陣は一軍で正捕手を務めた選手がいない中で張肇元、吳明鴻を軸にどこまで戦えるかやや不安が残る。

　名将洪一中監督のもと、一軍で新風をどこまで吹かせることができるか注目だ。

### マスコット
### TAKAO

### チアリーダー
### Wing Stars

味全龍

樂天桃猿

統一7-ELEVEn獅

中信兄弟

富邦悍將

台鋼雄鷹

球団小史■親会社の台湾鋼鉄グループは南部・台南市に本拠地を置く鉄鋼業を中心とする複合企業で、プロバスケットボールチームやサッカーチームも保有している。CPBLの蔡其昌コミッショナーによる積極的な働きかけもあり、同グループは「南部のスポーツ界を盛り上げたい」との考えから、2022年3月に南部・高雄市の澄清湖棒球場を本拠地としてリーグ参入を表明。常務理事会の審査を経て、ファン待望の第6の球団となった。昨年1月には地元高雄出身でLa Newベアーズ、Lamigoモンキーズでチームを7度の台湾王者に導いたCPBL最多勝、通算991勝の名将洪一中氏が監督に就任した。

昨季は経験の浅い若手を育てながら、8月には楽天モンキーズとの間で、台鋼が直前のドラフト会議で全体1位指名した元メジャーリーガー林子偉と楽天の複数選手とのトレードを行うなど選手層を底上げ。二軍公式戦で2位に滑り込み二軍チャンピオンシップを制すと、アジアウインターベースボールリーグでも粘り強く戦い優勝、一軍参入に弾みをつけた。実質的に「復活」であった味全とは異なり完全にゼロからのスタートとなった上、高雄市での球団経営は容易ではないという見方もあるが、元CPBL職員で「日本通」としても知られる劉東洋GMが積極的な選手補強や、巧みなプロモーションを仕掛け話題を集めている。なお、台湾鋼鉄グループは傘下に収めた高苑科技大学を今年2月に台鋼科技大学に改名。同校の球場を整備、校舎を改築し、年内にもファーム基地とする予定だ。

再び台湾プロ野球の表舞台に

# 高雄市立澄清湖棒球場

たかおしりつちょうせいこきゅうじょう

ガオションシーリー　チェンチンフー　バンチョウチャン

住所：高雄市鳥松區鳥松里大埤路113號　TEL：07-733-6497
収容人員：20,000人　天然芝　中堅：122m(400ft)　両翼：100m(328ft)

## 南部のスポーツ振興掲げる台鋼の本拠地に

台北の南西約295km、約274万人が暮らす台湾南部の大都市、高雄市。台湾最大の港を有し、工業が盛んで高速鉄道の終着駅と国際空港を持つ。澄清湖棒球場は市中心部の東約6kmに位置し、人造湖である澄清湖のほとりにある。1999年に竣工、かつては台湾最大級で国際大会の最多観客記録も持っていた。これまではもう1つのプロリーグTMLの高屏雷公のほか、CPBLでは第一金剛、La New、義大が本拠地としてきたが、義大の身売り後は試合数が減少していた。こうした中、南部のスポーツ振興を掲げる「第6の球団」台鋼ホークスが本拠地に選んだ。

## グラウンド、スタンドがリニューアル

今季台鋼ホークスが一軍を戦うにあたり、昨年から高雄市によって第一期改修工事が実施された。まずは球場の要である内外野の赤土、天然芝が最高の状態に仕上がったことを評価したい。またダグアウト、ウエイトルームがリニューアルされた他、スタンドでも応援ステージの改修や内野席8,000席の更新、視認性の高い防球ネットへの交換がなされ、観戦の質も向上した。16,000人以上のファンを集めた開幕戦では課題も指摘されたが、今オフの第二期改修工事に期待だ。グッズは球場内のほか、「鷹House」（高雄市三民區九如一路67號　定休日：日曜、月曜）でも購入できる。

## グルメ

球場外に立ち並ぶ屋台がグルメ調達の中心。台湾の球場では定番の巨大イカ揚げや、フライドチキン、グアバは勿論、ご当地ならではのパパイヤミルクや、高雄の暑さにぴったりなパイナップル氷、冷やし焼き芋といったラインナップが並ぶ。コンコース内は開場当初のためまだ充実はしておらず今後の強化に期待。ただし一塁側奥にはファミリーマートがあり、ビールや飲み物等、最低限必要なものは揃う。

## テーマデー

4月20日にはCPBL初の3000試合出場を果たした蘇建文審判の引退セレモニーを台鋼主催で行うなど、野球の歴史にリスペクトを示した球団運営が目立つ。また劉東洋GMは日本球界とのパイプも太く、4月5日のホーム開幕戦では栗山英樹、井端弘和両氏をゲストとして招いた。今後も地域は勿論、過去の台湾野球史や日本野球との繋がりに重きを置いたイベント開催が期待できそうだ。

## 台鋼主催試合チケット（高雄市立澄清湖棒球場）

| エリア | 大人（平日） | 割引（平日） | 大人（土日祝） | 割引（土日祝） |
|---|---|---|---|---|
| 内野ホットエリア<br>（一塁I〜K、<br>三塁P〜R） | 350 | 250 | 500 | |
| 一般シート<br>（本塁VIP A〜VIP C、<br>一塁A〜H、L〜M、<br>三塁S〜Z、N〜O、<br>二階席全て） | 350 | 250 | 450 | 350 |
| 外野自由席 | 200 | | 300 | |

※イベントデーは価格が変更になる場合があります
※割引チケットは学生、115cm以上の児童、65歳以上、
　身体障がい者と同伴者、澄清湖エリアの一部住民が対象
※単位は台湾ドル　1台湾ドル＝約4.7円

澄清湖棒球場

高雄メトロ
衛武營駅

**要チェック!!**

台北駅から高雄市内へ
・高速鉄道(高鉄)で高鉄左營駅まで約1時間35分から2時間15分。
・在来線(台湾鉄道)の特急(自強号)で台鉄高雄駅まで、約3時間40分から5時間10分。

高鉄左營駅から球場へ
・高鉄左營駅に隣接している高雄メトロ(MRT)紅線の左營駅から小港行きに乗車、美麗島駅で乗り換え、橘線の大寮行きで衛武營駅下車(合計約30分)。無料送迎バスもしくは、70A番バス、黃2番バスなどで「澄清湖棒球場」バス停下車(約20分)。
・高鉄左營駅からタクシーで約20分(約10km)。

台鉄高雄駅から球場へ
・台鉄高雄駅から各駅停車(區間車)で正義駅下車(約7分)。もしくは隣接している高雄メトロ(MRT)紅線の高雄車站駅から小港行きに乗車、美麗島駅で乗り換え、橘線の大寮行きで衛武營駅下車(合計約15分)。無料送迎バスもしくは、70A番バス、黃2番バスなどで「澄清湖棒球場」バス停下車。
・台鉄高雄駅からタクシーで約20分(約8.6km)。

試合開催日は高雄メトロ(MRT)橘線の衛武營駅から、台鉄正義駅経由で球場までを結ぶ無料送迎バスがある。休日は高鉄左營駅からも運行する。時刻表や乗車場所などについては、Facebookファンページ「KSD 好運發-高雄市政府運動發展局」を参考にしよう。

## 選手別応援歌&チャンステーマ

**1 曾子祐** (ツェンズーヨウ)
♪「強棒出撃 曾子祐 Super Hero 曾子祐」
(チャンバンチュウ ツェンズーヨウ ツェンズーヨウ)

**3 陳文杰** (チェンウェンジェ)
♪「台鋼 豪杰 勝利告捷 陳文杰」
(タイガン ハオジェ シェン リ ガオジェ チェンウェンジェ)

**6 王博玄** (ワンボーシュエン)
♪「內旋外旋×2 王博玄 一棒過牆 全壘打
(ネイシュエンワイシュエン ワンボーシュエン イーバンゴチャン チュエンレイ ダ)
　　內旋外旋×2 王博玄 勝利凱旋 王博玄」
(ネイシュエンワイシュエン ワンボーシュエン シェン リ カイシュエン ワンボーシュエン)

**7 郭永維** (グォヨンウェイ)
♪「台鋼 護衛 見義勇為 郭永維」
(タイガン フーウェイ ジェン イ ヨンウェイ グォヨンウェイ)

**9 王柏融** (ワンボーロン)
♪Hey Hey Hey Oh~柏融大王
(ボーロンダーワン)
Hey Hey Hey 台鋼大王(繰り返し)
(タイガンダーワン)
「最強王 金牌王 最強金牌 台鋼大王」
(ズイチャンワン ジンパイワン ズイチャンジンパイ タイガンダーワン)

**29 張肇元** (ジャンジャオユエン)
♪「轟~轟~張肇元 轟到最遠 張肇元」
(ジャンジャオユエン ホンダオズイユエン ジャンジャオユエン)

**42 黃劼希** (ホァンジェー シ)
♪「JC GO JC GO 鷹勇出撃 黃劼希」
(イ ンヨンチュ ホァンジェー シ)

**71 杜家明** (ドゥジャーミン)
♪「強襲猛攻 杜家明 強襲猛攻 轟
(チャン シ モンゴン ドゥジャーミン チャン シ モンゴン ホン)
　　強襲猛攻 杜家明 強襲猛攻 轟」
(チャン シ モンゴン ドゥジャーミン チャン シ モンゴン ホン)

**73 葉保弟** (イェバオディ)
♪安打安打 葉保弟 保勝大弟 葉保弟
(アンダ アンダ イェバオディ バオシェンダーディ イェバオディ)
保證勝利 葉保弟 勝利出撃 葉保弟
(バオジェン ダ ディ イェバオディ バオジェンションリ イェバオディ)
「保勝大弟 葉保弟 保證勝利 葉保弟」
(バオシェンダーディ イェバオディ バオジェン ダ ディ イェバオディ)

**88 藍寅倫** (ランインルン)
♪「一鼓作氣 藍寅倫 威猛爆撃 藍寅倫」
(イ グ ズォ チ ランインルン ウェイモンバオ ジ ランインルン)

**94 魔鷹** (モーイン)
♪「let's Go Fighting! 伊~呀嘿殺!」
(イ ヤ ヘイ サ)

**チャンス 氣蓋山河** (チ ガイシャン ヘ)
♪「台鋼雄鷹 安打 台鋼雄鷹 全壘打×4」
(タイガンションイン アンダ タイガンションイン チュエンレイ ダ)
「○○○×4」
※○○○は選手名
コール部分のみ抜粋し掲載

味全龍

樂天桃猿

統一7-ELEVEn獅

中信兄弟

富邦悍將

台鋼雄鷹

## 2 洪一中
こう・いっちゅう　ホン・イージョン　HONG I CHUNG
監督　63歳　33年目　右右　1961.5.14　172cm79kg

①美和中学-中国文化大学・兄弟(90-96)-TML・高屏雷公(97-02)-La Newコーチ(04)-La New監督(04-09)-La New(10)-Lamigo監督(11-19)-富邦監督(20-21)-台鋼監督(23)②べ(92,94,96)④ソウル五輪(88)、アジア大会(02)

## 68 鄧蒔陽
とう・しょう　デン・シーヤン　TENG SHIH YANG
ヘッド兼内野守備コーチ　45歳　10年目　右右　1979.7.24　175cm75kg

①高苑工商-台湾体院-誠泰(04-07)-米迪亜(08)-興農(09-11)-台鋼コーチ(23)

## 34 横田久則
よこた・ひさのり　ヘンティエン・ジョウゼ(日本)　YOKOTA HISANORI
投手統括コーチ　57歳　6年目　右左　1967.9.8　185cm80kg

①那賀高-西武-千葉ロッテ-阪神-兄弟(03-04)-兄弟コーチ(05-06)-BCL・富山コーチ-BCL・富山監督-西武コーチ-台鋼コーチ(23)②勝(03)⑤横田久則

## 38 蕭任汶
しょう・にんぶん　シャオ・レンウェン　HSIAO JEN WEN
投手コーチ　51歳　13年目　右右　1973.8.15　177cm80kg

①美和中学-中国文化大学・兄弟(98-07)-台鋼コーチ(22)②防(01)

## 35 沈柏蒼
しん・はくそう　ジェン・ボーツァン　SHEN PO TSANG
ブルペンコーチ　47歳　12年目　右右　1977.8.31　175cm80kg

①華興中学-中国文化大学-統一(02-10)-興農コーチ(12)-台鋼コーチ(23)②中(08)④アジア大会(98)

## 23 路易士
ルイス・デロスサントス　ルイシ(ドミニカ共和国)　LUIS DE LOS SANTOS
打撃コーチ　58歳　8年目　右右　1966.12.29　196cm93kg

①ニュータウン高-ロイヤルズ・タイガース・メキシカンL-マーリンズ・兄弟(94-96)-巨人・TML・高屏雷公(98-99)-メキシカンL-韓国-KIA-米独立L-オリオールズ・メキシカンリーグL-イタリアL-台鋼コーチ(22)②安(94,95)、首(96)、点(95)、べ(94,95)⑤ルイス・デロスサントス

## 63 蔡昱詳
さい・いくしょう　ツァイ・ユーシャン　TSAI YU HSIANG
内野守備兼打撃コーチ　55歳　28年目　左左　1969.9.7　184cm95kg

①美和中学-中国文化大学-TML・台北太陽(97-02)-第一金剛(03)-La New(04-05)-La Newコーチ(06-10)-Lamigo(11-19)-楽天コーチ(20-22)-台鋼コーチ(23)

## 53 黄甘霖
こう・かんりん　ホァン・ガンリン　HUANG KAN LIN
外野守備兼走塁コーチ　49歳　27年目　右右　1975.3.12　180cm85kg

①新民商工-統一(98-10)-統一コーチ(11-16)-統一監督(17-19)-富邦コーチ(20-21)-台鋼コーチ(22)②盗(99,00,01,02,03)、べ(99,00,01,02)、ゴ(99,00,01,02,03,04)④アジア大会(94)

## 89 鄭漢禮
てい・かんれい　ジェン・ハンリ　CHENG HAN LI
バッテリーコーチ　49歳　11年目　右右　1975.9.12　171cm88kg

①華興中学-中国文化大学-兄弟(01-06)-兄弟コーチ(08-09)-台鋼コーチ(22)

## 011 里隆文
さと・たかふみ　リ・ロンウェン(日本)　SATO TAKAFUMI
トレーニングディレクターコーチ　42歳　1年目　右右　1982.1.18　174cm74kg

①鹿児島玉龍高-福岡大-筑波大-BCL・群馬コーチ-西武コーチ-台鋼コーチ(24)

## 81 林振賢
りん・しんけん　リン・ジェンシェン　LIN CHEN HSIEN
二軍監督　64歳　31年目　右右　1960.9.2　180cm80kg

①美和中学-輔仁大学-三商(90-95)-TML・高屏雷公(97)-TML・高屏雷公コーチ(98-00)-La New(04-10)-Lamigoコーチ(11-19)-楽天コーチ(20-21)-台鋼コーチ(22)

## 14 福永春吾
ふくなが・しゅんご　フーヨン・チュンウ(日本)　FUKUNAGA SHUNGO
二軍投手コーチ補佐　30歳　2年目　右右　1994.5.14　184cm100kg

①クラーク記念国際高-関西独立L-06-四国IL・徳島-阪神-四国IL・徳島-メキシカンL-九州アジアL-北九州-台鋼(23)-台鋼コーチ(23)⑤福永春吾

## 72 葉詠捷
よう・えいしょう　イェ・ヨンジェ　YEH YUNG CHIEH
二軍投手コーチ補佐　39歳　10年目　右右　1985.4.21　178cm75kg

①穀保家商-中国文化大学-兄弟(06-12)-兄弟コーチ(13)-中信兄弟コーチ(14)-台鋼コーチ(24)

## 96 鄭乃文
てい・だいぶん　ジェン・ナイウェン　CHENG NAI WEN
二軍打撃コーチ補佐　43歳　11年目　右右　1981.4.8　193cm100kg

①南英商工-嘉義大学-統一(06-12)-兄弟(12-13)-中信(14)-台鋼コーチ(23)

## 76 邱俊文
きゅう・しゅんぶん　チョウ・ジュンウェン　CHIU CHUN WEN
二軍内野守備コーチ　44歳　4年目　右右　1980.3.10　173cm73kg

①東大体中-中国文化大学-中信(06-08)-台鋼コーチ(24)

## 51 呉承翰
ご・しょうかん　ウ・チェンハン　WU CHENG HAN
二軍外野守備兼走塁コーチ　50歳　11年目　右両　1974.11.27　180cm80kg

①美和中学-中国文化大学-TML・台北太陽(99-02)-誠泰太陽(03)-誠泰(04-07)-米迪亜コーチ(08)-台鋼コーチ(24)

味全龍

樂天桃猿

統一7-ELEVEn獅

中信兄弟

富邦悍將

台鋼雄鷹

## 32 王溢正

おう・いつせい
ワン・イージェン
WANG I CHENG

投手 39歳 12年目 左左 1985.10.9 190cm84kg

①屏東高中-中国文化大学-横浜-DeNA-Lamigo(13-19)-楽天(20-23)-台鋼(23)③CPBLの左腕歴代最多75勝を誇るベテランは、昨年8月の大型トレードで楽天から台鋼へ移籍。二軍チャンピオンシップでは守護神として3セーブを挙げ優勝に大きく貢献した。新天地でかつて始球式の指導をした台鋼チアの安芝儀と再会。④WBC(13)⑤ワン・イーゼン

| 年度 | チーム | 試合 | 先発 | 勝利 | 敗戦 | セーブ | ホールド | 投球回 | 四球 | 三振 | 防御率 |
|---|---|---|---|---|---|---|---|---|---|---|---|
| 2017 | Lamigo | 22 | 21 | 9 | 7 | 0 | 0 | 125 1/3 | 59 | 116 | 4.60 |
| 2018 | Lamigo | 22 | 22 | 8 | 8 | 0 | 0 | 139 2/3 | 37 | 103 | 4.25 |
| 2019 | Lamigo | 25 | 24 | 12 | 5 | 0 | 0 | 138 2/3 | 34 | 113 | 4.44 |
| 2020 | 楽天 | 21 | 19 | 6 | 6 | 0 | 0 | 116 1/3 | 38 | 82 | 5.42 |
| 2021 | 楽天 | 34 | 8 | 2 | 3 | 0 | 6 | 64 2/3 | 74 | 50 | 5.98 |
| 2022 | 楽天 | 20 | 11 | 6 | 4 | 0 | 0 | 63 1/3 | 22 | 36 | 3.84 |
| 2023 | 楽天・台鋼 | 1 | 1 | 0 | 0 | 0 | 0 | 4 1/3 | 4 | 3 | 6.23 |
| 通算 | | 224 | 178 | 75 | 50 | 0 | 7 | 1067 | 381 | 808 | 4.97 |

## 40 後勁

ブレイディン・ヘーゲンズ
ホウジン(アメリカ合衆国)
BRADIN HAGENS

▲ 投手 35歳 4年目 右右 1989.5.12 190cm90kg

①マーセド大-ダイヤモンドバックス-レイズ-広島-ダイヤモンドバックス-米独立L-ダイヤモンドバックス-米独立L-楽天(21-23)-台鋼(24)②救(22)、ゴ(21)③16年に広島の優勝に貢献した右腕は、過去3年間楽天でクローザーとして活躍。22年にはリーグのシーズン記録にあと1と迫る36セーブを挙げた。決め球は強烈な縦変化のカットボール。新天地では先発として起用される。⑤ブレイディン・ヘーゲンズ

| 年度 | チーム | 試合 | 先発 | 勝利 | 敗戦 | セーブ | ホールド | 投球回 | 四球 | 三振 | 防御率 |
|---|---|---|---|---|---|---|---|---|---|---|---|
| 2017 | - | | | | | | | | | | |
| 2018 | - | | | | | | | | | | |
| 2019 | - | | | | | | | | | | |
| 2020 | - | | | | | | | | | | |
| 2021 | 楽天 | 53 | 0 | 6 | 4 | 9 | 10 | 80 2/3 | 22 | 43 | 2.79 |
| 2022 | 楽天 | 59 | 0 | 5 | 2 | 36 | 4 | 68 2/3 | 15 | 65 | 1.44 |
| 2023 | 楽天 | 50 | 4 | 6 | 1 | 13 | 5 | 58 | 23 | 42 | 3.26 |
| 通算 | | 162 | 4 | 17 | 9 | 58 | 19 | 207 1/3 | 60 | 150 | 2.47 |

## 0 蕭柏頤

しょう・はくい
シャオ・ボーイ
HSIAO PO YI

投手 24歳 3年目 右右 2000.11.8 178cm76kg

①秀峰高中-美和科技大学-台鋼(22)③二種類の速球とナックルカーブを武器に高いゴロアウト率を記録した右腕。コントロールや第三球種の確立など課題も多い。

| 年度 | 試合 | 先発 | 勝利 | 敗戦 | セーブ | ホールド | 投球回 | 四球 | 三振 | 防御率 |
|---|---|---|---|---|---|---|---|---|---|---|
| 23(二軍) | 7 | 1 | 0 | 0 | 0 | 3 | 11 2/3 | 6 | 4 | 4.63 |
| 通算(二軍) | 7 | 1 | 0 | 0 | 0 | 3 | 11 2/3 | 6 | 4 | 4.63 |

## 4 小野寺賢人

おのでら・けんと
シャオイェス・シェンレン(日本)
ONODERA KENTO

● 投手 26歳 1年目 右右 1998.7.13 175cm84kg

①聖和学園高-星槎道都大-TRANSYS-BCL-埼玉武蔵-台鋼(24)③BCリーグの23年度投手部門MVPはアジアウインターリーグで好投し正式契約。クイックやギアチェンジを巧みに使う引き出しの多さが光る。

| 年度 | 試合 | 先発 | 勝利 | 敗戦 | セーブ | ホールド | 投球回 | 四球 | 三振 | 防御率 |
|---|---|---|---|---|---|---|---|---|---|---|
| 2023 | - | | | | | | | | | |
| 通算 | - | | | | | | | | | |

## 5 林詩翔

りん・ししょう
リン・シーシャン
LIN SHIH HSIANG

● 投手 23歳 2年目 右右 2001.7.31 181cm83kg

①玉里高中-大同技術学院-台鋼(23)③アジアウインターリーグでリーグトップの5セーブを挙げた将来のクローザー候補。馬力を感じさせる直球の強さが最大の魅力だ。

| 年度 | 試合 | 先発 | 勝利 | 敗戦 | セーブ | ホールド | 投球回 | 四球 | 三振 | 防御率 |
|---|---|---|---|---|---|---|---|---|---|---|
| 23(二軍) | 9 | 0 | 0 | 0 | 1 | 0 | 8 1/3 | 2 | 6 | 4.32 |
| 通算(二軍) | 9 | 0 | 0 | 0 | 1 | 0 | 8 1/3 | 2 | 6 | 4.32 |

## 10 謝葆錡

しゃ・ほき
シェ・バオチ
HSIEH PAO CHI

投手 25歳 3年目 右右 1999.9.10 184cm93kg

①屏東高中-国立体大-台鋼(22)③高く脚を上げるフォームから投げ下ろす重いストレートが武器の右腕。元々は捕手で、大学3年時に投手に転向した。

| 年度 | 試合 | 先発 | 勝利 | 敗戦 | セーブ | ホールド | 投球回 | 四球 | 三振 | 防御率 |
|---|---|---|---|---|---|---|---|---|---|---|
| 23(二軍) | 12 | 0 | 2 | 5 | 0 | 1 | 34 1/3 | 20 | 24 | 3.67 |
| 通算(二軍) | 12 | 0 | 2 | 5 | 0 | 1 | 34 1/3 | 20 | 24 | 3.67 |

## 11 陳正毅

ちん・せいき
チェン・ジェンイ
CHEN CHENG YI

投手 24歳 3年目 右右 2000.6.14 180cm75kg

①東港海事-環球科技大学-台鋼(22)③CPBLの歴史で初となる離島・小琉球で生まれ育った選手。真面目な練習態度が評価され、今季から副主将に任命された。

| 年度 | 試合 | 先発 | 勝利 | 敗戦 | セーブ | ホールド | 投球回 | 四球 | 三振 | 防御率 |
|---|---|---|---|---|---|---|---|---|---|---|
| 23(二軍) | 22 | 0 | 1 | 1 | 0 | 2 | 24 1/3 | 13 | 19 | 3.70 |
| 通算(二軍) | 22 | 0 | 1 | 1 | 0 | 2 | 24 1/3 | 13 | 19 | 3.70 |

## 12 王柏傑

おう・はくけつ
ワン・ボージェ
WANG PO CHIEH

● 投手 20歳 2年目 左左 2004.10.18 178cm78kg

①寿山高中-台鋼(23)③高卒左腕はルーキー離れした安定感や変化球の精度が魅力の、コントロールにも大きな破綻がない。将来像は陳仕朋(富邦)。

| 年度 | 試合 | 先発 | 勝利 | 敗戦 | セーブ | ホールド | 投球回 | 四球 | 三振 | 防御率 |
|---|---|---|---|---|---|---|---|---|---|---|
| 2023 | - | | | | | | | | | |
| 通算 | - | | | | | | | | | |

## 45 施子謙
し・しけん
シ・ズーチェン
SHIH TZU CHIEN

▲ 投手　30歳　8年目　右右
1994.12.19　184cm96kg

①西苑高中-台湾体大-統一(17-23)-台鋼(24)②新(18)③18年に11勝を挙げた右腕が、オフの拡大ドラフトで台鋼入り。課題の一発病を克服し、新天地では再びローテーション入りを目指したい。DH制のため披露する機会は少ないが、打撃は飛距離、打球速度共にメジャーリーガー並み。

| 年度 | チーム | 試合 | 先発 | 勝利 | 敗戦 | セーブ | ホールド | 投球回 | 四球 | 三振 | 防御率 |
|---|---|---|---|---|---|---|---|---|---|---|---|
| 2017 | 統一 | 5 | 4 | 1 | 1 | 0 | 0 | 19 2/3 | 6 | 11 | 4.12 |
| 2018 | 統一 | 19 | 19 | 11 | 5 | 0 | 0 | 107 1/3 | 33 | 53 | 3.86 |
| 2019 | 統一 | 20 | 18 | 5 | 8 | 0 | 0 | 96 2/3 | 23 | 59 | 6.42 |
| 2020 | 統一 | 22 | 21 | 8 | 8 | 0 | 0 | 108 | 30 | 66 | 6.92 |
| 2021 | 統一 | 6 | 0 | 1 | 0 | 0 | 0 | 6 | 1 | 6 | 1.50 |
| 2022 | 統一 | 25 | 1 | 1 | 3 | 0 | 6 | 29 1/3 | 9 | 17 | 6.44 |
| 2023 | 統一 | 32 | 0 | 0 | 1 | 2 | 4 | 34 2/3 | 9 | 28 | 4.41 |
| 通算 | | 129 | 63 | 27 | 27 | 2 | 11 | 401 2/3 | 111 | 240 | 5.51 |

## 66 陳柏清
ちん・はくせい
チェン・ボーチン
CHEN PO CHING

投手　26歳　3年目　左左
1998.10.25　182cm98kg

①中興高中-南華大学-台鋼(22)③高い奪三振能力を誇る将来の左腕エース。球質に優れる速球と切れ味鋭いスライダーを武器に、昨季は二軍で防御率と奪三振のタイトルを獲得。チームから唯一選出されたAPBCでも好投し、素質の高さをアピールした。④APBC(23)

| 年度 | チーム | 試合 | 先発 | 勝利 | 敗戦 | セーブ | ホールド | 投球回 | 四球 | 三振 | 防御率 |
|---|---|---|---|---|---|---|---|---|---|---|---|
| 2017 | - | - | - | - | - | - | - | - | - | - | - |
| 2018 | - | - | - | - | - | - | - | - | - | - | - |
| 2019 | - | - | - | - | - | - | - | - | - | - | - |
| 2020 | - | - | - | - | - | - | - | - | - | - | - |
| 2021 | - | - | - | - | - | - | - | - | - | - | - |
| 2022 | - | - | - | - | - | - | - | - | - | - | - |
| 2023/二軍 | 台鋼 | 13 | 11 | 4 | 1 | 0 | 0 | 64 2/3 | 34 | 63 | 3.06 |
| 通算 | | 13 | 11 | 4 | 1 | 0 | 0 | 64 2/3 | 34 | 63 | 3.06 |

## 17 陳宇宏
ちん・うこう
チェン・ユーホン
CHEN YU HUNG

投手　23歳　3年目　右右　2001.5.12　180cm73kg

①強恕中学-環球科技大学-台鋼(22)③遅い真っ直ぐに更に遅い変化球で緩急をつける台鋼のサブマリン。130キロに満たないストレートで打ち取る姿は痛快だ。

| 年度 | 試合 | 先発 | 勝利 | 敗戦 | セーブ | ホールド | 投球回 | 四球 | 三振 | 防御率 |
|---|---|---|---|---|---|---|---|---|---|---|
| 23(二軍) | 18 | 14 | 3 | 4 | 0 | 0 | 74 2/3 | 11 | 26 | 4.82 |
| 通算(二軍) | 18 | 14 | 3 | 4 | 0 | 0 | 74 2/3 | 11 | 26 | 4.82 |

## 18 李欣穎
り・きんえい
リ・シンイン
LI HSIN YING

投手　24歳　3年目　右右　2000.8.18　181cm70kg

①南英商工-崑山科技大学-台鋼(22)③地元・高雄出身の右腕は、勢いのあるストレートが持ち味。小さい頃から通った澄清湖のマウンドで躍動する姿を見せたい。

| 年度 | 試合 | 先発 | 勝利 | 敗戦 | セーブ | ホールド | 投球回 | 四球 | 三振 | 防御率 |
|---|---|---|---|---|---|---|---|---|---|---|
| 23(二軍) | 6 | 5 | 1 | 2 | 0 | 0 | 18 | 7 | 12 | 5.00 |
| 通算(二軍) | 6 | 5 | 1 | 2 | 0 | 0 | 18 | 7 | 12 | 5.00 |

## 19 陳翊瑄
ちん・よくせん
チェン・イーシュエン
CHEN YI HSUAN

投手　22歳　3年目　右右　2002.4.10　175cm83kg

①大理高中-中国文化大学-台鋼(22)③腕の長さと柔軟性を活かし、打者の近くでリリースできるのが魅力。回跨ぎもこなせるリリーフとして期待される。

| 年度 | 試合 | 先発 | 勝利 | 敗戦 | セーブ | ホールド | 投球回 | 四球 | 三振 | 防御率 |
|---|---|---|---|---|---|---|---|---|---|---|
| 23(二軍) | 26 | 0 | 1 | 0 | 0 | 3 | 30 | 10 | 19 | 3.30 |
| 通算(二軍) | 26 | 0 | 1 | 0 | 0 | 3 | 30 | 10 | 19 | 3.30 |

## 20 江承諺
こう・しょうげん
ジャン・チェンイェン
CHIANG CHENG YEN

▲ 投手　29歳　12年目　左左　1995.6.3　175cm70kg

①西苑高中-統一(13-23)-台鋼(24)③郭俊麟とのトレードで加入した実績豊富な左の先発。18年には侍ジャパンとの交流試合に先発し、笠原祥太郎と投げ合い好投。

| 年度 | 試合 | 先発 | 勝利 | 敗戦 | セーブ | ホールド | 投球回 | 四球 | 三振 | 防御率 |
|---|---|---|---|---|---|---|---|---|---|---|
| 2023 | 4 | 4 | 1 | 2 | 0 | 0 | 17 1/3 | 14 | 4 | 2.08 |
| 通算 | 169 | 122 | 34 | 50 | 0 | 9 | 714 1/3 | 284 | 545 | 4.93 |

## 21 翁瑋均
おう・いきん
ウォン・ウェイジュン
WENG WEI CHUN

投手　26歳　7年目　右左　1998.11.29　190cm85kg

①普門中学-南華大学-Lamigo(18-19)-楽天(20-23)-台鋼(24)に9勝を挙げた元エース候補だが、近年は満足な成績を残せない日々が続いている。移籍を機に素質を開花させたい。

| 年度 | 試合 | 先発 | 勝利 | 敗戦 | セーブ | ホールド | 投球回 | 四球 | 三振 | 防御率 |
|---|---|---|---|---|---|---|---|---|---|---|
| 23(二軍) | 5 | 5 | 0 | 1 | 0 | 0 | 8 1/3 | 3 | 5 | 5.40 |
| 通算 | 46 | 43 | 16 | 15 | 0 | 0 | 228 1/3 | 75 | 124 | 5.87 |

## 26 張喜凱
ちょう・きがい
ジャン・シーカイ
CHANG HSI KAI

投手　26歳　6年目　右右　1998.10.29　180cm70kg

①北科附工-中国文化大学-Lamigo(19)-楽天(20-22)-台鋼(23)③横田久則コーチが高く評価し、一昨年の拡大ドラフトで獲得した正統派アンダースロー。21年には15先発で5勝を挙げる活躍。

| 年度 | 試合 | 先発 | 勝利 | 敗戦 | セーブ | ホールド | 投球回 | 四球 | 三振 | 防御率 |
|---|---|---|---|---|---|---|---|---|---|---|
| 23(二軍) | 6 | 2 | 1 | 0 | 0 | 0 | 9 2/3 | 9 | 3 | 7.45 |
| 通算 | 19 | 17 | 5 | 8 | 0 | 0 | 86 1/3 | 44 | 49 | 5.21 |

味全龍

樂天桃猿

統一7ＥＬＥＶＥＮ獅

中信兄弟

富邦悍將

台鋼雄鷹

## 1 曾子祐
そう・しゅう
ツェン・ズーヨウ
TSENG TZU YU

内野手　21歳　3年目　右右
2003.9.16　178cm74kg

①平鎮高中-台鋼(22)③昨季は主に2番に入りシーズン通して起用された、22年全体ドラ1の高卒遊撃手。空振りが少なく広角に打てる打撃が光る一方、20失策と守備に課題を残した。今季は一軍で攻守に安定感あるプレーを目指したい。

| 年度 | チーム | 試合 | 打数 | 安打 | 本塁打 | 打点 | 四球 | 三振 | 盗塁 | 打率 | OPS |
|---|---|---|---|---|---|---|---|---|---|---|---|
| 2017 | - | - | - | - | - | - | - | - | - | - | - |
| 2018 | - | - | - | - | - | - | - | - | - | - | - |
| 2019 | - | - | - | - | - | - | - | - | - | - | - |
| 2020 | - | - | - | - | - | - | - | - | - | - | - |
| 2021 | - | - | - | - | - | - | - | - | - | - | - |
| 2022 | - | - | - | - | - | - | - | - | - | - | - |
| 2023/二軍 | 台鋼 | 78 | 300 | 89 | 2 | 40 | 26 | 36 | 9 | .297 | .721 |
| 通算 | | 78 | 300 | 89 | 2 | 40 | 26 | 36 | 9 | .297 | .721 |

## 3 陳文杰
ちん・ぶんけつ
チェン・ウェンジェ
CHEN WEN CHIEH

▲　外野手　27歳　9年目　右左
1997.10.11　184cm76kg

①花蓮体中-中信兄弟(16-23)-台鋼(24)②ゴ(22)③オフの拡大ドラフトで中信兄弟から移籍。昨季は一軍定着後、自己最低の成績に終わるも長打力と走力の高さを示した。走攻守三拍子揃った実績ある外野手は、中堅手としてチームを引っ張ることが期待される。

| 年度 | チーム | 試合 | 打数 | 安打 | 本塁打 | 打点 | 四球 | 三振 | 盗塁 | 打率 | OPS |
|---|---|---|---|---|---|---|---|---|---|---|---|
| 2017 | 中信兄弟 | 3 | 12 | 4 | 0 | 3 | 0 | 1 | 0 | .333 | .750 |
| 2018 | 中信兄弟 | 10 | 27 | 5 | 0 | 1 | 8 | 1 | 0 | .185 | .399 |
| 2019 | 中信兄弟 | 17 | 49 | 7 | 1 | 4 | 0 | 8 | 4 | .188 | .438 |
| 2020 | 中信兄弟 | 88 | 179 | 51 | 2 | 24 | 18 | 39 | 8 | .285 | .728 |
| 2021 | 中信兄弟 | 84 | 268 | 65 | 6 | 31 | 35 | 57 | 9 | .243 | .713 |
| 2022 | 中信兄弟 | 105 | 367 | 110 | 4 | 62 | 27 | 59 | 12 | .300 | .744 |
| 2023 | 中信兄弟 | 99 | 246 | 47 | 6 | 33 | 20 | 54 | 12 | .191 | .602 |
| 通算 | | 406 | 1147 | 291 | 19 | 158 | 108 | 219 | 45 | .254 | .683 |

## 28 陳冠豪
ちん・かんごう
チェン・グァンハオ
CHEN KUAN HAO

投手　21歳　3年目　右右　2003.6.14　184cm80kg

①鶯歌工商-輔仁大学-台鋼(22)③大きく沈み込んで投げ込む変則投法はチームメイトから「台鋼の大勢」とも呼ばれる。右打者に恐怖感を与える独特の軌道が武器。

| 年度 | 試合 | 先発 | 勝利 | 敗戦 | セーブ | ホールド | 投球回 | 四球 | 三振 | 防御率 |
|---|---|---|---|---|---|---|---|---|---|---|
| 23(二軍) | 13 | 0 | 0 | 1 | 0 | 2 | 12 2/3 | 6 | 13 | 4.26 |
| 通算(二軍) | 13 | 0 | 0 | 1 | 0 | 2 | 12 2/3 | 6 | 13 | 4.26 |

## 36 張竣凱
ちょう・しゅんがい
ジャン・ジュンカイ
CHANG CHUN KAI

投手　26歳　4年目　右右　1998.8.15　186cm103kg

①平鎮高中-国立体大-統一(21-22)-台鋼(23)③大きな変化球が武器の大型右腕は、昨季二軍でチーム2位の9ホールドを記録。32試合で被本塁打0に抑えた。

| 年度 | 試合 | 先発 | 勝利 | 敗戦 | セーブ | ホールド | 投球回 | 四球 | 三振 | 防御率 |
|---|---|---|---|---|---|---|---|---|---|---|
| 23(二軍) | 32 | 0 | 3 | 1 | 9 | 9 | 26 2/3 | 11 | 13 | 3.04 |
| 通算(二軍) | 59 | 0 | 3 | 1 | 12 | 49 | 29 | 27 | 5.14 |

## 39 雷公
レイミン・グドゥアン
レイゴン(ドミニカ共和国)
REYMIN GUDUAN

● 投手　32歳　1年目　左左　1992.3.16　193cm92kg

①アストロズ-ドジャース-アスレチックス-メキシカンL-米独立L-台鋼(24)③守護神として期待のパワーレフティ。二階から投げ下ろすような速く重いストレートは、常時150キロ台中盤を記録する。

| 年度 | 試合 | 先発 | 勝利 | 敗戦 | セーブ | ホールド | 投球回 | 四球 | 三振 | 防御率 |
|---|---|---|---|---|---|---|---|---|---|---|
| 2023 | - | - | - | - | - | - | - | - | - | - |
| 通算 | - | - | - | - | - | - | - | - | - | - |

## 46 黃群
こう・ぐん
ホァン・チュン
HUANG CHUN

● 投手　21歳　2年目　左左　2003.3.18　176cm81kg

①高苑工商-南華大学-台鋼(23)③ルーキーとは思えない、堂々たるマウンド捌きが光る左腕。スライダーを内外角に投げ分け、カウントを取れるのが長所だ。

| 年度 | 試合 | 先発 | 勝利 | 敗戦 | セーブ | ホールド | 投球回 | 四球 | 三振 | 防御率 |
|---|---|---|---|---|---|---|---|---|---|---|
| 2023 | - | - | - | - | - | - | - | - | - | - |
| 通算 | - | - | - | - | - | - | - | - | - | - |

## 47 笠原祥太郎
かさはら・しょうたろう
リーユエン・シャンタイラン(日本)
KASAHARA SHOTARO

● 投手　29歳　1年目　左左　1995.3.17　177cm85kg

①新津高-新潟医療福祉大-中日-DeNA-台鋼(24)③トライアウトを視察した台鋼首脳陣が獲得を即決。かつての開幕投手は、100キロのチェンジアップを活かした緩急で勝負する。⑤笠原祥太郎

| 年度 | 試合 | 先発 | 勝利 | 敗戦 | セーブ | ホールド | 投球回 | 四球 | 三振 | 防御率 |
|---|---|---|---|---|---|---|---|---|---|---|
| 2023 | - | - | - | - | - | - | - | - | - | - |
| 通算 | - | - | - | - | - | - | - | - | - | - |

## 48 賴鴻誠
らい・こうせい
ライ・ホンチン
LAI HUNG CHENG

▲　投手　36歳　13年目　左左　1988.4.26　180cm77kg

①平鎮高中-国立体大-興農(12)-義大(13-16)-富邦(17-20)-楽天(21-23)-台鋼(24)③昨季500試合登板を達成したベテランリリーバーで、オフに楽天を自由契約となり台鋼入り。通算121ホールドはリーグ歴代2位。

| 年度 | 試合 | 先発 | 勝利 | 敗戦 | セーブ | ホールド | 投球回 | 四球 | 三振 | 防御率 |
|---|---|---|---|---|---|---|---|---|---|---|
| 2023 | 39 | 0 | 1 | 0 | 0 | 18 | 30 1/3 | 9 | 15 | 1.78 |
| 通算 | 500 | 28 | 24 | 33 | 3 | 121 | 589 | 239 | 353 | 4.86 |

## 9　王柏融

おう・はくゆう
ワン・ボーロン
WANG PO JUNG

● 外野手　31歳　5年目　右左　1993.9.9　182cm91kg

①穀保家商-中国文化大学-Lamigo(15-18)-日本ハム-台鋼(24)②M(16,17)、新(16)、安(16,17)、首(16,17)、本(17)、点(17)、ベ(16,17,18)、ゴ(16,17,18)③昨年8月に楽天との大型トレードに付随し、CPBLにおける契約所有権を楽天から台鋼に譲渡する形で台湾球界復帰。17年に台湾人選手初の三冠王、2度の打率4割を達成した「大王」が新球団の顔となる。④アジア大会(14)、プレミア12(15,19)、APBC(17)、WBC(23)⑤ワン・ボーロン

| 年度 | チーム | 試合 | 打数 | 安打 | 本塁打 | 打点 | 四球 | 三振 | 盗塁 | 打率 | OPS |
|---|---|---|---|---|---|---|---|---|---|---|---|
| 2017 | Lamigo | 115 | 437 | 178 | 31 | 101 | 65 | 44 | 16 | .407 | 1.191 |
| 2018 | Lamigo | 118 | 453 | 159 | 17 | 84 | 63 | 63 | 9 | .351 | .993 |
| 2019 | - | | | | | | | | | | |
| 2020 | - | | | | | | | | | | |
| 2021 | - | | | | | | | | | | |
| 2022 | - | | | | | | | | | | |
| 2023 | - | | | | | | | | | | |
| 通算 | | 378 | 1484 | 573 | 86 | 319 | 191 | 188 | 49 | .386 | 1.110 |

## 88　藍寅倫

らん・いんりん
ラン・インルン
LAN YIN LUN

外野手　34歳　11年目　右右　1990.5.7　180cm87kg

①高苑工商-高苑科技大学-Lamigo(14-19)-楽天(20-23)-台鋼(23)②新(14)、ベ(14,18,19)③昨年8月に楽天との大型トレードで移籍。移籍後は二軍で19試合、打率.371の好成績でチームの優勝に貢献した。故障の多さが懸念点だが、ハッスルプレーが身上のベテランは若い選手が多いチームで模範となる存在だ。

| 年度 | チーム | 試合 | 打数 | 安打 | 本塁打 | 打点 | 四球 | 三振 | 盗塁 | 打率 | OPS |
|---|---|---|---|---|---|---|---|---|---|---|---|
| 2017 | Lamigo | 76 | 271 | 87 | 14 | 51 | 25 | 46 | 5 | .321 | .927 |
| 2018 | Lamigo | 107 | 436 | 146 | 15 | 64 | 20 | 66 | 6 | .335 | .856 |
| 2019 | Lamigo | 113 | 443 | 141 | 10 | 65 | 25 | 59 | 7 | .318 | .816 |
| 2020 | 楽天 | 88 | 316 | 98 | 6 | 35 | 30 | 60 | 5 | .310 | .833 |
| 2021 | 楽天 | 21 | 56 | 13 | 1 | 9 | 3 | 12 | 1 | .232 | .600 |
| 2022 | 楽天 | 58 | 177 | 46 | 2 | 16 | 17 | 28 | 2 | .260 | .671 |
| 2023 | 楽天・台鋼 | 25 | 95 | 23 | 1 | 3 | 4 | 12 | 1 | .242 | .648 |
| 通算 | 楽天・台鋼 | 633 | 2228 | 699 | 55 | 299 | 150 | 355 | 52 | .314 | .817 |

## 52　哈瑪星

ニック・マーゲビチウス
ハマシン(アメリカ合衆国)
NICK MARGEVICIUS

● 投手　28歳　1年目　左左　1996.6.18　196cm102kg

①ライダー大-パドレス-マリナーズ-ブレーブス-台鋼(24)③196cmの超大型左腕は、角度のあるボールをコントロール良く集める投球が売り。登録名は監督の出身地でもある高雄の地名から。

| 年度 | 試合 | 先発 | 勝利 | 敗戦 | セーブ | ホールド | 投球回 | 四球 | 三振 | 防御率 |
|---|---|---|---|---|---|---|---|---|---|---|
| 2023 | - | | | | | | | | | |
| 通算 | - | | | | | | | | | |

## 54　曾奕翔

そう・やくしょう
ツェン・イーシャン
TSENG YI HSIANG

● 投手　20歳　2年目　左左　2004.10.7　181cm77kg

①鶯歌工商-台鋼(23)③バランスの良いフォームから、最速147キロの速球と豊富な変化球を投げ込む高卒左腕。肘の故障歴があり、焦らず育てたい。

| 年度 | 試合 | 先発 | 勝利 | 敗戦 | セーブ | ホールド | 投球回 | 四球 | 三振 | 防御率 |
|---|---|---|---|---|---|---|---|---|---|---|
| 2023 | - | | | | | | | | | |
| 通算 | - | | | | | | | | | |

## 55　伍祐城

ご・ゆうじょう
ウ・ヨウチェン
WU YU CHENG

投手　20歳　3年目　右右　2004.2.15　180cm90kg

①平鎮高中-台鋼(22)③速球の球質やメンタル面を高く評価される22年のドラ1右腕。一軍開幕戦のマウンドを託されるも、雨天中止で幻に。

| 年度 | 試合 | 先発 | 勝利 | 敗戦 | セーブ | ホールド | 投球回 | 四球 | 三振 | 防御率 |
|---|---|---|---|---|---|---|---|---|---|---|
| 23(二軍) | 14 | 11 | 0 | 0 | 0 | 0 | 62 2/3 | 28 | 47 | 4.31 |
| 通算(二軍) | 14 | 11 | 0 | 0 | 0 | 0 | 62 2/3 | 28 | 47 | 4.31 |

## 56　黄紹睿

こう・しょうえい
ホアン・シャオルイ
HUANG SHAO JUI

投手　22歳　3年目　右右　2002.3.31　175cm80kg

①興大附農-国立体大-台鋼(22)③スタミナ豊富なイケメン右腕。昨年の二軍公式戦では開幕戦の先発を任され、6回2失点の好投で勝ち投手となった。

| 年度 | 試合 | 先発 | 勝利 | 敗戦 | セーブ | ホールド | 投球回 | 四球 | 三振 | 防御率 |
|---|---|---|---|---|---|---|---|---|---|---|
| 23(二軍) | 16 | 6 | 3 | 0 | 0 | 1 | 41 2/3 | 18 | 16 | 5.83 |
| 通算(二軍) | 16 | 6 | 3 | 0 | 0 | 1 | 41 2/3 | 18 | 16 | 5.83 |

## 58　陳暐皓

ちん・いこう
チェン・ウェイハオ
CHEN WEI HAO

投手　25歳　3年目　右右　1999.9.24　177cm79kg

①穀保家商-国立体大-中信兄弟(22)-台鋼(23)③昨季は主にクローザーとして起用されチームトップの10セーブ。弟の林昱珉はダイヤモンドバックスのマイナーでプレーする有望株。

| 年度 | 試合 | 先発 | 勝利 | 敗戦 | セーブ | ホールド | 投球回 | 四球 | 三振 | 防御率 |
|---|---|---|---|---|---|---|---|---|---|---|
| 23(二軍) | 31 | 0 | 3 | 1 | 10 | 2 | 30 1/3 | 12 | 30 | 2.08 |
| 通算(二軍) | 46 | 2 | 3 | 1 | 10 | 2 | 48 1/3 | 26 | 52 | 2.98 |

## 62　曾品洋

そう・ひんよう
ツェン・ピンヤン
TSENG PIN YANG

投手　25歳　3年目　右右　1999.6.2　188cm81kg

①中興高中-南華大学-台鋼(22)③最速153キロのスピードボールを武器にするパワーピッチャー。二軍でチーム3位の8ホールドも課題は多く、ゆっくり育てたい。

| 年度 | 試合 | 先発 | 勝利 | 敗戦 | セーブ | ホールド | 投球回 | 四球 | 三振 | 防御率 |
|---|---|---|---|---|---|---|---|---|---|---|
| 23(二軍) | 23 | 1 | 0 | 0 | 0 | 8 | 22 2/3 | 14 | 14 | 3.97 |
| 通算(二軍) | 23 | 1 | 0 | 0 | 0 | 8 | 22 2/3 | 14 | 14 | 3.97 |

背番号　漢字名　日本語読み　現地読み(国籍)　英語
①経歴②タイトル歴③寸評④代表歴⑤NPBでの登録名
ポジション　年齢　年数(CPBL)　投打　生年月日　身長体重
記号:●…新入団(新任)、▲…移籍、■…復帰

## 74 許育銘
きょ・いくめい
シュ・ユーミン
HSU YU MING

投手　26歳　3年目　左左　1998.9.25　180cm82kg

①大理高中-台北市立大學-台鋼(22)③3度の指名漏れを経てドラフト27位で入団も、1年目から二軍で最多ホールドのタイトルを獲得した。ピンチでの火消しに期待。

| 年度 | 試合 | 先発 | 勝利 | 敗戦 | セーブ | ホールド | 投球回 | 四球 | 三振 | 防御率 |
|---|---|---|---|---|---|---|---|---|---|---|
| 23(二軍) | 42 | 0 | 5 | 1 | 5 | 10 | 39 1/3 | 13 | 33 | 3.89 |
| 通算(二軍) | 42 | 0 | 5 | 1 | 5 | 10 | 39 1/3 | 13 | 33 | 3.89 |

## 84 許峻暘
きょ・しゅんよう
シュ・ジュンヤン
HSU CHUN YANG

▲　投手　26歳　5年目　右右　1998.3.23　181cm73kg

①高苑工商-開南大學-楽天(20-23)-台鋼(24)③22年に8ホールドを記録したリリーバーが拡大ドラフトで加入。決め球バルカンチェンジは、速球とのピッチトンネルに優れる。

| 年度 | 試合 | 先発 | 勝利 | 敗戦 | セーブ | ホールド | 投球回 | 四球 | 三振 | 防御率 |
|---|---|---|---|---|---|---|---|---|---|---|
| 2023 | 26 | 0 | 0 | 0 | 0 | 3 | 24 | 12 | 22 | 7.88 |
| 通算 | 80 | 0 | 0 | 0 | 0 | 13 | 87 | 35 | 73 | 4.03 |

## 91 鄧佳安
とう・かあん
デン・ジャーアン
TENG CHIA AN

投手　21歳　3年目　右右　2003.6.9　183cm80kg

①鶯歌工商-輔仁大學-台鋼(22)③ショートアームから投じるボールは出所が見えづらく、体感速度は実際の数字以上。入団時は背番号9番も王柏融に譲った。

| 年度 | 試合 | 先発 | 勝利 | 敗戦 | セーブ | ホールド | 投球回 | 四球 | 三振 | 防御率 |
|---|---|---|---|---|---|---|---|---|---|---|
| 23(二軍) | 2 | 0 | 0 | 0 | 0 | 1 | 2 | 2 | 2 | 0.00 |
| 通算(二軍) | 2 | 0 | 0 | 0 | 0 | 1 | 2 | 2 | 2 | 0.00 |

## 92 巫柏葳
ふ・はくい
ウ・ボーウェイ
WU PO WEI

●　投手　22歳　2年目　右右　2002.10.2　183cm80kg

①西苑高中-崑山科技大學-台鋼(23)③上から投げ下ろすシンカー軌道の速球は威力十分。目標とする曾峻岳(富邦)のように早くから勝ちパターン入り出来るか。

| 年度 | 試合 | 先発 | 勝利 | 敗戦 | セーブ | ホールド | 投球回 | 四球 | 三振 | 防御率 |
|---|---|---|---|---|---|---|---|---|---|---|
| 23(二軍) | 5 | 0 | 0 | 0 | 0 | 0 | 6 1/3 | 2 | 3 | 4.26 |
| 通算(二軍) | 5 | 0 | 0 | 0 | 0 | 0 | 6 1/3 | 2 | 3 | 4.26 |

## 95 王躍霖
おう・やくりん
ワン・ヤオリン
WANG YAO LIN

▲　投手　33歳　10年目　右右　1991.2.5　184cm94kg

①三信家商-カブス-Lamigo(15-19)-楽天(20-22)-富邦(22)-味全(23)-台鋼(24)中(17)③味全では実弟・王維中とのコンビで台湾シリーズ制覇に貢献も、オフの拡大ドラフトで移籍。決め球のカーブは被打率.109と強力。※WBC(13)、アジア大会(14)、APBC(17)、プレミア12(19)

| 年度 | 試合 | 先発 | 勝利 | 敗戦 | セーブ | ホールド | 投球回 | 四球 | 三振 | 防御率 |
|---|---|---|---|---|---|---|---|---|---|---|
| 2023 | 56 | 0 | 3 | 2 | 2 | 15 | 44 1/3 | 17 | 35 | 3.05 |
| 通算 | 327 | 7 | 15 | 18 | 13 | 73 | 326 | 140 | 313 | 4.75 |

## 97 黃勃睿
こう・ぼつえい
ホァン・ボールイ
HUANG PO JUI

投手　27歳　3年目　右右　1997.7.2　177cm83kg

①桃園農工-國立体大-台鋼(22)③9月26日にチーム初の完投勝利を記録し、オフに支配下登録。先発として期待されていたが、1月にトミージョン手術を受け今季は全休の見込み。

| 年度 | 試合 | 先発 | 勝利 | 敗戦 | セーブ | ホールド | 投球回 | 四球 | 三振 | 防御率 |
|---|---|---|---|---|---|---|---|---|---|---|
| 23(二軍) | 21 | 8 | 5 | 4 | 0 | 0 | 59 1/3 | 15 | 23 | 4.25 |
| 通算(二軍) | 21 | 8 | 5 | 4 | 0 | 0 | 59 1/3 | 15 | 23 | 4.25 |

## 98 郭俞延
かく・ゆえん
グォ・ユーイェン
KUO YU YEN

●　投手　21歳　2年目　右右　2003.9.8　185cm85kg

①高苑工商-國立体大-台鋼(23)③アジアウインターリーグで150キロを記録した速球が一番の武器だが、変化球も球種は豊富。コントロールを改善し一軍を目指したい。

| 年度 | 試合 | 先発 | 勝利 | 敗戦 | セーブ | ホールド | 投球回 | 四球 | 三振 | 防御率 |
|---|---|---|---|---|---|---|---|---|---|---|
| 2023 | - | - | - | - | - | - | - | - | - | - |
| 通算 | - | - | - | - | - | - | - | - | - | - |

## 99 楊達翔
よう・たつしょう
ヤン・ダーシャン
YANG TA HSIANG

投手　31歳　7年目　右右　1993.10.3　191cm97kg

①三民高中-大同技術學院-中信兄弟(17-21)-台鋼(23)③最速153キロのパワー型右腕。台鋼入り後は課題の制球や変化球も大きく成長しており、7年ぶりの一軍登板も見えてきた。

| 年度 | 試合 | 先発 | 勝利 | 敗戦 | セーブ | ホールド | 投球回 | 四球 | 三振 | 防御率 |
|---|---|---|---|---|---|---|---|---|---|---|
| 23(二軍) | 32 | 1 | 3 | 2 | 1 | 4 | 39 | 22 | 30 | 3.46 |
| 通算 | 4 | 0 | 0 | 0 | 0 | 0 | 3 1/3 | 6 | 0 | 13.50 |

## 15 吳柏萱
ご・はくせん
ウ・ボーシュエン
WU PO HSUAN

捕手　20歳　3年目　右右　2004.1.16　175cm73kg

①南英商工-台鋼(22)③22年U18W杯代表の捕手は自主培訓選手(育成選手に相当)から今季支配下。昨年のWBCにはトレーナーとして参加した。

| 年度 | 試合 | 打数 | 安打 | 本塁打 | 打点 | 四球 | 三振 | 盗塁 | 打率 | OPS |
|---|---|---|---|---|---|---|---|---|---|---|
| 23(二軍) | 5 | 9 | 1 | 0 | 0 | 1 | | | .111 | .495 |
| 通算(二軍) | 5 | 9 | 1 | 0 | 0 | 1 | | | .111 | .495 |

## 27 廖奕安
りょう・やくあん
リャオ・イーアン
LIAO YI AN

捕手　21歳　3年目　右右　2003.6.30　175cm80kg

①成德高中-國立体大-台鋼(22)③捕手、インサイドワークに高い評価を受けドラフト3位指名も、昨季はスタメン出場が1試合のみ。若手だが早期の台頭が待たれる。

| 年度 | 試合 | 打数 | 安打 | 本塁打 | 打点 | 四球 | 三振 | 盗塁 | 打率 | OPS |
|---|---|---|---|---|---|---|---|---|---|---|
| 23(二軍) | 13 | 14 | 2 | 0 | 1 | 4 | | | .143 | .393 |
| 通算(二軍) | 13 | 14 | 2 | 0 | 1 | 4 | | | .143 | .393 |

## 29 張肇元
ちょう・ちょうげん
ジャン・ジャオユエン
CHANG CHAO YUAN

捕手　27歳　5年目　右右　1997.10.30　182cm110kg

①平鎮高中-台東大学-統一(20-22)-台鋼(23)③パンチ力ある打撃が魅力の捕手は主に4番に入り、盗塁阻止率.446と攻守でチームを支えた。一軍でも正捕手の座を守り抜く。

| 年度 | 試合 | 打数 | 安打 | 本塁打 | 打点 | 四球 | 三振 | 盗塁 | 打率 | OPS |
|---|---|---|---|---|---|---|---|---|---|---|
| 23(二軍) | 68 | 226 | 69 | 3 | 27 | 35 | 31 | 2 | .305 | .821 |
| 通算 | 3 | 7 | 1 | 0 | 0 | 0 | 0 | 3 | .143 | .286 |

## 31 呉明鴻
ご・めいこう
ウ・ミンホン
WU MING HUNG

捕手　30歳　8年目　右右　1994.11.2　176cm85kg

①嘉義高中-中国文化大学-中信兄弟(17-22)-台鋼(23)③二番手捕手として攻守に安定したプレーを披露。チームの捕手最年長として、一軍での経験を今季は活かせるか。

| 年度 | 試合 | 打数 | 安打 | 本塁打 | 打点 | 四球 | 三振 | 盗塁 | 打率 | OPS |
|---|---|---|---|---|---|---|---|---|---|---|
| 23(二軍) | 37 | 94 | 28 | 0 | 9 | 5 | 23 | 0 | .298 | .677 |
| 通算 | 29 | 58 | 15 | 0 | 3 | 3 | 17 | 0 | .259 | .593 |

## 33 陳致嘉
ちん・ちか
チェン・ジージャ
CHEN CHIH CHIA

捕手　22歳　3年目　右右　2002.5.14　177cm79kg

①普門中学-台湾体大-台鋼(22)③インサイドワークが武器の捕手。昨季は僅かな出場にとどまったが、守りからアピールしまずは二軍で出番を増やしていきたい。

| 年度 | 試合 | 打数 | 安打 | 本塁打 | 打点 | 四球 | 三振 | 盗塁 | 打率 | OPS |
|---|---|---|---|---|---|---|---|---|---|---|
| 23(二軍) | 5 | 7 | 1 | 0 | 0 | 1 | 1 | 0 | .143 | .393 |
| 通算(二軍) | 5 | 7 | 1 | 0 | 0 | 1 | 1 | 0 | .143 | .393 |

## 49 邱邦
きゅう・ほう
チョウ・パン
CHIU PANG

捕手　26歳　3年目　右右　1998.10.25　170cm88kg

①高苑工商-台北市立大学-台鋼(22)③社会人を経て入団の捕手は昨季アピールできず。長打力を武器に、年齢的にも今季なんとかきっかけを掴みたい。

| 年度 | 試合 | 打数 | 安打 | 本塁打 | 打点 | 四球 | 三振 | 盗塁 | 打率 | OPS |
|---|---|---|---|---|---|---|---|---|---|---|
| 23(二軍) | 3 | 4 | 0 | 0 | 0 | 0 | 0 | 0 | .000 | .000 |
| 通算(二軍) | 3 | 4 | 0 | 0 | 0 | 0 | 0 | 0 | .000 | .000 |

## 78 陳世嘉
ちん・せか
チェン・シージャ
CHEN SHIH CHIA

● 捕手　21歳　2年目　右左　2003.6.1　178cm75kg

①三民高中-台湾体大-台鋼(23)③強肩と意外性のある打撃を見せる捕手。守備に長けた即戦力として、年齢の近い選手とのポジション争いを勝ち抜けるか。

| 年度 | 試合 | 打数 | 安打 | 本塁打 | 打点 | 四球 | 三振 | 盗塁 | 打率 | OPS |
|---|---|---|---|---|---|---|---|---|---|---|
| 23(二軍) | 5 | 6 | 1 | 0 | 0 | 2 | 0 | 0 | .167 | .619 |
| 通算(二軍) | 5 | 6 | 1 | 0 | 0 | 2 | 0 | 0 | .167 | .619 |

## 6 王博玄
おう・はくげん
ワン・ボーシュエン
WANG PO HSUAN

内野手　24歳　3年目　右左　2000.4.1　184cm80kg

①平鎮高中-台北市立大学-台鋼(22)③昨季は率を残せ足もある一塁手で中軸を任されることも多かった。外野も守る予定の今季は細身の体にパワーをつけ長打力を高めたい。

| 年度 | 試合 | 打数 | 安打 | 本塁打 | 打点 | 四球 | 三振 | 盗塁 | 打率 | OPS |
|---|---|---|---|---|---|---|---|---|---|---|
| 23(二軍) | 64 | 209 | 62 | 0 | 32 | 13 | 32 | 6 | .297 | .705 |
| 通算(二軍) | 64 | 209 | 62 | 0 | 32 | 13 | 32 | 6 | .297 | .705 |

## 7 郭永維
かく・えいい
グォ・ヨンウェイ
KUO YUNG WEI

▲ 内野手　36歳　14年目　右右　1988.4.13　175cm75kg

①華興中学-嘉南薬理科技大学-Lamigo(11-19)-楽天(20-23)-台鋼(24)③楽天を自由契約となり移籍。率も残せる内野のバックアップは経験を活かし、若手が多いチームの弱点を補える存在となれるか。

| 年度 | 試合 | 打数 | 安打 | 本塁打 | 打点 | 四球 | 三振 | 盗塁 | 打率 | OPS |
|---|---|---|---|---|---|---|---|---|---|---|
| 2023 | 49 | 121 | 36 | 0 | 13 | 4 | 20 | 0 | .298 | .672 |
| 通算 | 677 | 1765 | 488 | 6 | 178 | 98 | 252 | 34 | .276 | .641 |

## 16 林家鋐
りん・かこう
リン・ジャーホン
LIN CHIA HUNG

内野手　22歳　3年目　右左　2002.3.10　175cm75kg

①三民高中-台湾体大-台鋼(22)③主に二塁、三塁で安定感ある守備を見せ、打撃ではアプローチの良さを示した。内野のユーティリティーとして一軍定着を目指す。

| 年度 | 試合 | 打数 | 安打 | 本塁打 | 打点 | 四球 | 三振 | 盗塁 | 打率 | OPS |
|---|---|---|---|---|---|---|---|---|---|---|
| 23(二軍) | 41 | 89 | 21 | 0 | 6 | 12 | 13 | 3 | .236 | .604 |
| 通算(二軍) | 41 | 89 | 21 | 0 | 6 | 12 | 13 | 3 | .236 | .604 |

## 24 紀慶然
き・けいぜん
ジ・チンラン
CHI CHING JAN

内野手　22歳　3年目　右右　2002.4.24　177cm80kg

①大理高中-中国文化大学-台鋼(22)③昨季は二塁手として開幕を迎えるも、4月下旬から三塁にコンバート。広角に打てる打撃を活かすには守備の安定感を高めたい。

| 年度 | 試合 | 打数 | 安打 | 本塁打 | 打点 | 四球 | 三振 | 盗塁 | 打率 | OPS |
|---|---|---|---|---|---|---|---|---|---|---|
| 23(二軍) | 60 | 170 | 42 | 0 | 17 | 19 | 29 | 4 | .247 | .601 |
| 通算 | 60 | 170 | 42 | 0 | 17 | 19 | 29 | 4 | .247 | .601 |

## 25 黄秉揚
こう・へいよう
ホァン・ビンヤン
HUANG PING YANG

内野手　21歳　3年目　右右　2003.5.17　177cm85kg

①高苑工商-美和科技大学-台鋼(22)③一塁を中心に内野全ポジションを守り、打撃では長打力の片鱗を見せた。出場機会を増やすには確実性を高めたい。

| 年度 | 試合 | 打数 | 安打 | 本塁打 | 打点 | 四球 | 三振 | 盗塁 | 打率 | OPS |
|---|---|---|---|---|---|---|---|---|---|---|
| 23(二軍) | 51 | 110 | 19 | 2 | 9 | 17 | 29 | 2 | .173 | .556 |
| 通算(二軍) | 51 | 110 | 19 | 2 | 9 | 17 | 29 | 2 | .173 | .556 |

背番号　漢字名　日本語読み　現地読み(国籍)　英語　ポジション　年齢　年数(CPBL)　投打　生年月日　身長体重
①経歴②タイトル歴③寸評④代表歴⑤NPBでの登録名　記号:●…新入団(新任)、▲…移籍、■…復帰

## 42 黄劼希
こう・かつき
ホァン・ジェーシ
HUANG CHIEH HSI

内野手 20歳 3年目 右右 2004.6.21 177cm75kg

①穀保家商-台鋼(22)③昨季は二塁、三塁を守り攻守に及第点の成績。高い運動能力を持つ内野手は、打撃の波を減らしレギュラー争いに加わりたい。

| 年度 | 試合 | 打数 | 安打 | 本塁打 | 打点 | 四球 | 三振 | 盗塁 | 打率 | OPS |
|---|---|---|---|---|---|---|---|---|---|---|
| 23(二軍) | 67 | 193 | 55 | 0 | 25 | 20 | 36 | 4 | .285 | .703 |
| 通算(二軍) | 67 | 193 | 55 | 0 | 25 | 20 | 36 | 4 | .285 | .703 |

## 43 胡冠俞
こ・かんゆ
フ・グァンユ
HU KUAN YU

内野手 24歳 7年目 右右 2000.5.18 178cm74kg

①東大体中-富邦(18-22)-台鋼(23)③拡大ドラフトで移籍した昨季は右肩の怪我で復帰が6月と出遅れた。広い守備範囲と強肩を再び一軍で披露したい。

| 年度 | 試合 | 打数 | 安打 | 本塁打 | 打点 | 四球 | 三振 | 盗塁 | 打率 | OPS |
|---|---|---|---|---|---|---|---|---|---|---|
| 23(二軍) | 16 | 23 | 7 | 0 | 3 | 3 | 4 | 1 | .304 | .733 |
| 通算 | 23 | 51 | 9 | 0 | 1 | 2 | 20 | 0 | .176 | .424 |

## 69 馬許晧
ば・きょこう
マ・シュハオ
MA HSU HAO

内野手 21歳 3年目 右左 2003.9.26 178cm74kg

①普門中学-台鋼(22)③昨季は主に二塁を守り、少ない出場機会ながら結果を残した。打撃を磨き、打力のある二遊間として差別化を図りたい。

| 年度 | 試合 | 打数 | 安打 | 本塁打 | 打点 | 四球 | 三振 | 盗塁 | 打率 | OPS |
|---|---|---|---|---|---|---|---|---|---|---|
| 23(二軍) | 18 | 27 | 9 | 0 | 5 | 3 | 9 | 0 | .333 | .770 |
| 通算(二軍) | 18 | 27 | 9 | 0 | 5 | 3 | 9 | 0 | .333 | .770 |

## 71 杜家明
と・かめい
ドゥ・ジャーミン
TU CHIA MING

内野手 28歳 11年目 右右 1996.2.3 183cm98kg

①平鎮高中-中信兄弟(14-22)-台鋼(23)③拡大ドラフトで移籍した昨季は兵役を経て試合出場は6月下旬からも、中軸に座り打棒を発揮。19年に投手から野手に転向した。

| 年度 | 試合 | 打数 | 安打 | 本塁打 | 打点 | 四球 | 三振 | 盗塁 | 打率 | OPS |
|---|---|---|---|---|---|---|---|---|---|---|
| 23(二軍) | 48 | 162 | 61 | 9 | 36 | 16 | 17 | 0 | .377 | .975 |
| 通算 | 44 | 91 | 23 | 1 | 11 | 3 | 17 | 1 | .253 | .654 |

## 79 陳飛霖
ちん・ひりん
チェン・フェイリン
CHEN FEI LIN

● 内野手 24歳 2年目 右右 2000.12.18 175cm70kg

①美和中学-崑山科技大学-台鋼(23)③卓越した俊足でゴロを打つだけで相手にプレッシャーを与えられる遊撃手。今後は二塁にポジションを移す可能性もある。

| 年度 | 試合 | 打数 | 安打 | 本塁打 | 打点 | 四球 | 三振 | 盗塁 | 打率 | OPS |
|---|---|---|---|---|---|---|---|---|---|---|
| 23(二軍) | 11 | 23 | 5 | 0 | 6 | 5 | 6 | 1 | .217 | .606 |
| 通算(二軍) | 11 | 23 | 5 | 0 | 6 | 5 | 6 | 1 | .217 | .606 |

## 93 張誠恩
ちょう・せいおん
ジャン・チェンエン
CHANG CHENG EN

● 内野手 20歳 2年目 右左 2004.9.17 178cm75kg

①高苑工商-台鋼(23)③高校時代は投手兼遊撃手として、身体能力と伸びしろを高く評価された。プロでは内野手としてプレーする見込みだ。

| 年度 | 試合 | 打数 | 安打 | 本塁打 | 打点 | 四球 | 三振 | 盗塁 | 打率 | OPS |
|---|---|---|---|---|---|---|---|---|---|---|
| 2023 | - | - | - | - | - | - | - | - | - | - |
| 通算 | - | - | - | - | - | - | - | - | - | - |

## 94 魔鷹
スティーブン・モヤ
モーイン(ドミニカ共和国)
STEVEN MOYA

● 内野手 33歳 1年目 右右 1991.8.9 201cm117kg

①セナベック高-タイガース-中日-オリックス-メキシカンL-米独立L-メキシカンL-米独立L-台鋼(24)③NPBで3度のシーズン二桁HRを記録した大型助っ人が加入。長打を量産できる一塁手として活躍が期待される。⑤スティーブン・モヤ

| 年度 | 試合 | 打数 | 安打 | 本塁打 | 打点 | 四球 | 三振 | 盗塁 | 打率 | OPS |
|---|---|---|---|---|---|---|---|---|---|---|
| 2023 | - | - | - | - | - | - | - | - | - | - |
| 通算 | - | - | - | - | - | - | - | - | - | - |

## 8 林威漢
りん・いかん
リン・ウェイハン
LIN WEI HAN

外野手 20歳 3年目 右右 2004.2.1 176cm76kg

①高知中央高-台鋼(22)③日本の高校に留学し卒業年にCPBLのドラフトで指名された初の選手。まずは持ち前の打撃を活かし、出場機会を増やしたい。

| 年度 | 試合 | 打数 | 安打 | 本塁打 | 打点 | 四球 | 三振 | 盗塁 | 打率 | OPS |
|---|---|---|---|---|---|---|---|---|---|---|
| 23(二軍) | 17 | 11 | 3 | 0 | 1 | 1 | 3 | 0 | .273 | .697 |
| 通算(二軍) | 17 | 11 | 3 | 0 | 1 | 1 | 3 | 0 | .273 | .697 |

## 13 孫易伸
そん・えきしん
スン・イーシェン
SUN YI SHEN

外野手 24歳 3年目 右右 2000.3.26 183cm96kg

①穀保家商-中国文化大学-台鋼(22)③長打力ある外野手は三振の多さに課題を残した。変化球への対応を改善できるか。弟は今季日本ハムに入団した孫易磊。

| 年度 | 試合 | 打数 | 安打 | 本塁打 | 打点 | 四球 | 三振 | 盗塁 | 打率 | OPS |
|---|---|---|---|---|---|---|---|---|---|---|
| 23(二軍) | 48 | 124 | 27 | 3 | 14 | 14 | 44 | 5 | .218 | .662 |
| 通算(二軍) | 48 | 124 | 27 | 3 | 14 | 14 | 44 | 5 | .218 | .662 |

## 22 曾宸佐
そう・しんさ
ツェン・チェンズオ
TSENG CHEN TSO

外野手 25歳 3年目 右右 1999.4.10 175cm85kg

①高苑工商-中国文化大学-台鋼(22)③昨季は主に5番、6番に座り二軍で打点王のタイトルを獲得。守備では範囲の広さ、打撃ではコンタクト能力の高さが特長だ。

| 年度 | 試合 | 打数 | 安打 | 本塁打 | 打点 | 四球 | 三振 | 盗塁 | 打率 | OPS |
|---|---|---|---|---|---|---|---|---|---|---|
| 23(二軍) | 72 | 249 | 74 | 3 | 46 | 18 | 28 | 1 | .297 | .776 |
| 通算(二軍) | 72 | 249 | 74 | 3 | 46 | 18 | 28 | 1 | .297 | .776 |

**37 顔清浤**　がん・せいこう　イェン・チンホン　YEN CHING HUNG

外野手　24歳　3年目　右左　2000.11.28　176cm72kg

①高苑工商-台湾体大-台鋼(22)③昨季は二軍で5月下旬から8月上旬まで1番に入った。野手の間を抜く打撃と俊足で将来のリードオフマン候補だ。

| 年度 | 試合 | 打数 | 安打 | 本塁打 | 打点 | 四球 | 三振 | 盗塁 | 打率 | OPS |
|---|---|---|---|---|---|---|---|---|---|---|
| 23(二軍) | 32 | 88 | 25 | 0 | 11 | 9 | 14 | 3 | .284 | .675 |
| 通算(二軍) | 32 | 88 | 25 | 0 | 11 | 9 | 14 | 3 | .284 | .675 |

**50 高聖恩**　こう・せいおん　ガオ・シェンエン　KAO SHENG EN

外野手　24歳　3年目　右右　2000.11.19　181cm80kg

①南英商工-国立体大-台鋼(22)③広い守備範囲と強肩を持つ外野手は昨季スタメンで2試合の出場にとどまった。走攻守三拍子揃った中堅手になれる素質を秘める。

| 年度 | 試合 | 打数 | 安打 | 本塁打 | 打点 | 四球 | 三振 | 盗塁 | 打率 | OPS |
|---|---|---|---|---|---|---|---|---|---|---|
| 23(二軍) | 27 | 33 | 5 | 0 | 2 | 3 | 16 | 0 | .152 | .464 |
| 通算(二軍) | 27 | 33 | 5 | 0 | 2 | 3 | 16 | 0 | .152 | .464 |

**73 葉保弟**　よう・ほてい　イェ・バオディ　YEH PAO TI

外野手　25歳　2年目　左左　1999.2.23　174cm70kg

①陽明高中-義守大学-台鋼(23)③自主培訓選手(育成選手に相当)から支配下となりアプローチに優れた打撃でレギュラーを掴んだ。新戦力との競争を勝ち抜けるか。

| 年度 | 試合 | 打数 | 安打 | 本塁打 | 打点 | 四球 | 三振 | 盗塁 | 打率 | OPS |
|---|---|---|---|---|---|---|---|---|---|---|
| 23(二軍) | 76 | 275 | 75 | 1 | 45 | **48** | 45 | 8 | .273 | .768 |
| 通算(二軍) | 76 | 275 | 75 | 1 | 45 | 48 | 45 | 8 | .273 | .768 |

**77 洪瑋漢**　こう・いかん　ホン・ウェイハン　HUNG WEI HAN

外野手　29歳　6年目　左左　1995.12.3　170cm70kg

①三民高中-台湾体大-味全(19-22)-台鋼(23)③俊足と守備範囲の広さを武器に主に中堅手で出場。安定感ある打撃を一軍でも見せるためには、力負けしないスイングを意識したい。

| 年度 | 試合 | 打数 | 安打 | 本塁打 | 打点 | 四球 | 三振 | 盗塁 | 打率 | OPS |
|---|---|---|---|---|---|---|---|---|---|---|
| 23(二軍) | 61 | 151 | 39 | 0 | 8 | 24 | 19 | 6 | .258 | .668 |
| 通算 | 54 | 89 | 18 | 0 | 4 | 4 | 22 | 1 | .202 | .478 |

**87 巴奇達魯 妮卡兒**　バチダル・ニカアル　PACIDAL NIKAL

外野手　24歳　3年目　右右　2000.5.3　183cm82kg

①新社高中-高苑科技大学-台鋼(22)③フルスイングが特徴のパワーヒッターは、昨季二軍で出番を得られず。素材型だけに将来の中軸候補として大きく育てたい。

| 年度 | 試合 | 打数 | 安打 | 本塁打 | 打点 | 四球 | 三振 | 盗塁 | 打率 | OPS |
|---|---|---|---|---|---|---|---|---|---|---|
| 23(二軍) | 8 | 11 | 2 | 0 | 1 | 2 | 5 | 0 | .182 | .539 |
| 通算(二軍) | 8 | 11 | 2 | 0 | 1 | 2 | 5 | 0 | .182 | .539 |

---

**主な獲得タイトル**　( )内はNPBでの該当タイトル名

M＝年度MVP　（最優秀選手）
新＝最佳新人獎　（新人王）
安＝安打王　（最多安打）
首＝打撃王　（首位打者）
本＝全塁打王　（最多本塁打）
点＝打點王　（最多打点）
盗＝盗塁王　（最多盗塁）

防＝防禦率王　（最優秀防御率）
勝＝勝投王　（最多勝利）
救＝救援王　（最多セーブ）
中＝中繼王　（最優秀中継ぎ）
三＝三振王　（最多奪三振）
ベ＝最佳十人獎（ベストナイン）
ゴ＝金手套獎（ゴールデングラブ賞）

※成績の太字はリーグトップ

---

背番号　漢字名　日本語読み　現地読み(国籍)　英語　｜　ポジション　年齢　年数(CPBL)　投打　生年月日　身長体重
①経歴②タイトル歴③寸評④代表歴⑤NPBでの登録名　｜　記号：●…新入団(新任)、▲…移籍、■…復帰

# Wing Stars

味全龍
樂天桃猿
統一7-ELEVEn獅
中信兄弟
富邦悍將
台鋼雄鷹

## 62 螢螢 インイン

キャプテン
①5月22日
②ふたご座
③165cm47kg
④映画・ドラマ鑑賞、
各地に出かけ海山の
自然に触れる、
エビ釣り
⑤ドリアン、火鍋
⑥陳文杰
⑦孫易伸
⑧yinnng_0522

## 00 圈圈 チュエンチュエン

①9月8日
②おとめ座
③157cm49kg
④ダンス、歌を歌う、
絵を描く、ヨーヨー、
美味しいものを食べる、
お出かけ、音楽鑑賞、
新しい物事への挑戦
⑤火鍋、とろみのあるスープ、
滷味（台湾風煮込み）、
海鮮など各種の美味しい
食べ物
⑥台鋼の選手は全員凄い
⑦全壘打應援曲
⑧yi_shiuan_lee

## 2 安芝儇 アン・ジヒョン （韓国）

①10月3日
②てんびん座
③169cm50kg
④靴集め、
フィギュア集め、
料理、ゴルフ
⑤韓国料理
⑥洪一中
⑦Hey Sa Hey
⑧wlgus2qh

## 5 恬魚 ティエンユ

①9月5日
②おとめ座
③169cm57kg
④ダンス
⑤アイシングクッキー
⑥魔鷹
⑦陳文杰
⑧_940905_

## 07 昆昆 クンクン

①1月7日
②やぎ座
③159cm46kg
④歌を歌う、ダンス、演技、
旅行、小説、ドラマ、
海辺に出かける
⑤火鍋、バーベキュー、
チョコレート、ケーキ、
カレーライス、
ワックスアップル、
台湾風弁当
⑥曾子祐、王博玄
⑦戰鬥吧雄鷹
⑧yu_jun.hu

**16**
**JC**
ジェーシー
（マレーシア）

①9月10日
②おとめ座
③162cm52kg
④歌とダンス、
　映画解説を見る
⑤鉄板焼、
　ドーナツ、
　さつまいも
⑥黄劼希、魔鷹
⑦紀慶然、黄劼希、
　安打加油歌
⑧jiayin_ching

**18**
**黄澄澄**
ホァンチェンチェン

①2月11日
②みずがめ座
③164cm49kg
④ヨガでのストレッチ、
　テコンドー、
　各種の刑事事件
　解説番組を見ること
⑤麻奶鍋（麻辣ミルク鍋）、
　ワンタン、各種餃子類、
　牛肉捲餅（薄皮で牛肉
　等の具を巻いたもの）、
　蜂蜜緑茶
⑥小野寺賢人
⑦勝利殿堂
⑧2005_2_11

**10**
**李樂**
リーレ

①7月31日
②しし座
③165cm45kg
④映画・ドラマ鑑賞
⑤たこ焼き、
　「pinky」
　（タブレット菓子）
⑥洪一中
⑦戰鬥吧雄鷹、
　陳文杰
⑧lunelile

**19**
**妡O**
シンリン

①11月5日
②さそり座
③150cm38kg
④ダンス、美味しいもの
　を食べる、
　大食い動画
⑤いちご、チョコレート、
　チーズ、もち菓子、
　ポテトチップス、火鍋
⑥王柏融
⑦黄劼希、曾子祐、
　鷹勇戰士
⑧for_you_1105

**20**
**艾琳**
アイリン

①6月30日
②かに座
③162cm49kg
④アメリカドラマ鑑賞、
　洋楽を聞くこと、ダンス
⑤辛いもの、青菜、
　パスタ
⑥王柏融
⑦王柏融-夢花火
⑧xnirene_

味全龍

樂天桃猿

統一7-ELEVEN獅

中信兄弟

富邦悍將

台鋼雄鷹

## 22 一粒
イリ

①4月22日
②おうし座
③158cm40kg
④ダンス、絵を描く、
　美味しいものを食べる
⑤グレープフルーツ味の
　食べ物、サーモン、
　ポテト、ケーキ、
　アイスクリーム
⑥魔鷹
⑦葉保弟、黄劼希、
　王柏融
⑧ilixoxov

## 23 璟璟
ロウロウ

①11月12日
②さそり座
③167cm52kg
④ダンス、ピアノ、
　球技観戦、エビ釣り
⑤火鍋、
　「東泉」チリソース
⑥台鋼の全選手
⑦曾子祐、杜家明、
　鷹勇戦士
⑧y.rouu_

## 90 Mingo
ミンゴ
（韓国）

## 33 林浠
リンシー

①4月16日
②おひつじ座
③165cm50kg
④ダンス、歌を歌う、
　ドラマ鑑賞、
　美味しいものを食べる
⑤フライドポテト、鹽酥雞
　（一口サイズの鶏唐
　揚げ）、そば茶入りタピ
　オカ、「背徳グルメ」は
　全部美味しい
⑥洪一中
⑦雄鷹展翅
⑧llyincc__

## 52 筱雯
シャオウェン

①5月22日
②ふたご座
③170cm53kg
④人を笑わせる
⑤「キンダーブエノ」の
　チョコ、メンマの缶詰
⑥台鋼の全選手
⑦曾子祐
⑧cx_moon_

①12月28日
②やぎ座
③164cm52kg
④ダンス、球技観戦、ドラマ鑑賞
⑤トッポギ炒め、スイカ
⑥曾子祐
⑦郭永維
⑧_min_go

# 花蓮縣立德興棒球場

かれんけんりつとくこうきゅうじょう
ホァリェンシェンリー　デシン　バンチョウチャン

住所：花蓮市達固湖灣大路1號
TEL：03-858-0686
収容人員：5,500人
天然芝
中堅：122m（400ft）　両翼：97.5m（320ft）

## 風光明媚、東部を代表するスタジアム

台北から直線距離で約118kmの花蓮は台湾東部、太平洋に面した町。台湾有数の景勝地である太魯閣峡谷に近く、大理石の産地としても有名だ。德興棒球場は中央山脈から流れる美崙渓のほとりにあり、豊かな自然に囲まれている。元々は野球とソフトボールの兼用球場だったが、1999年に改修が行われ、2002年にプロ野球の試合が初めて開催、2017年にはオールスターも開催された。2019年の大規模改修で施設がグレードアップ、リーグも出身選手が多い東部を重視し、今季は過去最多となる17試合が組まれたが、今年4月初旬の大地震により、4月の7試合は代替地開催となった。同地の観光産業も大きな打撃を受けた中、球界は7、8月の試合を通じて復興を支援したいと考えている。東部は交通アクセス面は劣るものの、西部とは異なるムードを感じられる。

## 花蓮縣立德興棒球場　周辺地図＆アクセス

台北市内から花蓮市内へ
・【在来線（台湾鉄道）で】台鉄台北駅から特急（タロコ号、プユマ号、自強号など）で台鉄花蓮駅まで、約2時間10分から3時間10分。
・【飛行機で】台北松山空港から花蓮空港まで50分。木曜日と金曜日に午前のフライトが1便ずつ、金曜日と日曜日に夕方のフライトが1便ずつあり。
台鉄花蓮駅（最寄り駅）から球場へ
・タクシーで約7分、徒歩30分（約2.4km）。

**要チェック!!** 現地のファンの多くは車やスクーターで来ており、試合後の「足」がネックとなる。駅まで歩けない距離ではないが、花蓮で宿泊する際には駅などで自転車をレンタルするのも一つの方法だ。山が近く花蓮の試合は雨が降ることが多いので、カッパを用意しておきたい。

花蓮縣立德興棒球場

台鉄花蓮駅

台湾ファン待望の「ビッグエッグ」

# 台北大巨蛋

たいぺいドーム
タイベイダージュダン

住所：台北市信義區忠孝東路四段515號　TEL：02-2722-8811
収容人員：40,071人　人工芝　中堅：122m(400ft)　両翼：102m(335ft)

## 台湾プロ野球にもドームフィーバー

銀色で楕円形をしたドーム部分は、角度によっては
ヨーロッパの甲冑の兜のようにも見える。英語名は
「Taipei Dome」だが、台湾華語の「巨蛋」は東京ドー
ムの愛称「ビッグエッグ」からきている。その経緯
は別途P126に記しているが、1991年の建設指示か
ら昨年の竣工まで実に32年の月日を費やした。台北
ドームは台北駅からわずか4.5キロ、台北市を東西
に貫く目抜き通り、忠孝東路沿いの公売局タバコ工
場跡地に建設された。昨年12月のアジア選手権が
こけら落としとなり、記念セレモニーでは王貞治氏
が始球式を務めた。今年3月の読売巨人と中信兄弟
の親善試合は台湾野球史上最多となる37,890人が
入場、3月30日の開幕戦（楽天対味全）も台湾プロ
野球史上最多、28,618人が入場とフィーバーになっ
ている。台湾プロ野球で初めて使用される今季は、
味全と中信兄弟を中心に6球団が計35試合を開催
予定。今年11月のプレミア12でも試合会場の一つと
なる。

## 世界の王「アジアで一番のドーム」

高温多湿で雨が多い台湾。天気を気にすることなく、快適な室内で野球観戦を楽しむことができることは最大の魅力であるが、同時にほぼ死角がなく、どの席からでも試合が見やすい点もファンからの高い評価につながっており、あの王貞治氏も「アジアで一番のドーム球場」と絶賛した。スタンドの傾斜が緩やかで内野席後方に広々としたコンコースがある点は、台中洲際棒球場に少し似ている。ホワイト、ベージュ、ブラックという珍しいカラーの椅子は横幅がある上、前後のスペースも十分にとられており、ゆったり座れる。

## 台北大巨蛋　周辺地図&アクセス

**台北駅から最寄り駅へ**
・台北メトロ(MRT)板南線で南港展覧館行きに乗り、國父紀念館駅で下車。所要時間9分。
・その他、乗合バスで「國父紀念館站(忠孝)」バス停、あるいは「國父紀念館站(光復)」バス停下車。

**國父紀念館駅(最寄り駅)から球場へ**
・5番出口から地上に出て、忠孝東路を東へ、ドームに沿ってゲートへ。徒歩約5分(約300m)。

**要チェック!!** 台北メトロ(MRT)板南線、國父紀念館駅の利用が最も便利だが、無料の送迎バスも運行される。忠孝東路沿いの乗り場と、光復南路沿いの乗り場では行き先が異なるので、乗車前にしっかり確認しよう。なお、台北ドームの周囲にコンビニ等はなく、ドーム内の売店は試合開始前から混雑するので注意が必要だ。

# 台東棒球村第一棒球場

たいとうぼうきゅうむらだいいちきゅうじょう
タイドンバンチョウツン　ディーイ　バンチョウチャン

住所：台東縣台東市興安路一段525號
TEL：089-310-194
収容人員：5,000人
天然芝
中堅：122m（400ft）　両翼：97.5m（320ft）

## 県出身選手は最多、未来のスター選手と観戦

台北から約250km離れた台東は台湾南東部、太平洋に面した町。県全体の人口も約21万人と台湾本島の各自治体で最少だが、台湾原住民族の選手を中心に数多くのプロ野球選手を輩出しており、現役選手も53人と自治体別トップ。球場では選手のご家族や未来のスター選手と観戦することになる。第一と第二、二面の球場がある台東棒球村は2006年に竣工。同年に第一球場で一軍公式戦が初めて開催された。2009年以降プロの試合は長期間開催されていなかったが、ハード面の充実、安全性の向上などの取り組みが評価され、2022年に14年ぶりに一軍公式戦を開催、以降は毎年試合が組まれ、今季は8試合と過去最多となった。美しい海と山に囲まれた台東から花蓮にかけての東海岸沿いは、あわせて観光も楽しみたい。

## 台東棒球村第一棒球場　周辺地図＆アクセス

台北市内から台東市内へ
・【在来線（台鉄）で】台鉄台北駅から特急（タロコ号、プユマ号、自強号など）で台鉄台東駅まで、約4時間から4時間30分。
・【飛行機で】台北松山空港から台東空港まで55分。デイリー運航は1日5便。
台鉄台東駅（最寄り駅）から球場へ
・徒歩約12分（約900m）。

台東市街地から球場へ
台東市中心部からタクシー約10分（約5.0km）。

**要チェック!!** 在来線（台鉄）の台東駅から球場までは徒歩圏内だが、台東市の中心部とは少し距離がある。大きな荷物がある場合は、観戦前にホテルに預けてから観戦をした方が楽だろう。市中心部のバスターミナルと台鉄台東駅を結ぶバスも出ているが、旅行者はタクシーが無難だろう。

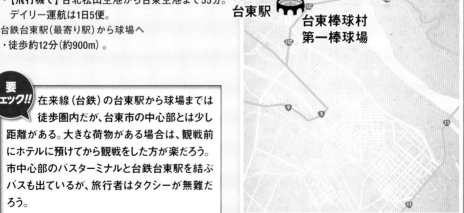

台鉄
台東駅

台東棒球村
第一棒球場

# 歴代記録

| 年度 | MVP | チーム名 | 位置 | 防御率/打率 | 試合数/試合数 | 勝利/打点 | 敗戦/安打 | セーブ/本塁打 | 投球回/盗塁 | 三振/OPS |
|---|---|---|---|---|---|---|---|---|---|---|
| 1993 | 陳義信 | 兄弟 | 投手 | 1.92 | 32 | 20 | 7 | 0 | 258.1 | 167 |
| 1994 | 陳義信 | 兄弟 | 投手 | 2.61 | 33 | 22 | 4 | 2 | 241.1 | 146 |
| 1995 | 郭進興 | 統一 | 投手 | 2.31 | 32 | 20 | 7 | 1 | 210.1 | 125 |
| 1996 | 郭進興 | 統一 | 投手 | 2.57 | 34 | 20 | 4 | 1 | 185.1 | 123 |
| 1997 | 凱撒 (Michael Garcia賈西) | 味全 | 投手 | 1.89 | 50 | 7 | 4 | 20 | 104.2 | 128 |
| 1998 | 怪力男 (Jay Kirkpatrick) | 興農 | 内野手 | .387 | 104 | 101 | 137 | 31 | 0 | 1.248 |
| 1999 | 曹竣揚 | 統一 | 投手 | 2.48 | 23 | 11 | 5 | 0 | 141.1 | 116 |
| 2000 | 楓康 (Mark Kiefer) | 興農 | 投手 | 1.62 | 33 | 20 | 3 | 1 | 217.1 | 134 |
| 2001 | 羅敏卿 | 統一 | 内野手 | .357 | 82 | 50 | 97 | 7 | 1 | .941 |
| 2002 | 宋肇基 | 中信 | 投手 | 2.13 | 32 | 16 | 8 | 0 | 206.2 | 183 |
| 2003 | 張泰山 | 興農 | 内野手 | .328 | 100 | 94 | 130 | 28 | 22 | 1.013 |
| 2004 | 凱撒 (Michael Garcia賈西) | 統一 | 投手 | 0.71 | 53 | 7 | 1 | 26 | 89 | 140 |
| 2005 | 林恩宇 | 誠泰 | 投手 | 1.72 | 31 | 12 | 8 | 4 | 167.2 | 152 |
| 2006 | 林恩宇 | 誠泰 | 投手 | 1.73 | 31 | 17 | 8 | 2 | 202.2 | 209 |
| 2007 | 高國慶 | 統一 | 内野手 | .358 | 100 | 89 | 152 | 20 | 0 | .957 |
| 2008 | 強森 (Mike Johnson) | La New | 投手 | 2.45 | 27 | 20 | 2 | 1 | 183.2 | 107 |
| 2009 | 林益全 | 興農 | 内野手 | .348 | 120 | 113 | 169 | 18 | 6 | .938 |
| 2010 | 彭政閔 | 兄弟 | 内野手 | .357 | 117 | 65 | 138 | 8 | 20 | .932 |
| 2011 | 林泓育 | Lamigo | 捕手 | .321 | 116 | 106 | 141 | 22 | 1 | .922 |
| 2012 | 周思齊 | 兄弟 | 外野手 | .365 | 118 | 91 | 158 | 21 | 4 | .1.049 |
| 2013 | 林益全 | 義大 | 内野手 | .357 | 113 | 79 | 149 | 18 | 4 | .964 |
| 2014 | 林益全 | 義大 | 内野手 | .346 | 119 | 88 | 161 | 14 | 1 | .908 |
| 2015 | 林智勝 | Lamigo | 内野手 | .380 | 110 | 124 | 156 | 31 | 30 | 1.158 |
| 2016 | 王柏融 | Lamigo | 外野手 | .414 | 116 | 105 | 200 | 29 | 24 | 1.165 |
| 2017 | 王柏融 | Lamigo | 外野手 | .407 | 115 | 101 | 178 | 31 | 16 | 1.191 |
| 2018 | 陳俊秀 | Lamigo | 内野手 | .375 | 104 | 77 | 145 | 17 | 5 | 1.041 |
| 2019 | 朱育賢 | Lamigo | 内野手 | .347 | 118 | 105 | 159 | 30 | 0 | 1.003 |
| 2020 | 德保拉 (Jose De Paula) | 中信兄弟 | 投手 | 3.20 | 27 | 16 | 9 | 0 | 174.1 | 192 |
| 2021 | 德保拉 (Jose De Paula) | 中信兄弟 | 投手 | 1.77 | 26 | 16 | 4 | 0 | 178 | 187 |
| 2022 | 林立 | 楽天 | 内野手 | .335 | 109 | 83 | 140 | 14 | 22 | .908 |
| 2023 | 銅龍 (Drew Gagnon) | 味全 | 投手 | 3.00 | 30 | 13 | 7 | 0 | 183 | 155 |

| 年度 | 新人王 | チーム名 | 位置 | 防御率/打率 | 試合数/試合数 | 勝利/打点 | 敗戦/安打 | セーブ/本塁打 | 投球回/盗塁 | 三振/OPS |
|---|---|---|---|---|---|---|---|---|---|---|
| 1993 | 曾貴章 | 時報 | 外野手 | .337 | 85 | 47 | 109 | 7 | 15 | .856 |
| 1994 | 羅國璋 | 統一 | 内野手 | .316 | 76 | 35 | 93 | 0 | 10 | .724 |
| 1995 | 該当者なし | | | | | | | | | |
| 1996 | 張泰山 | 味全 | 内野手 | .333 | 94 | 72 | 112 | 16 | 7 | .920 |
| 1997 | 鬪壯鎮 | 和信 | 外野手 | .263 | 93 | 31 | 93 | 0 | 31 | .665 |
| 1998 | 戴龍水 | 三商 | 投手 | 3.28 | 15 | 5 | 1 | 0 | 71.1 | 22 |
| 1999 | 曹竣揚 | 統一 | 投手 | 2.48 | 23 | 11 | 5 | 0 | 141.1 | 116 |
| 2000 | 馮勝賢 | 兄弟 | 内野手 | .291 | 90 | 34 | 98 | 5 | 15 | .735 |
| 2001 | 陳致遠 | 兄弟 | 外野手 | .375 | 30 | 30 | 45 | 6 | 3 | 1.079 |
| 2002 | 蔡仲南 | 興農 | 投手 | 3.49 | 25 | 14 | 9 | 0 | 149.2 | 113 |
| 2003 | 潘威倫 | 統一 | 投手 | 2.44 | 28 | 13 | 8 | 0 | 166.1 | 104 |
| 2004 | 石志偉 | La New | 内野手 | .286 | 100 | 45 | 117 | 1 | 13 | .680 |
| 2005 | 林恩宇 | 誠泰 | 投手 | 1.72 | 31 | 12 | 8 | 4 | 167.2 | 152 |
| 2006 | 陳冠任 | 兄弟 | 内野手 | .349 | 88 | 54 | 111 | 10 | 0 | .908 |
| 2007 | 潘武雄 | 統一 | 外野手 | .319 | 92 | 44 | 115 | 6 | 3 | .834 |
| 2008 | 林其緯 | 興農 | 投手 | 3.90 | 38 | 9 | 8 | 5 | 115.1 | 109 |
| 2009 | 林益全 | 興農 | 内野手 | .348 | 120 | 113 | 169 | 18 | 6 | .938 |
| 2010 | 王鏡銘 | 統一7-ELEVEn | 投手 | 3.83 | 22 | 10 | 3 | 0 | 124.2 | 85 |
| 2011 | 官大元 | 兄弟 | 投手 | 3.46 | 45 | 10 | 5 | 1 | 114.1 | 91 |
| 2012 | 傅于剛 | 統一7-ELEVEn | 投手 | 1.20 | 48 | 4 | 1 | 0 | 67.2 | 63 |
| 2013 | 郭修延 | Lamigo | 内野手 | .314 | 60 | 26 | 64 | 1 | 3 | .710 |
| 2014 | 藍寅倫 | Lamigo | 外野手 | .339 | 88 | 39 | 94 | 4 | 20 | .839 |
| 2015 | 許基宏 | 中信兄弟 | 内野手 | .319 | 87 | 56 | 83 | 13 | 2 | .967 |
| 2016 | 王柏融 | Lamigo | 外野手 | .414 | 116 | 105 | 200 | 29 | 24 | 1.165 |
| 2017 | 詹子賢 | 中信兄弟 | 外野手 | .350 | 83 | 60 | 97 | 17 | 3 | 1.013 |
| 2018 | 施子謙 | 統一7-ELEVEn | 投手 | 3.86 | 19 | 11 | 5 | 0 | 107.1 | 53 |
| 2019 | 陳晨威 | Lamigo | 外野手 | .300 | 87 | 32 | 107 | 5 | 22 | .790 |
| 2020 | 林安可 | 統一7-ELEVEn | 外野手 | .310 | 118 | 99 | 134 | 32 | 10 | .990 |
| 2021 | 曾峻岳 | 富邦 | 投手 | 1.80 | 57 | 4 | 0 | 12 | 55 | 62 |
| 2022 | 陳冠偉 | 味全 | 投手 | 3.13 | 49 | 3 | 2 | 9 | 46 | 61 |
| 2023 | 鄭浩均 | 中信兄弟 | 投手 | 3.02 | 21 | 9 | 5 | 1 | 101.1 | 110 |

| 年度 | 首位打者 | チーム名 | 打率 |
|---|---|---|---|
| 1990 | 王光輝 | 兄弟 | .342 |
| 1991 | 鷹俠(Luis Iglesias) | 三商 | .331 |
| 1992 | 卡羅(Juan Castillo) | 統一 | .326 |
| 1993 | 曾貴章 | 時報 | .337 |
| 1994 | 康戎(Angel Gonzalez) | 三商 | .360 |
| 1995 | 康雷(Angel Gonzalez) | 三商 | .354 |
| 1996 | 路易士(Luis Santos) | 三商 | .375 |
| 1997 | 德伍(Robert Wood) | 兄弟 | .373 |
| 1998 | 怪力男(Jay Kirkpatrick) | 興農 | .387 |
| 1999 | 洪啟峰 | 和信 | .333 |
| 2000 | 黃忠義 | 興農 | .354 |
| 2001 | 羅敏卿 | 統一 | .357 |
| 2002 | 陳健偉 | 中信 | .334 |
| 2003 | 彭政閔 | 兄弟 | .355 |
| 2004 | 彭政閔 | 兄弟 | .376 |
| 2005 | 彭政閔 | 兄弟 | .339 |
| 2006 | 陳冠任 | 兄弟 | .349 |
| 2007 | 陳金鋒 | La New | .382 |
| 2008 | 彭政閔 | 兄弟 | .391 |
| 2009 | 潘武雄 | 統一7-ELEVEn | .367 |
| 2010 | 彭政閔 | 兄弟 | .357 |
| 2011 | 張正偉 | 兄弟 | .351 |
| 2012 | 潘武雄 | 統一7-ELEVEn | .388 |
| 2013 | 林益全 | 義大 | .357 |
| 2014 | 胡金龍 | 義大 | .350 |
| 2015 | 胡金龍 | 義大 | .383 |
| 2016 | 王柏融 | Lamigo | .414 |
| 2017 | 王柏融 | Lamigo | .407 |
| 2018 | 陳俊秀 | Lamigo | .375 |
| 2019 | 林立 | Lamigo | .389 |
| 2020 | 陳傑憲 | 統一7-ELEVEn | .360 |
| 2021 | 陳俊秀 | 楽天 | .352 |
| 2022 | 林立 | 楽天 | .335 |
| 2023 | 梁家榮 | 楽天 | .338 |

| 年度 | 本塁打王 | チーム名 | 本塁打 |
|---|---|---|---|
| 1990 | 鷹俠(Luis Iglesias) | 三商 | 18 |
| 1991 | 林仲秋 | 三商 | 16 |
| 1992 | 林仲秋 | 三商 | 24 |
| 1993 | 哥雅(Leonardo Garcia) | 三商 | 20 |
| 1994 | 坎沙諾(Silvestre Campusano) | 味全 | 25 |
| 1995 | 廖敏雄 | 時報 | 24 |
| 1996 | 鷹俠(Luis Iglesias) | 三商 | 31 |
| 1997 | 羅得(Ferdinand Rodriguez) | 統一 | 27 |
| 1998 | 怪力男(Jay Kirkpatrick) | 興農 | 31 |
| 1999 | 德伍(Robert Wood) | 兄弟 | 19 |
| 2000 | 林仲秋 | 興農 | 15 |
| 2001 | 林仲秋 | 興農 | 18 |
| 2002 | 陳文賓 | 中信 | 26 |
| 2003 | 張泰山 | 興農 | 28 |
| 2004 | 張泰山 | 興農 | 21 |
| 2005 | 謝佳賢 | 誠泰 | 23 |
| 2006 | 張泰山 | 興農 | 24 |
| 2007 | 布雷(Tilson Brito) | 統一 | 33 |
| 2008 | 布雷(Tilson Brito) | 統一7-ELEVEn | 24 |
| 2009 | 林智勝 | La New | 31 |
| 2010 | 林智勝 | La New | 21 |
| 2011 | 林泓育 | Lamigo | 22 |
| 2012 | 林智勝 | Lamigo | 24 |
| 2013 | 林益全 | 義大 | 18 |
| 2014 | 高國輝 | 義大 | 18 |
| 2015 | 高國輝 | 義大 | 39 |
| 2016 | 高國輝 | 義大 | 34 |
| 2017 | 王柏融 | Lamigo | 31 |
| 2018 | 張志豪 | 中信兄弟 | 22 |
| 2019 | 朱育賢 | Lamigo | 30 |
| 2020 | 林安可 | 統一7-ELEVEn | 32 |
| 2021 | 朱育賢 | 楽天 | 23 |
| 2022 | 吉力吉撈‧鞏冠 | 味全 | 14 |
| 2023 | 吉力吉撈‧鞏冠 | 味全 | 23 |

| 年度 | 打点王 | チーム名 | 打点 |
|---|---|---|---|
| 1990 | 鷹俠(Luis Iglesias) | 三商 | 58 |
| 1991 | 吉彌（Jim Ward） | 味全 | 59 |
| 1992 | 林克(Francisco Laureano) | 統一 | 68 |
| 1993 | 廖敏雄 | 時報 | 60 |
| 1994 | 喬治(George Hinshaw) | 時報 | 78 |
| 1995 | 路易士(Luis Santos) | 兄弟 | 72 |
| 1996 | 鷹俠(Luis Iglesias) | 三商 | 90 |
| 1997 | 德伍(Robert Wood) | 兄弟 | 94 |
| 1998 | 怪力男(Jay Kirkpatrick) | 興農 | 101 |
| 1999 | 張泰山 | 味全 | 70 |
| 2000 | 黃忠義 | 興農 | 51 |
| 2001 | 林仲秋 | 興農 | 54 |
| 2002 | 蔡豐安 | 兄弟 | 84 |
| 2003 | 陳致遠 | 兄弟 | 97 |
| 2004 | 張泰山 | 興農 | 94 |
| 2005 | 謝佳賢 | 誠泰 | 74 |
| 2006 | 陳金鋒 | La New | 81 |
| 2007 | 布雷(Tilson Brito) | 統一 | 107 |
| 2008 | 布雷(Tilson Brito) | 統一7-ELEVEn | 102 |
| 2009 | 林益全 | 興農 | 113 |
| 2010 | 林智勝 | La New | 79 |
| 2011 | 林泓育 | Lamigo | 106 |
| 2012 | 張泰山 | 統一7-ELEVEn | 96 |
| 2013 | 張泰山 | 統一7-ELEVEn | 90 |
| 2014 | 林益全 | 義大 | 88 |
| 2015 | 林益全 | 義大 | 126 |
| 2016 | 林泓育 | Lamigo | 108 |
| 2017 | 王柏融 | Lamigo | 101 |
| 2018 | 蔣智賢 | 富邦 | 89 |
| 2019 | 林益全 | 富邦 | 108 |
| 2020 | 林安可 | 統一7-ELEVEn | 99 |
| 2021 | 朱育賢 | 楽天 | 81 |
| 2022 | 林立 | 楽天 | 83 |
| 2023 | 廖健富 | 楽天 | 83 |

| 年度 | 盗塁王 | チーム名 | 盗塁 |
|---|---|---|---|
| 1990 | 林易增 | 味全 | 34 |
| 1991 | 林易增 | 味全 | 31 |
| 1992 | 林易增 | 兄弟 | 47 |
| 1993 | 林易增 | 兄弟 | 41 |
| 1994 | 林易增 | 兄弟 | 33 |
| 1995 | 張耀騰 | 俊国 | 45 |
| 1996 | 賀亮德(Cesar Hernandez) | 統一 | 36 |
| 1997 | 大帝士(Bernardo Tatis) | 味全 | 71 |
| 1998 | 大帝士(Bernardo Tatis) | 味全 | 65 |
| 1999 | 黃甘霖 | 統一 | 54 |
| 2000 | 黃甘霖 | 統一 | 42 |
| 2001 | 黃甘霖 | 統一 | 40 |
| 2002 | 黃甘霖 | 統一 | 42 |
| 2003 | 黃甘霖 | 統一 | 49 |
| 2004 | 鄭兆行 | 興農 | 31 |
| 2005 | 陽森 | 統一 | 25 |
| 2006 | 余賢明 | 興農 | 27 |
| 2007 | 黃龍義 | La New | 27 |
| 2008 | 王勝偉 | 兄弟 | 24 |
| 2009 | 王勝偉 | 兄弟 | 42 |
| 2010 | 鄭達鴻 | 興農 | 31 |
| 2011 | 張正偉 | 兄弟 | 33 |
| 2012 | 張志豪 | 兄弟 | 22 |
| 2013 | 王勝偉 | 兄弟 | 29 |
| 2014 | 林智平 | Lamigo | 31 |
| 2015 | 林智平 | Lamigo | 32 |
| 2016 | 林智平 | Lamigo | 26 |
| 2017 | 王勝偉 | 中信兄弟 | 20 |
| 2018 | 王威晨 | 中信兄弟 | 44 |
| 2019 | 王威晨 | 中信兄弟 | 27 |
| 2020 | 陳晨威 | 楽天 | 42 |
| 2021 | 林立 | 楽天 | 27 |
| 2022 | 陳晨威 | 楽天 | 38 |
| 2023 | 陳晨威 | 楽天 | 22 |

| 年度 | 最多安打 | チーム名 | 安打 |
|---|---|---|---|
| 1990 | 林易增 | 味全 | 116 |
| 1991 | 吉彌（Jim Ward） | 味全 | 101 |
| 1992 | 羅敏卿 | 統一 | 104 |
| 1993 | 曾貴章 | 時報 | 109 |
| 1994 | 路易士(Luis Santos) | 兄弟 | 125 |
| 1995 | 路易士(Luis Santos) | 兄弟 | 136 |
| 1996 | 曾貴章 | 時報 | 143 |
| 1997 | 德伍(Robert Wood) | 兄弟 | 139 |
| 1998 | 怪力男(Jay Kirkpatrick) | 興農 | 137 |
| 1999 | 百樂（Juan Parra） | 和信 | 111 |
| 2000 | 黃忠義 | 興農 | 115 |
| 2001 | 楊松弦 | 和信 | 105 |
| 2002 | 黃忠義 | 興農 | 107 |
| 2003 | 陳致遠 | 兄弟 | 127 |
| 2004 | 彭政閔 | 兄弟 | 127 |
| 2005 | 陽森 | 統一 | 121 |
| 2006 | 張泰山 | 興農 | 130 |
| 2007 | 高國慶 | 統一 | 152 |
| 2008 | 陳冠任 | 兄弟 | 139 |
| 2009 | 威納斯(Wilton Veras) | 興農 | 142 |
| 2010 | 張泰山 | 興農 | 142 |
| 2011 | 張正偉 | 兄弟 | 170 |
| 2012 | 張正偉 | 兄弟 | 169 |
| 2013 | 林益全 | 義大 | 149 |
| 2014 | 胡金龍 | 義大 | 162 |
| 2015 | 胡金龍 | 義大 | 171 |
| 2016 | 王柏融 | Lamigo | 200 |
| 2017 | 王柏融 | Lamigo | 178 |
| 2018 | 陳傑憲 | 統一7-ELEVEn | 165 |
| 2019 | 朱育賢 | Lamigo | 150 |
| 2020 | 陳傑憲 | 統一7-ELEVEn | 174 |
| 2021 | 王威晨 | 中信兄弟 | 159 |
| 2022 | 林立 | 楽天 | 140 |
| 2023 | 劉基鴻 | 味全 | 136 |

張泰山
(元・統一7-ELEVEn)

# 歴代投手成績

| 年度 | 最優秀防御率 | チーム名 | 防御率 |
|---|---|---|---|
| 1990 | 史東 (Joseph Strong) | 味全 | 1.92 |
| 1991 | 黄平洋 | 味全 | 1.89 |
| 1992 | 牛沙勒 (Julio Solano沙勒) | 三商 | 1.94 |
| 1993 | 陳義信 | 兄弟 | 1.92 |
| 1994 | 王漢 (Jose Nunez) | 統一 | 2.08 |
| 1995 | 王漢 (Jose Nunez) | 統一 | 1.68 |
| 1996 | 勞勃 (Robert Wishnevski) | 兄弟 | 1.67 |
| 1997 | 凱撒 (Michael Garcia賈西) | 味全 | 1.89 |
| 1998 | 凱文 (Kevin Henthorne郝有力) | 和信 | 2.09 |
| 1999 | 馬朱寶 (Carlos Mirabal) | 和信 | 1.87 |
| 2000 | 楓康 (Mark Kiefer) | 興農 | 1.61 |
| 2001 | 蕭任汶 | 兄弟 | 1.63 |
| 2002 | 宋肇基 | 中信 | 2.13 |
| 2003 | 威森 (John Frascatore) | 統一 | 1.80 |
| 2004 | 林英傑 | 誠泰 | 1.73 |
| 2005 | 林恩宇 | 誠泰 | 1.72 |
| 2006 | 林恩宇 | 誠泰 | 1.73 |
| 2007 | 彼得 (Pete Munro) | 統一 | 2.03 |
| 2008 | 廖于誠 | 兄弟 | 2.31 |
| 2009 | 潘威倫 | 統一-7-ELEVEn | 3.30 |
| 2010 | 卡斯帝 (Carlos Castillo) | 兄弟 | 2.17 |
| 2011 | 銳 (Ken Ray) | Lamigo | 2.85 |
| 2012 | 強納森 (Jon Leicester) | 統一-7-ELEVEn | 2.48 |
| 2013 | 希克 (Andrew Sisco) | 義大 | 2.70 |
| 2014 | 鄭凱文 | 中信兄弟 | 3.48 |
| 2015 | 羅力 (Mike Loree 雷力) | 義大 | 3.26 |
| 2016 | 羅力 (Mike Loree 雷力) | 義大 | 3.98 |
| 2017 | 羅力 (Mike Loree 雷力) | 富邦 | 2.45 |
| 2018 | 羅里奇 (Josh Roenicke) | 統一-7-ELEVEn | 3.17 |
| 2019 | 羅力 (Mike Loree 雷力) | 富邦 | 2.78 |
| 2020 | 德保拉 (Jose De Paula) | 中信兄弟 | 3.09 |
| 2021 | 德保拉 (Jose De Paula) | 中信兄弟 | 1.77 |
| 2022 | 黃子鵬 | 楽天 | 2.33 |
| 2023 | 布里悍 (Jake Brigham) | 味全 | 2.51 |

| 年度 | 最多勝 | チーム名 | 勝利数 |
|---|---|---|---|
| 1990 | 黄平洋 | 味全 | 20 |
| 1991 | 史東 (Joseph Strong) | 味全 | 15 |
| 1992 | 陳義信 | 兄弟 | 16 |
| 1993 | 王漢 (Jose Nunez) | 統一 | 22 |
| 1994 | 陳義信 | 兄弟 | 22 |
| 1995 | 郭進興 | 統一 | 20 |
| 1996 | 郭進興 | 統一 | 20 |
| 1997 | 吳俊良 | 統一 | 15 |
| 1998 | 楓康 (Mark Kiefer) | 興農 | 17 |
| 1999 | 凱文 (Kevin Henthorne郝有力) | 和信 | 16 |
| 2000 | 楓康 (Mark Kiefer) | 興農 | 20 |
| 2001 | 柏格 (John Burgos) | 統一 | 18 |
| 2002 | 宋肇基 | 中信 | 16 |
| 2003 | 橫田久則 | 兄弟 | 16 |
| 2004 | 風神 (Jonathan Hurst) | 兄弟 | 17 |
| 2005 | 戰玉飛 (Lenin Picota必可) | 興農 | 16 |
| 2006 | 林恩宇 | 誠泰 | 17 |
| 2007 | 潘威倫 | 統一 | 16 |
| 2008 | 強森 (Mike Johnson) | La New | 20 |
| 2009 | 正田樹 | 興農 | 14 |
| 2010 | 卡斯帝 (Carlos Castillo) | 兄弟 | 14 |
| 2011 | 羅曼 (Orlando Roman) | 兄弟 | 16 |
| 2012 | 鎌田祐哉 | 統一-7-ELEVEn | 16 |
| 2013 | 林晨樺 | 義大 | 15 |
| 2014 | 鄭凱文 | 中信兄弟 | 11 |
| 2015 | 羅力 (Mike Loree 雷力) | 義大 | 16 |
| 2016 | 羅力 (Mike Loree 雷力) | 義大 | 13 |
| 2017 | 羅力 (Mike Loree 雷力) | 富邦 | 16 |
| 2018 | 伍鐸 (Bryan Woodall) | 富邦 | 14 |
| 2019 | 李茲 (Radhames Liz) | Lamigo | 16 |
| 2020 | 德保拉 (Jose De Paula) | 中信兄弟 | 16 |
| 2021 | 布魯斯 (Brock Dykxhoorn) | 統一-7-ELEVEn | 13 |
| 2022 | 德保拉 (Jose De Paula) | 中信兄弟 | 14 |
| 2023 | 銅龍 (Drew Gagnon) | 味全 | 13 |

| 年度 | 最多奪三振 | チーム名 | 三振 |
|---|---|---|---|
| 1990 | 瑞奇 (Enrique Burgos) | 統一 | 177 |
| 1991 | 瑞奇 (Enrique Burgos) | 統一 | 138 |
| 1992 | 瑞奇 (Enrique Burgos) | 統一 | 131 |
| 1993 | 黄平洋 | 味全 | 184 |
| 1994 | 威爾 (William Flynt) | 俊国 | 200 |
| 1995 | 王漢 (Jose Nunez) | 統一 | 167 |
| 1996 | 凱撒 (Michael Garcia賈西) | 味全 | 183 |
| 1997 | 瑞奇 (Enrique Burgos) | 兄弟 | 177 |
| 1998 | 勇壯 (Osvaldo Martinez) | 興農 | 143 |
| 1999 | 楓康 (Mark Kiefer) | 興農 | 155 |
| 2000 | 風神 (Jonathan Hurst) | 兄弟 | 139 |
| 2001 | 養父鐵 | 兄弟 | 166 |
| 2002 | 宋肇基 | 中信 | 183 |
| 2003 | 勇壯 (Osvaldo Martinez) | 興農 | 182 |
| 2004 | 林英傑 | 誠泰 | 203 |
| 2005 | 林英傑 | 誠泰 | 174 |
| 2006 | 林恩宇 | 誠泰 | 209 |
| 2007 | 喬伊 (Joey Dawley) | 兄弟 | 153 |
| 2008 | 倪福德 | 中信 | 132 |
| 2009 | 正田樹 | 興農 | 115 |
| 2010 | 羅曼 (Orlando Roman) | 兄弟 | 142 |
| 2011 | 羅曼 (Orlando Roman) | 兄弟 | 161 |
| 2012 | 迪薩猛 (Matt DeSalvo) | Lamigo | 137 |
| 2013 | 羅力 (Mike Loree 雷力) | Lamigo | 152 |
| 2014 | 黃勝雄 | 義大 | 119 |
| 2015 | 羅力 (Mike Loree 雷力) | 義大 | 144 |
| 2016 | 布魯斯 (Bruce Billings) | 統一-7-ELEVEn | 172 |
| 2017 | 羅力 (Mike Loree 雷力) | 富邦 | 154 |
| 2018 | 羅力 (Mike Loree 雷力) | 富邦 | 157 |
| 2019 | 李茲 (Radhames Liz) | Lamigo | 179 |
| 2020 | 德保拉 (Jose De Paula) | 中信兄弟 | 192 |
| 2021 | 德保拉 (Jose De Paula) | 中信兄弟 | 187 |
| 2022 | 德保拉 (Jose De Paula) | 中信兄弟 | 158 |
| 2023 | 銅龍 (Drew Gagnon) | 味全 | 155 |

陳義信
(元・兄弟)

| 年度 | 最優秀救援 | チーム名 | セーブ |
|---|---|---|---|
| 1990 | 湯尼 (Tony Metoyer) | 統一 | 19 |
| 1991 | 湯尼 (Tony Metoyer) | 統一 | 24 |
| 1992 | 牛沙勒 (Julio Solano沙勒) | 三商 | 19 |
| 1993 | 郭進興 | 統一 | 22 |
| 1994 | 郭建成 | 時報 | 24 |
| 1995 | 郭建成 | 時報 | 27 |
| 1996 | 勞勃 (Robert Wishnevski) | 兄弟 | 34 |
| 1997 | 凱撒 (Michael Garcia賈西) | 味全 | 27 |
| 1998 | 凱撒 (Michael Garcia賈西) | 味全 | 32 |
| 1999 | 布萊恩 (Brian Draham) | 統一 | 26 |
| 2000 | 羅薩 (Maximo Rosa) | 統一 | 26 |
| 2001 | 林朝煌 | 統一 | 24 |
| 2002 | 郭李建夫 | 中信 | 20 |
| 2003 | 魔銳 (Ramon Morel世介勇) | 興農 | 27 |
| 2004 | 凱撒 (Michael Garcia賈西) | 統一 | 33 |
| 2005 | 達威 (Dario Veras) | 中信 | 31 |
| 2006 | 郭勇志 | 興農 | 17 |
| 2007 | 泰德 (Todd Moser) | 兄弟 | 13 |
| 2008 | 飛鵬 (Jermaine van Buren) | La New | 20 |
| 2009 | 林岳平 | 統一-7-ELEVEn | 26 |
| 2010 | 庫倫 (Ryan Cullen) | 兄弟 | 34 |
| 2011 | 許銘倢 | Lamigo | 30 |
| 2012 | 湯瑪仕 (Brad Thomas) | 兄弟 | 23 |
| 2013 | 湯瑪仕 (Brad Thomas) | 兄弟 | 26 |
| 2014 | 米吉亞 (Miguel Mejia) | Lamigo | 35 |
| 2015 | 陳鴻文 | 中信兄弟 | 24 |
| 2016 | 陳鴻文 | 中信兄弟 | 15 |
| 2017 | 陳禹勳 | Lamigo | 37 |
| 2018 | 陳禹勳 | Lamigo | 30 |
| 2019 | 陳韻文 | 統一-7-ELEVEn | 24 |
| 2020 | 陳韻文 | 統一-7-ELEVEn | 23 |
| 2021 | 陳韻文 | 統一-7-ELEVEn | 32 |
| 2022 | 豪勁 (Bradin Hagens 後勁) | 楽天 | 36 |
| 2023 | 呂彥青 | 中信兄弟 | 22 |

| 年度 | 最優秀中継ぎ | チーム名 | ホールド |
|---|---|---|---|
| 2005 | 曾智誠 | 統一 | 11 |
| 2006 | 李明進 | 誠泰 | 18 |
| 2007 | 王勁力 | 兄弟 | 12 |
| 2008 | 沈柏蒼 | 統一-7-ELEVEn | 14 |
| 2009 | 麥特 (Matt Perisho) | La New | 23 |
| 2010 | 曾兆豪 | La New | 25 |
| 2011 | 高建三 | 統一-7-ELEVEn | 20 |
| 2012 | 高建三 | 統一-7-ELEVEn | 20 |
| 2013 | 真田裕貴 | 兄弟 | 32 |
| 2014 | 陳鴻文 | Lamigo | 30 |
| 2015 | 官大元 | 中信兄弟 | 19 |
| 2016 | 賴鴻誠 | 義大 | 18 |
| 2017 | 王璟霖 | Lamigo | 19 |
| 2018 | 邱浩鈞 | 統一-7-ELEVEn | 23 |
| 2019 | 黃子鵬 | Lamigo | 23 |
| 2020 | 吳俊偉 | 中信兄弟 | 24 |
| 2021 | 吳俊偉 | 中信兄弟 | 27 |
| 2022 | 陳禹勳 | 楽天 | 26 |
| 2023 | 吳俊偉 | 中信兄弟 | 26 |

※05年以前は、セーブポイント(救援勝+セーブ)、06年以降はセーブ数のみにてタイトルを決定

# CPBL 球団の変遷

| 1990 | 1991 | 1992 | 1993 | 1994 | 1995 | 1996 | 1997 | 1998 | 1999 | 2000 | 2001 | 2002 | 2003 | 2004 | 2005 | 2006 |

兄弟エレファンツ

統一ライオンズ

俊国ベアーズ　興農ブルズ

興農ベアーズ　※1996年前期は興農ベアーズ、後期から興農ブルズ

第一金剛

味全ドラゴンズ

和信ホエールズ　中信ホエールズ

誠泰太陽　誠泰コブラス

三商タイガース

時報イーグルス

| 1990 | 1991 | 1992 | 1993 | 1994 | 1995 | 1996 | 1997 | 1998 | 1999 | 2000 | 2001 | 2002 | 2003 | 2004 | 2005 | 2006 |

## 解散した球団

**三商タイガース**
サンシャン フー

**年度別成績**

| 年度 | 順位 | チーム名 | 試合 | 勝 | 敗 | 分 | 勝率 |
|---|---|---|---|---|---|---|---|
| 1990 | 2 | 三商タイガース | 90 | 47 | 38 | 5 | .553 |
| 1991 | 3 | 三商タイガース | 90 | 35 | 46 | 9 | .432 |
| 1992 | 4 | 三商タイガース | 90 | 36 | 47 | 7 | .434 |
| 1993 | 6 | 三商タイガース | 90 | 33 | 54 | 3 | .379 |
| 1994 | 4 | 三商タイガース | 90 | 40 | 47 | 3 | .460 |
| 1995 | 2 | 三商タイガース | 100 | 49 | 48 | 3 | .505 |
| 1996 | 5 | 三商タイガース | 100 | 39 | 57 | 4 | .406 |
| 1997 | 2 | 三商タイガース | 96 | 46 | 44 | 6 | .511 |
| 1998 | 5 | 三商タイガース | 105 | 50 | 52 | 3 | .490 |
| 1999 | 4 | 三商タイガース | 93 | 39 | 52 | 2 | .429 |
| 通算 | | | 944 | 414 | 485 | 45 | .461 |

**時報イーグルス**
シーパオ イン

**年度別成績**

| 年度 | 順位 | チーム名 | 試合 | 勝 | 敗 | 分 | 勝率 |
|---|---|---|---|---|---|---|---|
| 1993 | 5 | 時報イーグルス | 90 | 36 | 52 | 2 | .409 |
| 1994 | 3 | 時報イーグルス | 90 | 46 | 43 | 1 | .517 |
| 1995 | 3 | 時報イーグルス | 100 | 49 | 50 | 1 | .495 |
| 1996 | 2 | 時報イーグルス | 100 | 56 | 41 | 3 | .577 |
| 1997 | 6 | 時報イーグルス | 96 | 41 | 51 | 4 | .446 |
| 通算 | | | 476 | 228 | 237 | 11 | .490 |

| | 2007 | 2008 | 2009 | 2010 | 2011 | 2012 | 2013 | 2014 | 2015 | 2016 | 2017 | 2018 | 2019 | 2020 | 2021 | 2022 | 2023 | 2024 |

中信ブラザーズ（中信兄弟）

統一7-ELEVEnライオンズ

義大ライノス / 富邦ガーディアンズ

La Newベアーズ / Lamigoモンキーズ / 楽天モンキーズ

味全ドラゴンズ

台鋼ホークス

米迪亜ティーレックス

和信ホエールズ
ヘーシン ジン

中信ホエールズ
ジョンシン ジン

**年度別成績**

| 年度 | 順位 | チーム名 | 試合 | 勝 | 敗 | 分 | 勝率 |
|------|------|---------|------|----|----|----|------|
| 1997 | 7 | 和信ホエールズ | 96 | 39 | 56 | 1 | .411 |
| 1998 | 4 | 和信ホエールズ | 105 | 54 | 49 | 2 | .524 |
| 1999 | 1 | 和信ホエールズ | 91 | 60 | 29 | 2 | .674 |
| 2000 | 3 | 和信ホエールズ | 90 | 41 | 45 | 4 | .477 |
| 2001 | 3 | 和信ホエールズ | 90 | 45 | 45 | 0 | .500 |
| 2002 | 2 | 中信ホエールズ | 90 | 45 | 42 | 3 | .517 |
| 2003 | 4 | 中信ホエールズ | 100 | 51 | 43 | 6 | .543 |
| 2004 | 4 | 中信ホエールズ | 100 | 45 | 50 | 5 | .474 |
| 2005 | 4 | 中信ホエールズ | 100 | 47 | 49 | 4 | .490 |
| 2006 | 5 | 中信ホエールズ | 100 | 42 | 51 | 7 | .452 |
| 2007 | 4 | 中信ホエールズ | 100 | 46 | 52 | 2 | .469 |
| 2008 | 4 | 中信ホエールズ | 100 | 39 | 61 | 0 | .390 |
| 通算 | | | 1162 | 554 | 572 | 36 | .492 |

誠泰太陽
チェンタイ タイヤン

誠泰コブラス
チェンタイ コブラス

米迪亜ティーレックス
ミーディヤ バオロン

**年度別成績**

| 年度 | 順位 | チーム名 | 試合 | 勝 | 敗 | 分 | 勝率 |
|------|------|---------|------|----|----|----|------|
| 2003 | 5 | 誠泰太陽 | 100 | 30 | 64 | 6 | .319 |
| 2004 | 5 | 誠泰コブラス | 100 | 43 | 54 | 3 | .443 |
| 2005 | 2 | 誠泰コブラス | 101 | 50 | 43 | 8 | .538 |
| 2006 | 4 | 誠泰コブラス | 100 | 48 | 50 | 2 | .490 |
| 2007 | 5 | 誠泰コブラス | 100 | 44 | 55 | 1 | .444 |
| 2008 | 5 | 米迪亜ティーレックス | 98 | 37 | 60 | 1 | .381 |
| 通算 | | | 599 | 252 | 326 | 21 | .436 |

## 台湾でプレーした日本人選手一覧

| 在籍期間 | 選手名(CPBLでの登録名) | NPBでの所属球団 | 台湾での所属球団 |
|---|---|---|---|
| 1992 | 小川宗直 | 西武、中日、近鉄 | 味全 |
| 1993 | 矢野和哉 | ヤクルト | 時報 |
| 1993-1994 | 成田幸洋 | 西武、横浜大洋 | 俊国 |
| 1993 | 立花義家 | 西武、阪神 | 俊国 |
| 1993 | 野中徹博(野中尊制) | 阪急、オリックス、中日、ヤクルト | 俊国 |
| 1994 | 中井伸之 | ダイエー | 三商 |
| 1995 | 千代丸亮彦 | 広島 | 時報 |
| 1995 | 川島堅 | 広島 | 時報 |
| 1995 | 池田郁夫 | 広島 | 時報 |
| 1995 | 金子勝裕 | NPB在籍経験なし | 俊国 |
| 1995 | 菊地原毅 | 広島、オリックス | 時報 |
| 1995 | 鈴木俊雄 | 千葉ロッテ | 味全 |
| 1995 | 鈴木健 | 広島、横浜 | 時報 |
| 1997 | 松永幸男 | 中日 | 統一 |
| 1997-1999 | 田島俊雄(東鋭) | 南海、ダイエー、ロッテ、日本ハム | 兄弟 |
| 1998 | 松井隆昌 | ダイエー、広島、中日、千葉ロッテ | 統一 |
| 1998 | 金森隆浩 | 中日 | 統一 |
| 1999 | 小島圭市 | 巨人、中日 | 興農 |
| 1999 | 白坂勝史 | 中日 | 兄弟 |
| 1999-2000 | 羽根川竜 | 巨人、千葉ロッテ | 兄弟 |
| 1999 | 足利豊 | ダイエー、横浜 | 三商 |
| 1999 | 宮下大輔 | NPB在籍経験なし | 三商、TML高屏雷公 |
| 1999 | 小早川幸二 | ダイエー、中日、広島 | TML台中金剛 |
| 1999-2001 | 渡辺久信 | 西武、ヤクルト | TML嘉南勇士 |
| 1999 | 佐々木高広 | NPB在籍経験なし | TML嘉南勇士 |
| 2000 | 矢野正之 | 阪神 | 和信 |
| 2000 | 有働克也 | 横浜大洋、横浜、中日 | 和信 |
| 2000-2001 | 石井丈裕 | 西武、日本ハム | TML台北太陽 |
| 2000-2002 | 安藤真児 | 西武 | TML台北太陽 |
| 2000 | 伊藤隆偉 | 阪急、オリックス、巨人 | TML台中金剛 |
| 2000 | 江坂政明 | 近鉄、阪神 | TML台中金剛 |
| 2000-2002 | 武藤幸司 | NPB在籍経験なし | TML台中金剛 |
| 2000 | 小島弘務 | 中日、千葉ロッテ | TML嘉南勇士 |
| 2001 | 斉藤肇 | 横浜大洋、横浜 | 兄弟 |
| 2001、2006 | 養父鉄 | ダイエー | 兄弟 |
| 2002 | 小桧山雅仁 | 横浜 | 中信 |
| 2002-2003 | 中山裕章 | 横浜大洋、中日 | 中信 |
| 2002-2005 | 中込伸 | 阪神 | 兄弟 |
| 2002 | 杉山直樹 | 巨人 | 中信 |
| 2002 | 前田勝宏 | 西武、中日 | 興農 |
| 2002 | 山原和敏 | 日本ハム | TML台北太陽 |
| 2002 | 加藤博人 | ヤクルト、近鉄 | TML台北太陽 |
| 2002 | 高橋智 | 阪急、オリックス、ヤクルト | TML台北太陽 |
| 2002 | 酒井弘樹 | 近鉄、阪神 | TML台中金剛 |
| 2003 | 今井圭吾 | 日本ハム | 兄弟 |
| 2003 | 笹川隆 | ダイエー、ソフトバンク | 中信 |
| 2003 | 吉見宏明 | NPB在籍経験なし | 統一 |
| 2003 | 部坂俊之 | 阪神 | 中信 |
| 2003 | 野々垣武 | 西武、広島、ダイエー | 誠泰太陽 |
| 2003-2004 | 横田久則 | 西武、千葉ロッテ、阪神 | 兄弟 |
| 2004 | 入来智 | 近鉄、広島、近鉄、巨人、ヤクルト | La New |
| 2004 | 石川雅実 | 巨人 | 統一 |
| 2004 | 野村貴仁 | オリックス、巨人、日本ハム | 誠泰 |
| 2005 | 寺村友和(山崎友和) | 千葉ロッテ、ヤクルト、近鉄 | 誠泰 |
| 2005 | 成本年秀 | 千葉ロッテ、阪神、ヤクルト | 統一 |
| 2005 | 佐藤秀樹 | 中日、西武、ヤクルト | 誠泰 |
| 2005 | 武藤潤一郎 | 千葉ロッテ、日本ハム、西武 | 兄弟 |
| 2006 | 中村隼人 | 日本ハム、巨人 | 兄弟 |
| 2006 | 竹清剛治 | 千葉ロッテ | 興農 |
| 2007-2008 | 井場友和 | 日本ハム | 興農 |
| 2007 | 芝草宇宙 | 日本ハム、ソフトバンク | 興農 |
| 2007 | 栗田雄介 | 近鉄、オリックス | 興農 |
| 2007-2008 | 鈴木誠 | オリックス | La New |
| 2007 | 藤本博史 | オリックス | 中信 |
| 2008-2009 | 小林亮寛 | 千葉ロッテ | 兄弟 |
| 2008 | 片山文男 | ヤクルト | 興農 |
| 2009-2010、2014 | 正田樹 | 日本ハム、阪神、ヤクルト | 興農、Lamigo |
| 2009 | 伊代野貴照 | 阪神 | 兄弟 |
| 2010 | 高津臣吾 | ヤクルト | 興農 |
| 2012 | 鎌田祐哉 | ヤクルト、東北楽天 | 統一7-ELEVEn |
| 2013 | 河本ロバート(河本羅柏特) | NPB在籍経験なし | Lamigo |
| 2013 | 真田裕貴 | 巨人、横浜、巨人、ヤクルト | 兄弟 |
| 2018-2019 | 知念広弥 | NPB在籍経験なし | 統一7-ELEVEn |
| 2019 | 川﨑宗則※ | ダイエー、ソフトバンク | 味全 |
| 2019 | 歳内宏明※ | 阪神、ヤクルト | 味全 |
| 2021 | 田澤純一 | NPB在籍経験なし | 味全 |
| 2021 | 高野圭佑 | ロッテ、阪神 | 中信兄弟 |
| 2022 | 牧田和久 | 西武、楽天 | 中信兄弟 |
| 2023 | 福永春吾 | 阪神 | 台鋼 |
| 2023 | 佐藤由規(由規) | ヤクルト、楽天 | 楽天 |
| 2023 | 塩田裕一※ | NPB在籍経験なし | 台鋼 |
| 2023- | 小野寺賢人 | NPB在籍経験なし | 台鋼 |
| 2024- | 鈴木駿輔 | NPB在籍経験なし | 楽天 |
| 2024- | 笠原祥太郎 | 中日、DeNA | 台鋼 |

※公式戦出場なし、アジアウインターリーグのみ出場

## NPBに在籍した台湾人選手一覧

| 在籍期間 | 選手名（NPBでの登録名） | NPBでの所属球団 | 台湾での所属球団 |
|---|---|---|---|
| 1980-1983 | 高英傑 | 南海 | |
| 1980-1983 | 李来発 | 南海 | |
| 1981-1985 | 李宗源（三宅宗源） | ロッテ、巨人 | |
| 1981-1996 | 郭源治 | 中日 | 統一、和信 |
| 1985-1995 | 荘勝雄 | ロッテ | |
| 1985-1997 | 郭泰源 | 西武 | |
| 1988-1991 | 呂明賜 | 巨人 | 味全、高屏公 |
| 1989-1990 | 陳義信（義信） | 中日 | 兄弟、嘉南勇士 |
| 1989-1991 | 郭建成 | ヤクルト | 時報 |
| 1989-2002 | 陳大豊（大豊泰昭） | 中日、阪神、中日 | |
| 1991-1992 | 陳大順（大順将弘） | 千葉ロッテ | 味全 |
| 1993-1998 | 郭李建夫 | 阪神 | 和信、中信 |
| 1999-2013 | 蕭一傑 | 阪神、ソフトバンク | 義大、富邦 |
| 2000-2002 | 曹竣揚 | 中日 | 統一、兄弟 |
| 2000-2013 | 許銘傑（ミンチェ） | 西武、オリックス | 台中金剛、Lamigo、中信兄弟 |
| 2002 | 余文彬 | オリックス | 興農 |
| 2002-2006 | 張誌家 | 西武 | 台北太陽、La New |
| 2003 | 陳文賓 | ダイエー | 統一、興農、和信、中信 |
| 2003-2013 | 林威助 | 阪神 | 中信兄弟 |
| 2004-2007 2020-2022 | 陳偉殷（チェン・ウェイン） | 中日、千葉ロッテ、阪神 | |
| 2005-2008 | 姜建銘 | 巨人 | 興農 |
| 2006-2021 | 陽岱鋼 | 日本ハム、巨人 | |
| 2006-2008 | 林英傑（インチェ） | 東北楽天 | 高屏雷公、誠泰、興農、義大、中信兄弟、Lamigo |
| 2006-2010 | 林羿豪 | 巨人 | 義大、富邦 |
| 2006-2013 | 陽耀勲 | ソフトバンク | Lamigo、楽天 |
| 2007-2016 2018-2019 | 李杜軒 | ソフトバンク、千葉ロッテ | |
| 2007-2008 | 呉偲佑 | 千葉ロッテ | La New |
| 2007-2009 | 林恩宇 | 東北楽天 | 誠泰、兄弟、中信兄弟 |
| 2008-2011 | 李昱鴻 | 巨人 | |
| 2009-2013 | 鄭凱文 | 阪神、DeNA | 中信兄弟 |
| 2010-2013 | 黄志龍 | 巨人 | 統一 |
| 2010-2011 | 林彦峰 | 千葉ロッテ | 興農、義大、Lamigo |

| 在籍期間 | 選手名（NPBでの登録名） | NPBでの所属球団 | 台湾での所属球団 |
|---|---|---|---|
| 2010-2013 | 王溢正 | 横浜、DeNA | Lamigo、楽天、台鋼 |
| 2011-2020 | 陳冠宇（チェン・グァンユウ） | DeNA、千葉ロッテ | 楽天 |
| 2011-2012 | 蔡森夫 | 千葉ロッテ | 義大 |
| 2015-2019 | 郭俊麟 | 西武 | 富邦、台鋼、統一 |
| 2016 | 李振昌（C.C.リー） | 西武 | 中信兄弟 |
| 2016-2023 | 呉念庭 | 西武 | |
| 2016- | 宋家豪 | 東北楽天 | |
| 2017-2023 | 張奕 | オリックス、西武 | |
| 2017-2019 | 廖任磊 | 巨人、西武 | 味全 |
| 2018-2020 | 呂彦青 | 阪神 | 中信兄弟 |
| 2019-2023 | 王柏融 | 日本ハム | Lamigo、台鋼 |
| 2019- | 王彦程 | 東北楽天 | |
| 2024- | 孫易磊 | 日本ハム | |
| 2024- | 徐翔聖（高橋翔聖） | ヤクルト | ※ |

※台湾籍と日本国籍の二重国籍。2024年5月時点で台湾の高校に在学中のため、卒業後にヤクルトと契約締結予定。

### かつて存在したもう一つのリーグ TMLとは？

TML（台灣職業棒球大聯盟）は1995年、聲寶と年代テレビが設立（経緯はP178を参照）した那魯灣職棒事業有限公司により運営された台湾第2のプロ野球リーグ。那魯灣公司が台北太陽、台中金剛、嘉南勇士、高屏雷公の4チームを保有し、各球団のネーミングライツを募った。

1997年に開幕、年間60〜108試合、公式戦が行われ、公式戦の2位、3位チームがプレーオフ（5戦3勝制となった2002年以外は3戦2勝制）を戦い、その勝者が7戦4勝制のチャンピオンシップで公式戦1位チームと戦うレギュレーションであった。

開幕当初は外国人選手を含むCPBL主力選手の引き抜き、フランチャイズ制度などで話題を集めた。しかし次第に選手層の薄さが露呈。人気は低迷し、経営も悪化したことから、2002年にリーグ解散が決定した。

2003年1月にCPBLと合併。TML4チームは太陽と雷公が合併し「金剛」、金剛と勇士が合併し「太陽」と2チームになり、それぞれ第一金剛（楽天モンキーズの前身）、誠泰太陽として加わった。

# 2024年CPBL実施要項

球団数：6
公式戦試合数：120試合（チーム間24試合対戦）
前期開幕：3月30日
後期開幕：7月5日
DH制の有無：有
延長戦：12回まで。延長タイブレーク制を採用し、延長10回からは無死二塁でスタートする。
ビデオ判定：各チーム9回終了までは2回まで使用可能。延長戦に入った場合は1回使用可能で、9回までに残った回数は持ち越されない。ただし8回以降は球審が必要と判断すれば無制限に行われる。
ピッチクロック：投手はボールを受け取ってから、走者がいない場合は20秒以内、走者がいる場合は25秒以内に投球動作に入らなければならない。また捕手は制限時間の9秒前までにキャッチャーボックスに入らなければならない。これらに違反した場合、自動的に1ボールが追加される。打者は制限時間の8秒前までに打席に入らなければならない。違反した場合、自動的に1ストライクが追加される。
プレートを外す回数の制限：走者がいる場合、投手が牽制を含めプレートを外すことができる回数は各打席3回まで。（4回目も可能だが、アウトにできない場合はボークとなる）
ピッチコム（投手と捕手間でサインの伝達に使われる電子機器）：使用可能

## ポストシーズン方式

### ①前、後期の公式戦1位チームが異なる場合
❶前、後期の公式戦1位のうち年間勝率が低いチームと前、後期の公式戦1位の2チーム以外に最も年間勝率が高いチームでプレーオフを実施（5戦3勝制。前、後期の公式戦1位のうち年間勝率が低いチームに1勝のアドバンテージ）
❷プレーオフ勝者と前、後期の公式戦1位のうち、年間勝率が高いチームで台湾シリーズを実施（7戦4勝制）

### ②前、後期の公式戦1位チームが同じ場合
❶年間勝率2位と年間勝率3位でプレーオフを実施（5戦3勝制）
❷プレーオフ勝者と年間勝率1位で台湾シリーズを実施（7戦4勝制。年間勝率1位に1勝のアドバンテージ）

## 一軍選手登録、再登録

公式戦は一軍登録人数28人、ベンチ入り選手数26人、一軍帯同は3人。
プレーオフ及び台湾シリーズは登録人数32人、ベンチ入り選手数28人。
再登録は登録抹消から10日経過後可能。ただし外国人選手は登録抹消から15日経過後可能。

## 外国人選手

**支配下登録人数**：4人まで
※台鋼のみ5人まで
**一軍登録人数**：3人まで
※台鋼のみ4人まで、全員が投手または野手は不可
**同時出場**：2人まで
※台鋼のみ3人まで
**登録期限**：8月31日

## ドラフト

6月28日に実施。前年の最下位チームから順に指名する完全ウェーバー制で、今年の指名順は富邦→台鋼→中信兄弟→統一→楽天→味全。
※台鋼は今季から一軍参入のため、指名順を決めるくじ引きにより2番目に決定。

## フリーエージェント（FA）

試合期間中に125日以上一軍登録されたシーズンを1シーズンとして計算し、合計9シーズン（大学卒業後にプロ入りした選手は合計8シーズン）経過後、FA権を取得する。
なお合計3シーズン経過後、海外移籍が可能。(ただし所属球団の同意が必要)
FA権の行使から合計4シーズン経過後、FA権の再取得が可能。

# 日本から台湾プロ野球を楽しむには？

「忙しくてなかなか台湾に行けない…」
「日本でも気軽に台湾プロ野球を楽しみたい…」

　そんな日本の台湾プロ野球ファンの方には、有料のOTTサービス「CPBLTV」がオススメです。

　CPBLTVは2014年にスタートしたCPBL公式のライブ配信サービスで、日本など台湾以外の国からも利用できます。オープン戦、一軍公式戦、オールスターゲーム、プレーオフ、台湾シリーズ全試合のライブ配信、一部の二軍公式戦（木曜日、金曜日の毎週2試合）、二軍チャンピオンシップが視聴できます。また2014年以降の全試合、1992～2013年までの一部試合も視聴が可能です。1つのアカウントからスマートフォン、タブレット、パソコンなど最大3つの端末で視聴可能なため、1日3試合開催される日も複数端末を使うことで同時観戦できます。

　日本からCPBLTVの購入登録を行う場合は、基本的にgoogleアカウントを用いてクレジットカード決済で料金を支払う形となります。料金はシーズンパックの場合、2024年は2,377台湾ドル（CPBL公式戦開幕前の購入は2,277台湾ドル）です。シーズンパック以外に各球団のホームゲームのみを視聴できるプランもあります。

　また試合のハイライトや重要なシーンの動画はCPBLの公式YouTubeチャンネルにアップされるので、CPBLTVと併せて利用するとより便利です。

　台湾プロ野球は基本的に平日は日本時間19時35分（台湾時間18時35分）開始のため、仕事や学業に忙しい方でも中継を見やすいというメリットがあります。是非こういったサービスを利用して、日本でも台湾プロ野球を楽しんでみてください。

※CPBLTVは台湾大手の通信会社・中華電信が運営する動画プラットフォーム「Hami Video」のチャンネルの一つです。Hami Video専用のアプリがありますが、日本からはアプリのインストールが基本的にできないため、ウェブブラウザでの視聴をオススメします。
※アジアウインターリーグは開幕前に専用のプランが発売されます。

CPBLTV
https://hamivideo.hinet.net/main/606.do

CPBL 公式YouTubeチャンネル
https://www.youtube.com/@CPBL

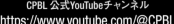

## 戦後のあゆみ

戦後、中華民国が台湾を接収した。日本統治時代に始まった野球は、主に実業団や国軍で行われ、中南部を中心に庶民の人気を集めていたものの、当初政府の関心は低かった。しかし、1968年に東部・台東の紅葉小学校のチームが、招待した関西選抜チームに勝利。このチームを米リトルリーグ世界大会優勝の和歌山チームと勘違いした人が多かった事もあり、一大フィーバーとなった。台湾が外交的に孤立する中、国威発揚も目的として少年野球の強化が進み、1970年代に小、中、高の代表がリトルリーグの世代別世界大会で目覚ましい成績を挙げると、野球は国民的人気スポーツとなった。1980年代に入ると成人世代も力をつけ、1984年のロサンゼルス五輪では郭泰源(のちに西武)らの活躍で銅メダルを獲得。しかし、この時代はアマチュアトップ選手の為のプレー環境が十分に整っておらず、彼らは活躍の場を求め、日本のプロ野球や社会人チームを目指すこととなった。

## プロ野球の誕生

1980年代には経済発展、民主化といった台湾の体制の変化の中で、国民からプロ野球誕生を望む声が高まった。こうした中、プロ発足に尽力したのが兄弟ホテルの洪騰勝氏である。洪氏はまずアマチームを設立。発足後の準備を始めるとともに参入企業探しに奔走。味全、統一、三商が参入に合意した。1989年に台湾プロ野球を運営する中華職業棒球聯盟(CPBL)が創設され、1990年3月17日、兄弟エレファンツ、統一ライオンズ、味全ドラゴンズ、三商タイガースの4チームにより、アジアで3番目となるプロ野球リーグが誕生した。

公式戦は前後期45試合ずつ90試合が行われ、台湾シリーズでは後期優勝の味全が、前期優勝の三商を下し初代王者となった。また、日本でプレーしていた選手も次々に帰国し、リーグを盛り上げた。

1992年に台湾代表がバルセロナ五輪で銀メダルを獲得したことで、野球の人気はさらに高まり、1試合の平均観客動員数は6878人(現在までの最多)に達した。翌年には同五輪代表の主力を中心とする時報イーグルス、俊国ベアーズが加盟し6球団になった。

## 日本人指導者の席巻、日本人「助っ人」の入団

1990年、引地信之(元大洋等)がコーチとして前期低迷した統一を上位に引き上げたこと、また森下正夫(元南海等)、山根俊英(元大洋等)が率いた兄弟が1992年から3連覇を果たしたことで日本人指導者の評価が高まり、1995年には6球団中5球団が日本人監督となった。

また、1991年から日本人選手も各球団に入団。中でも1993年に俊国でプレーした野中徹博は15勝を挙げ、翌年中日に入団しNPB復帰を果たした。

## 八百長事件発覚、新リーグ誕生

1995年に年間100試合となった後も順調な発展を遂げていたが、1996年に八百長事件が発覚。選手数十名が関与していたことがわかり、ファンを失望させた。この影響で時報は1998年に解散、1999年には三商、そして三連覇を決めたばかりの味全も解散に追い込まれた。

1996年に興農が俊国から球団経営権を獲得、翌年から興農ブルズとなった。また、1997年に和信(のちの中信)ホエールズが7球団目として加盟したが、3球団が解散したことで、2000年から再び4球団となった。

八百長事件と共に、この時代に台湾プロ野球を揺るがしたのは新リーグの設立である。1992年からCPBL加盟を申請も、これが認められなかった声宝と、放映権争いに敗れた年代テレビが1995年に那魯灣(ナルワン)股份有限公司を設立し、第二のリーグとして台湾職業棒球大聯盟(TML)の運営を決めた。TMLは好条件を提示し、CPBLのスター選手を積極的に獲得。1997年2月28日、台北太陽、台中金剛、嘉南勇士、高屏雷公の4チームで開幕した。

## NPBで活躍した大物投手の入団

八百長と主力選手の引き抜きによりCPBLの観客動員数が激減する中、中日で大活躍した郭源治が1997年に統一に入団。1999年にはバルセロナ五輪銀メダル獲得の立役者、郭李建夫(元阪神)が和信に入団した。

一方、郭泰源が技術顧問を務めていたTMLには、

共に西武の黄金時代を支えた渡辺久信と石井丈裕が加わった。2人は選手・指導者兼任ながら、最多勝と最優秀防御率に輝いた。

## W杯3位、リーグ合併で上昇機運も、再び苦難の時代へ

2001年に地元台湾で行われたワールドカップで3位になったことに加え、翌2002年にアマ球界を代表する投手である蔡仲南が興農に入団したことでCPBLは人気復活の兆しを見せた。一方TMLは次第に選手層の薄さが露呈し、両リーグ合併を望む声が高まった。

2003年1月に両リーグは合併、中華職業棒球大聯盟（CPBL）となった。元CPBLの4球団は維持されたが、元TMLの4球団は第一金剛（のちのLa Newベアーズ）と誠泰太陽（のちの誠泰コブラス）の2球団となり、計6球団となった。

2000年には1676人まで落ち込んでいた平均観客動員は、12年ぶりの出場となったアテネ五輪の年である2004年には3505人まで回復。しかしファンの期待を裏切るかのように2005年以降、毎年のように八百長事件が発生する。誠泰を引き継いだ米迪亜は2008年オフ、球団ぐるみの八百長が発覚し除名処分となり、同年に中信も解散。また、2009年の事件では兄弟を中心に各チームの監督、主力を含む数十人の選手が永久追放処分となり、老舗球団の経営危機が囁かれるようになった。2012年オフには興農が義聯グループに、2013年オフには兄弟が中信グループの関連会社に球団を売却、興農は義大ライノス、兄弟は中信兄弟となった。また、La Newベアーズは2011年に南部・高雄から北部・桃園に本拠地を移転、Lamigoモンキーズに名を改めた。

## WBC8強、ラミレスフィーバー、応援革命による人気復活

2013年シーズンの開幕前、CPBLに追い風が吹いた。WBCにおける代表チームの快進撃である。強豪ぞろいの第1ラウンドを突破し、第2ラウンドでも日本と死闘を繰り広げファンは感動した。また、義大によるMLBの超大物、マニー・ラミレス獲得はフィーバーを呼び込み、平均観客動員は21年ぶりに6000人台を記録した。

また、電子音楽を使う韓国式の応援、チアリーダーの増員や、全内野席のホーム席化など、ファンを楽しませるための「応援革命」を行ったLamigoはリーグ1の人気チームとなり、他チームにも多大な影響を与えた。平均観客動員はコロナ前の2019年まで5000人台を維持、完全に人気復活を果たした。

## 本拠地開催、大企業による球団経営の時代へ

2016年6月に義大を運営する義聯グループは成績不振を理由に球団身売りを発表、金融大手の富邦グループが買収した。義大は同年の台湾シリーズを制し、有終の美を飾った。新生・富邦ガーディアンズは2018年から新荘棒球場を本拠地と定め、全4球団が主催試合の大部分を本拠地で開催するようになった。

2019年春に味全が20年ぶりのリーグ復帰を発表、6月に正式にリーグから認可された。しかし、台湾球界が5球団目誕生に湧く中、7月にLamigoが球団身売りを発表しファンに衝撃を与えた。同年9月に日本の楽天グループが球団を買収、楽天モンキーズへと生まれ変わった。強さだけでなく応援にエンターテインメント性を取り入れ、人気や実力でリーグを牽引してきたLamigoだったが、結果的に膨れ上がるコストを負担しきれなくなった。「中小企業が球団経営できる時代は終わった」という劉玠廷GMの言葉は、取り巻く環境の変化を物語っていた。

## 第5、第6の球団誕生、ドーム開業で新時代へ

世界が新型コロナウイルスに翻弄された2020年、台湾は政府主導による先手の取り組みで市中感染を抑え込んだ。CPBLもプロ野球リーグとして世界に先駆け開幕。観客入場も初めて行い、国際社会から注目を集めた。

2021年に第5の球団として味全が一軍に参入すると、翌2022年には蔡其昌コミッショナーの働きかけもあり、台鋼ホークスが高雄・澄清湖棒球場を本拠地として参入することが決まった。

2023年に一軍では味全が再参入3年目にして24年ぶりとなる台湾王者に輝いた。二軍でも第6の球団である台鋼が二軍チャンピオンシップを制すと、アジアウインターリーグでも優勝し一軍参入に弾みをつけた。

16年ぶりに6球団体制となった2024年は、ファン待望の室内球場である台北ドームで開催された開幕戦に台湾プロ野球歴代最多となる28,618人を集めた。35年目で過去最多となる年間360試合が開催される今季は、ドームフィーバーにチアリーダー人気も後押しし、観客動員数は過去最高となった昨季の延べ180万人を大きく上回ることは確実だろう。

一時期、台湾プロ野球では日本人の指導者や選手が減っていたが、近年、特に指導者は再び脚光を集めており、今季は全6球団ともに指導者が在籍。中でも、中信兄弟を平野恵一監督、楽天を古久保健二監督が率いる。また、日本人選手も今季開幕時に3選手が支配下登録された。

## 野球観戦で使える 台湾華語 (台湾中国語)

実際に使いやすいように、極力短文で記しました。便宜的にカタカナで表記していますが、中国語にはカタカナでは表記できない音、さらに「四声」と呼ばれる高低アクセントもあるため、なかなか通じない可能性があります。その際は直接指差しで聞きましょう。

| | | |
|---|---|---|
| タクシーで | 野球場へ行ってください | チンダオバンチョウチャン<br>請到棒球場 |
| 街で | 野球場はどこですか? | チンウェンバンチョウチャンザイナーリ<br>請問棒球場在哪裡? |
| | 今日、試合はありますか? | ジンティエンヨウビーサイマ<br>今天有比賽嗎? |
| 試合前、試合後、最寄り駅や球場で | 送迎バスはどこから乗れば良いですか? | ジェボーチェー, ツォンナー リ チューファー<br>接駁車, 從哪裡出發? |
| 球場周辺で | 今日の試合、何時開始ですか? | ジンティエン デ ビーサイ ジーディエンカイ シ<br>今天的比賽, 幾點開始? |
| | 券売所はどこですか? | ショウビョウチューザイナー リ<br>售票處在哪裡? |
| | グッズを買いたいです。 | ウォシャンマイジョウビェンシャンピン<br>我想買周邊商品 |
| | 内野席(外野席)どっちですか? | ネイイェ (ワイイェ) グァンジョンシーザイナー リ<br>内野 (外野) 觀眾席在哪裡? |
| 券売所で | 内野席大人(子供)一枚<br>(二枚、三枚)下さい<br>※外野席は大人子ども同料金 | ネイイェチュエンピャオ (バンピャオ) イージャン<br>内野全票 (半票) 一張<br>(リャンジャン, サンジャン)<br>(兩張, 三張) |
| 場内で | トイレ(グッズ売り場orフードショップ)はどこですか? | シーショウジェン (シャンピンブー or<br>洗手間 (商品部or<br>シーピンファンマイブー) ザイナー リ<br>食品販賣部) 在哪裡? |
| | ビール1杯(瓶、缶)ください | ウォヤオイーベイ (ピン, グァン) ピージョウ<br>我要一杯 (瓶, 罐) 啤酒 |
| スタンドで、チケットをみせながら | すみません、ここは私の席です | ブーハオイース, ジェーシーウォ デ ウェイズ<br>不好意思, 這是我的位子 |
| お隣さんに | ここ空いていますか? | ジェーゲ ウェイズ ヨウレンズオマ<br>這個位子有人坐嗎? |
| | 応援のやり方(コール)を教えてください。 | チンジャオウォジャーヨウファンシー (ジャーヨウコウハオ)<br>請教我加油方式 (加油口號) |
| | 日本から来ました。 | ウォライズーリーベン<br>我來自日本 |
| 選手に、チアガールに | サインしてください。 | チンバンウォチェンミン<br>請幫我簽名 |
| | 写真を撮ってもいいですか? | ケーイーパイジャオピェン マ<br>可以拍照片嗎? |
| | ファンです。 | ウォシーニー デ フェンスー<br>我是你的粉絲 |
| 選手に | カッコいいです。 | ニーヘンシュアイ<br>你很帥 |
| チアガールに | 可愛い(綺麗)です。 | ニーヘンケーアイ (ピャオリャン)<br>妳很可愛 (漂亮) |
| この本について説明する | 日本の野球ファンのために台湾プロ野球を紹介した本です。 | ジェーシーウェイ レ ゲイリーベンチョウミージェシャオ<br>這是爲了給日本球迷介紹<br>ジョンファジーバンアーチューバン デ シュー<br>中華職棒而出版的書 |

# 中国語で野球用語を覚えよう

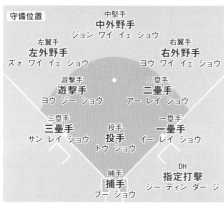

**守備位置**

- 中堅手　中外野手（ジョン ワイ イェ ショウ）
- 左翼手　左外野手（ズォ ワイ イェ ショウ）
- 右翼手　右外野手（ヨウ ワイ イェ ショウ）
- 遊撃手　遊撃手（ヨウ ジー ショウ）
- 二塁手　二塁手（アー レイ ショウ）
- 三塁手　三塁手（サン レイ ショウ）
- 投手　投手（トウ ショウ）
- 一塁手　一塁手（イー レイ ショウ）
- DH　指定打撃（ジー ディン ダー ジ）
- 捕手　捕手（ブー ショウ）

| 日本語 | 中国語 |
|---|---|
| **■あ** | |
| 相手チーム | 對戰球隊（ドゥイ ジャン チョウ ドゥイ） |
| アウト | 出局（チュ ジュ） |
| アウトコース | 外角球（ワイ ジャオ チョウ） |
| 安打 | 安打（アン ダ） |
| インコース | 内角球（ネイ ジャオ チョウ） |
| インフィールドフライ | 内野高飛球（ネイ イェ ガオ フェイ チョウ） |
| 打つ | 撃球（ジー チョウ） |
| 雨天中止 | 因雨延賽（イン ユ イェン サイ） |
| ○回　裏 | ○局 下（○ジュー シア） |
| 延長戦 | 延長賽（イェン チャン サイ） |
| 送りバント | 犧牲觸撃（シー シェン チュー ジー）, 犧牲短打（シー シェン ドゥアン ダ） |
| 抑え投手 | 終結者（ジョン ジェ ジェ） |
| オープン戦 | 熱身賽（レー シェン サイ） |
| ○回　表 | ○局 上（○ジュー シャン） |
| オールスター戦 | 明星賽（ミン シン サイ） |
| **■か** | |
| 開幕戦 | 開幕賽（カイ ムー ジャン） |
| 外野 | 外野（ワイ イェ） |
| カーブ | 曲球（ジュー チョウ） |
| 空振り | 揮棒落空（フィ バン ルオ コン） |
| 完投 | 完投（ワン トウ） |
| 監督 | 總教練（ゾン ジャオ リエン） |
| 完封 | 完封（ワン フォン） |
| 犠牲フライ | 高飛犠牲打（ガオ フェイ シー シェン ダ） |
| 球場 | 球場（チョウ チャン） |
| 球審 | 主審（ジュー シェン） |
| 球団 | 球園（チョウ トゥアン） |
| 敬遠四球 | 故意四壞球（グー イー スー ファイ チョウ） |
| 牽制 | 牽制（チェン ジー） |
| 公式戦 | 例行賽（リー シン サイ） |
| 紅白戦 | 紅白對抗賽（ホン バイ ドゥイ カン サイ） |
| ゴロ | 滾地球（グン ディー チョウ） |
| **■さ** | |
| サイクルヒット | 完全打撃（ワン チュエン ダー ジ） |
| サヨナラヒット | 再見安打（ザイ ジェン アン ダ）※最後のプレーは全て「再見」がつく |
| 三振 | 三振（サン ジェン） |
| 残塁 | 殘壘（ツァン レイ） |

| 日本語 | 中国語 |
|---|---|
| GM | 領隊（リン ドゥイ） |
| 四球 | 四壞球保送（スー ファイ チョウ バオ ソン） |
| 死球 | 觸身球（チュー シェン チョウ） |
| 自責点 | 自責分（ズー ゼ フェン） |
| 失策 | 失誤（シー ウー） |
| 失投 | 失投球（シー トウ チョウ） |
| 首位打者 | 打撃王（ダー ジ ワン） |
| 出塁 | 上壘（シャン レイ） |
| 守備 | 守備（ショウ ベイ） |
| 順位 | 排名（パイ ミン） |
| 勝率 | 勝率（シェン リュー） |
| 勝利 | 贏球（イン チョウ） |
| 勝利打点 | 勝利打點（シェン リュー ダー ディエン） |
| 人工芝 | 人工草皮（レン ゴン ツァオ ピー） |
| 新人 | 新人（シン レン） |
| 審判 | 裁判（ツァイ バン） |
| スターティングメンバー | 先發名單（シェン ファ ミン ダン） |
| ストライク | 好球（ハオ チョウ）※カウントは○好○壞（○は数字） |
| スライダー | 滑球（ホァ チョウ） |
| 先発 | 先發投手（シェン ファ トウ ショウ） |
| 送球 | 傳球（チュアン チョウ） |
| 走者 | 跑者（パオ ジェ） |
| **■た** | |
| 代走 | 代跑（ダイ パオ） |
| 代打 | 代打（ダイ ダ） |
| タイブレーク | 突破僵局制（トゥー ポ ジャン ジュージ） |
| 打撃 | 打撃（ダー ジ） |
| 打者 | 打者（ダー ジェ） |
| 打順 | 打撃順序（ダー ジ シュン シュ） |
| 打数 | 打數（ダー シュー） |
| 打席 | 打席（ダー シー） |
| 打点 | 打點（ダー ディエン） |
| 打率 | 打撃率（ダー ジ リュー） |
| 長打率 | 長打率（チャン ダ リュー） |
| 長打 | 長打（チャン ダ） |
| 天然芝 | 天然草皮（ティエン ラン ツァオ ピー） |
| 投球 | 投球（トウ チョウ） |
| 盗塁 | 盗壘（ダオ レイ） |
| 得点 | 得分（デ フェン） |
| ドラフト会議 | 選秀會（シュエン ショウ フイ） |
| **■な** | |
| ナイトゲーム | 夜間比賽（イェ ジェン ビ サイ） |
| 内野 | 内野（ネイ イェ） |
| 流し打ち | 推打（トゥイ ダ）※引っ張りは「拉打（ラー ダ）」 |
| 中継ぎ | 中繼投手（ジョン ジー トウ ショウ） |
| **■は** | |
| バッテリー | 投捕搭檔（トウ ブ ダー ダン） |
| バット | 球棒（チョウ バン） |
| 控え | 替補球員（ティ ブ チョウ ユエン）, 板凳球員（バン デン チョウ ユエン）※板凳はベンチ |
| ビジター | 客場（ケー チャン） |
| ピッチクロック | 投球計時器（トウ チョウ ジー シー チ） |
| ビデオ判定 | 電視輔助判決（ディエン シ フー ジュ パン ジュエ）※チャレンジ（リクエスト）は「挑戦（ティアオ ジャン）」 |
| ファウルボール | 界外球（ジェ ワイ チョウ） |
| ファン | 球迷（チョウ ミー） |
| フォークボール | 指叉球（ジ チャー チョウ） |
| フライ | 高飛球（ガオ フェイ チョウ） |
| 併殺 | 雙殺（シュアン シャー） |
| 変化球 | 變化球（ビェン ファ チョウ） |
| 防御率 | 自責分率（ズー ゼ フェン リュー）／防禦率（ファン ユー リュー） |
| 暴投 | 暴投（バオ トウ）※野手の悪送球は「暴傳（バオ チュアン）」 |
| ボーク | 投手犯規（トウ ショウ ファン グイ） |
| ボール | 壞球（ファイ チョウ） |
| ホームラン | 全壘打（チュエン レイ ダ） |
| **■ま** | |
| マウンド | 投手丘（トウ ショウ チョウ） |
| 満塁 | 滿壘（マン レイ） |
| **■や** | |
| 野手 | 野手（イェ ショウ） |
| **■ら** | |
| ライナー | 平飛球（ピン フェイ チョウ） |

※台湾では、注音符号とよばれる「ㄅ ㄆ ㄇ ㄈ」などの37の符号を組み合わせることで台湾華語（中国語）の発音を表記します。しかし、学習歴のない方がこの符号をいきなり読むことは難しいため、本書では便宜的にカタカナで表記しています。なお、台湾華語（中国語）の音の中にはカタカナでは書き表しにくいものが多々あり、さらに全ての漢字には四声と呼ばれる高低アクセントもあります。そのため、カタカナ表記はあくまでも参考として捉えてください。正確な発音を知りたい方は球場で、台湾のファンと交流し、知りたい単語を指差し、実際に発音をしてもらうのもお勧めです。

# 韓国プロ野球観戦ガイド ＆ 選手名鑑2024

コラムも充実！

全10球団831選手
カラー写真名鑑
全球場ガイドとチーム紹介

編著者による入魂のコメントを全登録選手掲載
主力級80選手はさらに細かく紹介しています！

韓国プロ野球の伝え手
室井昌也
（ラジオ大阪ほか）

韓国プロ野球観戦ガイド＆選手名鑑
2024
おかげ様で21周年！
Since 2004

今年も開催！観戦ツアーは8月に実施！

韓国野球委員会（KBO）
韓国プロ野球選手協会 承認

さあ始めよう 推し探し！！

今年は11月にプレミア12開催！

2004年から毎年発行！

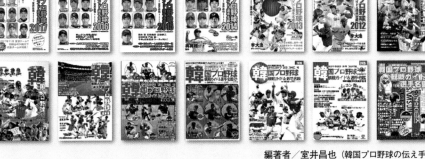

編著者／室井昌也（韓国プロ野球の伝え手）
発行所／論創社

# 読者プレゼント

読者のみなさんに
プレゼントをご用意しました。
たくさんのご応募お待ちしております。

**1** 古久保健二監督
（楽天モンキーズ）
直筆サイン色紙
2名様

**2** 平野恵一監督
（中信ブラザーズ）
直筆サイン色紙
2名様

**3** 古林睿煬選手
（統一7-ELEVEnライオンズ）
直筆サイン色紙
2名様

**4** 十元（Rakuten Girls）&
詩雅（Dragon Beauties）
直筆サイン色紙
2名様

**5** CPBL
2024年シーズン
記念ボール
3名様

応募方法
本書に挟まれたはがきに、アンケートの回答と
ご意見・ご感想、希望プレゼント番号を記入してお送りください。

締切：2024年7月31日（当日消印有効）

当選者発表：抽選の上、商品の発送をもって発表にかえさせていただきます。
（個人情報の取扱いについては、読者はがきをご覧ください。）

編著
木本健治 (X @cpbl_news)
古賀隆介
駒田英

写真
中華職業棒球大聯盟 (CPBL)

味全龍 (味全ドラゴンズ)
樂天桃猿 (楽天モンキーズ)
統一7-ELEVEn獅 (統一7-ELEVEnライオンズ)
中信兄弟 (中信ブラザーズ)
富邦悍將 (富邦ガーディアンズ)
台鋼雄鷹 (台鋼ホークス)

宏將多利安國際股份有限公司
桂田文創娛樂股份有限公司

古賀隆介
木本健治

ストライク・ゾーン

デザイン
田中宏幸 (田中図案室)

出版協力 承認 データ提供
中華職業棒球大聯盟 (CPBL)

Special Thanks
林建廷 (中華職業棒球大聯盟)
黃千晏 (中華職業棒球大聯盟)
郭穎如 (中華職業棒球大聯盟)
曾泓睿 (中華職業棒球大聯盟)

野球革命 (野革運動股份有限公司)
https://www.rebas.tw

室井昌也 (ストライク・ゾーン)

http://www.cpbl.com.tw

# 台湾プロ野球〈CPBL〉
# 観戦ガイド&選手名鑑2024

2024年6月1日 初版第1刷印刷
2024年6月10日 初版第1刷発行

編　集　論創社編集部
発行者　森下紀夫
発行所　論創社
東京都千代田区神田神保町2-23　北井ビル
電話03 (3264) 5254　振替口座00160-1-155266
印刷・製本　丸井工文社
ISBN978-4-8460-2411-6　©2024 RONSO-Sha
落丁・乱丁本はお取り替えいたします